Theory and Application of Explosion Mechanics
(2nd Edition)

爆炸力学理论及应用
（第2版）

吴艳青 刘彦 杨昆 黄风雷 王昕捷 ◎ 编著

北京理工大学出版社
BEIJING INSTITUTE OF TECHNOLOGY PRESS

图书在版编目（CIP）数据

爆炸力学理论及应用 / 吴艳青等编著. -- 2 版.
北京 : 北京理工大学出版社, 2025. 6.
ISBN 978-7-5763-5528-4

Ⅰ. O38

中国国家版本馆 CIP 数据核字第 202538BA35 号

责任编辑：孟雯雯　　文案编辑：李丁一
责任校对：周瑞红　　责任印制：李志强

出版发行 / 北京理工大学出版社有限责任公司
社　　址 / 北京市丰台区四合庄路 6 号
邮　　编 / 100070
电　　话 / （010）68944439（学术售后服务热线）
网　　址 / http://www.bitpress.com.cn

版 印 次 / 2025 年 6 月第 2 版第 1 次印刷
印　　刷 / 廊坊市印艺阁数字科技有限公司
开　　本 / 787 mm × 1092 mm　1/16
印　　张 / 17.25
字　　数 / 439 千字
定　　价 / 72.00 元

前言

FOREWORD

作为中国古代四大发明之一的火药，最早可以追溯到9世纪，远远领先于世界，其工艺和科学成就在当时是无与伦比的，对世界军事和科技发展产生了深远的影响。火药的制备过程涉及化学反应，最初的火药是硝石、硫黄和木炭的混合物，通过精细的配比和混合工艺，制备出具有爆炸性质的黑色粉末。这种混合物在加热或点燃时，能迅速反应，释放大量的气体和能量，从而产生爆炸效果。这种爆炸对外做功的过程是一个伴随着物理、化学变化的复杂力学过程，从爆炸冲击动力学角度研究材料和结构响应、损毁规律，是完善国防军事前沿学科知识体系和解决重大工程“瓶颈”问题的基础。

1960年初春，中国科学院力学研究所研究员郑哲敏在一次实验中偶然发现钢板能被雷管炸成小碗状，这一现象激发了他对“爆炸成型”技术的研究。当时，我国“两弹一星”计划亟需高精度喷管，但缺乏大型水压机，成形技术成为关键难题。钱学森随即采纳了郑哲敏的爆炸成形技术，有效解决了这一难题。郑哲敏通过大量实验研究，提出了爆炸成型模型与成型机制，为导弹部件生产提供了关键技术支持。钱学森在1963年将这一领域命名为“爆炸力学”，郑哲敏也成为“爆炸力学”这门学科的奠基人和开拓者之一。其后爆炸力学一直作为我校国防类相关学科的特色专业基础课，是力学、兵器、安全专业研究生的热门课程。

很多非本专业本科生，到研究生阶段面对爆炸问题的复杂性时，不知所措，莫知所从，基于此，迫切需要能够将基础理论和工程需求紧密结合讲解、体现知识系统性和完整性的专门教材。然而，目前很难找到一种完全适合本课程教学的教材。为此，《爆炸力学理论及应用》一书的编纂出版，正是体现爆炸力学与经典力学之间千丝万缕的关联性，同时容纳常规武器领域的研究成果，并融合多年来的教学实践和学科发展，在多年讲义基础上编著而成。本书通过爆炸力学理论与应用的学习，可以深入理解有关爆炸力学的基本原理，并使其在工程实践中得到应用，从而弥补了来自不同专业研究生知识体系的欠缺，帮助他们逐渐学会将爆炸基础理论与工程实践相结合。

本书基于固体力学和流体动力学基本理论，着重阐述了炸药爆炸现象的机理特点、材料及结构受爆炸冲击波作用的响应特征、炸药冲击起爆、冲击波与爆轰波基本理论，探讨了常规武器弹药的作用原理。全书共分8章，第1章～第4章由吴艳青编写，第5章和第6章由王昕捷编写，第7章由刘彦编写，第8章由黄风雷编写，杨昆负责第2版修订工作。本书从固体介质的爆炸力学基础和爆炸的流体动力学基础理论出发，结合一维等熵波的特征线解法、冲击波基本理论，使学生进一步理解爆轰波自持条件，凝聚炸药爆轰波参数计算；针对炸药作为独特能源材料的特点，基于炸药点火机理、反应速率方程、状态方程，对其感度和冲击起爆影响因素进行了深入解析；根据爆炸作用的能量转换及爆炸对目标的作用特点，剖析了爆炸波在各种不同介质中传播和衰减的规律，使学生提升解决与炸药爆炸作用相关（武器研制、交通运输、水利建设、矿藏开发、机械加工）工程问题的能力；针对不同介质中的爆炸效应，系统全面地给出爆炸冲击波的形成过程和作用效应；为适应新型武器装备的发展，结合当前破片杀伤、弹体侵彻、聚能装药类武器的作用机理，使学生深入理解各种毁伤武器的性能及作用原理。

本书从基础知识入手，详细地将爆炸力学相关知识系统全面地展示出来，丰富、完善和发展了炸药爆炸及其作用的理论体系，再结合古今中外在火药制备方面的工艺和科学成就介绍，以及老一辈科学家们为爆炸力学学科建设呕心沥血的奋斗事迹。在本书的编撰过程中，通过融合文字、短视频和图像等多媒体元素，创新了教学内容的传递方式，有效地克服了传统教材单一及乏味的局限。这种教材编排模式不仅展现了教学内容本身的科学性和系统性，也体现了教学方式的先进性和实践性。在保持传统教学内容体系完整性的同时，还能够实时地融入本学科领域的最新研究成果和进展动态，确保了教学内容的时代性和前沿性。

2020 年 9 月 11 日，习近平在主持召开科学家座谈会时明确指出："两弹一星"精神的底色是爱国。习近平在看望"两弹一星"元勋孙家栋时说："两弹一星"精神激励和鼓舞了几代人，是中华民族的宝贵精神财富。这些宝贵精神财富跨越时空、历久弥新，集中体现了党的坚定信念、根本宗旨、优良作风，凝聚着中国共产党人艰苦奋斗、牺牲奉献、开拓进取的伟大品格，深深融入我们党、国家、民族、人民的血脉之中，为我们立党兴党强党提供了丰厚滋养。"苟利国家生死以，家族传承吾辈责"，"两弹一星"精神激励和鼓舞了一代代的科研工作者，在"热爱祖国、无私奉献"的共同追求中，培养和造就了一批批托举着祖国和平盾牌的科研梯队，为我国经济建设和人民的幸福生活提供了可靠的安全保障，一个个领先世界的科技硕果见证着"两弹一星"精神的接力传承。

时刻铭记习近平总书记的叮嘱，不负韶华争朝夕,不待扬鞭自奋蹄，一代又一代青年学子勇立潮头、奔竞不息，在党和国家所铺就的霞光万道中，接过时代的接力棒，成为服务国家战略、加强国家安全的中坚力量。

本书亦可供从事含能材料爆炸或爆轰研究、安全防护的科技工作者参考。

在本书的编写过程中，王贵军博士进行了统一的排版校对工作，薛海蛟博士、刘如沁博士、段宏正博士、张钊博士、白晨硕士、李倩格硕士、邵珠格硕士等都投入了很多精力帮助整理文稿，在此表示衷心感谢！本书得到北京理工大学"双一流"建设的资助。由于编者水平有限，缺点、疏漏在所难免，敬请读者批评指正。

编　者

北京理工大学

2024 年 6 月

目 录
CONTENTS

第 1 章　爆炸力学总论 …… 001
1.1　爆炸的基本概念 …… 001
1.2　爆炸力学的研究对象 …… 002
1.3　爆炸力学发展简史 …… 004
1.4　爆炸力学研究方法 …… 005
第 2 章　固体介质的爆炸力学基础 …… 009
2.1　固体受冲击绝热运动方程组 …… 009
2.1.1　冲击固体绝热运动方程组 …… 009
2.1.2　固体动态强度理论 …… 015
2.1.3　一维应变下的弹塑性本构关系 …… 019
2.2　物态方程与冲击绝热线 …… 025
2.2.1　凝聚态物质的物态方程 …… 025
2.2.2　物质动力学可压缩性试验 …… 029
2.2.3　冲击绝热线与材料力学性能 …… 033
2.3　冲击波作用的塑性变形和断裂 …… 042
2.3.1　弹塑性材料中平面冲击波的传播 …… 042
2.3.2　冲击波加载下的断裂判据 …… 047
2.3.3　冲击加载材料的层裂式断裂 …… 055
2.3.4　炸药装药爆炸时靶板的动态断裂 …… 063
2.4　冲击波作用引起的相变和化学反应 …… 067
2.4.1　相变热力学 …… 068
2.4.2　相变冲击绝热曲线 …… 069
2.4.3　冲击引起的化学反应 …… 072
第 3 章　爆炸的流体动力学基础理论 …… 077
3.1　流体动力学基本方程组 …… 077
3.1.1　连续方程 …… 079
3.1.2　动量方程 …… 081
3.1.3　能量方程 …… 087
3.2　气体动力学方程组求解 …… 090

3.2.1 气体一维等熵运动方程组的特解 …… 090
3.2.2 气体动力学方程组的特征线 …… 092
3.2.3 气体动力学方程组的通解 …… 095
3.2.4 产生冲击波的条件 …… 097
3.3 冲击波基本理论 …… 100
3.3.1 基本关系式 …… 100
3.3.2 平面正冲击波 …… 102
3.3.3 冲击波的性质 …… 104
3.3.4 冲击波的声学理论 …… 108
3.4 爆轰波理论 …… 109
3.4.1 爆轰波自持条件 …… 109
3.4.2 凝聚炸药爆轰波参数计算 …… 114
3.4.3 爆轰产物物态方程和等熵线 …… 118
第4章 爆炸对凝聚介质的作用理论 …… 129
4.1 爆炸冲击波的 Rayleigh 线和冲击波极曲线 …… 129
4.1.1 基本概念 …… 129
4.1.2 定常冲击波反射问题 …… 131
4.1.3 弹靶碰撞问题 …… 132
4.2 垂直入射时爆炸冲击波的初始参数 …… 136
4.2.1 $\rho_{m0}D_m<\rho_0D$，即分界面处压力 $p_x<p_j$ 时的情况 …… 136
4.2.2 $\rho_{m0}D_m>\rho_0D$，即分界面处压力 $p_x>p_j$ 时的情况 …… 138
4.3 水中爆炸冲击波计算过程 …… 141
4.4 爆轰波对迎面刚性壁面的作用 …… 145
4.4.1 基本解 …… 145
4.4.2 刚性壁管侧壁所受到的作用冲量 …… 148
4.5 爆轰波垂直入射固体界面的运动规律 …… 152
第5章 不同介质中的爆炸作用 …… 158
5.1 空气中爆炸 …… 158
5.1.1 基本物理现象 …… 158
5.1.2 空气冲击波参数 …… 159
5.1.3 炸药装药密度对空气冲击波参数的影响 …… 165
5.1.4 空气中爆炸的破坏作用 …… 169
5.2 水下爆炸 …… 171
5.2.1 基本物理现象 …… 171
5.2.2 水下爆炸的试验研究 …… 173
5.2.3 水下爆炸自由面对压力场的影响 …… 175
5.2.4 水下爆炸表面效应 …… 177
5.3 岩土中爆炸 …… 178
5.3.1 基本物理现象 …… 178

5.3.2　岩土中爆炸波及其传播规律 …… 181
第6章　穿甲/侵彻作用 …… 185
6.1　侵彻金属靶 …… 185
6.1.1　靶板分类 …… 185
6.1.2　靶板破坏基本形式 …… 186
6.2　侵彻金属靶理论及侵彻公式 …… 188
6.3　侵彻金属薄靶理论 …… 193
6.4　侵彻金属靶冲塞模型 …… 198
6.5　空腔膨胀理论 …… 201
6.5.1　球形空腔膨胀理论 …… 201
6.5.2　柱形空腔膨胀理论 …… 202
6.5.3　空腔膨胀理论和局部作用模型 …… 202
6.6　侵彻岩土类靶 …… 203
6.6.1　基本现象 …… 203
6.6.2　弹体侵彻混凝土理论 …… 204
第7章　破片杀伤效应 …… 216
7.1　破片形成理论 …… 216
7.1.1　弹丸爆炸过程及破碎机理 …… 216
7.1.2　壳体断裂模型 …… 217
7.2　破片统计分布 …… 222
7.2.1　破片数量及质量分布 …… 222
7.2.2　破片初始速度 …… 227
7.2.3　破片空间分布 …… 230
7.3　破片杀伤效应 …… 235
7.3.1　破片弹道学 …… 235
7.3.2　破片与靶板作用机制 …… 239
7.3.3　极限侵彻靶板厚度和极限侵彻速度 …… 240
7.3.4　估计破片作用的判据 …… 242
第8章　聚能装药的爆炸作用 …… 246
8.1　基本概念 …… 246
8.2　聚能射流形成理论 …… 247
8.2.1　射流形成过程的试验观察 …… 247
8.2.2　射流形成过程的定常流体力学理论 …… 247
8.2.3　射流形成过程的准定常流体力学理论 …… 250
8.3　压合过程中厚度方向各层的速度和压力分布 …… 253
8.4　射流形成临界条件 …… 256
8.5　聚能射流侵彻理论 …… 258
参考文献 …… 262

第1章
爆炸力学总论

爆炸是宇宙以及地球上自然界中早已存在的现象。研究宇宙形成问题的一个学派认为，宇宙空间是大爆炸的产物，并且宇宙目前仍处于爆炸的扩张过程中。太阳里的黑子活动、流星对地面的撞击、火山爆发、地震以及雷电都属于爆炸现象。银河系外的金牛座星系中有一团小星云，由气态物质组成，被称为“蟹状星云”。该气态物质以大约 900 km/s 的速度膨胀。1928 年，英国天文学家哈勃（Hubble）根据其尺寸和膨胀速度推算出“蟹状星云”是发生在约 1 000 年的超新星爆炸的产物。

人类社会生产生活中的爆炸现象多种多样，但所有爆炸现象都有一个共同点，就是在相对狭小空间和短促时间内有巨大能量的释放和转化。炸药爆炸的发生发展规律向下可以从炸药原子或分子等微观层面研究，向上可以从宏观的起爆条件和爆轰产物作用角度研究。本书以凝聚炸药爆炸为主，以爆轰产物对接触介质和介质破坏的力学效应为研究对象。物体在爆炸与冲击载荷作用下的动力学响应，与静载荷作用下的力学行为有着显著不同。爆炸作用于物体上，所呈现出来的效应涉及物理、化学、力学和数学等多个学科领域，其中主要以力学的观点和方法来研究爆炸的学科，称为“爆炸力学”。

8 世纪中唐时期，中国已经有了火药的原始配方，并在 10 世纪的宋代初期开始使用火药制作火箭和火炮。到了 17 世纪，明代的科学家宋应星已经对火药的爆炸现象有了科学的描述，指出火药爆炸时“虚空静气受冲击而开”，并科学地描述了爆炸在空气中形成冲击波的现象。

在现代，爆炸力学的发展受到了核武器和常规武器效应及其防护措施研究的影响。中国在这一领域也取得了显著成就。郑哲敏是中国爆炸力学的奠基人和开拓者之一。他在 1955 年回国后，参与创建了中国科学院力学研究所。郑哲敏的研究涉及爆炸成形规律、流体弹塑性模型等多个方面，对爆炸力学的发展做出了重要贡献。爆炸力学专家孙承纬院士长期从事炸药爆轰、激光辐照效应、高功率电脉冲技术和高能量密度动力学等领域的研究工作，为核武器发展作出了贡献。

爆炸力学领域的持续发展和创新，展示了中国在科学技术方面的世界领先地位。

1.1 爆炸的基本概念

《中国大百科全书·力学》中定义爆炸是在较短时间和较小空间内，能量从一种形式向另一种形式或几种形式转化并伴有强烈的机械效应的过程。《兵器工业科学技术词典·火药与炸药》中则定义爆炸为在极短时间内发生能量转变或气体体积急剧膨胀的现象。

总体上，“爆炸”是物质的一种非常急剧的物理、化学变化，在这种快速变化的过程中，物质所含能量得到快速释放和转变，即爆炸物快速释放出的能量快速转变为产物及周围介质的压缩能或运动能，导致周围介质的运动及其结构形态的变化或破坏。因此，爆炸的本质就是大量能量在有限的体积内被突然释放或急剧转变。

根据能量释放的类型，爆炸主要分为三种：一是物理爆炸，其特点是没有新物质产生，也没有质量变化，如高压气瓶由于压力过高而发生的突然破裂、高压锅炉由于压力超过锅炉所能承受的压力极限而发生的爆炸、轮胎爆裂、地震、高速物体碰撞等；二是化学爆炸，其特点是在原子或分子之间发生化学变化并伴有新物质产生，但没有质量变化，如炸药的爆炸、可燃性粉尘爆炸、矿井瓦斯爆炸等；三是核爆炸，由于核裂变或核聚变反应引起的爆炸，如原子弹和氢弹的爆炸，核爆炸在能量和速度上远大于前两种爆炸，5 kg 铀全部裂变仅需几微秒，释放能量 1 亿 kW · h，其相当于 10 万 t TNT 炸药爆炸的能量，因此其比炸药爆炸有更大的破坏力。核爆炸除了产生冲击波作用外，还产生很强的光和热辐射以及各种粒子辐射。

1.2　爆炸力学的研究对象

爆炸力学被用来描述和解决爆轰产物向周围介质传递能量过程中涉及的力学问题，一般不关注事件的化学本质，而是着眼于爆炸本质的力学效应，如加速度、速度、变形、形态、碎裂、压力、脉冲和冲击波的影响。爆炸力学主要关注力学效应，实质上也涉及更广泛的领域，如热力学（状态方程）、计算力学、材料科学、先进光电测试技术，研究超高速的行为，成型装药理论和试验，破片杀伤效应，炸药爆炸和熄爆，引爆传递方法。爆炸力学在武器研制、交通运输、水利建设、矿藏开发、机械加工、安全生产等方面有广泛的应用。

爆炸力学从力学角度研究化学爆炸、核爆炸、电爆炸、粒子束爆炸、高速碰撞等能量被突然释放或急剧转化的过程，以及由此产生的强冲击波、高速流动、大变形和破坏、抛掷效应。爆炸力学是流体力学、固体力学、物理学和化学之间的一门交叉学科。爆炸力学的一个基本特点是研究高功率密度的能量转化过程，大量能量通过高速波动来传递，历时特别短，强度非常大；另一个特点是爆炸力学问题常常需要考虑力学和物理化学因素的耦合、流体特性和固体特性的耦合、载荷和介质的耦合。多学科渗透和结合成为爆炸力学发展的必要条件。

1. 物理学与化学的结合

在炸药研究中，物理学家与化学家合作，研究炸药的化学结构如何影响其爆炸性能。例如，三硝基甲苯（TNT）是一种常见的炸药，其化学结构决定了它在爆炸时产生的压力和温度。通过化学修饰，可以改变炸药的燃烧速率和爆炸性能，以满足不同的应用需求。这种研究对于军事和民用爆破行业都至关重要。

2. 材料科学与工程的结合

在防护材料的研究中，材料科学家和工程师合作开发新型材料，用于制造能够抵御爆炸冲击的个人防护装备和建筑物。例如，凯夫拉（Kevlar）纤维是一种高强度纤维，被广泛用于制造防弹衣和抗爆容器。通过对其分子结构和排列方式的研究，可以提高其防护性能，使其在爆炸冲击下能够提供更好的保护。

3. 数学与计算科学的结合

在爆炸模拟中，数学家和计算科学家合作开发数值模型和算法，用于模拟和分析爆炸过程。例如，计算流体力学（CFD）是一种常用的模拟方法，可以模拟爆炸波在空气中的传播过程，以及其对周围物体的影响。这些工具可以预测爆炸的效应，帮助工程师优化设计，减少实验成本。

4. 工程学的应用

在土木工程中，爆炸技术被用于岩石爆破、土石方开挖和建筑物拆除。工程师利用爆炸力学的原理来设计爆破方案，确保作业的安全和效率。例如，通过精确计算炸药的用量和位置，可以控制爆炸效果，减少对周围环境的影响。

5. 环境科学的应用

在矿山爆破作业中，环境科学家和工程师合作评估和控制爆炸对环境的影响，如噪声、振动和空气污染等。他们还研究如何通过爆破技术来处理环境问题，如使用爆炸技术清除海底的沉船和障碍物。通过对爆炸过程的环境影响进行评估和监测，可以采取措施减少对环境的负面影响。

6. 生物学与医学的应用

在医学领域，爆炸力学的原理被用于非侵入性手术，如利用体外冲击波碎石术治疗肾结石。这种方法利用了爆炸波的高能量特性，但需要在生物学和医学知识的基础上进行精确控制。通过对冲击波的参数进行优化，可以提高治疗效果，减少对患者的不适。

7. 信息技术与电子工程的应用

在高精度传感器和数据分析系统的帮助下，爆炸力学实验可以收集大量数据，用于分析和优化爆炸过程。例如，使用高速摄像机和压力传感器可以记录爆炸过程中的关键参数，如爆炸波的传播速度和压力变化。通过对这些数据的分析，可以改进炸药设计和爆炸技术，提高其性能和安全性。

爆炸的研究促进了流体和固体介质中冲击波理论、流体弹塑性理论、黏塑性固体动力学的发展。爆炸在固体中产生的高应变率、大变形、高压和热效应等推动了凝聚态物质高压状态方程、非线性本构关系、动态断裂理论和热塑不稳定性理论的研究。爆炸瞬变过程的研究则推动了各种快速采样的实验技术，包括高速摄影、脉冲 X 射线照相、瞬态波形记录和数据处理技术的发展。

在地震、工程爆破、高速加工、爆炸成型和焊接等过程中，结构物的抗爆或抗冲击性能，弹体与装甲和各种介质的碰撞效应，核爆炸及其防护，陨星体及雨、雪、冰雹和固体粒子对飞行器的撞击，由液体和固体粒子撞击引起的固体腐蚀和断裂等这些问题的解决涉及一些共同的内容：工程材料在高压、高应变率甚至高温条件下本构方程的理论模型和试验研究，连续介质力学基本控制方程组，应力波传播理论以及瞬时动力学实验技术等。

1.3 爆炸力学发展简史

人类很早就认识到自然界有爆炸现象，但是发明爆炸物、制造爆炸现象并利用它们却是最近一两千年的事。爆炸力学的发展与火炸药的发明和应用紧密相关，我们的祖先对爆炸科学的发展有着不可磨灭的伟大贡献。古代中国的术士们在炼丹时炼丹炉发生意外爆炸，偶然发现了黑火药的原始配方。黑火药出现于周朝，而一硝二黄三木炭的黑火药配方则可能要晚一些。最早的黑火药配方见于 808 年中国炼丹家清虚子所著《铅汞甲庚至宝集成》中的“伏火矾法”，唐朝末期已被用于火攻作战。904 年，晚唐出现了“发机飞火”的一种应用黑火药燃烧推进的火箭。11 世纪中期，宋朝的曾公亮和丁度所撰《武经总要》一书中关于黑火药在军事上的应用已有生动的记载。

12 世纪末，黑火药经印度传入欧洲，在军事上得到了广泛的应用和发展。1231 年，金人发明并使用“震天雷”，利用黑火药在装有铁砂等的密闭铁壳或桶中燃烧而提高破坏作用。13 世纪后期，南宋对元兵作战使用了“大火炮”武器，破坏威力已相当可观。14 世纪初，欧洲出现了火绳枪。15 世纪出现了铁弹和铅弹。16 世纪下半叶发明了爆炸弹和炸弹。17—18 世纪，英国人波义耳、俄国人蒙诺索夫、法国人拉瓦锡总结了化学基本规律。1788 年，布蓝制碱法问世，形成了生产硫酸、烧碱等现代化学工业雏形。1800 年，英国人霍华德首先详细报道了雷汞的制备方法和特性。1807 年，苏格兰人福塞斯发明了击发点火装置，从而结束了火药激发必须依赖火绳的历史。1830—1832 年，美国化学家赫尔制成了桥丝式电雷管并用电池引爆黑火药。1845 年，美国海军军官摩尔发明了引信用电雷管。1868 年，瑞典人诺贝尔发明了雷汞雷管，实现了真正意义的爆轰，并使得原先不被认作炸药的物质（如黄色染料苦味酸等）变成了炸药，促进了弹药的改进和威力的大幅度提高。1881 年，法国物理学家 M. 贝特洛与 P. 维埃耶首次观测到气体中的爆轰波传播现象。1884 年，法国人皮埃尔首先制成了硝化棉无烟火药，以其更为优越的性能很快在很多场合取代了黑火药。1888 年，美国化学家查尔斯 • 门罗发现了空心聚能装药效应。1900 年，TNT 炸药被用于装填炮弹，使弹药威力大幅度提高。

武器技术的进步使战争方式发生了天翻地覆的变化，火药的发明使人类战争从冷兵器时代进入热兵器时代，第二次世界大战末期发明的原子弹更具有大规模灭绝性的意义，这标志着人类战争从此进入核武器时代。现代武器技术应用了人类科学技术中最先进的研究成果，爆炸技术是热兵器技术的核心。

受到两次世界大战的需求牵引，爆炸力学逐渐发展成为一门学科。在试验测试方面，1881 年，首次观测到气体中的爆轰波传播现象。1899 年，柴普曼（Chapman）独自创立了爆轰波的流体力学理论。1905 年和 1917 年，柔格（Jouguet）也独立地完成了类似的理论工作。自此，以他们二人命名的 C–J 爆轰理论被建立了起来，并沿用至今。爆轰波 Z–N–D 模型的提出，是爆轰理论的重大发展。20 世纪 60 年代，基本完成了 B–K–W 爆轰产物状态方程、爆轰流体力学及爆轰热化学参数计算程序；70 年代，围绕冲击转爆轰（SDT）和燃烧转爆轰问题开展了大量实验和理论研究，发展并完善了拉格朗日（Lagrange）实验分析技术，提出了均匀加热的热起爆理论和非均匀加热的热点起爆理论，推动了爆轰数值模拟研究。80 年代后期，布兹尔（Bdzil）建立了爆轰冲击动力学（DSD）方法，以改进爆轰波数值计算精度，特别是解决了由反应区宽度引起的边界效应和弯曲波阵面对爆轰传播速度影响的问题，在水下爆炸、空气中爆炸及土中爆炸领域的研究也取得了很大进展。

1906 年，道特里什创立了测量爆轰波传播速度的实验方法。1936—1939 年，西班牙战争出现了反装甲车辆的聚能装药破甲弹。1955 年，美国学者休斯顿（Huston）和达夫（Duff）发表了第一篇测试爆轰波阵面压力的报告。20 世纪 60 年代，出现了测爆压的水箱法，以及通过质点速度确定爆轰压力的电磁方法；60 年代中后期出现了激光速度干涉仪技术；70 年代其完善为 VISAR 系统；80 年代发展了 ORVIS 系统。这些精密测试技术不但大大提高了爆轰压力的测量精度，也大幅度提高了爆轰过程和材料对冲击载荷动力学响应特性的研究水平。70—80 年代，瞬态温度测试技术取得了新进展，使爆轰温度及冲击波阵面温度测量成为可能。目前，爆速测量精度可达 0.5%，时间精度可达纳秒级，高速摄影可达每秒上万甚至千万帧。

1945 年，第一次核裂变原子炸弹投入使用。1952 年，第一个热核武器炸弹爆炸。此后 60 多年来，与其他科学一样，爆炸科学无论在爆炸实验科学、爆炸理论与数值计算分析方面，还是在应用技术方面都有了长足的进展。以不均匀材料的冲击压缩现象为热点的有关材料的冲击压实、烧结、冲击相变以及冲击波化学（如冲击合成新材料、冲击导致聚合化学反应、冲击起爆以及冲击极化、磁化等）等研究在近年来发展迅速，并推动着爆炸应用技术的发展。

国内爆炸科学技术主要是在中华人民共和国成立后开始并发展的。20 世纪 50 年代后期，我国开始建立自己的武器弹药生产与研究体系；60 年代中期，军工产品逐步由仿制向自行研制过渡。这一时期，我国围绕各种武器弹药的改进逐渐开展爆炸力学领域的实验与理论研究。1964 年 10 月，我国自行研制的第一颗原子弹爆炸成功，两年后我们有了自己的氢弹，继而，我国的导弹武器研制取得了长足进展。我国的爆炸科学研究队伍在这些实践中成长起来。1977 年，在黄山召开了第一届全国爆炸力学学术会议。1979 年 8 月，在兰州召开了第一届全国爆轰学术会议。1982 年，成立了爆炸力学学会组织，随后《爆炸与冲击》学报问世。21 世纪以来，在郑哲敏教授、丁儆教授、经福谦教授、冯叔瑜教授、朱兆祥教授等老一辈爆炸学家的率领下，我国在爆轰学、爆炸动力学、冲击力学与材料动态响应、工程爆破技术、爆炸安全与防护以及爆炸与冲击力学数值模拟技术等方面都做了大量具有国际水平的研究工作，先后出版了《爆炸及其作用》《工程爆破》《应力波基础》《实验物态方程导引》《热爆炸理论》《凝聚炸药起爆动力学》《理论爆轰物理》《应用爆轰物理》等一批学术著作，并主办了多届“强冲击载荷及其效应”“炸药与烟火”“工程爆破”“冲击动力学”等大型国际学术研讨会。我国的爆炸科学技术工作者正以令人瞩目的姿态屹立于世界民族之林。

1.4 爆炸力学研究方法

爆炸有时被认作突发的、随机的、物体的分解。毫无疑问，对于事件的突发性而言，爆炸的发生伴随一种非常可怕的速度，物体所受到的破坏是一种随机的模式。物体本身、建筑物、设备和该区域内的人员也可能被爆炸分解，这一事实已被充分记录在案。

当爆炸载荷作用于可变形固体的某部分表面时，一开始只有那些直接受到外载荷作用的表面部分的介质质点离开了初始平衡位置。由于介质质点具有惯性，相邻介质质点的运动将滞后于直接受外载荷作用的表面介质质点的运动。依此类推，外载荷在表面上所引起的扰动就这样在介质中由近及远地传播形成应力波。扰动区域与未扰动区域的界面被称为波阵面，其传播速度被称为波速。

因此，如果将一个结构物在爆炸与冲击载荷下的动态响应与静态响应进行区别，实际上既包含介质质点的惯性效应，也包含材料本构关系的应变率效应。但我们在处理爆炸与冲击载荷下的固体动力学问题时，有两个方面的问题：一方面是正问题，已知材料的动态力学性能在给定的外载荷条件下关于介质运动的研究，是应力波传播规律的研究；另一方面是反问题，借助于应力波传播的分析，关于材料本身在高应变率下的动态力学性能的研究，是材料力学性能或本构关系的研究。

爆炸是由固体或液体材料组成的炸药发生复合气体反应并且产生大量能量，以压力和温度升高的形式释放的快速氧化作用，爆炸反应往往在短短几微秒内完成，将固体材料转化为高压蒸汽。典型的爆炸如C4产生的压力有数千个大气压，温度高达2 000～4 000 K。爆炸反应迅速产生气体，压缩并挤压周围空气形成冲击波。冲击波形成后，在空气中向外传播。图1-4-1所示为爆炸波的传播，爆炸中心压力函数在特定时间内随着距离的增加而减少，随着气体膨胀压力的下降，压力波在某一时刻产生相对负压。

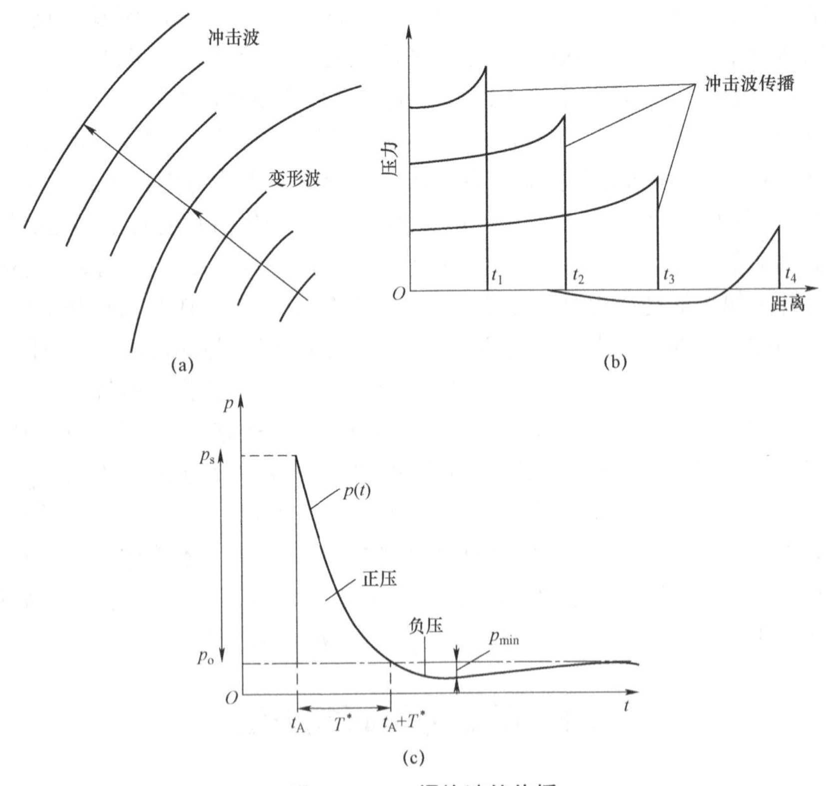

图1-4-1　爆炸波的传播

（a）球形冲击波；（b）传播压力脉冲；（c）距爆炸中心一定距离点的压力曲线

爆炸力学是高效毁伤武器设计和工业爆炸安全性的理论基础。由于包含极端条件下多物质的复杂物理和力学行为，如高速、高温、高压，所以几乎不可能给出爆炸问题的精确解。由于爆炸发生在很短时间内且有强烈的毁伤效应，所以其试验数据非常有限。随着数值方法和计算性能的发展，计算爆炸力学已经成为爆炸力学、材

料动力学、计算数学和计算机技术的新的交叉分支，大大促进了爆炸力学和武器装备的发展。从 20 世纪 60 年代后期起，以美国为首的西方发达国家已经开发了 100 多种爆炸力学计算代码。基于爆炸力学模拟软件，关于三维体系物理过程的计算已经在进行，各种分界面的非定常计算力学的发展，促进了大量高效武器弹药的发展。

从总体上来讲，爆炸力学的发展主要表现在以下三方面。

1. 爆炸现象观察技术与爆炸动力学参数检测技术

炸药爆速电测技术的发展使爆速测量精确度越来越高，当前的测试仪器（包括多通道计时仪、各种型号的快速示波器、瞬态记录仪和数字存储器等）有的可精确到皮秒（ps，10^{-12} s）量级，常用的测试仪器一般都可精确到纳秒（ns，10^{-9} s）量级。高速摄影设备由转鼓式到转镜式，再发展到电子变相管式高速摄影仪（IMACON），记录幅频由每秒几千幅、几万幅，到现在的几千万幅。记录的线扫描速度已由每微秒零点几毫米发展到每微秒百毫米量级，这样就可以将极为短暂的爆炸现象展开来进行细微的分解。1955 年，美国学者 Huston 和 Duff 发表了第一篇测试爆轰波阵面压力的报告。20 世纪 60 年代出现了测爆压的水箱法和通过测量爆轰波阵面质点速度来确定爆轰压力的电磁方法。60 年代中后期出现了激光速度干涉仪技术。70 年代将其发展完善为 VISAR 系统。80 年代初，发展了 ORVIS 系统。这些精密测试技术不但使爆轰压力测量的精度大为提高，而且将爆轰过程以及材料对冲击载荷的动力学响应性能的研究提高到一个新的水平。70—80 年代，瞬态温度测试技术也有新的进展，使爆轰温度及冲击波阵面温度的测量成为可能。动态拉曼（Raman）光谱技术为爆轰瞬间的反应动力学过程、化学成分及反应瞬态温度的测量研究提供了很好的研究方法。利用压电、压阻、电磁、冲击极化等各种效应做成的传感器技术的发展，为爆炸与冲击过程的实验研究提供了多种有效手段。

2. 起爆、爆轰及爆炸效应的计算机数值模拟技术

在 20 世纪 50 年代中期，包括爆轰波参数和爆炸效应在内的计算问题都还是很难设想或是相当困难的。但是最近 40 年来，特别是近 20 年来，多种版本的二维及三维冲击动力学计算程序和软件（如 HELP、HEMP、EPIC－3、ADINA－2、DYNA－2、DYNA－3、AUTODYN－2、DEFEL 以及 DYTRIAN LS－ANSYS 等）相继投入运行，使与爆炸和冲击力学相关的大量问题可以借助于它们进行研究、评估，从而获得解答。

3. 爆轰学理论

在20世纪60年代基本完成了爆轰波参数计算理论的研究，建立了由B－K－W爆轰产物状态方程、爆轰流体力学理论与确定爆轰热化学参数的最小自由能方法结合的计算爆轰参数的程序（SIN）。70 年代以来，围绕 SDT（冲击到爆轰的转化）和 DDT（爆燃到爆轰的转化）问题开展了大量实验与理论研究，建立并完善了 Lagrange 实验分析技术，提出了均匀加热与非均匀加热起爆模型，对与起爆阶段的非理想爆轰过程紧密相关的反应进程变量函数及其表征方面取得了有价值的研究成果，推动了爆轰数值模拟研究工作的进展。为提高爆轰波数值计算研究的精度，特别是减少由反应区宽度引起的边界效应和弯曲波阵面对爆轰传播速度的影响，80 年代后期，Bdzil 建立了爆轰的冲击动力学（DSD）方法。随后人们为解决爆轰波阵面参量与波后流场的耦合问题及侧面稀疏效应又提出了爆轰波追踪法（Front Tracking of Detonation）。爆轰理论近年来发展了二维定常爆轰波理论，导出了二维定常爆轰波的声速面条件，确定了二维定常爆轰波有效反应区内的流场分布。在这方

面，北京理工大学的丁儆教授及他的学生们做了富有创见性的工作，在他们的论文中把经典的 C－J 条件和 Kirkwood 提出的准一维 C－J 条件视为两个特例。此外，在应用分子动力学理论研究爆轰反应流动理论及爆轰进程形态方面也取得了进展。

基于一定的简化条件进行理论分析，将爆炸的物理过程描述为若干数学方程和初边值条件构成的数学模型，运用数学工具进行求解分析；爆炸力学实验研究大多是根据相似条件进行小药量模拟实验，并不容易看到整个爆炸的过程；随着计算机技术的发展，可以采用尽可能接近实际的复杂数学模型，采用各种数值计算方法求解，数值结果可以展示爆炸过程及其产生的多物理效应。

第2章 固体介质的爆炸力学基础

2.1 固体受冲击绝热运动方程组

静力学理论针对处于静力平衡状态下的固体介质，应变率为 10^{-5}～10^{-1} s^{-1} 量级，而爆炸与冲击载荷作用具有短历时特点，在毫秒、微秒甚至纳秒的时间内发生运动参量的显著变化，就意味着高应变率。应力波传播的应变率必须高于 100 s^{-1}，如炸药在固体表面接触爆炸时的压力可以在几微秒内突然升高到 10 GPa，子弹以 10^2～10^3 m/s 的速度射击到靶板上，载荷总历时几十微秒，接触面的压力高达 1～10 GPa，应变率可高达 10^6～10^7 s^{-1}。在这样的动载荷条件下，介质微元体各物理量（如空间位置、力与加速度）处于随时间迅速变化的动态过程中，对此必须计及介质微元体的惯性，因此其是一个应力波传播、反射和相互作用的过程。

2.1.1 冲击固体绝热运动方程组

冲击载荷具有在短暂时间尺度上发生载荷显著变化的特点。大量实验表明，不同应变率下，材料的力学行为是不同的，各种类型的非弹性变形和断裂都是以有限速率发展的非瞬态响应，因而材料的本构关系在本质上是与应变率相关的。通常表现为，随着应变率的提高，材料的屈服极限提高、强度极限提高、延伸率降低，屈服滞后和断裂滞后等现象明显。

从热力学角度来说，静态下的应力–应变关系过程接近等温过程，应力–应变曲线近似为等温曲线；高应变率下的动态应力–应变关系接近绝热过程，是一个伴有温度变化的热–力学耦合过程，相应的应力–应变曲线近似为绝热曲线。固体受到冲击和爆炸加载的许多情形中，既要考虑固体强度，又要考虑可压缩性。

有强度介质的每一点处的应力状态可以用对应的应力张量表示：

$$\sigma = \begin{Vmatrix} \sigma_x & \tau_{xy} & \tau_{xz} \\ \tau_{yx} & \sigma_y & \tau_{yz} \\ \tau_{zx} & \tau_{zy} & \sigma_z \end{Vmatrix} \tag{2-1-1}$$

式中　σ_x，σ_y，σ_z 分别是垂直于坐标轴 x，y，z 的面元上的法向应力（以拉应力为正值）；$\tau_{xy}=\tau_{yx}$，$\tau_{xz}=\tau_{zx}$，$\tau_{yz}=\tau_{zy}$，分别是这些面元上的切向应力。有强度介质的每一点处存在特别的三个相互垂直的面元，这些面元上的切向应力为零，它们的法线方向构成应力张量的主轴，而且与原始坐标系（x，y，z）的选择无关。此时作用于这三个面元上的应力 σ_x，σ_y，σ_z 被称为主（法向）应力。

应力张量写成两项相加的形式：

$$\boldsymbol{\sigma} = \boldsymbol{\sigma}_{\mathrm{m}} + \boldsymbol{S}' \tag{2-1-2}$$

式中 $\boldsymbol{\sigma}_{\mathrm{m}}$ 是球量张量，对应该点处的压力 p：

$$\boldsymbol{\sigma}_{\mathrm{m}} = \begin{Vmatrix} -p & 0 & 0 \\ 0 & -p & 0 \\ 0 & 0 & -p \end{Vmatrix} \tag{2-1-3}$$

式中 p 是三个法向应力的平均值（以压应力为正值）：

$$p = -(\sigma_x + \sigma_y + \sigma_z)/3 \tag{2-1-4}$$

$\boldsymbol{S}'$ 是应力偏量张量，表征该点处切向应力的状况：

$$\boldsymbol{S}' = \begin{Vmatrix} \sigma_x + p & \tau_{xy} & \tau_{xz} \\ \tau_{yx} & \sigma_y + p & \tau_{yz} \\ \tau_{zx} & \tau_{xy} & \sigma_x + p \end{Vmatrix} \tag{2-1-5}$$

主方向上应力偏量的分量可记为

$$S_1' = \sigma_1 + p,\quad S_2' = \sigma_2 + p,\quad S_3' = \sigma_3 + p \tag{2-1-6}$$

根据式（2－1－4）可得：

$$S_1' + S_2' + S_3' = 0 \tag{2-1-7}$$

如果已知主应力 σ_1，σ_2，σ_3，则表征固体微元由形状变化引起应力状态的应力强度为

$$\sigma_{\mathrm{f}} = \frac{\sqrt{2}}{2}\sqrt{(\sigma_1 - \sigma_2)^2 + (\sigma_2 - \sigma_3)^2 + (\sigma_3 - \sigma_1)^2} \tag{2-1-8}$$

把式（2－1－6）代入式（2－1－8），得到：

$$\sigma_{\mathrm{f}} = \frac{\sqrt{2}}{2}\sqrt{(S_1' - S_2')^2 + (S_2' - S_3')^2 + (S_3' - S_1')^2} \tag{2-1-9}$$

如果各个应力偏量分量都等于零，则此时所有方向上的剪应力都为零，介质的运动可以用气体动力学方程组描述。一般情况下，固体中每点的应力状态由随空间坐标和时间变化的 9 个应力分量给出。

每一点处介质的变形由对称的应变张量 $\boldsymbol{\varepsilon}$ 表征：

$$\boldsymbol{\varepsilon} = \begin{Vmatrix} \varepsilon_{xx} & \varepsilon_{xy} & \varepsilon_{xz} \\ \varepsilon_{yx} & \varepsilon_{yy} & \varepsilon_{yz} \\ \varepsilon_{zx} & \varepsilon_{zy} & \varepsilon_{zz} \end{Vmatrix}$$

式中 ε_{xx}，ε_{yy}，ε_{zz} 是拉伸应变分量；$\varepsilon_{xy} = \varepsilon_{yx}$，$\varepsilon_{yz} = \varepsilon_{zy}$，$\varepsilon_{xz} = \varepsilon_{zx}$ 是剪切应变分量。在主轴标架中应变张量由三个方向的主应变 ε_1，ε_2，ε_3 确定：

$$\boldsymbol{T} = \begin{Vmatrix} \varepsilon_1 & 0 & 0 \\ 0 & \varepsilon_2 & 0 \\ 0 & 0 & \varepsilon_3 \end{Vmatrix}$$

表征介质微元形状变化的应变偏量分量定义如下：

$$\gamma_{xx}=\varepsilon_{xx}-\eta/3,\cdots,\gamma_{xy}=\varepsilon_{xy},\cdots \tag{2-1-10}$$

式中　$\eta=\varepsilon_1+\varepsilon_2+\varepsilon_3=\ln(\rho_0/\rho)$，如果考虑有限应变，则可通过位移分量$u_x$，$u_y$，$u_z$确定各应变分量：

$$\varepsilon_{xx}=\frac{\partial u_x}{\partial x}+\frac{1}{2}\left[\left(\frac{\partial u_x}{\partial x}\right)^2+\left(\frac{\partial u_y}{\partial x}\right)^2+\left(\frac{\partial u_z}{\partial x}\right)^2\right],\cdots$$

$$\varepsilon_{xy}=\frac{1}{2}\left[\left(\frac{\partial u_x}{\partial y}+\frac{\partial u_y}{\partial x}\right)^2+\left(\frac{\partial u_x}{\partial x}\frac{\partial u_x}{\partial y}+\frac{\partial u_y}{\partial x}\frac{\partial u_y}{\partial y}+\frac{\partial u_z}{\partial x}\frac{\partial u_z}{\partial y}\right)\right],\cdots$$

大变形时，在许多情况下可把主应变ε_1，ε_2，ε_3作为有限的对数（自然）应变。设定方向上物体微元的有限自然应变可定义为一系列小应变之和：

$$\varepsilon=\int_{l_0}^{l_0+\Delta l}\frac{\mathrm{d}l}{l}=\ln\frac{l_0+\Delta l}{l_0}=\ln\frac{l_1}{l_0} \tag{2-1-11}$$

式中　l_0是微元的原始长度；$l_1=l_0+\Delta l$，是该微元在设定方向上变形后的长度。通过主应变，我们可把应变强度表示为

$$\varepsilon_i=\frac{\sqrt{2}}{3}\sqrt{(\varepsilon_1-\varepsilon_2)^2+(\varepsilon_2-\varepsilon_3)^2+(\varepsilon_3-\varepsilon_1)^2} \tag{2-1-12}$$

引入物体微元速度矢量的分量u,v,w，把质量力（重力、离心力等）视作零。引入 Kronecker 符号δ_{ij}，记应力偏量分量为S'_{ij}，则：

$$S'_{ij}=\sigma_{ij}+p\delta_{ij},\delta_{ij}=\begin{cases}1,i=j\\0,i\neq j\end{cases} \tag{2-1-13}$$

（1）运动方程组：

$$\begin{cases}\dfrac{\mathrm{d}u}{\mathrm{d}t}=\dfrac{1}{\rho}\left(\dfrac{\partial S'_{xx}}{\partial x}+\dfrac{\partial S'_{xy}}{\partial y}+\dfrac{\partial S'_{xz}}{\partial z}-\dfrac{\partial p}{\partial x}\right)\\ \dfrac{\mathrm{d}v}{\mathrm{d}t}=\dfrac{1}{\rho}\left(\dfrac{\partial S'_{yy}}{\partial x}+\dfrac{\partial S'_{yx}}{\partial y}+\dfrac{\partial S'_{yz}}{\partial z}-\dfrac{\partial p}{\partial y}\right)\\ \dfrac{\mathrm{d}w}{\mathrm{d}t}=\dfrac{1}{\rho}\left(\dfrac{\partial S'_{zz}}{\partial x}+\dfrac{\partial S'_{zx}}{\partial y}+\dfrac{\partial S'_{zy}}{\partial z}-\dfrac{\partial p}{\partial z}\right)\end{cases} \tag{2-1-14}$$

式（2-1-14）共含有 11 个未知量：p，ρ，u，v，w，S'_{xx}，S'_{yy}，S'_{zz}，S'_{xy}，S'_{yz}，S'_{xz}，如果应力偏量分量都为零，则式（2-1-14）为理想流体的欧拉方程。

（2）质量守恒方程（与介质的性质无关）：

$$\frac{\partial\rho}{\partial t}+\frac{\partial(\rho u)}{\partial x}+\frac{\partial(\rho v)}{\partial y}+\frac{\partial(\rho w)}{\partial z}=0 \tag{2-1-15}$$

也可写作$\frac{1}{\rho}\cdot\frac{\mathrm{d}\rho}{\mathrm{d}t}=-\left(\frac{\partial u}{\partial x}+\frac{\partial v}{\partial y}+\frac{\partial w}{\partial z}\right)$，其中，

$$\frac{1}{\rho}\cdot\frac{\mathrm{d}\rho}{\mathrm{d}t}=\frac{\mathrm{d}\ln\rho}{\mathrm{d}t}=-\frac{\mathrm{d}\eta}{\mathrm{d}t} \tag{2-1-16}$$

如果密度变化不大，则有

$$\eta \approx (\rho_0 / \rho) - 1 \tag{2-1-17}$$

要求解 11 个未知量，就需要补充与介质绝热压缩相关的方程，以及与固体强度相关的方程。应用最广泛的是弹塑性变形理论和塑性流动理论。微元的应变与应力分量关系可以写为

$$\mathrm{d}\varepsilon_{ij} - \delta_{ij}\frac{\mathrm{d}\eta}{3} = \frac{\mathrm{d}S_{ij}}{2G} + \mathrm{d}\lambda S_{ij} \tag{2-1-18}$$

式中　ε_{ij} 是应变张量分量；δ_{ij} 是 Kronecker 符号；S_{ij} 为应力偏量分量；$\mathrm{d}\lambda$ 为某个无穷小的标量乘子；G 为剪切模量，一般情况下，$G = G(p,T)$。如果 $\mathrm{d}\lambda = 0$，则得到微分形式的胡克定律，并记 $\dot{\lambda} = \mathrm{d}\lambda / \mathrm{d}t$，有

$$\frac{\mathrm{d}\varepsilon_{ij}}{\mathrm{d}t} - \frac{\delta_{ij}}{3} \cdot \frac{\mathrm{d}\eta}{\mathrm{d}t} = \frac{1}{2G} \cdot \frac{\mathrm{d}S_{ij}}{\mathrm{d}t} + \dot{\lambda} S_{ij} \tag{2-1-19}$$

引入应变率张量分量的记号：

$$e_{ij} = \frac{\mathrm{d}\varepsilon_{ij}}{\mathrm{d}t} \tag{2-1-20}$$

应变率张量分量也可以用速度对坐标的导数表示：

$$e_{xx} = \frac{\partial u}{\partial x},\quad e_{yy} = \frac{\partial v}{\partial y},\quad e_{zz} = \frac{\partial w}{\partial z},\quad e_{xy} = \frac{1}{2}\left(\frac{\partial v}{\partial x} + \frac{\partial u}{\partial y}\right),\quad e_{xz} = \frac{1}{2}\left(\frac{\partial \omega}{\partial x} + \frac{\partial u}{\partial z}\right),$$

$$e_{xy} = \frac{1}{2}\left(\frac{\partial v}{\partial y} + \frac{\partial w}{\partial z}\right) \tag{2-1-21}$$

应力强度 σ_{f} 和应变率强度 e_{f} 由式（2-1-22）和式（2-1-23）确定：

$$\sigma_{\mathrm{f}} = \frac{\sqrt{2}}{2} \times \sqrt{(S_{xx} - S_{yy})^2 + (S_{yy} - S_{zz})^2 + (S_{zz} - S_{xx})^2 + 6(S_{xy}^2 + S_{xz}^2 + S_{yz}^2)} \tag{2-1-22}$$

$$e_{\mathrm{f}} = \frac{\sqrt{2}}{3} \times \sqrt{(e_{xx} - e_{yy})^2 + (e_{yy} - e_{zz})^2 + (e_{zz} - e_{xx})^2 + 6(e_{xy}^2 + e_{xz}^2 + e_{yz}^2)} \tag{2-1-23}$$

（3）绝热运动方程组：单位质量介质的内能变化率 $\mathrm{d}E/\mathrm{d}t$ 与介质变形功率间的关系为

$$\frac{\mathrm{d}E}{\mathrm{d}t} = \frac{\sigma_{ij}}{\rho} \cdot \frac{\mathrm{d}\varepsilon_{ij}}{\mathrm{d}t} = \frac{S_{ij} - p\delta_{ij}}{\rho} \cdot \frac{\mathrm{d}\varepsilon_{ij}}{\mathrm{d}t} = \frac{S_{ij}}{\rho} \cdot \frac{\mathrm{d}\varepsilon_{ij}}{\mathrm{d}t} - \frac{p\delta_{ij}}{\rho} \cdot \frac{\mathrm{d}\varepsilon_{ij}}{\mathrm{d}t}$$

使用张量分量求和，$\frac{p\delta_{ij}}{\rho} \cdot \frac{\mathrm{d}\varepsilon_{ij}}{\mathrm{d}t} = -\frac{p}{\rho} \cdot \frac{\mathrm{d}\rho}{\mathrm{d}t}$。

根据热力学第一定律，绝热过程中比内能的变化率满足：

$$\frac{\mathrm{d}E}{\mathrm{d}t} - \frac{p}{\rho} \cdot \frac{\mathrm{d}\rho}{\mathrm{d}t} - \frac{\mathrm{d}A_{\mathrm{c}}}{\mathrm{d}t} = 0 \tag{2-1-24}$$

式中

$$\frac{\mathrm{d}A_{\mathrm{c}}}{\mathrm{d}t} = \frac{1}{\rho}\left(S_{xx}\frac{\mathrm{d}\varepsilon_{xx}}{\mathrm{d}t} + S_{yy}\frac{\mathrm{d}\varepsilon_{yy}}{\mathrm{d}t} + S_{zz}\frac{\mathrm{d}\varepsilon_{zz}}{\mathrm{d}t} + S_{xy}\frac{\mathrm{d}\varepsilon_{xy}}{\mathrm{d}t} + S_{xz}\frac{\mathrm{d}\varepsilon_{xz}}{\mathrm{d}t} + S_{yz}\frac{\mathrm{d}\varepsilon_{yz}}{\mathrm{d}t}\right)$$

如果需要确定介质的温度，就需要知道物态方程，固体材料物态方程的具体形式可以有

多种给定方式：

$$p=p(\rho,T)\text{ 或 }p=p(\rho,E) \tag{2-1-25}$$

在与冲击波、稀疏波、应力波传播等有关的高速变形问题中，绝热近似下忽略慢的微元之间热交换过程是较为合理的。以张量符号写出的整个方程组为

$$\begin{cases}\dfrac{\mathrm{d}\rho}{\mathrm{d}t}+\rho\nabla_i v_i=0\\ \rho\dfrac{\mathrm{d}v_i}{\mathrm{d}t}=\nabla_j\,\sigma_i^j\\ \rho\dfrac{\mathrm{d}E}{\mathrm{d}t}=\sigma^{ij}e_{ij}\\ e_{ij}=\dfrac{1}{2}(\nabla_i v_j+\nabla_j v_i)\\ \dfrac{\mathrm{d}S_{ij}}{\mathrm{d}t}+2G\dot{\lambda}S_{ij}=2G(e_{ij}-eg_{ij})=2G\left(e_{ij}+\dfrac{1}{3\rho}\dfrac{\mathrm{d}\rho}{\mathrm{d}t}g_{ij}\right)\\ p=p(\rho,E)\\ \sigma_{ij}=-pg_{ij}+D\sigma_{ij}\\ \dot{\lambda}=\dfrac{3}{2Y^2}\sigma_{ij}e_{ij}^{(\mathrm{p})}\end{cases} \tag{2-1-26}$$

式中　∇_i 为哈密顿微分算子；v_i 是微元速度矢量分量；g_{ij} 是一般坐标系局域基矢标架的测度系数，在笛卡儿坐标系中等于 δ_{ij}；Y 是材料的动态流动极限；$e_{ij}^{(\mathrm{p})}$ 是应变率张量的塑性分量。弹塑性介质方程组相当复杂，实质上很难得出解析解。

采取直角坐标系中的欧拉表述方式，把方程组（2-1-26）写成如下形式：

$$\frac{\mathrm{d}\rho}{\mathrm{d}t}+\rho\left(\frac{\partial u}{\partial x}+\frac{\partial u}{\partial y}+\frac{\partial u}{\partial z}\right)=0 \tag{2-1-27a}$$

$$\rho\frac{\mathrm{d}u}{\mathrm{d}t}=\frac{\partial\sigma_{xx}}{\partial x}+\frac{\partial\sigma_{xy}}{\partial y}+\frac{\partial\sigma_{xz}}{\partial z} \tag{2-1-27b}$$

$$\rho\frac{\mathrm{d}v}{\mathrm{d}t}=\frac{\partial\sigma_{xy}}{\partial x}+\frac{\partial\sigma_{yy}}{\partial y}+\frac{\partial\sigma_{yz}}{\partial z} \tag{2-1-27c}$$

$$\rho\frac{\mathrm{d}w}{\mathrm{d}t}=\frac{\partial\sigma_{xz}}{\partial x}+\frac{\partial\sigma_{yz}}{\partial y}+\frac{\partial\sigma_{zz}}{\partial z} \tag{2-1-27d}$$

$$\rho\frac{\mathrm{d}E}{\mathrm{d}t}=\sigma_{xx}e_{xx}+\sigma_{yy}e_{yy}+\sigma_{zz}e_{zz}+2\sigma_{xy}e_{xy}+2\sigma_{xz}e_{xz}+2\sigma_{yz}e_{yz} \tag{2-1-27e}$$

$$e_{xx}=\frac{\partial u}{\partial x},\quad e_{yy}=\frac{\partial \upsilon}{\partial y},\quad e_{zz}=\frac{\partial \omega}{\partial z} \tag{2-1-27f}$$

$$e_{xy}=\frac{1}{2}\left(\frac{\partial u}{\partial y}+\frac{\partial v}{\partial x}\right),\quad e_{xz}=\frac{1}{2}\left(\frac{\partial u}{\partial z}+\frac{\partial w}{\partial x}\right),\quad e_{yz}=\frac{1}{2}\left(\frac{\partial v}{\partial z}+\frac{\partial w}{\partial y}\right) \tag{2-1-27g}$$

$$\frac{\mathrm{d}S_{xx}}{\mathrm{d}t}+2G\dot{\lambda}S_{xx}=2G\left(e_{xx}+\frac{1}{3\rho}\cdot\frac{\mathrm{d}\rho}{\mathrm{d}t}\right) \tag{2-1-27h}$$

$$\frac{\mathrm{d}S_{yy}}{\mathrm{d}t}+2G\dot{\lambda}S_{yy}=2G\left(e_{yy}+\frac{1}{3\rho}\cdot\frac{\mathrm{d}\rho}{\mathrm{d}t}\right) \tag{2-1-27i}$$

$$\frac{\mathrm{d}S_{zz}}{\mathrm{d}t}+2G\dot{\lambda}S_{zz}=2G\left(e_{zz}+\frac{1}{3\rho}\cdot\frac{\mathrm{d}\rho}{\mathrm{d}t}\right) \tag{2-1-27j}$$

$$\frac{\mathrm{d}S_{xy}}{\mathrm{d}t}+2G\dot{\lambda}S_{xy}=2Ge_{xy} \tag{2-1-27k}$$

$$\frac{\mathrm{d}S_{xz}}{\mathrm{d}t}+2G\dot{\lambda}S_{xz}=2Ge_{xz} \tag{2-1-27l}$$

$$\frac{\mathrm{d}S_{yz}}{\mathrm{d}t}+2G\dot{\lambda}S_{yz}=2Ge_{yz} \tag{2-1-27m}$$

$$p=p(\rho,E)\text{，}\quad \sigma_{ij}=-p\delta_{ij}+S_{ij}\text{，}\quad \dot{\lambda}=\frac{3}{2Y^2}\sigma_{ij}e_{ij}^{(\mathrm{p})} \tag{2-1-27n}$$

方程组（2-1-27）描述了所有种类固体弹塑性介质的三维不定常运动。

① 如果不计固体的强度，则式（2-1-27）为描述理想介质绝热运动方程组。如果认为固体的密度不发生变化，则得到不可压缩塑性介质的运动方程组。如果介质不发生强化，$\sigma_\mathrm{f}=Y=$常数，则得到理想塑性介质的运动方程组。

在可压缩理想塑性介质运动的整个区域内，应满足如下条件：

$$S_1^2+S_2^2+S_3^2\leqslant\frac{2}{3}Y^2 \tag{2-1-28}$$

式（2-1-28）表述了 Mises 屈服条件，意味着应力强度 σ_f 不可能超过流动极限 Y。若为理想塑性情形，则 $\sigma_\mathrm{f}=Y$。

目前已经得到理想塑性本构下（$\sigma_\mathrm{f}=$常数）一维和轴对称二维动力学许多问题的数值解，如炸药装药对短圆柱钢壳的抛掷、圆柱形装药对金属平板的爆炸作用等。应力强度 σ_f 通常与应变强度 ε_f、应变率强度 e_f、压力 p、温度 T 以及相变等因素有关：

$$\sigma_\mathrm{f}=F(\varepsilon_\mathrm{f},e_\mathrm{f},p,T) \tag{2-1-29}$$

对状态参数在很大范围内变化的函数 F 的形式研究很少，各种参数对材料强度的联合影响的研究更为薄弱。所以在建立与塑性流动有关的动力学问题中，给定 $\sigma_i=F(\varepsilon_i,e_i,p,T)$ 的具体形式时不可避免要简化。

② 当 $\lambda>0$ 时，方程组（2-1-27）描述了加载情况下有强度可压缩介质的运动。在加载之后，塑性区介质发生卸载。真实塑性材料的卸载规律具有非线性特性，卸载规律应由试验确定。一次近似下，卸载中应力分量和应变率分量之间的关系服从胡克定律：

$$\dot{\sigma}_{ij}=2G\dot{\varepsilon}_{ij}+\mu\dot{\eta}\delta_{ij} \tag{2-1-30}$$

式中 $\eta=\ln(\rho_0/\rho)$，$\dot{\eta}=-(1/\rho)\mathrm{d}\rho/\mathrm{d}t$。如果应变不大，则 $\eta=\varDelta=(\rho_0/\rho)-1$。拉梅系数 μ、G 通常与加载条件（ε_i，e_i，p，T）有关。

在弹性区中有

$$p = -K\eta, \quad \dot{p} = -K\dot{\eta} \tag{2-1-31}$$

式中　$K = \mu + 2G/3$，是体积压缩模量。由式（2-1-30）和式（2-1-31）得出：

$$\dot{S}_{ij} = 2G(e_{ij} - \dot{\eta}\delta_{ij}/3) \tag{2-1-32}$$

式（2-1-32）可以由方程组（2-1-27）的式（2-1-27h）～式（2-1-27m）取 $\dot{\lambda}=0$ 而导出。

③ 如果把塑性区中的应力强度 σ_f 看作常量，即 σ_f = 常数，则方程组（2-1-27）中 σ_f 的值是已知的。一般情况下，σ_f 值依赖应变硬化的关系较弱，却是平均应力的函数：$\sigma_f = \sigma_f(p)$。当压力低于 50 atm① 的冲击波在许多固体（铁、铝、铜等）中传播时，等温压缩压力或等熵压缩压力与冲击波压力的差异很小，因此，若压力没有很高时，则可把很多材料的等温线、等熵线和冲击绝热线看作互相重合。在这种情况下，方程组（2-1-27）中出现的两个关于内能 E 的式子，可以用压力 p 与材料密度 ρ 之间的关系式代替：

$$p = p(\rho) \tag{2-1-33}$$

④ 在高应变率下，物体经历剧烈的动态变形（应变率通常大于 100 s^{-1}），某些材料的力学特性可能发生重大变化；动态变形时，物体密度发生变化，平均压力（量值可达到上万个标准大气压）影响材料力学性质；在更高压力下，材料强度甚至可以忽略不计。

在动态变形中，由于冲击压缩和不可逆塑性变形，所以固体的温度上升，但冲击压缩压力不高时，这种加热的影响不大。当压力超过几十万个标准大气压时，温度对铜、钢等材料的强度影响极为重要。固体塑性变形时，许多材料的应力强度 σ_f 随应变而增大。也就是说存在强化（硬化）现象。在应变率的影响下，许多情形中的这种强化程度降低了。

⑤ 存在相变时必须给出每一相的质量守恒、两相混合物动量和能量守恒的运动微分方程组，如冲击波在铁和低碳钢中传播时，在压力强度为 13 GPa 附近发生相变。由对相变介质平面冲击波的计算表明，相变与强度对于冲击波的运动和衰减特性有重要影响。

在求解上述问题时，我们必须知道各种介质的物理性质和力学性质，通过试验掌握冲击绝热线的基础，计算固体的物态方程，找到确定凝聚炸药爆轰产物物态方程的方法。在很多情形中，固体强度和塑性依赖于静水压力，然而还很缺少对于应变率、温度和压力对强度与塑性的综合影响的研究，所以动力学问题中对固体强度和断裂过程的考虑带有一定的近似性质。

随着各种介质的物理性质、力学性质以及物理方程组准确度的提高、数值方法和电子计算机运算速度及存储量的发展，数值计算将能更精确地反映与冲击和爆炸有关的真实过程的动力学，并逐渐成为研究冲击与爆炸过程的基本方法。

2.1.2　固体动态强度理论

人们早就知道，当加载持续时间减少时，固体的强度明显增高，但是在一般情况下，材料强化程度不仅与应变率有关，而且与未受载原始材料的力学性质和结构有关。试验数据表明，钢的动态流动极限 Y 既是应变率 $\dot{\varepsilon}$ 的函数（见图 2-1-1），也是静态流动极限 σ_T 的函数（见图 2-1-2）。

① 1 atm = 101.325 kPa。

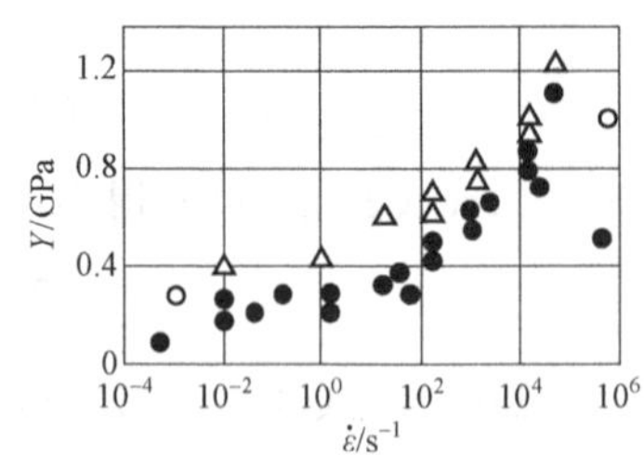

图 2–1–1　流动极限 Y 与应变率 $\dot{\varepsilon}$ 的关系

●—工业纯铁；○，△—中碳钢

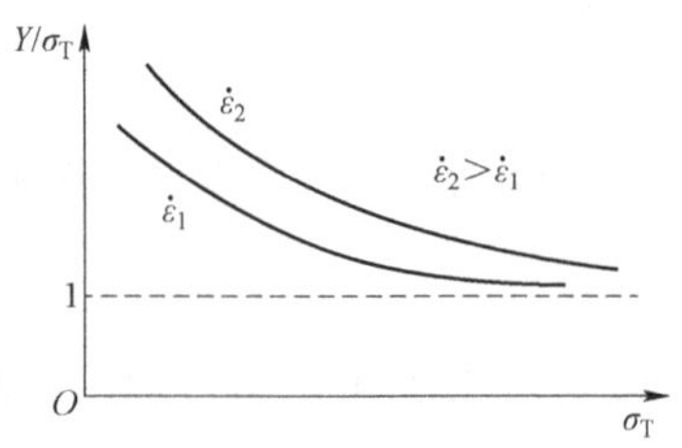

图 2–1–2　相对动态流动极限 Y/σ_T、静态流动极限 σ_T 和应变率 $\dot{\varepsilon}$ 三者间的关系曲线

这种关系的最简单形式可以表示为

$$Y = \sigma_T(1 + \mu\dot{\varepsilon}) \tag{2-1-34}$$

式中　μ 为黏性系数，它对应变率 $\dot{\varepsilon}$ 的依赖关系很复杂。

金属受冲击波加载的特殊性质不仅在于变形的高速度和材料结构变化，还有高应力、高压缩应变下出现的温升（表 2–1–1）。

表 2–1–1　金属中冲击压缩温度 T_{yc} 与相对比容 ξ 的关系

金属	ξ	T_{yc}/K
铁	0.94	333
	0.83	623
	0.78	823
	0.76	1 323
铜	0.91	633
	0.71	2 473
	0.59	12 243
铝	0.91	613
	0.71	1 673
	0.55	9 523
铅	0.91	633
	0.71	2 193
	0.55	11 573
	0.48	21 973

在平面冲击波加载和高应变率条件下，在主应力 σ_1 和 σ_2 的差值未达到动态流动极限之前，材料呈弹性形态，因此，平面冲击波对材料加载时的各个主应力可以用简单关系式关联起来：

$$\sigma_1 - \sigma_2 = Y \tag{2-1-35}$$

若冲击波幅度继续增大，材料发生强烈塑性流动，则其极限是材料的熔化。例如，当冲击波阵面的压应力 $\sigma_1 \approx 300$ GPa 时，铁发生熔化；对于铜，为 250 GPa；对于铝，为 120 GPa；对于铅，为 30 GPa。完全的流动极限关系式可以在一定程度上描述屈服极限：

$$Y = \sigma_{\mathrm{HE}} f_1(\varepsilon_{\mathrm{p}}^{\mathrm{eq}})[1 + f_2(\sigma) + f_3(\Delta T)] \qquad (2-1-36)$$

式中　$f_1(\varepsilon_{\mathrm{p}}^{\mathrm{eq}})$ 是考虑塑性变形功引起强化的函数；$\varepsilon_{\mathrm{p}}^{\mathrm{eq}}$ 是等价塑性应变；ΔT 是温度增量。式（2-1-36）中的定量确定，对许多材料来说仍然相当困难，所有确定冲击波加载下材料剪切强度（动态流动极限）的试验，应用最广泛的有下列四种方法。

1. 冲击绝热线与静水压缩线

假设材料强化是各向同性过程，那么等温压缩的静水压力曲线实际上与平均应力曲线重合。流动条件 $\sigma_{\mathrm{f}} = Y$ 的动态流动极限值，应正比于弹塑性材料冲击绝热线上应力 σ_1 与平均应力的差值：$Y = 3(\sigma_1 - \sigma_{\mathrm{m}})/2$。首先，这个方法只限于应力 σ_1 不高的情形，此时冲击压缩下物质的温升不大，可以忽略压力中的热分量。其次，这个方法在试验上可以最精确地确定冲击绝热线和静水压缩线的位置。

2. 测量冲击波衰减的方法

这种方法的基础是同种材料的自由飞行平板（撞击器）对所研究样品（靶板）的加载过程，两者碰撞导致在待研究样品和撞击器中都产生冲击波。撞击器中的冲击波在该板前自由面反射，形成中心稀疏波——包括弹性和塑性卸载波，无折射地通过相撞物体的分界面进入待研究样品之中，弹性卸载波赶上待研究样品中的冲击波阵面，使其幅度下降，待研究样品中冲击波幅度的减小与弹性卸载波的幅度 $\Delta\sigma_1$ 有关。试验测量冲击波的衰减过程，通过 Y 与 $\Delta\sigma_1$ 的关系，即 $\Delta\sigma_1 = 2Y[(1-\nu)/(1-2\nu)]$，可以确定动态流动极限值。

3. 测量主应力的方法

这种方法是通过测量与冲击波阵面垂直方向的正应力 σ_1 和处于冲击波阵面所在平面上的横向应力 σ_2，由实验数据通过 $Y = \sigma_1 - \sigma_2$ 直接求得动态流动极限。

4. 自洽方法

这种方法是通过先测量冲击波在压缩初始状态开始反复加载与卸载中被测材料粒子的运动速度，然后通过计算还原反复压缩和卸载的关系式 $\sigma_1(\nu)$，最后利用关系式 $\sigma_1 - \sigma_2 = 4Y/3$ 确定动态流动极限（见图 2-1-3）。

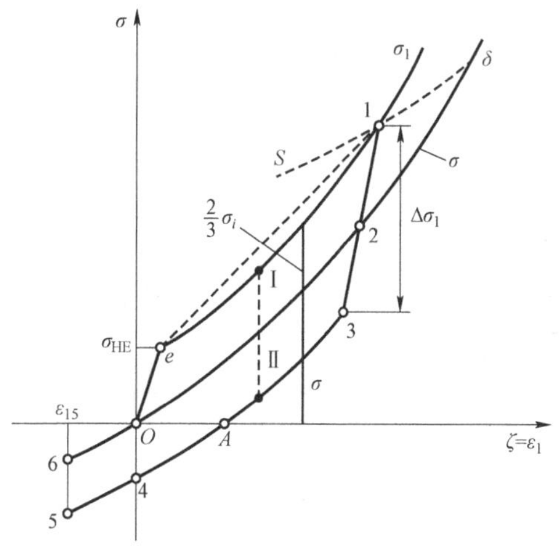

图 2-1-3　应力-体应变的关系曲线

表 2-1-2 所示为各种材料动态流动极限 Y 的试验值和用杆件拉伸试验确定的静态流动极限值 σ_{T}。根据试验测量的冲击绝热线弹性极限值 σ_{HE}，与 Mises 屈服条件式 $\sigma_{\mathrm{f}} = Y$，有 $\sigma_1 = \sigma_{\mathrm{HE}}$，$\sigma_1 = Y[(1-\nu)/(1-2\nu)]$，$\sigma_2 = \sigma_3 = Y\nu/(1-2\nu)$ 即可确定 Y 值，冲击波加载下应变率的量级为 $10^5\ \mathrm{s}^{-1}$。

表 2-1-2　各种材料动态流动极限 Y 的试验值和用杆件拉伸试验确定的静态流动极限值 σ_T

金属材料	σ_{HE}/GPa	Y/GPa	σ_T/GPa	Y/σ_T
工业纯铁	1.16	0.73	0.15	4.86
3 号钢	1.36	0.86	0.21	4.10
退火的 40X 钢	1.96	1.23	0.42	2.94
退火的 30XrCA 钢	2.09	1.32	0.47	2.81
淬火的 40X 钢	2.64	1.66	0.82	2.03
淬火的 30XICA 钢	2.99	1.88	1.45	1.30
退火的 Lt16 铬合金	0.47	0.26	0.13	2.02
退火的 Lt16 铬合金	0.76	0.42	0.27	1.55
工业纯铁	0.69	0.40	0.30	2.09
工业纯铁	1.16	0.75	0.29	2.6
退火的 2024-TY 铝合金	0.09	0.05	0.10	0.45
淬火的 2024-TY 铝合金	0.55	0.29	0.30	0.96
6016-T6 铝合金	0.65	0.33	0.27	1.18
淬火后低回火的 Y10 钢	2.55	1.61	—	—
标准工业纯铁	1.15	0.72	0.22	3.27
退火的 M1 铜	0.48	0.23	0.08	2.9
B95 合金	0.68	0.37	022	1.7
淬火的 SAE-4340 钢	2.57	1.51	0.30	1.16
SAE-4340 钢	1.46	1.04	0.65	1.56
股钢	1.28	0.78	0.27～0.42	2.8～1.85

表 2-1-3 所示为以冲击波阵面各种正应力 σ_1 值条件下的试验数据为基础得出的动态流动极限 Y 的数据。

表 2-1-3　金属材料的动态流动极限

材料	σ_1/GPa	Y/GPa	材料	σ_1/GPa	Y/GPa
铝	10.0	0.82	铜	34.0	1.8
	11.0	0.86		80.0	2.8
	17.5	1.25		122.0	1.6
	30.0	1.7	铅	46.0	0
	34.5	2.2	铁	111.0	1.1
	68.0	2.9		185.0	2.7

图 2–1–4 所示为沿铜的冲击绝热线、动态流动极限 Y 与主应力 σ_1 的关系。图 2–1–5 所示为沿铝和铝合金的冲击绝热线、动态流动极限 Y 与主应力 σ_1 的关系。

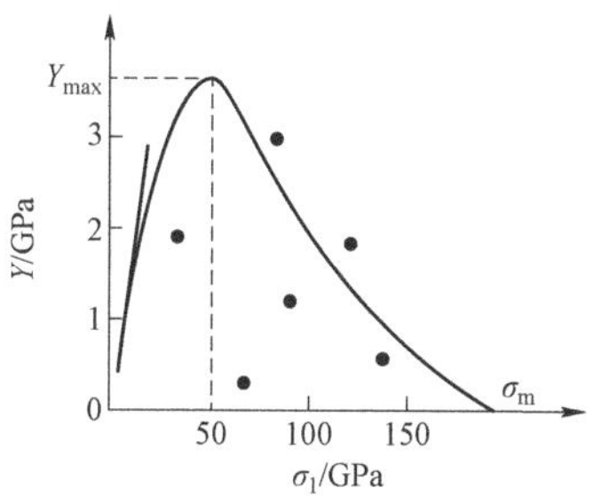

图 2–1–4　沿铜的冲击绝热线、动态流动极限 Y 与主应力 σ_1 的关系

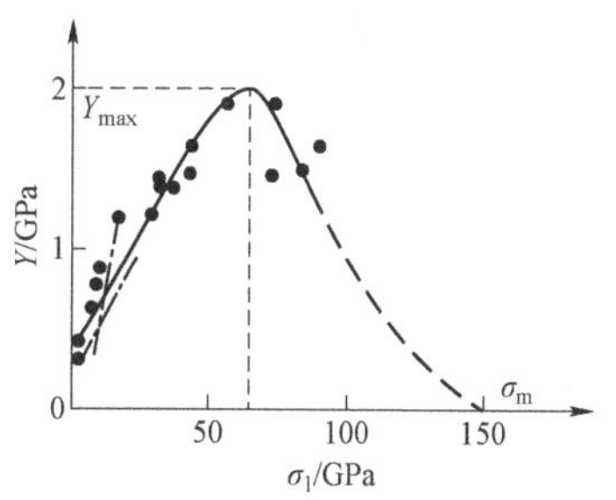

图 2–1–5　沿铝和铝合金的冲击绝热线、动态流动极限 Y 与主应力 σ_1 的关系

在冲击波加载下，由冲击绝热线弹性极限至熔化压力范围内材料形态的研究表明，关系曲线 $Y(\sigma_1)$ 有着上行分支和下行分支，以及明确显示的最大值。因此，前述拟合近似式仅在适中的冲击加载应力下，对于上行分支是正确的，此时决定性的因素是材料逐步强化时塑性变形的压力和所做的功。随着 σ_1 的增大，温度开始逐渐产生作用（内能的热分量），沿冲击绝热线温度迅速增大，压力开始剧烈增高，从某个 σ_1^* 值开始，动态流动极限与温度的关系式变成决定性的，导致动态流动极限最大值 Y_{max} 下降，在熔化压力状态下，$\sigma_1=\sigma_m$，Y_{max} 降为零。因此，描述冲击波加载下动态流动极限整个变化范围的近似关系式的结构，应具有类似式（2–1–36）的形式。为了实际应用于数值计算，可采用：

$$Y=\sigma_T+\left(1+\frac{\ln A}{1.35\sigma_T^n}\right) \tag{2–1–37}$$

式中

$$A=1+0.1\times(3^{0.22\ln\dot{\varepsilon}})$$

$$n=\begin{cases}0.8, & \sigma_T<1\text{ GPa}\\ 2.0, & \sigma_T\geqslant 1\text{ GPa}\end{cases}$$

式（2–1–37）对应的静态流动极限范围是 $\sigma_T=0.1\sim2.0$ GPa，应变率变化范围是 $10^{-4}\sim10^6\ \text{s}^{-1}$。式（2–1–37）是式（2–1–34）的特殊情况，系数 μ 可以通过 σ_T 和 $\dot{\varepsilon}$ 由式（2–1–34）表达。比较多种类型钢材的试验数据，各种钢材的静态流动极限值相差达 1.5～6 倍，计算结果与试验数据的平均偏差为 5%～20%。因此，式（2–1–37）从整体上令人满意地描述了动态流动极限与应变率和静态流动极限的关系，形式比较简单，适用于具有较大变化范围的 σ_T 和 $\dot{\varepsilon}$。

2.1.3　一维应变下的弹塑性本构关系

回顾一维应力时的情况，当应力达到材料单向拉伸试验所确定的屈服极限 Y 时，材料开始塑性变形。屈服准则可表示为

$$\sigma_x=Y \tag{2–1–38}$$

当计及应变硬化性能时，Y 是塑性应变 ε_x^p 的函数：

$$Y=Y_p(\varepsilon_x^p) \tag{2–1–39}$$

或者可取作塑性功 W_p 的函数：

$$Y = Y_W(W_p) \tag{2-1-40}$$

这里一维应力下的塑性功 W_p 为

$$W_p = \int \sigma_x \mathrm{d}\varepsilon_x^p \tag{2-1-41}$$

按式（2-1-39），应力对塑性应变的导数为

$$\frac{\mathrm{d}\sigma_x}{\mathrm{d}\varepsilon_x^p} = \frac{\mathrm{d}Y_p}{\mathrm{d}\varepsilon_x^p} = Y_p' \tag{2-1-42a}$$

而按式（2-1-40）则为

$$\frac{\mathrm{d}\sigma_x}{\mathrm{d}\varepsilon_x^p} = \frac{\mathrm{d}Y_W}{\mathrm{d}W_p} \cdot \frac{\mathrm{d}W_p}{\mathrm{d}\varepsilon_x^p} = \frac{\mathrm{d}Y_W}{\mathrm{d}W_p} Y_W = Y_W Y_W' \tag{2-1-42b}$$

可见 $Y_p' = Y_W Y_W'$。

假定总应变 ε 是弹性部分 ε^e 和塑性部分 ε^p 之和：

$$\varepsilon = \varepsilon^e + \varepsilon^p \tag{2-1-43}$$

且已知在弹性阶段有

$$\frac{\mathrm{d}\varepsilon_x^e}{\mathrm{d}\sigma_x} = \frac{1}{E} \tag{2-1-44}$$

则在塑性阶段，当计及式（2-1-42a）和式（2-1-42b）时，应有

$$\frac{\mathrm{d}\varepsilon_x}{\mathrm{d}\sigma_x} = \frac{\mathrm{d}\varepsilon_x^e}{\mathrm{d}\sigma_x} + \frac{\mathrm{d}\varepsilon_x^p}{\mathrm{d}\sigma_x} = \frac{1}{E} + \frac{1}{Y_W} = \frac{1}{E} + \frac{1}{Y_W Y_W'}$$

由此可得一维应力下塑性变形阶段 $\sigma_x - \varepsilon_x$ 曲线的斜率 $\mathrm{d}\sigma_x/\mathrm{d}\varepsilon_x$。当以 E 和 Y_p 或 Y_W 表示时，为

$$\frac{\mathrm{d}\sigma_x}{\mathrm{d}\varepsilon_x} = E_p = \frac{ET_p'}{E + Y_W'} = \frac{EY_W Y_W'}{E + Y_W Y_W'} \tag{2-1-45}$$

我们称之为塑性硬化模量 E_p；当 E_p=常数时，就为线性硬化材料。

在三维应力的一般情况下，假定材料是各向同性的，静水压力对屈服没有影响，Bauschinger 效应可被忽略，则最常用的屈服准则有两个：Mises 准则（最大畸变能准则）和 Tresca 准则（最大切应力准则）。

Mises 准则把式（2-1-38）推广为

$$\sigma_f = \sqrt{3J_2} = \frac{\sqrt{2}}{2}\sqrt{(\sigma_1 - \sigma_2)^2 - (\sigma_2 - \sigma_3)^2 - (\sigma_3 - \sigma_1)^2} = Y \tag{2-1-46}$$

式中　σ_1，σ_2，σ_3 是主应力；$J_2 = s_{ij}s_{ij}/2$，是偏应力张量第二不变量；σ_f 被称为应力强度或等效应力（在一维应力下，$\sigma_f = \sigma_1$）。这一屈服准则的物理意义是在弹性畸变能 W_d（$W_d = J_2/2G$）达到临界值时，材料开始塑性变形。

Tresca 准则可写作：

$$\sigma_1 - \sigma_3 = \pm Y \tag{2-1-47}$$

式中　σ_1 和 σ_3 分别对应于最大主应力和最小主应力。

这一屈服准则的物理意义是在最大切应力达到临界值时，材料开始塑性变形。

在目前所讨论的一维应变条件下，这两个屈服准则具有如下相同的形式：

$$\sigma_x - \sigma_y = \pm Y_0 \tag{2-1-48}$$

在应力平面 (σ_x, σ_y) 上，式（2-1-48）表示斜率为 1 的两条平行直线(见图 2-1-6)，其被称为屈服轨迹。以这上、下两条屈服轨迹为界的范围内是弹性区。两条屈服轨迹平行并对称于静水压力线 $\sigma_x = \sigma_y (= \sigma_z)$，这正是静水压力对屈服无影响这一假定的体现。对于理想塑性材料，$Y=Y_0$，则屈服轨迹是固定不变的。对于各向同性硬化材料，Y 是塑性变形或塑性功的函数，则屈服轨迹的上、下两条随塑性变形或塑性功的增加，保持与静水压力线对称并且平行地向外扩大，如图 2-1-6 中两条虚线所示。

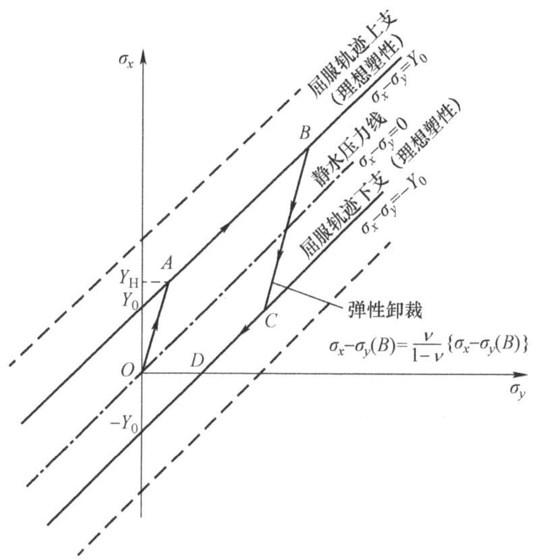

图 2-1-6　在应力平面 (σ_x, σ_y) 上的表示斜率为 1 两条屈服轨迹

在弹性变形的一维应变条件下，σ_y 和 σ_x 间有关系式 $\sigma_y = \sigma_z = \dfrac{\nu}{1-\nu}\sigma_x = \dfrac{\lambda}{\lambda+2\mu}\sigma_x$，将这一关系式代入式（2-1-48），即可确定一维应变条件下的初始屈服极限 Y_{H} 为

$$Y_{\mathrm{H}} = \frac{1-\nu}{1-2\nu}Y_0 = \frac{\lambda+2\mu}{2\mu}Y_0 = \frac{K+4G/3}{2G}Y_0 \tag{2-1-49}$$

我们称之为冲击绝热线弹性极限，对应图 2-1-6 所示的点 A。显然 Y_{H} 高于单向应力下的初始屈服极限 Y_0。例如当 $\nu = 1/3$ 时，$Y_{\mathrm{H}} = 2Y_0$。

在上述讨论的基础上，可以进一步讨论一维应变条件下的弹塑性 $\sigma_x - \varepsilon_x$ 关系。

假定塑性变形对体积变形没有贡献，即设：

$$\varepsilon_x^{\mathrm{p}} + \varepsilon_y^{\mathrm{p}} + \varepsilon_z^{\mathrm{p}} = 0 \tag{2-1-50}$$

则压力-体积关系是弹性的。

注意到在一维应变条件下满足：

$$\begin{cases} \varepsilon_{\mathrm{V}} = \varepsilon_x \\ e_{xx} = \varepsilon_x - 1/3\varepsilon_x = 2/3\varepsilon_x \end{cases} \tag{2-1-51}$$

$$S_{xx} = \sigma_x + p = \frac{2}{3}(\sigma_x - \sigma_y) = \frac{4}{3}\tau \tag{2-1-52}$$

式中　ε_{V} 表示体应变；τ 为最大剪应力。则一维应变条件下的弹塑性应力、应变关系可被写为

$$\begin{cases} 容变律：-p = K\varepsilon_x \\ 畸变律：\sigma_x - \sigma_y = \begin{cases} 2G\varepsilon_x (弹性) \\ \pm Y(塑性) \end{cases} \end{cases} \tag{2-1-53}$$

于是加载时的轴向弹塑性应力、应变关系为

$$\sigma_x = -p + S_{xx} = K\varepsilon_V + 2Ge_{xx} = \left(K + \frac{4}{3}G\right)\varepsilon_x \tag{2-1-54}$$

$$\sigma_x = -p + S_{xx} = -p + \frac{2}{3}(\sigma_x - \sigma_y) = \begin{cases} \left(K + \frac{4}{3}G\right)\varepsilon_x, \sigma_x \leqslant Y_H \\ K\varepsilon_x + \frac{2}{3}Y_0, \sigma_x \geqslant Y_H \end{cases} \tag{2-1-55}$$

式（2-1-55）中的右边是两项之和，第一项与体积变化有关，在图 2-1-7 中以斜率为 K 的直线 OE 表示；第二项则与畸变有关。

（1）对于理想塑性材料，$Y=Y_0$，则 $\sigma_x - \varepsilon_x$ 曲线的塑性段是与 OE 线平行的直线，在 σ_x 轴方向与 OE 线相距 $2Y_0/3$，如图 2-1-7 中的直线 AB 所示。这时，弹性加载段和塑性加载段的斜率都是恒值，即有

$$\frac{d\sigma_x}{d\varepsilon_x} = \begin{cases} K + \frac{4}{3}G, \sigma_x \leqslant Y_H \\ K, \sigma_x \geqslant Y_H \end{cases} \tag{2-1-56}$$

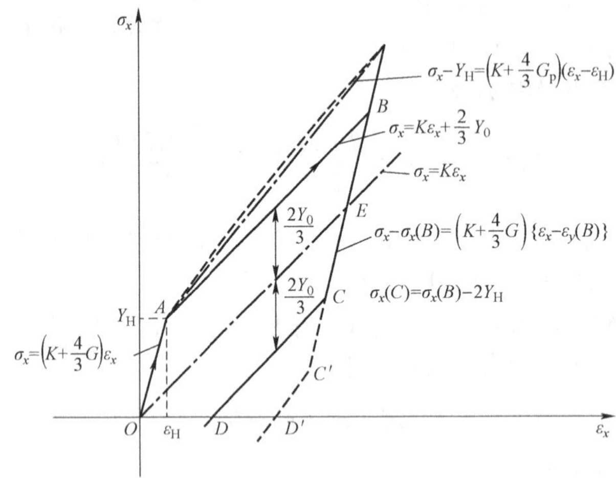

图 2-1-7　一维应变条件下的轴向弹塑性应力、应变关系

（2）对于各向同性硬化材料，情况稍复杂一些。从式（2-1-53）和式（2-1-56）知，为要确定斜率 $d\sigma_x / d\varepsilon_x$，关键在于确定 $d(\sigma_x - \sigma_y) / d\varepsilon_x$，实际上就是如何确定畸变律的斜率 $d(\sigma_x - \sigma_y) / d(\varepsilon_x - \varepsilon_y)$，即 $d\tau / d\gamma$，这里 τ 是最大剪应力，γ 是最大剪应变。因为在一维应变条件下按变形的对称性 $\varepsilon_y^p = \varepsilon_z^p$，再由塑性变形对体积变形无贡献的假定式（2-1-50）可知，三个塑性主应变中只有一个是独立的，即有

$$\varepsilon_x^p = \frac{2}{3}(\varepsilon_x^p - \varepsilon_y^p) = \frac{4}{3}\gamma^p$$

于是，当 Y 作为轴向塑性应变 $\varepsilon_x^{\mathrm{p}}$ 的函数 $Y_{\mathrm{p}}(\varepsilon_x^{\mathrm{p}})$来计及应变硬化时，由式（2-1-53）中的畸变律可知，在弹性阶段和塑性阶段应分别有

$$\begin{cases}\dfrac{\mathrm{d}\tau}{\mathrm{d}\gamma^{\mathrm{e}}}=2G\\[2ex]\dfrac{\mathrm{d}\tau}{\mathrm{d}\gamma^{\mathrm{p}}}=\dfrac{1}{2}\dfrac{\mathrm{d}Y_{\mathrm{p}}}{\mathrm{d}\varepsilon_x^{\mathrm{p}}}\dfrac{\mathrm{d}\varepsilon_x^{\mathrm{p}}}{\mathrm{d}Y^{\mathrm{p}}}=\dfrac{2}{3}Y_{\mathrm{p}}'\end{cases}\tag{2-1-57}$$

这样，与一维应力下的式（2-1-43）类似，假定总应变是弹性部分与塑性部分之和［见式（2-1-43)]，则有

$$\frac{\mathrm{d}\gamma}{\mathrm{d}\tau}=\frac{\mathrm{d}\gamma^{\mathrm{e}}}{\mathrm{d}\tau}+\frac{\mathrm{d}\gamma^{\mathrm{p}}}{\mathrm{d}\tau}=\frac{1}{2G}+\frac{3}{2Y_{\mathrm{p}}'}=\frac{3G+Y_{\mathrm{p}}'}{2GY_{\mathrm{p}}'}$$

与弹性畸变律中的剪切模量 G 对应，我们定义畸变律塑性段曲线的斜率的一半为塑性剪切刚度 G_{p}，则有

$$G_{\mathrm{p}}=\frac{1}{2}\cdot\frac{\mathrm{d}\tau}{\mathrm{d}\gamma}=\frac{GY'}{3G+Y_{\mathrm{p}}'}\tag{2-1-58a}$$

类似于式（2-1-40），当 Y 作为塑性功 W_{p} 的函数 $Y_{\mathrm{W}}(W_{\mathrm{p}})$时，由于在一维应变条件下有

$$\mathrm{d}W_{\mathrm{p}}=\sigma_x\mathrm{d}\varepsilon_x^{\mathrm{p}}+2\sigma_y\mathrm{d}\varepsilon_y^{\mathrm{p}}=(\sigma_x-\sigma_y)\mathrm{d}\varepsilon_x^{\mathrm{p}}=\frac{8}{3}\tau\mathrm{d}\gamma^{\mathrm{p}}$$

故可得

$$\frac{\mathrm{d}\tau}{\mathrm{d}\gamma^{\mathrm{p}}}=\frac{1}{2}\cdot\frac{\mathrm{d}Y_{\mathrm{W}}}{\mathrm{d}W_{\mathrm{p}}}\cdot\frac{\mathrm{d}W_{\mathrm{p}}}{\mathrm{d}\gamma^{\mathrm{p}}}=Y_{\mathrm{W}}'\frac{2}{3}(\sigma_x-\sigma_y)=\frac{2}{3}Y_{\mathrm{W}}Y_{\mathrm{W}}'$$

与式（2-1-57）对比可知，$Y_{\mathrm{p}}'=Y_{\mathrm{W}}Y_{\mathrm{W}}'$，这和讨论一维应力条件下式（2-1-42b）时所得的结果一致。因此，塑性剪切刚度 G_{p} 也可写作：

$$G_{\mathrm{p}}=\frac{GY_{\mathrm{W}}Y_{\mathrm{W}}'}{3G+Y_{\mathrm{W}}Y_{\mathrm{W}}'}\tag{2-1-58b}$$

引入塑性剪切刚度 G_{p} 后，由式（2-1-55）可知，各向同性硬化材料在一维应变条件下的轴向应力、应变关系的斜率可表示为

$$\frac{\mathrm{d}\sigma_x}{\mathrm{d}\varepsilon_x}=\begin{cases}K+\dfrac{4}{3}G,\sigma_x\leqslant Y_{\mathrm{H}}\\[2ex]K+\dfrac{4}{3}G_{\mathrm{p}},\sigma_x\geqslant Y_{\mathrm{H}}\end{cases}\tag{2-1-59}$$

于是 Y_{p} 是 $\varepsilon_x^{\mathrm{p}}$ 的线性函数：

$$Y_{\mathrm{p}}=Y_{\mathrm{H}}+E_{\mathrm{Y}}\varepsilon_x^{\mathrm{p}}\tag{2-1-60a}$$

与之等价，Y_{W}^2 是塑性功 W_{p} 的线性函数：

$$Y_{\mathrm{W}}^2=Y_{\mathrm{H}}^2+2E_{\mathrm{Y}}W_{\mathrm{p}}\tag{2-1-60b}$$

式中　Y_H是材料的冲击绝热线弹性极限［见式（2-1-49）］；E_Y是表征材料线性硬化特征的常数，均由材料试验测定。

在一维应变弹塑性加载波与一维应力波之间值得注意的有以下几点不同。

（1）一维应力下的理想塑性材料，其应力、应变关系的塑性段是水平线$\sigma_x = Y$（图 2-1-8）。由于这时应力和应变之间不再具有一一对应的单值函数关系，且不再符合与应变率无关的应力、应变关系的基本假定，故不能再用此应变率无关应力波理论来处理，否则就会得出塑性波速为零，即不传播塑性应变的结论。但是，在一维应变的情况下，可以用应变率无关理论来处理理想塑性材料中的应力波传播问题。因为这时反映畸变律的$S_x - \varepsilon_x$关系在塑性段虽然是一水平线［图 2-1-9（b）］，即S_x和ε_x之间不存在一一对应的单值函数关系，但轴向应力σ_x和轴向应变ε_x之间具有对应的单值函数关系，而且在塑性段呈线性关系，其斜率取决于K［图 2-1-9（a）］。可见，在形式上，它类似于一维应力下的线性硬化材料的应力、应变关系。

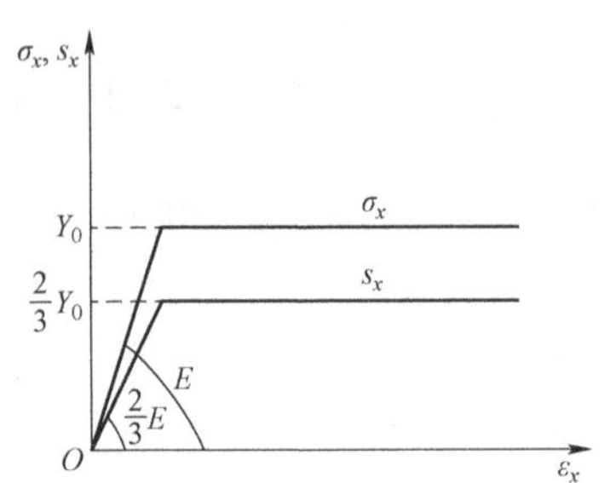

图 2-1-8　一维应力下的理想塑性材料

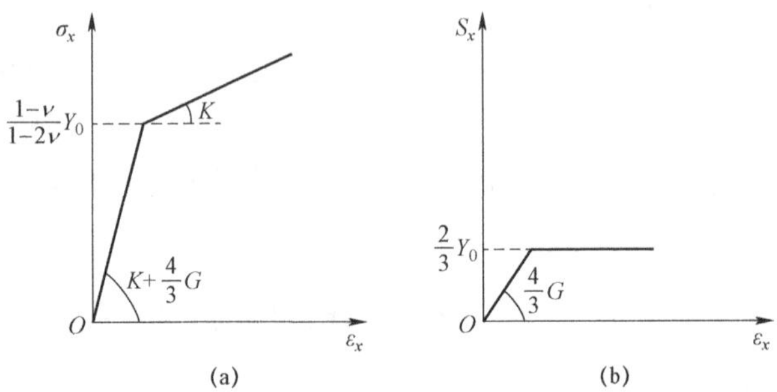

图 2-1-9　一维应变下的理想塑性材料

（a）ε_x与σ_x的关系；（b）S_x与ε_x的关系

（2）在一般情况下，一维应变塑性波速c_L^p是塑性应变ε_x^p或塑性功W_p的函数［见式（2-1-58）和式（2-1-60）］。对于线性硬化材料和理想塑性材料，塑性波速为常数，分别以c_{L1}^p和c_K表示为

$$c_{L1}^p = \sqrt{\frac{1}{\rho}\left[K + \frac{4GE_Y}{3(3G+E_Y)}\right]} \tag{2-1-61}$$

$$c_K = \sqrt{\frac{K}{\rho_0}} \tag{2-1-62}$$

式中　c_K又被称为体波波速。

（3）在一维应力下，塑性波速一般比弹性波速小得多，可相差一个量级。例如，金属材料的E_1/E约为 0.01，而（c_1/c_0）≈0.1。在一维应变下的塑性波速较高，其下限是理想塑性假定下的体波波速c_K。既然$K \approx E$，体波波速接近杆中弹性纵波速，那么$c_K \approx c_0$。例如，当ν=1/3 时，可得

$$K = \lambda + \frac{2G}{3} = \frac{E}{3(1-2\nu)} \tag{2-1-63}$$

$$\begin{cases}\lambda = \dfrac{E\nu}{(1+\nu)(1-2\nu)} \\ \mu = G = \dfrac{E}{2(1+\nu)}\end{cases} \tag{2-1-64}$$

已知 $K=E$，$G=3E/8$，因而有 $c_K=c_0$，$c_L^e=\sqrt{2/3}c_0\approx 1.22C_0$，即有 $c_L^e/c_K\approx 0.82$。

以上讨论的是弹塑性加载阶段的情况。和一维应力波相比，一维应变弹塑性波的一个最具特色的问题是在 σ_x 尚未卸到零而满足反向塑性屈服条件［见式（2-1-48）］时，将传播反向塑性加载波。在反向塑性加载阶段，既然塑性波速 C_L^p 小于弹性波速 C_L^e，即晚传播的反向塑性加载扰动比早传播的弹性卸载扰动传播得慢，因此这两个波阵面的距离在传播过程中将越来越远。

2.2　物态方程与冲击绝热线

2.2.1　凝聚态物质的物态方程

为了解决许多工程问题，就需要了解物质的可压缩性和物态方程，物质的动力可压缩性是受到冲击压缩条件下两个热力学参数之间的依赖关系，如物质密度 ρ 与压力 p 之间的关系 $p=p(\rho)$，由此确定压力、密度和温度或内能之间的关系，也就是物质的物态方程 $p=p(\rho,T)$ 或者 $p=p(\rho,E)$。

应用冲击波阵面处的质量和动量守恒方程式：

$$\rho_0 D=\rho(D-u),\quad p-p_0=\rho_0 Du \tag{2-2-1}$$

式中　ρ_0 是物质的初始密度；ρ 是冲击波阵面上物质的密度；D 是冲击波速度；u 是冲击波阵面上的粒子速度；p_0 是冲击波阵面前介质的压力；p 是冲击波阵面上的压力。对于强冲击波，与冲击波压力 p 相比，式（2-2-1）可略去初始压力 p_0。如果冲击波速度 D 和冲击波阵面上相应的粒子速度 u 已由试验确定，利用式（2-2-1）就可以得到形式为 $p=p(\rho)$ 的物质动力可压缩性关系。

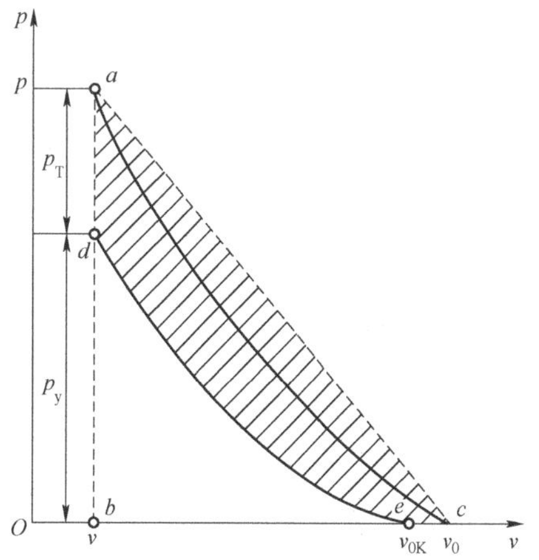

图 2-2-1　物质的冲击绝热线和 T=0 K 的冷压缩曲线（零度等温线）

图 2-2-1 所示为物质的冲击绝热线（曲线 ac）以及“冷压缩”曲线（绝对零度下的等温压缩线 de）。冲击压缩时物质初始比容为 v_0，冷压缩时初始比容为 v_{0K}（v_{0K} 是 T=0 K、p=0 状态下物质的比容）。

冲击波阵面上物质内能的变化由式（2-2-2）描述：

$$E-E_0=\frac{1}{2}(p+p_0)(v_0-v) \tag{2-2-2}$$

式中　E_0 是物质的初始比内能；E 是冲击波阵面上物质的比内能。

以质量、动量、能量守恒定律为基础，式（2–2–1）和式（2–2–2）确定了冲击波阵面上各参数之间的关系。冲击过程中对单位质量物质所做的总功等于 $p(v_0-v)$，如果与 p 比较可以略去 p_0，则根据式（2–2–1），总功的一半转变为动能：

$$\frac{1}{2}p(v_0-v)=\frac{1}{2}u^2$$

总功的另一半损耗在比内能的增加上，由式（2–2–2）可得：

$$E-E_0=\frac{1}{2}p(v_0-v)=\frac{1}{2}u^2 \tag{2–2–3}$$

图 2–2–1 所示的比内能增量 $E-E_0$ 对应的三角形 abc 的面积等于 $p(v_0-v)/2$。比内能增量 $E-E_0$ 可以分为热能部分 E_T 和弹性能部分 E_y。前者表示粒子（原子）围绕其平衡位置振动的能量，后者表示 T=0 K 时粒子之间弹性的相互作用。T=0 K 时，热能部分等于零，所有内能都源自弹性能。图 2–2–1 所示弹性能部分对应冷压缩曲线 de 和比容横轴 Ov 之间的面积：

$$E_\mathrm{y}=\int_v^{v_{0\mathrm{K}}}p_\mathrm{y}(v)\,\mathrm{d}v \tag{2–2–4}$$

式中　$p_\mathrm{y}(v)$ 为总压力的弹性部分，由粒子之间的弹性相互作用引起，并由作用于粒子之间的排斥力确定。内能的热能部分对应图 2–2–1 中画阴影线区域的面积。阴影线面积内能的热能部分将成为 $E_\mathrm{T}-E_0=c_v(T-T_0)$。因此，比内能增量 $E-E_0$ 可以写成如下形式：

$$E-E_0=c_v(T-T_0)+\int_v^{v_{0\mathrm{K}}}p_\mathrm{y}(v)\,\mathrm{d}v \tag{2–2–5}$$

或者

$$E=E_\mathrm{T}+E_y \tag{2–2–6}$$

式中　$E=E_0+c_v(T-T_0)$，是比内能的热能部分。

冲击绝热线上的压力同样可以区分为两个部分：弹性压力 p_y 和热压力 p_T（图 2–2–1）：

$$p=p_\mathrm{y}(v)+p_\mathrm{T}(v,T) \tag{2–2–7}$$

根据热力学定律 $T\mathrm{d}S=\mathrm{d}E+p\mathrm{d}v, T=0\,\mathrm{K}$，有：

$$p_\mathrm{y}=-\frac{\partial E_\mathrm{y}}{\partial v}=-\frac{\mathrm{d}E_\mathrm{y}}{\mathrm{d}v} \tag{2–2–8}$$

这是由于

$$E_\mathrm{y}=E_\mathrm{y}(v) \tag{2–2–9}$$

热压力由式（2–2–10）表示：

$$p_\mathrm{T}=\gamma E_\mathrm{T}/v \tag{2–2–10}$$

式中　$\gamma=\gamma(v)$，是 Gruneisen 系数，等于热压力与热能密度的比值 (E_T/v)。这里把物质的近似物态方程写成如下形式：

$$p=-\frac{\partial E_\mathrm{y}}{\partial v}+\gamma\frac{E_\mathrm{T}}{v} \tag{2–2–11}$$

在式（2–2–6）、式（2–2–7）和式（2–2–10）的基础上得到：

$$p_{\mathrm{T}} = p - p_{\mathrm{y}} = \frac{\gamma}{v}(E - E_{\mathrm{y}}) = \frac{\gamma}{v}E_{\mathrm{T}} \tag{2-2-12}$$

把式（2－2－12）对比内能求导，得出：

$$\gamma = v\left(\frac{\partial p}{\partial E}\right)_v = v\frac{(\partial p / \partial T)_v}{(\partial E / \partial T)_v} = \frac{v}{c_v}\left(\frac{\partial p}{\partial T}\right)_v \tag{2-2-13}$$

正常条件下：

$$\gamma = \gamma(v_0) = \frac{3v_0\beta}{K_0 c_v} \tag{2-2-14}$$

式中　β 是线性热膨胀系数；K_0 是 $p=0$、$T=T_0$ 时物质的体积压缩模量。正常条件下，金属的 $\gamma(v_0)$ 值处于 1～3。固体理论中已建立了 $T=0$ K 时的 Gruneisen 系数 γ 与弹性压力 $p_{\mathrm{y}}(v)$ 之间的关系：

$$\gamma(v) = -\frac{2}{3} - \frac{v}{2}\cdot\frac{\mathrm{d}^2 p_{\mathrm{y}} / \mathrm{d}v^2}{\mathrm{d}p_{\mathrm{y}} / \mathrm{d}v} \tag{2-2-15}$$

$\gamma(v)$ 的另一种形式为

$$\gamma(v) = -\frac{v}{2}\cdot\frac{\mathrm{d}^2(p_{\mathrm{y}}v^{2/3}) / \mathrm{d}v^2}{\mathrm{d}(p_{\mathrm{y}}v^{2/3}) / \mathrm{d}v} - \frac{1}{3} \tag{2-2-16}$$

在式（2－2－3）、式（2－2－5）和式（2－2－12）的基础上，可以得到：

$$\begin{cases} p = p_{\mathrm{y}} + \dfrac{\gamma c_v}{v}\left(\dfrac{E_0}{c_v} + T - T_0\right) \\ \dfrac{1}{2}p(v_0 - v) = c_v(T - T_0) + \displaystyle\int_v^{v_{0\mathrm{K}}} p_{\mathrm{y}}(v)\,\mathrm{d}v \end{cases} \tag{2-2-17}$$

比内能初始值 E_0 可以通过比容曲线的积分来计算：

$$E_0 = \int_0^{T_0} c_v \mathrm{d}T$$

在上百万个标准大气压的冲击压缩下，反映电子气体热激发的电子部分开始在压力和能量的表达式中发挥重要作用，此时在关于压力和能量的式（2－2－17）中还应补充与 T^2 成正比的电子部分：

$$\begin{cases} p = p_{\mathrm{y}} + \dfrac{\gamma c_v}{v}\left(\dfrac{E_0}{c_v} + T - T_0\right) + \dfrac{1}{4}\rho_0\beta_0\left(\dfrac{v_0}{v}\right)^{1/2} T^2 \\ \dfrac{1}{2}p(v_0 - v) = c_v(T - T_0) + \displaystyle\int_v^{v_{0\mathrm{K}}} p_{\mathrm{y}}(v)\,\mathrm{d}v + \dfrac{1}{4}\rho_0\beta_0\left(\dfrac{v_0}{v}\right)^{1/2} T^2 \end{cases} \tag{2-2-18}$$

式中　β_0 是低温试验确定的电子热容系数。

根据已知的冲击绝热线 $p=p(v)$，由式（2－2－15）［或式（2－2－16）］和式（2－2－17）［或式（2－2－18）］可以计算确定 p_{y}、γ 和 T 的值，这样就可用 p、ρ、T 的表格形式给出物质的物态方程。表 2－2－1 所示为铝、铜和铅的冲击压缩数据，以及相应的 p_{y}、E_{y}、T 和 γ 的计算值。

表 2-2-1　铝、铜、铅的冲击压缩数据

$\frac{\rho}{\rho_0}$	p_y/GPa	E_y/($\times10^4$ J·kg^{-1})	p/GPa	T/K	γ	$\frac{\rho}{\rho_0}$	p_y/GPa	E_y/($\times10^4$ J·kg^{-1})	p/GPa	T/K	γ
铝											
1.05	3.1	2.0	4.2	315	2.00	1.45	61.9	249.0	71.3	1 980	1.41
1.10	7.8	10.5	9.0	348	1.81	1.50	72.7	306.0	86.1	2 640	1.44
1.15	13.4	26.0	14.5	401	1.56	1.55	84.5	368.0	103.0	3 440	1.44
1.20	19.7	47.0	21.1	488	1.37	1.60	97.0	435.0	121.7	4 410	1.43
1.25	26.6	76.0	28.8	625	1.28	1.65	110.0	508.0	142.7	5 530	1.41
1.30	34.5	111.0	37.4	818	1.28	1.70	125.0	585.0	165.2	6 790	1.39
1.35	42.9	151.0	47.2	1 097	1.31	1.75	140.0	667.0	189.7	8 180	1.34
1.40	51.9	198.0	58.2	1 476	1.37	1.80	157.0	754.0	216.0	9 670	1.30
铜											
1.05	6.1	1.3	7.5	317	1.89	1.40	105.2	117.0	122.5	2 300	1.63
1.10	15.1	6.3	16.7	360	1.85	1.45	127.2	148.7	152.2	3 180	1.59
1.15	25.4	15.1	28.0	438	1.87	1.50	151.8	184.8	185.8	4 350	1.55
1.20	37.5	27.9	41.3	577	1.88	1.55	178.3	224.0	225.2	5 760	1.53
1.25	51.6	44.6	56.6	802	1.84	1.60	207.5	267.2	271.4	7 530	1.53
1.30	67.4	64.7	75.5	1 150	1.77	1.65	238.7	314.5	324.7	9 710	1.53
铅											
1.10	4.2	1.2	5.3	364	2.20	1.80	123.7	127.3	176.5	11 590	1.48
1.20	11.6	6.2	13.4	563	2.00	1.85	139.5	144.6	200.7	13 260	1.42
1.30	21.6	15.3	25.0	1 045	1.90	1.90	156.0	163.2	225.5	15 000	1.35
1.40	34.6	28.8	42.3	2 000	1.84	1.95	173.8	182.8	251.2	16 720	1.28
1.50	51.0	46.7	65.5	3 550	1.77	2.00	192.6	203.5	277.6	18 470	1.21
1.55	60.7	57.2	79.7	4 570	1.73	2.05	212.3	225.2	305.5	20 300	1.14
1.60	71.3	69.0	95.5	5 730	1.69	2.10	233.0	248.2	335.5	22 150	1.07
1.65	82.7	81.7	113.5	7 070	1.65	2.15	254.5	272.0	367.7	24 125	1.02
1.70	95.3	95.8	133.0	8 485	1.60	2.20	277.0	297.0	401.0	26 230	0.98
1.75	109.2	111.1	154.0	10 000	1.54	—	—	—	—	—	—

在压力很大时，热压力部分 p_T 和比内能的热部分 $E_T = E - E_y$ 起到重要的作用，如在冲击压缩压力在 216.0 GPa（铝）、324.7 GPa（铜）和 401.0 GPa（铅）下，其热压力分别为 59 GPa、115 GPa 和 124 GPa，E_T 分别占总比内能 E 的 57%、60%和 69%，其温度分别为 9 670 K、9 710 K 和 26 230 K，达到所研究材料高压下熔点温度的二倍以上。

许多物质的 $p_y = p_y(\rho)$ 函数可以表示为

$$p_y = \frac{\rho_0 c_0}{n}\left[\left(\frac{\rho}{\rho_0}\right)^n - 1\right] \tag{2-2-19}$$

式中　n 是试验确定的指数；$c_0^2 = (\mathrm{d}p/\mathrm{d}\rho)_0$。根据 $\mathrm{d}E_y = -p_y \mathrm{d}v$ 得到内能为

$$E_y = \frac{c_0^2}{n}\left\{\frac{\rho_0}{\rho}\left[\left(\frac{\rho}{\rho_0}\right)^n \frac{1}{n-1} + 1\right] - \frac{n}{n-1}\right\} \tag{2-2-20}$$

当压力低于 50 GPa 时，可以认为 Gruneisen 系数 γ = 常数。表 2-2-2 所示为 ρ_0，c_0，n 和 γ_0 的数值。

表 2-2-2　ρ_0，c_0，n 和 γ_0 的数值

材料	ρ_0/（g・cm^{-3}）	c_0/（km・s^{-1}）	n	γ_0
氯化钠	2.16	3.4	3.75	1
砂混凝土	2.03	1.64	5	0.4
铝	2.77	5.5	3.5	0.9
潮湿陶土	2	2.1	5.33	0.57
氯化锌水溶液	2	1.64	6.5	0.8
水	1	1.5	6	1

2.2.2　物质动力学可压缩性试验

为了确定冲击绝热线 $p=p(v)$或 $D=D(u)$，就必须试验测量一系列冲击波速度 D 值和粒子速度 u 值。为此，学者们研究了三种测定固体和液体冲击绝热线的主要方法：层裂片法、制动法和反射法。采用层裂片法时，测量样品中的冲击波速度 D 和自由面速度 u_n；采用制动法时，撞击器与所研究样品（靶板）碰撞，从碰撞接触面发出两个冲击波，其中之一在靶板中运动，要求测量撞击器的速度和靶板中冲击波的速度；采用反射法时，两片介质样品紧贴在一起，其中一个样品的冲击绝热线为已知，在其中激起冲击波，然后传播到另一个样品中去，此时应测量这两个介质样品中冲击波的速度。反射法曾被广泛应用于地下核爆炸试验中，在第二个介质中得到强度高达 5 TPa 的冲击波的试验结果。

1. 层裂片法

测定冲击波速度 D 和粒子速度 u 的试验方法是高速光学摄影法和示波器法。这两种方法的均方根误差相同，速度量的测量误差为 1%～2%。高速光学摄影法采用转镜扫描相机，能够在微秒时间内在胶片上给出几毫米长的记录。这种试验方案如图 2-2-2 中说明，在待测量的金属板上放置带有炸药透镜的猛炸药主装药柱，该“透镜”能够在主装药柱中产生平面爆轰波，从而在金属板中传播平面冲击波，以降低速度 D 和 u 的测量误差。

炸药透镜由两种炸药构成：爆速为 D_1 的 BB-1 和爆速为 D_2 的 BB-2，并且 $D_2<D_1$，透镜药柱的锥顶角 β 应满足关系式：

$$\tan\beta=\sqrt{\frac{D_1^2}{D_2^2}-1} \tag{2-2-21}$$

这样，爆轰波将同时到达透镜和主装药柱的分界面。

在金属板下部铣一个与底面夹角不大$(\alpha\approx10^\circ)$的斜凹槽，放置有机玻璃块。在冲击波作用下，有机玻璃块从透明变为不透明，阻止后续的干扰余光的透过。金属板斜凹槽底部与有机玻璃块之间设置一个厚度约 0.1 mm 的充氩气间隙，其结构是：有机玻璃块朝向金属板的一面覆盖一片约 0.5 mm 厚的任意金属薄片，该薄片与有机玻璃之间即为充氩气的间隙。当冲击波到达该间隙时，就在其中发生多次反射，引起发光现象，氩气使间隙中发光更亮，氩气的发光沿着间隙以速度 D_c 移动，通过挡板上的狭缝被高速照相机所记录，相机在垂直于挡板上狭缝的方向扫描成像。

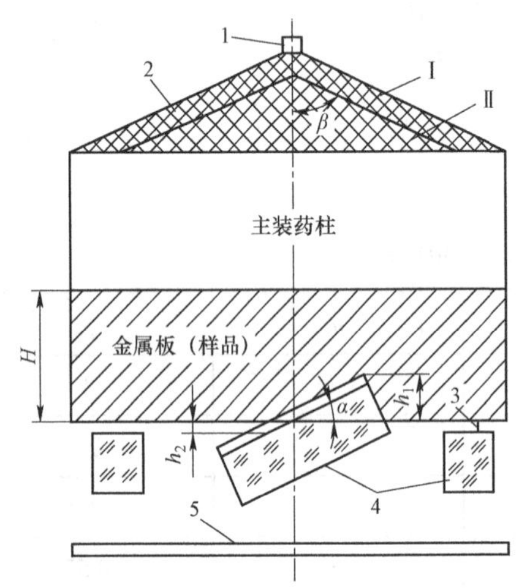

图 2-2-2　用高速光学摄影法测定冲击波速度 D 和粒子速度 u 的试验方案

1—雷管；2—炸药透镜；3—充氩气间隙；4—有机玻璃；5—带有狭缝的挡板

如图 2-2-2 所示，狭缝沿着纸面上挡板的方向，若知道扫描速度和发光迹线的角度，就可确定速度 D_c，再得出冲击波在 $h_1=10$ mm 区段中的平均速度。当冲击波到达金属板的底面时，该面即以速度 $u_n=u_p+u$ 开始运动，这里 u_p 是稀疏波中粒子获得的运动速度，稀疏波在金属板中运动，从自由底面向内传播。

稀疏波中粒子的运动速度 u_p：

$$u_p=\int_{v_0}^{v}\sqrt{-\mathrm{d}p\cdot\mathrm{d}v} \tag{2-2-22}$$

计算(u_p/u)值可知，该量与 1 十分接近（差别只有 1%左右），因此对于大多数金属，其可被认为$u_p\approx u=u_n/2$。若$\rho/\rho_0<1.4$，则这个近似是正确的。对速度u_n的测量是直接进行的，因为金属板底面的运动开始于有机玻璃块伸出金属板的中段部分间隙发光的时刻。根据后一段发光速度的记录即可确定u_n，还可换算到冲击波速度 D。通常还使用 h_2 为 2～3 mm 的台阶高度同时监测速度u_n。为了监测冲击波的平面性，在装配试验装置时，边部有机玻璃块与金属板底面之间就应留有间隙。

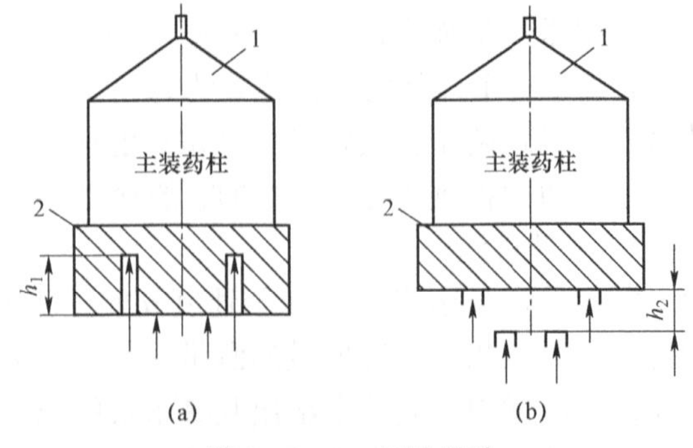

图 2-2-3　示波器法

（a）用示波器法测量冲击波速度 D 和粒子速度 u 的试验方案；（b）测量自由面速度 u_n 的试验方案

1—平面波透镜；2—待研究材料样品

用示波器法测量速度D和u的原理性方案如图 2-2-3 所示，该方法被广泛应用于测定固体材料的动力可压缩性。示波器法能够记录存在时间只有几分之一微秒的现象。

一组试验用于测量金属中冲击波的速度 D，另一组试验用于测量自由面速度 u_n 。在所研究的样品上钻几个安装接触式电探针的盲孔，探针顶部与盲孔底面的间隙为十分之几毫米。第二组接触式电探针位于金属板自由底面附近，离开第一组探针的垂直距离为 $h_1=5\sim8$ mm。

根据示波器图确定冲击波通过距离 h 的时间，由此得到冲击波通过这段距离的平均速度。测量自由面速度所用的平板样品厚度应小于 $h/2$，这相当于在 h_1 测量区段的中间位置测量其自由面速度 u_n。此时接触式电探针也分为两组，所有探针顶部都覆盖防护帽以防止被空气冲击波接通。为了与冲击波隔离，有时就把整个电探针放进充满碳氢化合物稀薄气体（甲烷、丙烷或丁烷）的小盒子中。测量基线 h_2 约为几毫米长，盖帽与探针杆之间的间隙约为 1/10 mm。使用层裂片法测量自由面速度时，为了降低误差，可在平板样品底面上放置厚度为十分之几毫米与样品同样材料的离片。

在上述各种试验中，为了得到构建动力可压缩性关系 $p=p(\rho)$ 所必需的一系列 D、u 值，就可以变动所研究材料平板的厚度，或者变动炸药的厚度和密度，或者改换炸药的种类。上述试验方案中采用的炸药装药尺寸较大，直径达到 32 cm，质量为几千克。

除了上述测量方法，我们还可以利用 X 射线闪光照相法测量轻金属（铝、镁等）和流体的动力可压缩性。使用脉宽很短的 X 射线辐射，对所研究样品中的冲击波进行摄影，可以测定冲击波的速度及其阵面上的密度跃变 ρ/ρ_0，用这两个参数就可确定材料的冲击绝热线。用这种方法测量速度的误差约为 10%。由于此时所研究材料样品是矩形截面（15 mm×10 mm）的杆件，炸药装药在其端部爆炸，所以在测定冲击波参数时，侧面稀疏波可能会带来一些误差，X 射线闪光照相法得到的结果与使用高速光学摄影法或示波器法所得到的结果相比，其可压缩性数据要小 20%左右。

2. 制动法

采用炸药主装药柱加载的试验，得到的最高压力不超过 50 GPa，可以获得更高强度的冲击波。人们用两块平板高速碰撞来测量动力可压缩性的方法称为“制动法”，即一个物体（撞击器）以高速度 u_0 撞击另一个物体（靶板）。碰撞时，从两板接触界面发出两个冲击波，该界面的速度 u 等于靶板中冲击波阵面处的粒子速度。由于靶板较薄（＜10 mm），可以认为波在其中定常传播，在撞击器中传播的冲击波阵面上的粒子速度跃变等于 u_0-u。

当撞击器与靶板材料相同时，从质量守恒定律可知 $u=u_0-u$，因而 $u=u_0/2$，并且其对于任何强度的冲击波都是准确适用的。然而层裂片法中的近似式 $u=u_n/2$，在波强度增大时会带来很大误差。

撞击器速度 u_0 和靶板中冲击波速度 D 的测量是在相互独立的试验系列中实施的（见图 2-2-4），测量基线 h_2 和 h_1 的中间位置重合，这样可使 u_0 和 D 的测量在轨迹线上的同一点处进行。借助式（2-2-1），根据 u_0 和 D 值就可以确定压力 p 和密度 ρ。改变撞击器速度 u_0，可以得到动力可压缩性曲线 $p=p(\rho)$。

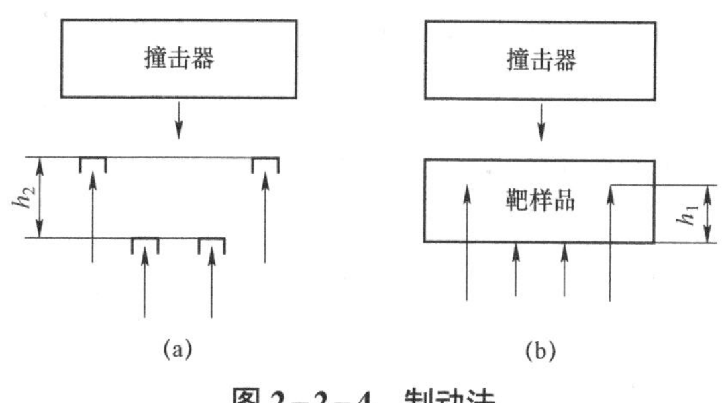

图 2-2-4　制动法

（a）测量撞击器速度 u_0 的试验方案；（b）测量靶板中冲击波速度 D 的试验方案

如果撞击器与靶板的材料不相同，则靶

板与撞击器中速度跃变相等的关系不成立，公式$u=u_0/2$也就不成立。如果事先知道撞击器的冲击可压缩性，则仍然可以使用制动法，这种情况下应用式（2–2–1）有

$$p=\frac{\rho_0\rho}{\rho-\rho_0}(u_0-u)^2 \tag{2-2-23}$$

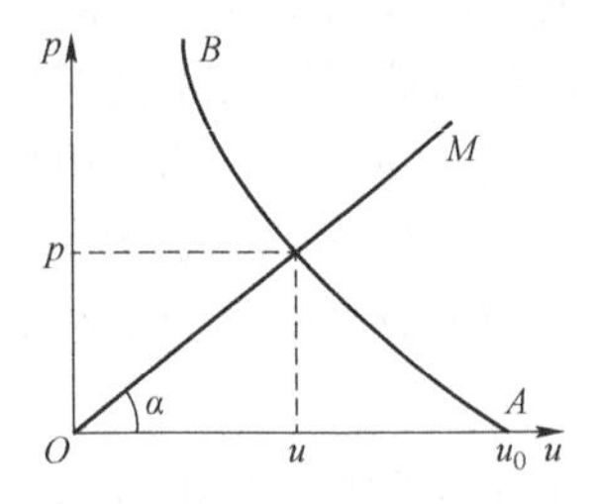

图 2–2–5　撞击器制动的绝热线

式中　u_0-u为撞击器中粒子速度的跳跃量。由于撞击器的冲击可压缩性为已知，即$p=p$（ρ）为已知函数（见图 2–2–5），对于每一个撞击器速度u_0，可以画出一条撞击器的动力制动绝热线。此时需要试验测量的仅仅是靶板中的冲击波速度D和撞击器的速度u_0。在（p，u）平面上画出冲击波速度D所对应的、由靶板材料所有可能的冲击压缩状态构成的直线OM，其方程为$p=\rho_0Du$，因而粒子速度u将由直线OM与曲线AB的交点所确定，该点的坐标决定了靶板中冲击波阵面上的压力p和粒子速度u。这是因为，接触界面两边撞击器与靶板的压力和粒子速度应彼此相等，随后可用式（2–2–1）确定靶板材料密度ρ。

当冲击波从可压缩性为已知的介质 1 向可压缩性待测的介质 2 中传播时，可用反射法测量固体的动力可压缩性。在爆轰、冲击或核爆炸加载下测量所研究介质 2 中的冲击波速度D，核爆炸情形中冲击压缩压力高达 5 TPa。平面爆轰波或者撞击器激起冲击绝热线为已知的介质 1 中的冲击波，当该冲击波传播到两个介质的分界面处时，如果待研究介质 2 的动力学阻抗比介质 1 的高，则从该界面向介质 1 中反射冲击波；反之，则向介质 1 中反射稀疏波，向介质 2 中总是传播冲击波。

根据式（2–2–1），可得冲击波阵面后介质的压力和粒子速度满足如下关系式：

$$p=\frac{\rho_0\rho}{\rho-\rho_0}u^2 \tag{2-2-24}$$

或者

$$p=\rho_0Du \tag{2-2-25}$$

由于介质 1 的冲击绝热线$p=p(\rho)$为已知，故可利用式（2–2–24）在（p，u）平面上画出冲击绝热线（图 2–2–6 所示曲线OC），试验测量的D和u数据可以拟合为如下形式：

$$D=a+\lambda u \tag{2-2-26}$$

式中　a和λ都是常数。由于$p=\rho_0Du$，故冲击绝热线的曲线形式近似为抛物线：

$$p=\rho_0(a+\lambda)u \tag{2-2-27}$$

该曲线表示在未受扰介质 1 中传播的冲击波阵面上所有可能状态点的几何位置。

3. 反射法

假设波从介质界面处反射的瞬间，来自介质 1 的入射波参数为点a（见图 2–2–6），即$p=p_a$，$u=u_a$。如果介质 2 的动力学阻抗高于介质 1，则由p_a、u_a表征的介质 1 状态在反射后将转变为另一个压力增大、速度减小的状态（即点d），介质 2 中冲击波以速度D传播，该速度与（p，u）平面上波的直线$p=\rho_0Du$（即直线OM或Od）对应。通过点a的曲线表示入射波在两个介质界面处反射后，介质 1 中所有可能状态点的几何位置，该曲线的上分支

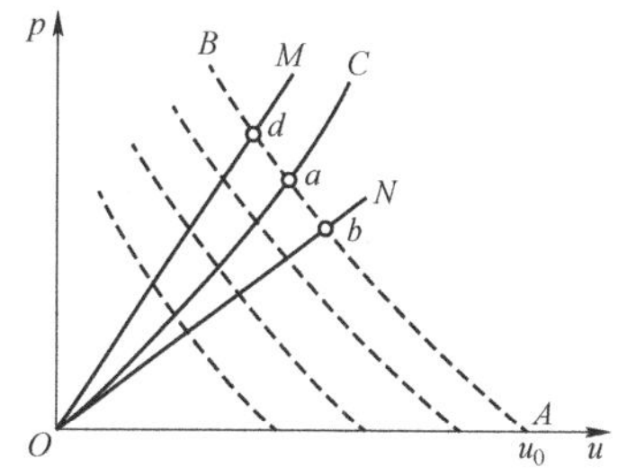

图 2-2-6　(p, u) 平面上物质的冲击绝热线（反射测量原理）

ad（二次冲击压缩绝热线）对应当介质 1 的动力学阻抗低于介质 2 时可能产生的状态点。曲线 ad 上点的状态与入射波参数 K 和 u_a 比较，压力较高、速度较低，该曲线的下分支 aA（等熵膨胀线）对应当入射波在分界面处反射后，向介质 1 中传入稀疏波情形时产生的介质 1 所有可能的状态。

入射于两个介质分界面处各种幅度的任何冲击波，都有其相应的膨胀（制动）曲线，图 2-2-6 所示虚线表示这些曲线。波直线 OM 与曲线的交点 d 确定了介质 2 冲击绝热线上该点对应的压力 p_d 和粒子速度 u_d，因此直线 OM 和曲线分别表示入射冲击波从分界面反射之后介质 2 和介质 1 中可能的状态点的几何位置。根据牛顿的作用力与反作用力定律和介质连续性条件，由于分界面两边的压力和粒子速度应相等，故 d 点就是冲击波反射时分界面处两个介质的共同状态。

如果介质 1 的动力学阻抗高于介质 2，则反射之后两个介质分界面处达到的状态对应 b 点。这种确定介质动力可压缩性的方法既可以被应用于炸药爆轰加载，也可以速度为介质 1 撞击器作冲击加载。此时需要试验测量介质 2 中的冲击波速度 D，由此可以确定波直线 OM（Od）或 ON（Ob）（见图 2-2-6）。为了确定必不可少的对应给定入射冲击波幅度的曲线，我们必须测定介质 1 中冲击波的速度，依靠这个量值构画介质 1 的波直线 $p=\rho_0 D_a u$（见图 2-2-6 所示直线 Oa），并决定点 a 在介质 1 的冲击绝热线上的位置，逐点画出需要寻求的曲线 AB。该曲线与介质 2 波直线的交点确定了点 d（或点 b）的位置，也就是所要寻求的介质 2 冲击绝热线上的点。

为了确定介质 2 的冲击绝热线上其余点的位置，就必须变动入射冲击波的幅度。对于新的 D_a 值和新的波直线 OM（或 ON），需要重复确定点 d（或点 b）的整个过程（见图 2-2-6）。

计算表明，如果两个介质的冲击绝热线很接近，则在足够的准确度下可把曲线 AB（无论是等熵段 ab，还是二次冲击压缩段 ad）看作冲击绝热线 OC 关于通过点 a 的垂直线的镜像反射线。

2.2.3　冲击绝热线与材料力学性能

1. 固体和液体的冲击绝热线

固体中平面冲击波阵面处在运动方向的正应力为 σ_1，其余两个主方向的应力 $\sigma_2=\sigma_3$，相应的主应变 $\varepsilon_2=\varepsilon_3=0$，而主应变 ε_1 由物质的体积压缩度确定，对于上述应力-应变状态有

$$\sigma_1-\sigma_2=\sigma_i(\varepsilon_i) \tag{2-2-28}$$

式中　σ_i 和 ε_i 分别是应力强度和应变强度，平均应力为

$$\sigma_c=-p=\frac{1}{3}(\sigma_1+2\sigma_2) \tag{2-2-29}$$

由式（2-2-29）可以得到

$$\sigma_1=\sigma_c+\frac{2}{3}\sigma_i,\quad \sigma_2=\sigma_c-\frac{1}{3}\sigma_i \tag{2-2-30}$$

应力分量关系也可以写成

$$\frac{\sigma_c}{\sigma_1}=1-\frac{2}{3}\cdot\frac{\sigma_i}{\sigma_1},\quad \frac{\sigma_2}{\sigma_1}=1-\frac{\sigma_i}{\sigma_1} \tag{2-2-31}$$

我们可用式（2-2-31）估算物质的强度模型与流体模型的差别。对于流体模型，$\sigma_c/\sigma_1=\sigma_2/\sigma_1=1$。对于理想塑性介质，$\sigma_i=$常数。例如，工业纯铁的$\sigma_{s\pi}=0.75$ GPa，当冲击波的应力$\sigma_1\geqslant 10$ GPa 时，平均应力σ_c与σ_1的差别不大于 5%，当$\sigma_1>50$ GPa 时，σ_c与σ_1的差别为 1%。也就是说，此时用流体模型代替有强度物体模型产生的误差在 1%以下。$\sigma_1=75$ GPa 时，σ_1与σ_2相差 1%。

确定固体的冲击绝热线时，通常可忽略其强度，这在较强冲击波情况下是正确的，可通过各种试验方法得到固体和液体的冲击绝热线。图 2-2-7 所示为冲击波速度 D 与粒子速度 u 的关系曲线，测得铁中最高冲击波速度为 $D=32$ km/s，在冲击波速度 $D>10$ km/s 时，冲击绝热线 $D=D(u)$ 可以用直线 $D=a+\lambda u$ 表示（见表 2-2-3）。图 2-2-8 所示为铁、铜、镉、铅在压力小于 5 TPa（5 000 万个 atm）时的冲击绝热线。

表 2-2-3　金属材料的冲击绝热系数

金属	a/（km·s^{-1}）	λ	冲击波速度 D/（km·s^{-1}）
铁	5.30	1.320	$14<D<27$
镉	3.70	1.250	$9<D<25$
铜	4.92	1.307	$10<D<27$
铅	2.80	1.220	$9<D<27$

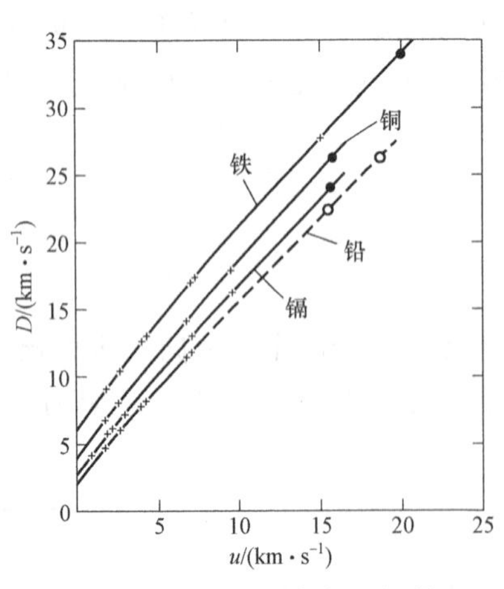

图 2-2-7　冲击波速度 D 与粒子速度 u 的关系曲线

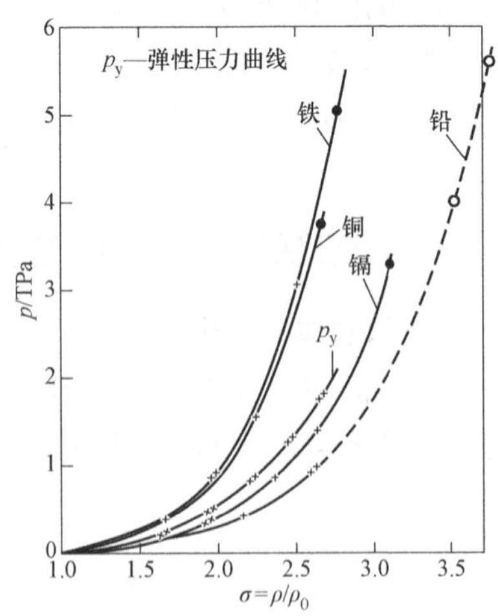

图 2-2-8　铁、铜、镉、铅在压力小于 5 TPa 时的冲击绝热线

图 2-2-9 所示为铁、铜、镉、铅的计算曲线和试验测量的冲击绝热线。其中，计算曲线是在 Thomas-Fermi（托马斯－费米）理论描述的电子模型基础上得到的，该模型认为原子

核是单原子理想气体。图 2-2-9 所示的虚曲线表示根据试验数据与计算数据各自的趋势，在压力小于 100 TPa（十亿大气压）时得到的关系曲线。

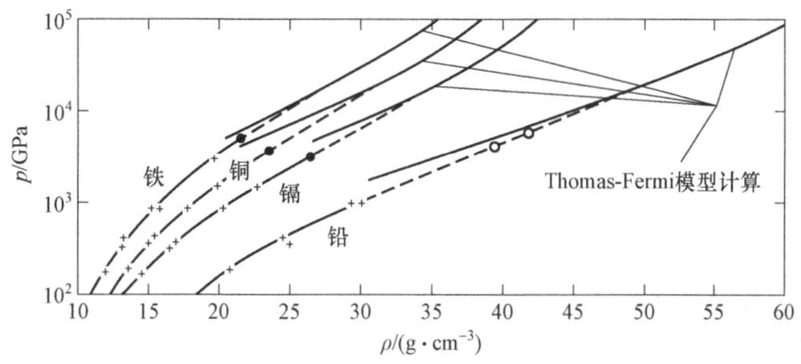

图 2-2-9　铁、铜、镉、铅的计算曲线与试验测量的冲击绝热线

图 2-2-10～图 2-2-13 所示分别为铜、铅，镍、锌，镉、锡，铁在 900 GPa 以下压力范围中的试验冲击绝热线以及计算的弹性压力曲线。

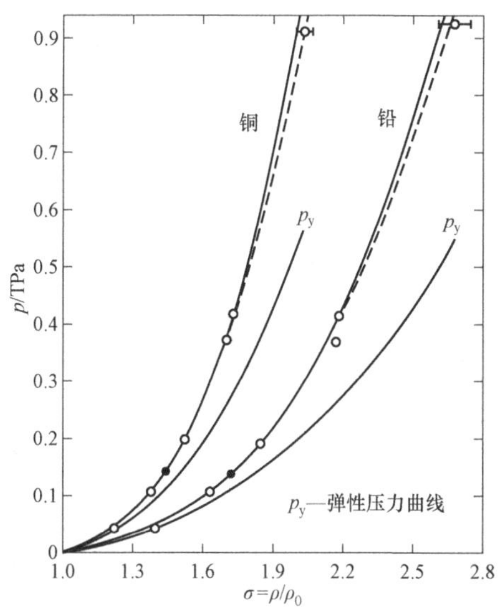

图 2-2-10　铜、铅的冲击绝热线与计算的弹性压力线（零度等温压缩线）

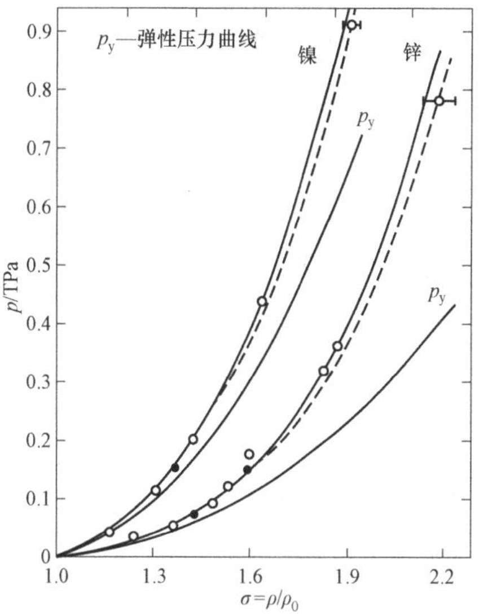

图 2-2-11　镍、锌的冲击绝热线与计算的弹性压力线（零度等温压缩线）

当冲击压缩压力较低（p＜50 GPa）时，许多金属的冲击绝热线与弹性压力线 $p_y(v)$ 的差别不超过 10%。如 $\rho/\rho_0=1.25$ 时，低碳钢（碳含量 0.2%）中压力 p=48.4 GPa，而 p_y =46.3 GPa；当铝中压力 p=28.8 GPa 时，p_y =26.6 GPa。

为了方便计算，我们把冲击绝热线表示为以下各种近似关系式。

依赖三个常数的形式：

$$p=A\left(\frac{\rho}{\rho_0}\right)^n+B \tag{2-2-32}$$

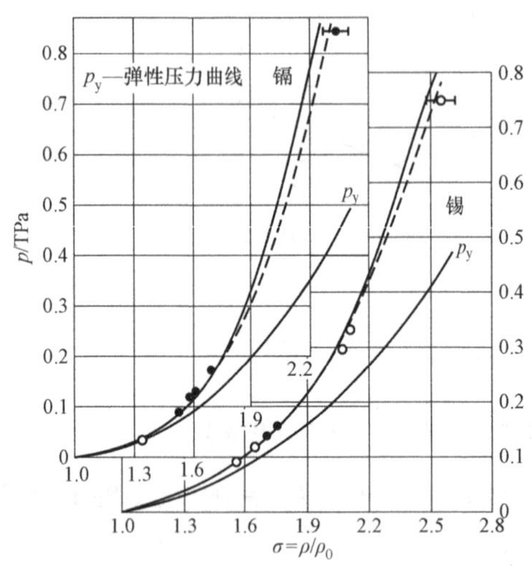

图 2-2-12　镉、锡的冲击绝热线与计算的弹性压力线（零度等温压缩线）

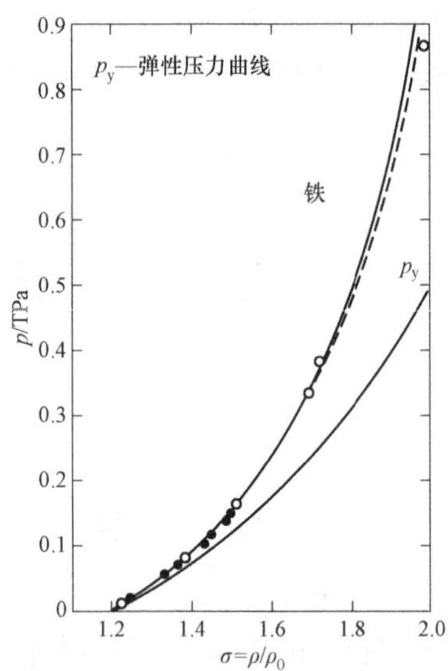

图 2-2-13　铁的冲击绝热线与计算的弹性压力线（零度等温压缩线）

冲击绝热线形式：

$$p=A\left(\frac{\rho}{\rho_0}-1\right)+B\left(\frac{\rho}{\rho_0}-1\right)^2+C\left(\frac{\rho}{\rho_0}-1\right)^3 \tag{2-2-33}$$

压力小于 50 GPa 时，金属的上述冲击绝热线系数：A，B，C 值如表 2-2-4 所示。

表 2-2-4　金属关于式（2-2-33）冲击绝热系数 A，B，C 值　　单位：GPa

金属	A	B	C	金属	A	B	C
铍	118.2	138.2	0	钛	99.0	116.8	124.6
镉	47.9	108.7	282.9	锌	66.2	157.7	124.2
铬	207.0	223.6	702.9	铝	76.5	165.9	42.8
钴	195.4	388.9	173.8	黄铜	103.7	217.7	327.5
铜	140.7	287.1	233.5	铟	49.6	116.3	0
金	142.7	526.7	0	铌	165.8	278.6	0
铅	41.7	115.9	101.0	钯	174.4	380.1	1 523.0
镁	37.0	54.0	18.6	铂	276.0	726.0	0
钼	268.6	424.3	73.3	镭	284.2	645.2	0
镍	196.3	375.0	0	钽	179.0	302.3	0
银	108.8	268.7	252.0	镓	31.7	93.8	148.5
钍	57.2	64.6	85.5	锆	93.4	72.0	0
锡	43.2	87.8	193.5	—	—	—	—

更准确的冲击绝热线形式用多项式近似：

$$p = \sum_{i=1}^{n} a_i \left(\frac{\rho}{\rho_0} - 1 \right)^i \tag{2-2-34}$$

一些金属（铝、铜、铅、铁）的系数 a_i 如表 2-2-5 所示。这里铝的系数适用于压力小于 200 GPa 的情况，其余三种金属的系数适用于压力小于 400 GPa 的情况。

表 2-2-5　金属关于式（2-2-34）冲击绝热线系数 a_i 值　　单位：GPa

a_i	铝	铜	铅	铁
a_1	73.1	137	41.4	30.3
a_2	152.7	271.7	101.7	724.5
a_3	143.5	224	120	−271.2
a_4	−887	1 078	−43	−14
a_5	2 862	−2 967	547	852
a_6	−3 192	3 674	−801	—
a_7	1 183	−1 346	312	—

人们广泛使用的形式 $D=D(u)$ 的冲击绝热线的近似形式为

$$D = a + \lambda u \tag{2-2-35}$$

$$D = a + \lambda u + \lambda_0 u^2 \tag{2-2-36}$$

表 2-2-6 所示为铁和铜的冲击绝热线系数。

表 2-2-6　铁和铜关于式（2-2-36）中冲击绝热线系数 a，λ，λ_0 和速度 u 值

金属	ρ_0/（g·cm^{-3}）	a/（km·s^{-1}）	λ	λ_0/（s·km^{-1}）	粒子速度 u 的适用范围/（km·s^{-1}）
铁	7.85	3.664	1.79	−0.033 7	$u<7.27$
铜	8.93	3.899	1.52	−0.009	$u<15$

如果已知冲击绝热线的形式为 $D = a + \lambda\mu$，则可以把形式 $p = p(\rho)$ 的冲击绝热线表示为

$$p - p_0 = \frac{\rho_0 a^2 (1 - \rho_0 / \rho)}{1 - \lambda (1 - \rho_0 / \rho)} \tag{2-2-37}$$

2. 冲击绝热线弹性极限

冲击绝热线上的弹性极限 σ_{1e} 通常被称为冲击绝热线弹性极限，介质从弹性状态过渡到塑性状态，曲线 $\sigma_1(\varepsilon_1)$ 发生转折，半空间中弹性纵波的传播速度为

$$c_e = \sqrt{\frac{1}{\rho_0} \cdot \frac{d\sigma_1}{d\varepsilon_1}} = \sqrt{\frac{K + 4G/3}{\rho_0}} \quad (2-2-38)$$

即 c_e 由弹性段直线倾角的正切所决定，冲击波的速度为

$$D = u_e + v_e \sqrt{-\frac{\sigma_1 - \sigma_{1e}}{v_e - v}}$$

若波的压力不够大，则将有两个波在固体中传播，即走在前面的弹性波及其后面的冲击波（后者通常被称为塑性波）。

3. 卸载波

考察金属中冲击波阵面后方卸载波的问题。由于卸载区内固体状态存在弹性段和塑性段（见图2-1-3），可变形固体卸载中应当出现两组卸载波：弹性波（其速度的平方正比于弹性线1-2-3的斜率）和塑性波（其可以用图2-2-14中卸载曲线在点3处的转折来解释）。

如果材料不具有强度，则受到冲击加载后的材料沿位于冲击绝热线上方的等熵线$\delta-1-S$卸载（见图2-1-3）。显然在真实情形中，卸载应沿着（σ_1, ε_1）平面上考虑材料强度和冲击加热的曲线，利用等熵体积压缩模量K_s，可以把塑性卸载波的速度写为

$$c_s^2 = K_s / \rho \quad (2-2-39)$$

类似式（2-2-38）中弹性极限处的弹性加载波速度c_e，可以把弹性卸载波速度c_{er}写为

$$c_{er} = \sqrt{\frac{K_s + 4G/3}{\rho}} \quad (2-2-40)$$

借助式（2-2-39）、式（2-2-40）以及公式$G = E/2(1+\nu)$，$K_s = E/3(1-2\nu)$，得到比值c_{er}/c_s，即

$$\frac{c_{er}}{c_s} = \sqrt{1 + \frac{4G}{3K_s}} = \sqrt{\frac{3(1-\nu)}{1+\nu}} \quad (2-2-41)$$

弹性卸载波可能对冲击波在金属平板中传播的衰减特性有影响，这种影响主要发生在冲击压力较低的范围（几十吉帕），在强冲击压缩场合下（上百吉帕），这种影响不大，因为此时冲击波的传播可采用流体动力学近似。

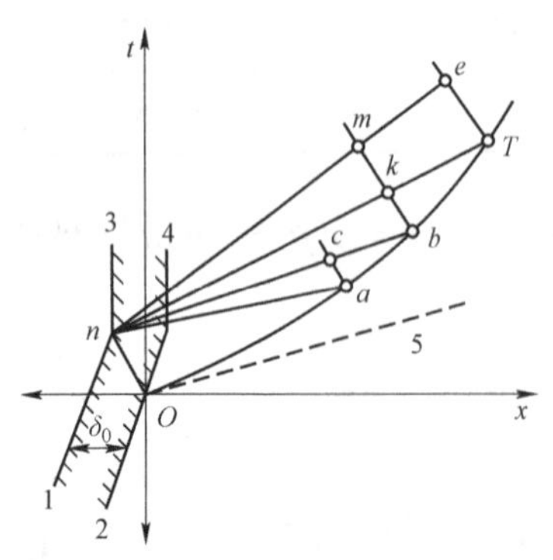

图2-2-14 （x，t）平面上两块平板碰撞的波系

固体中的应力波适合用两种平板碰撞的例子来研究。设速度为v_0、厚度为δ_0的薄板对另一块厚板做一维撞击，这两块板的材料相同。我们研究平面上撞击引起的波系，图2-2-14中的直线2-O表示相碰之前撞击板前表面的运动规律，其后表面运动规律由直线1-n表示。

在薄板与厚板撞击后，这两块板中都有冲击波传播，即图2-2-14所示的曲线$OabT$和线段On。如果知道板材料的冲击绝热线$D = D(u)$，则可确定这两个冲击波的参数。线段On和曲线Oa上冲击波的压力由

公式 $p_x=\rho_0 D(v_0/2)$ 确定，因为两块板的材料相同，撞击后的粒子速度为 $u=v_0/2$（这里记 $\sigma_1=-p_x$）。如果两块板的材料不同，则应按照前述关系式来确定碰撞压力。厚板中冲击波的运动规律（图 2-2-14 所示曲线 Oa）为 $x=Dt$。而薄板中冲击波的运动规律（图 2-2-14 所示线段 On）为 $x=(v_0-D)t$。

薄板中的冲击波到达其非加载的自由面处（n 点）后，将产生稀疏（卸载）波并开始向右方传播。弹性卸载波前沿的运动规律由直线 na 表示，其速度等于 $c_{er}+u$，这里 $c_{er}=\sqrt{(K_s+4G/3)/\rho}$。弹性卸载波中压力的下降值为 $\sigma_{11}-\sigma_{13}=\Delta\sigma_1$（见图 2-2-14），如果不考虑 Bauschinger 效应并取 $\sigma_i=Y=$常数，则其幅度为 $\sigma_{11}-\sigma_{13}=2\sigma_{1e}$，直线 Oa 的倾角等于图 2-2-14 所示弹性卸载线 1-2-3 的倾角。

塑性卸载波前沿（图 2-2-14 所示线段 nc）的运动规律是 $x-x_n=(c_s+u)(t-t_n)$，$c_s=\sqrt{K_s/\rho}$。卸载波是中心稀疏波，出自点 n 的所有特征线组成扇形，特征线 nm 是塑性卸载波的尾部。弹性卸载波与冲击波阵面在点 a 相遇后，冲击波受到削弱，在其阵面迹线 ab 段上的压力首次下降，值为 $\sigma_{11}-\sigma_{13}=\Delta\sigma_1$（见图 2-2-14）。过渡到塑性卸载波以后，冲击波的衰减更为强烈（图 2-2-14 所示冲击波迹线 bT 段）。在弹性卸载波与冲击波阵面相互作用中（见图 2-2-14 点 a），反射卸载波向左方传播（图 2-2-14 所示直线 ac），在点 c 处与塑性卸载波前沿相遇，导致后者在其迹线 cb 段传播中速度发生变化（见图 2-2-14）。反射卸载波从塑性卸载波与冲击波阵面相遇的 b 点出发，沿线段 bk 传播，该线段右面区域中塑性卸载波的特征线将发生弯曲，因为 c_s+u 值随时间不断下降。

高压力范围中（100 GPa 量级），弹性卸载波的影响变得无关重要并可以忽略，此时可用流体动力学近似考虑问题中的波系。冲击波的衰减起始于其阵面与等熵卸载波在图 2-2-14 所示点 b 处相交之后。此时 Onb 区域中冲击压缩参数不变，熵也保持常值。反射卸载波前沿 bk 穿过右行特征线组成角度为 $\angle mnb$ 的扇形区域。在区域 $bnmk$ 中，介质做等熵流动，沿每一条特征线流动参数保持常值，特征线的倾角由（$u+c$）确定。在区域 $bmeT$ 中，流动不再是等熵的，特征线发生弯曲，所以这个区域中的流动与冲击波阵面处熵的变化有关：在冲击波衰减较小的段落（图 2-2-14 所示 bT 段），特征线段 kT 可以被视作直线 nk 的延伸。

如果薄板与厚板的碰撞速度不够大，则在冲击波前方有弹性压缩波传播（图 2-2-14 所示直线 $O-5$），其运动规律是 $x=c_e t$，这里：

$$c_e=\sqrt{\frac{1}{\rho_0}\cdot\frac{\mathrm{d}\sigma_1}{\mathrm{d}\varepsilon_1}}$$

弹性压缩模量 $E_k=K+4G/3$ 的值等于弹性线 Oe 倾角的正切（见图 2-1-3）。如果冲击波速度 $D>c_e$，则其前方不可能有弹性压缩波传播。研究表明，当压力为 10～20 GPa 时，弹性卸载波能够显著改变铝合金厚板中冲击波传播的衰减规律。

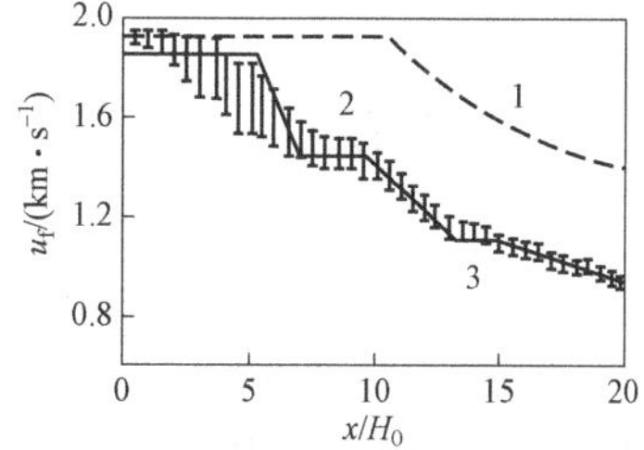

图 2-2-15　在厚度为 H_0、速度为 1.9 km/s 的薄铝板撞击下铝合金厚板自由面速度的变化

1—流体动力学理论计算；2—试验数据；3—弹塑性理论计算

图 2-2-15 所示为在厚度为 H_0、速度为 1.9 km/s 的薄铝板撞击下铝合金厚板自由面速度的变化。其中，虚线为流体动力学理论

的计算结果，这条线的转折点对应图 2－2－14 所示的点 b。试验数据（短竖线）与流体动力学理论计算曲线有明显的差别，但很好地符合弹塑性理论计算曲线。后者已考虑流动极限与冲击压缩压力有关。

4. 冲击波的实际波形

理想的冲击波波形在波阵面前沿是间断的，顶部有一平台，而后压力逐渐变为零，如图 2－2－16（a）所示；但实际冲击波表现出由材料和压力所决定的特性，图 2－2－16（b）所示为界面速度的一般形状（经过适当的单位换算，可变成冲击波压力的波形）。如图 2－2－16(b)所示，冲击波的弹性部分是与塑性部分分开的。弹性部分位于弹性极限（HEL）以下，其传播的速度比塑性波快。因此，图 2－2－16 所示的那些现象是可以被解释的。压力（或用 VISAR 方法测得的粒子速度）在经历了最初的陡峭上升后，达到 HEL。超过 HEL 后，压力继续增加直至顶端（实际上这里不存在间断）。如果发生了相变，则将会在波形中出现一个明显的标记。在图 2－2－16（b）所示的顶部，我们可以看到存在一个脉冲平台。当卸载开始后，其将会经历先弹性卸载、后塑性卸载的过程。这类似加载时的 HEL 点，由于自由表面的速度是用 VISAR 方法测量的，故冲击波发生反射并可破坏被测材料。

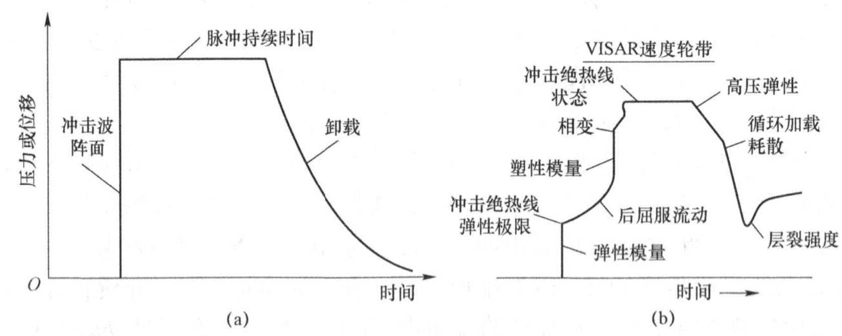

图 2－2－16　冲击波波形

（a）理想的冲击波波形；（b）“普通的”实际冲击波波形

由于偏应力分量的存在，实际材料的压力－比容曲线和冲击绝热线（静水的）曲线并不相同，如图 2－2－17 所示。压力随比容的增加率比在弹性范围内大得多。在施加应力和应变率条件下，当达到冲击绝热线弹性极限（HEL）时，压力－比容曲线的斜率就会发生变化。图 2－2－17 所示三个箭头表示在施加应变下材料的流动应力。

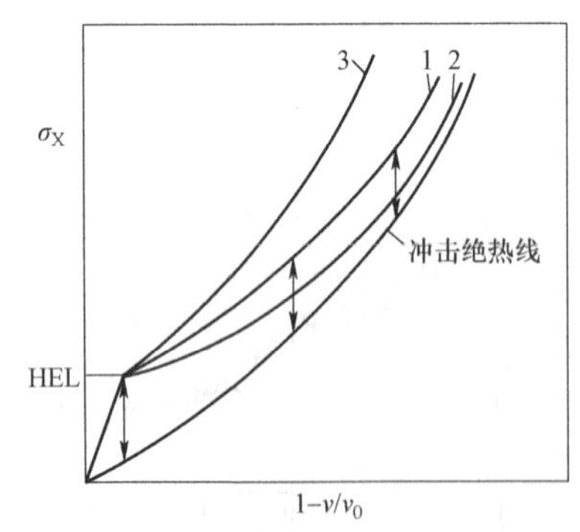

图 2－2－17　不同材料的冲击响应

1—材料的屈服强度与压力无关；2—材料的屈服强度随压力的增大而减小——软化；3—材料的屈服强度随压力的增大而增大——强化

几种实际材料的真实冲击波波形如图 2－2－18 所示，它们分别是一种金属（铍）和两种陶瓷材料（碳化硅、碳化硼）。在加载过程中，弹性段和塑性段的区分很明显。图中还给出了碳化硅和碳化硼的冲击波幅值。碳化硼的波形是不规则的，而碳化硅的波形是光滑的。这些不规则形状可能是由于陶瓷在冲击压缩下发生破碎造成的，但是确切原因仍不知道。

从图 2-2-18（b）和图 2-2-18（c）可以看出，随着压力的增大，冲击波越来越陡。学者们已经对这一现象进行了许多材料的试验观察，详细情况如图 2-2-19 所示，这些图形显示了斜率随粒子速度或压力的增加而增加。圈（○）线代表的是试验数据，把这些材料的粒子速度随时间的变化曲线转化成应力（压力）与应变率的线性关系，如图 2-2-19（b）所示，在对数图上，这些曲线变成了线性关系。大多数材料的经验关系为

$$\dot{\varepsilon} \propto \Delta\sigma^4$$

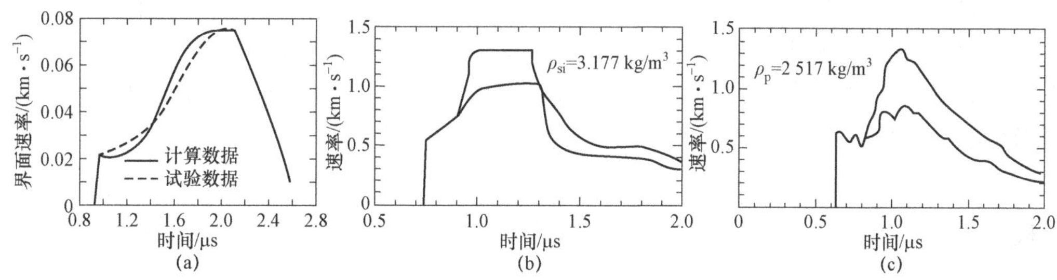

图 2-2-18　用 VISAR 方法获得的冲击波波形

（a）铍；（b）碳化硅；（c）碳化硼

这表明应变增加率和峰值应力的 4 次方成正比。图 2-2-19（b）所示的应变率范围是 $10^5\ s^{-1} \sim 10^8\ s^{-1}$。应变率上限（$10^8\ s^{-1}$）表示其能够达到的最高应变率，强度依赖应变率，把材料强度与应变率的依赖关系同适当的计算模型结合起来，就可以计算得到图 2-2-18 和图 2-2-19（a）所示的曲线。图 2-2-18（a）中的实线为根据 Steinberg 等建立的本构模型计算得到的波形。

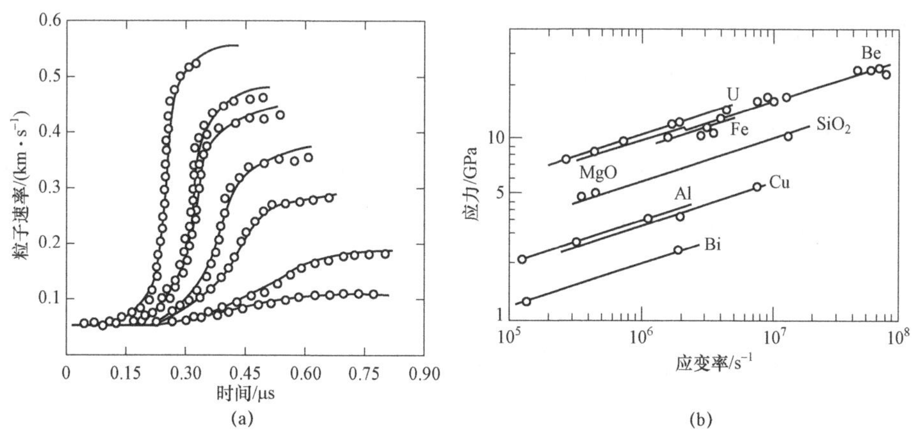

图 2-2-19　不同材料的试验结果

（a）在 3.3 GPa，5.7 GPa，8.7 GPa，11.2 GPa，13.2 GPa，14.4 GPa 和 16.7 GPa 应力作用下，轴中冲击波波形的试验（○）和计算（实线）结果的比较；（b）大量材料的应力－应变率关系

2.3　冲击波作用的塑性变形和断裂

2.3.1　弹塑性材料中平面冲击波的传播

研究固体的动力可压缩性时，常把固体看作液体或气体。也就是说，压力具有静水压力性质，不考虑固体的弹性性质和塑性性质。这种假设在压力很高时是合理的，但在较低压力范围中必须考虑固体的弹塑性。冲击波在无强度介质中传播时，冲击波运动方向上的压力与其他任何方向上的压力相同，利用平面冲击波加载测定有强度介质的冲击绝热线时，我们测量的是作用于冲击波运动方向上的主正应力 σ_1，其余两个主方向的正应力 $\sigma_2=\sigma_3$，但并不等于 σ_1，冲击波传播方向上的主应变 ε_1 仅取决于体应变 $\eta=\varepsilon_1+\varepsilon_2+\varepsilon_3$，根据主轴 2、3 方向上变形受限制条件得到：

$$\varepsilon_2=\varepsilon_3=0 \tag{2-3-1}$$

根据式（2-1-6）和式（2-1-9），平面冲击波传播的单轴应变状态、应力强度为

$$\sigma_i=D_{\sigma_1}-D_{\sigma_2}=\frac{3}{2}D_{\sigma_1} \tag{2-3-2}$$

由式（2-1-12）确定应变强度为

$$\varepsilon_i=\frac{2}{3}\varepsilon_1=\frac{2}{3}\eta \tag{2-3-3}$$

利用式（2-1-6）和式（2-3-2）得到

$$\sigma_1=-p+\frac{2}{3}\sigma_i,\ \sigma_2=\sigma_3=-p-\frac{1}{3}\sigma_i \tag{2-3-4}$$

式（2-3-1）～式（2-3-4）确定了剪切应力对于冲击波阵面上应力状态的影响无论在弹性区或塑性区都成立。由胡克定律给出弹性区中主应力与主应变之间的如下关系式：

$$\sigma_1=\lambda\eta+2G\varepsilon_1,\ \sigma_2=\lambda\eta+2G\varepsilon_2,\ \sigma_3=\lambda\eta+2G\varepsilon_3 \tag{2-3-5}$$

式中　λ，G 是拉梅系数；平面波场合 $\varepsilon_1=\eta$，$\varepsilon_2=\varepsilon_3=0$，因而式（2-3-5）可以写为

$$\sigma_1=(\eta+2G)\varepsilon_1,\ \sigma_2=\lambda\varepsilon_1,\ \sigma_3=\lambda\varepsilon_1 \tag{2-3-6}$$

把各分式的左、右部分相加，并考虑式（2-1-4）得到

$$p=-\left(\lambda+\frac{2}{3}G\right)\eta=-K\eta=-\sigma \tag{2-3-7}$$

式中　$K=\lambda+2/3G$，是体积压缩模量。借助式（2-3-6）和式（2-3-7），把式（2-3-4）改写为

$$\sigma_1=\frac{\lambda+2G}{2G}\sigma_i=\frac{1-\nu}{1-2\nu}\sigma_i,\sigma_2=\sigma_3=\frac{\lambda}{2G}\sigma_i=\frac{\nu}{1-2\nu}\sigma_i \tag{2-3-8}$$

式中　$\nu=\lambda/2(\lambda+G)$，是泊松比。当材料达到流动极限时，根据 Mises 屈服条件，有

$$\sigma_1=\frac{1-\nu}{1-2\nu}Y,\ \sigma_2=\sigma_3=\frac{\nu}{1-2\nu}Y \tag{2-3-9}$$

在弹性区，比值$\sigma_1/\sigma_2=(1-\nu)/\nu$始终是常数。

应力$\sigma_1=\sigma_{1e}=\sigma_{HE}=Y(1-\nu)(1-2\nu)$等于冲击绝热线上的弹性极限值，如图 2－1－3 点 e 所示。各种材料的冲击绝热线弹性极限σ_{HE}值以及静态、动态流动极限值如表 2－3－1 所示。

考察单轴应变状态下剪切曲线$\sigma_i=\sigma_i(\varepsilon_i)$、体积压缩规律$p=-K(\rho)\eta=-\sigma(\varDelta)$，$\varDelta=\rho_0/(\rho-1)$，其和压缩曲线之间在弹性极限范围内的关系为

$$\sigma_1=\sigma_1(\varepsilon_1)=\sigma_1(\eta)=f(\varDelta)$$

考察当体积压缩模量与压缩度有关，即$K=K(\varDelta)$时的体积压缩关系$p=-\sigma(\varDelta)$。对于某些材料，强度σ_i在塑性区中与ε_i的关系较弱，即有$\sigma_i\approx Y=$常数。对于理想塑性材料$\sigma_i=Y=$常数，如果记$p=-\sigma(\varDelta)$，则可把式（2－3－4）写为

$$\sigma_1=f(\varDelta)=\sigma(\varDelta)+\frac{2Y}{3},\ \sigma_2=\sigma_3=F(\varDelta)=\sigma(\varDelta)-\frac{Y}{3} \tag{2-3-10}$$

假定从平面冲击波试验中得到了冲击绝热线$\sigma_1=f(\varDelta)$，则在已知 Y 值的条件下可以确定$\sigma(\varDelta)$，然后确定$\sigma_2=F(\varDelta)$，如果材料具有以曲线$\sigma_i=\sigma_i(\varepsilon_i)$表征的特性，则考虑式（2－3－4）有

$$\sigma_1=f(\varDelta)=\sigma(\varDelta)+\frac{2}{3}\sigma_i(\varepsilon_i) \tag{2-3-11}$$

$$\sigma_2=\sigma_3=F(\varDelta)=\sigma(\varDelta)-\frac{1}{3}\sigma_i(\varepsilon_i) \tag{2-3-12}$$

式中　$\varepsilon_i=2\varepsilon_1/3=2\eta/3=(2/3)\ln(1+\varDelta)$，若$\varDelta\ll 1$，则$\varepsilon_1=\varDelta=\rho_0/(\rho-1)$。

下面研究点对称情形中$\sigma(\varDelta)$、$\sigma_i(\varepsilon_i)$和σ_1之间的关系。此时有$\varepsilon_2=\varepsilon_3$，$\sigma_2=\sigma_3$且式（2－3－10）依然正确。若$\sigma_i=Y=$常数，则平面与球面中曲线$\sigma_1=f(\varDelta)$相同。如果材料具有强化性质$\sigma_i=\sigma_i(\varepsilon_i)$，则虽然式（2－3－11）无变化，但此时$\varepsilon_i$与$\eta$之间不再是单值关系。因为$\varepsilon_i=2(\varepsilon_1-\varepsilon_2)/3,\ \varepsilon_1+2\varepsilon_2=\eta$，所以，对于强化材料很难依据已知的曲线$\sigma(\varDelta)$和$\sigma_i(\varepsilon_i)$作曲线$\sigma_1=f(\varDelta)$。如果平面与球面中的曲线$\sigma_1=f(\varDelta)$相同（这在$\sigma_i=Y=$常数这一理想塑性材料情形是正确的），则冲击波阵面的关系式在这两种情形中都是正确的，平面波和球面波试验中测量的冲击绝热线$D=D(u)$应当一致。

对于有强度可压缩介质，基于质量、动量和能量守恒定律可以得到如下关于冲击波阵面参数的关系式（假设此时有一个参数为σ_1，ρ_e，u_e，E_e，σ_{1e}的弹性波在冲击波阵面前方传播）：

$$\begin{cases}\rho_e(D-u_e)=\rho(D-u)\\ \sigma_1-\sigma_{1e}=-\rho_e(u-u_e)(D-u_e)\\ E-E_e=\dfrac{1}{2}(\sigma_1+\sigma_{1e})(v-v_e)\end{cases} \tag{2-3-13}$$

关于平面冲击波的式（2－3－13）只有三个式子，这是不够的，还必须补充如下关系式：

$$p=p(\rho,\ E),\ \sigma_i=\sigma_i(\varepsilon_i),\ \sigma_1=-p+S_1,\ \varepsilon_i=\frac{2}{3}\eta,\ \sigma_i=\frac{3}{2}S_1 \tag{2-3-14}$$

固体的性质同样与静水压力有关，例如，随着静水压力的上升，由样品颈部断裂应变表

征的材料塑性极限明显增大，并且与该材料可承受的最大剪切力密切有关，最大剪切力是把材料放在两面砧子中间压缩而测定的，若在压缩压力小于 50 GPa 时进行这种试验，则可表明许多材料的最大剪切力提高了 10 倍，然而，利用加压冲孔试验途径对最大剪切力随静水压力的增长进行估计，表明静水压力对于剪切力的影响实际上并不大。金属动态强度参数如表 2－3－1 所示。

表 2－3－1　金属动态强度参数

金属材料	σ_{HE}/GPa	Y/GPa	σ_T/GPa	Y/σ_T
工业纯铁	1.16	0.73	0.15	4.86
3 号钢	1.36	0.86	0.21	4.10
退火的 40X 钢	1.96	1.23	0.42	2.94
退火的 30XГCA 钢	2.09	1.32	0.47	2.81
淬火的 40X 钢	2.64	1.66	0.82	2.03
淬火的 30XГCA 钢	2.99	1.88	1.45	1.30
退火的 Д16 铝合金	0.47	0.26	0.13	2.02
淬火的 Д16 铝合金	0.76	0.42	0.27	1.55
工业纯铁	0.69	0.40	0.19	2.09
SAE－1020 钢	1.16	0.75	0.29	2.6
退火的 2024－TY 铝合金	0.09	0.05	0.10	0.45
淬火的 2024－TY 铝合金	0.55	0.29	0.30	0.96
6016－T6 铝合金	0.65	0.33	0.27	1.18
淬火后低回火的 Y10 钢	2.55	1.61	—	—
标准工业纯铁	1.15	0.72	0.22	3.27
退火的 M1 铜	0.48	0.23	0.08	2.9
B95 合金	0.68	0.37	0.22	1.7
淬火的 SAE－4340 钢	2.57	1.51	1.30*	1.16
SAE－4340 钢	1.46	1.04	0.65*	1.56
般钢	1.28	0.78	0.27～0.42*	2.8～1.85

注：* 在成比例范围内。

试验表明，在平面冲击波情形中，动态流动极限对冲击压缩压力 σ_1 的依赖关系很密切（表 2－3－2）。在冲击压缩条件下，材料在高应变率且平均压力很大时发生变形。此外，当冲击波幅度上升时，材料急剧加热，其会使材料强度下降，熔点温度下的材料强度为零。但是压力和应变率上升又会使材料强度提高。关于参数 ε，p 和 T 对材料强度性质的共同影响还有待深入研究。

表 2-3-2 金属材料动态流动极限对冲击压缩压力 σ_1 的依赖关系

材料	σ_1/GPa	Y/GPa	材料	σ_1/GPa	Y/GPa
铝	10.0	0.82	铜	34.0	1.8
	11.0	0.86		80.0	2.8
	17.5	1.25		122.0	1.6
	30.0	1.7	铅	46.0	0
	34.5	2.2	铁	111.0	1.1
	68.0	2.9		185.0	2.7

考虑按照材料在（σ_i,ε_i）平面上已知的卸载规律，确定其在（σ_i,ε_i）平面上的卸载规律，这里设 $\sigma_i>0$，$\varepsilon_i>0$，应力-应变关系曲线如图 2-3-2 所示。

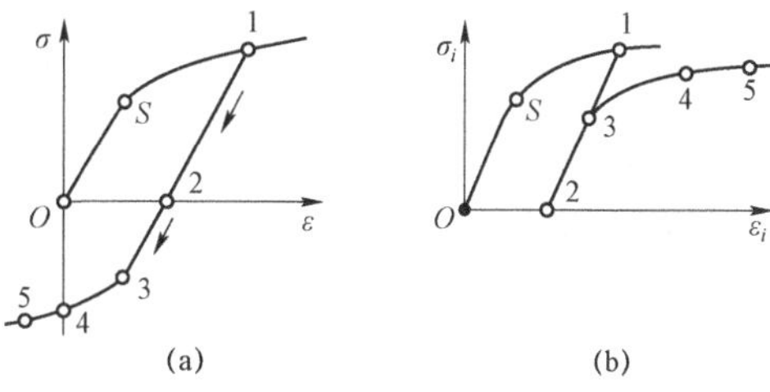

图 2-3-1 应力-应变关系曲线

（a）平面上杆件的压缩—卸载—反向拉伸过程；

（b）平面上杆件的压缩—卸载—拉伸过程

图 2-3-1（a）所示为（σ,ε）平面上杆件的压缩（$O-S-1$）—卸载（1-2）—反向拉伸过程（2-3-4-5）。图 2-3-1（b）所示为（σ_i,ε_i）平面上类似的过程。把材料试件压缩到图 2-3-1（b）所示（σ_i,ε_i）平面上点 1 状态之后，开始使其卸载，则在一次近似下可以认为该卸载是按弹性规律进行的：

$$\sigma_{i1}-\sigma_i=E(\varepsilon_{i1}-\varepsilon_i) \tag{2-3-15}$$

式中 σ_{i1} 和 ε_{i1} 是点 1 的坐标参数。

如果在压缩并卸载到点 2 所对应的状态之后再施加拉伸载荷，则材料又开始按弹性规律式（2-3-15）变化到材料流动极限所对应的状态（图 2-3-1 所示点 3）。在杆件继续拉伸的过程中，σ_i 和 ε_i 之间的关系在该图上用某一条曲线表示（图 2-3-1 所示曲线段 3-4-5）。

流动极限 σ_{i3} 的值低于卸载开始时的流动极限 σ_{i1}，也小于材料初始的流动极限 σ_T。反向加载变形中材料流动极限的降低被称为 Bauschinger 效应。图 2-3-2 所示的关系曲线（σ_i,ε_i）对于很多材料是很典型的。

根据胡克定律式（2-3-6），卸载方程的形式为

$$\begin{cases}\sigma_{11}-\sigma_1=(\lambda+2G)(\varepsilon_{11}-\varepsilon_1)\\ \sigma_{21}-\sigma_2=\lambda(\varepsilon_{11}-\varepsilon_1)\\ \sigma_{31}-\sigma_3=\lambda(\varepsilon_{11}-\varepsilon_1)\end{cases} \tag{2-3-16}$$

式中 σ_{11}，σ_{21}，σ_{31} 和 ε_{11} 是图 2-1-3 所示点 1 处的冲击波参数。把式（2-3-16）的三个式子的左部、右部分别相加，得到卸载关系式为

$$\sigma_{11}-\sigma=\left(\lambda+\frac{2}{3}G\right)(\varepsilon_{11}-\varepsilon_1)=K(\varepsilon_{11}-\varepsilon_1)$$

在式（2-3-16）中消去应变量，得到卸载关系式为

$$\sigma_{21}-\sigma_2=\frac{\lambda}{\lambda+2G}(\sigma_{11}-\sigma_1)=\frac{\nu}{1-\nu}(\sigma_{11}-\sigma_1)$$

根据式（2-3-3）中的$\varepsilon_i=2\varepsilon_1/3$，利用式（2-3-15）和式（2-3-16）得

$$\sigma_{11}-\sigma_1=\frac{(\lambda+2G)(1-\nu)}{E}(\sigma_{i1}-\sigma_i)=\frac{(K+4G/3)(1+\nu)}{E}(\sigma_{i1}-\sigma_1)$$

由于$K/E=1/3(1-2\nu),\ G/E=1/2(1+\nu)$，因此有

$$\sigma_{11}-\sigma_1=\frac{1-\nu}{1-2\nu}(\sigma_{i1}-\sigma_i) \tag{2-3-17}$$

这里冲击压缩下的泊松比与冲击波阵面应力σ_1有关。

弹性卸载时固体应力的最大变化由式（2-3-18）确定：

$$\Delta\sigma_1=\frac{1-\nu}{1-2\nu}\Delta\sigma_i \tag{2-3-18}$$

式中　$\Delta\sigma_1=\sigma_{11}-\sigma_{13}$（图 2-1-3 所示线段 1-2-3）；$\Delta\sigma_i=\sigma_{i1}-\sigma_{i3}$（图 2-3-1 所示线段 1-2-3）。当$\sigma_{i1}=Y=$常数，并且不存在 Bauschinger 效应时，有

$$\Delta\sigma_1=\frac{1-\nu}{1-2\nu}2Y \tag{2-3-19}$$

当平面（σ_i,ε_i）上卸载到达零应力状态$\sigma_i=0$时，即到达图 2-3-1（b）所示点 2 时，显然有$\sigma_1=\sigma_2=\sigma$，在（σ_1,ε_1）平面上，此状态即卸载线与静水压缩线$\sigma=\sigma(\varepsilon)$的交点。弹性区中试件拉伸规律[图 2-3-1(b)所示线段 2-3]对应(σ_1,ε_1)平面上的卸载线(图 2-1-3 所示线段 2-3)。塑性拉伸区域［图 2-3-1（b）所示曲线段 3-4］对应（σ_1,ε_1）平面上的卸载线（图 2-1-3 所示曲线段 3-4）。

然而复杂应力状态下类似过程起始点的确定则困难得多。复杂应力状态条件下材料的塑性断裂，可以在对应（σ_i,ε_i）曲线上任何一点的组合应力状态下发生。例如，各方向均匀拉伸下的断裂发生于$\sigma^*=\sigma_1=\sigma_2=\sigma_3$的状态，而此状态却对应应力强度$\sigma_i=0$；反之，各方向均匀压缩条件下塑性材料实际上不会发生断裂，虽然此时也是$\sigma_i=0$的状态。

最有实际意义的是确定材料发生断裂时的临界应变ε_i，材料塑性加工的经验表明，ε_i是比值$p/\sigma_i=-(\sigma_1+\sigma_2+\sigma_3)$的函数，即$(\varepsilon_i)^*=F(p/\sigma_i)$。例如，各种钢材在压缩、扭转、弯曲和拉伸等静态试验中发生断裂时，其临界应变可用如下关系式拟合：

$$\varepsilon_i=2(\varepsilon_i)^+ +\exp(2.16p/\sigma_i)$$

式中　$(\varepsilon_i)^+$是拉伸断裂时的临界应变。当$p=-\sigma_i/3$，$\sigma_i=\sigma_1$，$p/\sigma_i=-1/3$，且$(\varepsilon_i)^*=(\varepsilon_i)^+$时，随着$p/\sigma_i>0$的增大，$(\varepsilon_i)^*$值上升。除了依赖静水压力$p$和应力强度$\sigma_i$，临界应变$(\varepsilon_i)^*$还与应变率强度$e_i$和温度$T$有关，关于这些因素对$(\varepsilon_i)^*$值的综合影响的研究尚不充分。在爆炸与冲击加载下材料发生断裂时，在很多情形中对断裂有决定性作用的因素是参数p，σ_i和e_i。

研究临界动态应变时经常遇到$e_i\approx$常数的情况，此时可以认为$(\varepsilon_i)^*=\phi(p/\sigma_i)$。例如，从$c_{\pi enT}$用半径$a_0=r_0$和$a_0=0.8r_0$的炸药装药爆炸、使各种材料制造的薄球壳（$\delta_0/r_0=0.04$）断裂的试验中得知，较大炸药球（$a_0=r_0$）中铝合金球壳断裂半径$r=1.53r_0$，而较小炸药球（$a_0=0.8r_0$）中断裂半径$r=1.36r_0$，$r_0$是金属球壳的内半径，$\delta_0$为球壳的初始厚度。

铜、锌和铜铍合金球壳的试验也得到类似结果，在球壳断裂时刻，其内部爆轰产物的平

均压力可根据爆轰产物按 p 正比于 r^{-9} 规律均匀膨胀的假定计算，大炸药球的平均压力显著大于小炸药球。也就是说，前者的 p/σ_i 值大于后者，因而前者的临界应变值也高于后者。从所考察的试验中我们还可知道，一次近似下球壳的断裂发生在爆轰产物平均压力达到球壳材料静态流动极限时，即 $p=\sigma_{\mathrm{T}}$ 的时刻（对于 $a_0=r_0$ 的情形）。

根据试验数据对关系式内 $\sigma_i=\sigma_i(\varepsilon_i)$ 和 $\sigma_1=\sigma_1(\varepsilon_1)$ 进行比较：当前用于构建冲击绝热线 $\sigma_1=\sigma_1(\varepsilon_1)$ 的试验方法都利用平面应力波，关系式 $\sigma_i=\sigma_i(\varepsilon_i)$，$\sigma=\sigma\ (\varepsilon_1)$ 和 $\sigma=\sigma_1(\varepsilon_1)$ 可以由试验数据直接得出，这里关系曲线 (σ_i,ε_i) 由静态加载下杆件简单拉伸试验的数据确定。许多铝合金材料的关系对于 $\mathrm{d}\varepsilon_i/\mathrm{d}t$ 的依赖较弱，我们采用 Bridgman 的静力可压缩性关系作为 $\sigma=\sigma(\varepsilon_1)$，按照 $\sigma_i=\sigma_i(\varepsilon_i)$ 和 $\sigma=\sigma(\varepsilon_1)$ 构造的曲线 $\sigma_1=\sigma_1(\varepsilon_1)$ 在试验误差范围内与动态试验曲线 $\sigma_1=\sigma_1(\varepsilon_1)$ 重合，试验进行到压力为 $\sigma_1=3$～5 GPa 的范围。与曲线 $\sigma_1=\sigma_1(\varepsilon_1)$ 比较可以看出，在金属冲击压缩试验中得到的是动态关系 $\sigma_1=\sigma_1(\varepsilon_1)$，因此也可以计算得出等温压缩线。在压力 $\sigma_1=5$ GPa 处，2024－TY 铝合金的冲击压缩线与等温压缩线的差别不大于 4%。

上面介绍了在等温压缩条件下，也就是考虑材料等温可压缩性及其强度条件下，材料加载与卸载时的关系曲线 $\sigma_1=\sigma_1(\varepsilon_1)$ 与 $\sigma=\sigma(\varepsilon_1)$。由于在较低压力的冲击压缩下，材料加热不明显，所以在该区域中冲击压缩线和等温压缩线实际上是重合的。

若考虑到强度，材料卸载时有两个声速：一个对应卸载线的弹性段（图 2－1－3 所示线段 1－2－3）；另一个对应卸载线的塑性段（图 2－1－3 所示曲线段 3－4）。在冲击压力为 20～50 GPa 的铝、铜和铁材料的试验中已经观察到这两个声速。

在冲击压缩之后，理想介质的卸载是沿等熵线进行的，等熵线位于冲击绝热线的上方。如果有强度可压缩介质的卸载是由于强度效应所引起的，则卸载线具有较复杂的形状（图 2－1－3 所示曲线段 1－2－3－4－5）。

随着冲击压缩幅度的增大，热力学效应的作用增高，冲击波阵面上熵上升，材料强度下降，材料完全卸载的状态（图 2－1－3 所示点 4）将沿 $O\varepsilon_1$ 轴向左移动，从而可以看到冲击压缩压力下，冲击绝热线将与卸载线相交。这是由两个因素造成的：冲击压缩中的热力学效应（这个因素使得卸载线位于冲击绝热线的上方）和强度的影响（这个因素使得卸载线移到冲击绝热线的下方）。

2.3.2　冲击波加载下的断裂判据

可变形固态介质的冲击波加载属于强动载荷，此时 $t_{\max}<2L/c$，$\alpha p_{\max}>p_{\mathrm{HE}}$。其中，$t_{\max}$ 是载荷增长到最大值所需的时间；L 是结构部件的典型尺寸；c 是固体材料中的声速（与物体变形特点有关，可以是弹性纵波速度 c_{e}，体积波速度 c_{v}，塑性波速度 c_{p}，剪切波速度 c_{t} 等）；L/c 是力学信息沿物体传播的特征时间；$p_{\max}$ 是外界作用力的最大值；p_{HE} 是单轴应变状态下冲击波作用时冲击绝热线弹性极限；α 是与加载特点和应力状态形式有关的调节系数。

对爆炸或冲击引起的固体高速变形和断裂过程进行数值模拟时，在估算冲击波、压缩波和稀疏波在其中传播的材料强度和可靠性时，通常采用的主要判据有塑性屈服判据、分散损伤力学判据、强度动力学理论和动态断裂韧性的判定。

1. 塑性屈服判据

在爆炸和冲击下的各向同性板、壳和形状结构更复杂的高速变形与塑性断裂问题中，绝大多数采用形状变化最大比能判据（Mises 判据），较少使用的是最大线应变判据（Mariotte 判据），合起来写成如下的强度（取不等号）和断裂（取等号）判据：

$$f_m(\sigma_{ij},\varepsilon_{kl}) \leqslant C_m$$

式中 $m=1, 2, \cdots, n$，是断裂特性（剪切、开裂）和类型（延性、脆性）所规定的函数编号；C_m 是由介质流动极限或强度极限所决定的常数。

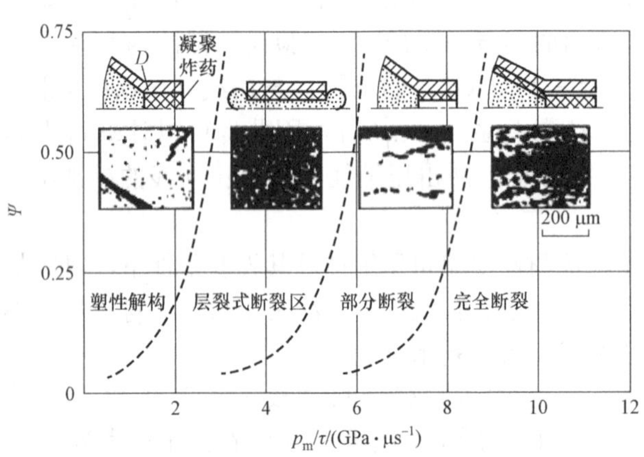

图 2-3-2　加载剧烈性与材料塑性程度之间关系的分析

图 2-3-2 所示为加载剧烈性与材料塑性程度之间关系的分析，其可以预测受爆轰产物加载的圆柱壳体中损伤的类型及其发展程度。壳体给定截面上断裂达到极限半径时的完全断裂，发生的时间远远滞后于波传过圆柱壳体壁厚的首次行程时间，这说明了断裂过程的传播速度比较有限，在圆柱壳内表面附近区域内的较长时间中存在着随时间脉动式衰减的各向压缩状态，以及壳体均匀高速变形中应力的弛豫过程。

这里必须指出，在加载具有动态特性的情况（即应力波具有一定传播距离的过程）下，塑性流动和断裂区域的发展及迁移需要一定时间。介质宏观参数达到临界值的应力－应变状态作用，可导致材料断裂的微损伤的成核、生长和积累，因此描述动态加载特性需要引入表征塑性流动和断裂的时间。

2. 分散损伤力学判据

在分散损伤力学框架中表述的宏观断裂判据，考虑了介质力学性质与时间有关的流变性（与持久强度－寿命的概念有关）以及物体的断裂动力学。这里的断裂动力学是指与温度、应力有关加载之下物体寿命的变化。在许多情形中已提出了有关的控制性特性参数，即在给定应力之下到达断裂的时间 t_B。

持久强度判据的构建与材料的损伤度和密实度有关。真实材料的宏观结构和微观结构总会含有缺陷，在材料受到冲击波加载和高速变形的过程中，还会产生使得材料疏松的新缺陷，使其承载能力下降，最终发生完全断裂。虽然不同材料中损伤的累积过程可能受制于完全不同的物理机制，但是无论是在静态加载下还是在动态加载下，断裂过程均包含以下普遍发展阶段：

（1）拉伸或剪切应力作用下导致微缺陷的萌生（微裂纹、微孔洞、绝热剪切带）。

（2）如果应力超过某个临界值，则微孔洞或微裂纹可以成长。

（3）相邻已长大的缺陷互相贯通。

（4）材料由主裂缝发展形成的一个或多个自由面而被分离，或形成密集裂纹网络，使材料碎裂为许多分离碎片。

断裂过程与材料力学性质和加载条件有关，首先是微孔洞萌生、成长和汇通的结果——延性断裂；然后是微裂纹萌生、成长和汇通的结果——脆性断裂。显然，可变形固体的断裂机制多种多样，相当复杂，我们难以提出普遍的断裂模型及其相应的数学描述。

最有前景的描述大量缺陷造成损伤的方法，是通过平均值或其他参数表示的缺陷场的概念。最简单的方法是引入表征材料损伤度的物理量，定出材料各体积中的损伤度，或称之为损伤系数 ω（标量或张量），ω 可以从 0 变到 1，$\omega=0$ 表示密实介质，$\omega=1$ 表示材料完全断裂。也就是说，函数 $\omega(t)$ 随时间增大。损伤力学中有时引进材料密实性（或碎裂性）的概念，由密实系数（或碎裂系数）ϕ 表征，在材料没有损伤的初始状态下，$\phi=1$，缺陷随时间的流逝、损伤过程的发展而生长，函数 ϕ 减小，损伤系数与密实系数之间有着显然的线性关系 $\phi=1-\omega$。

试验研究结果证实，材料损伤程度的发展过程具有由应力状态、加载历史和材料各向异性所决定的方向特性，如果把标量 ω 用更加普遍的损伤度张量 $\boldsymbol{\Pi}$ 来代替，上述这些因素都可被加以考虑，张量 $\boldsymbol{\Pi}$ 在坐标系 x_j 点处的分量记为 $\boldsymbol{\Pi}_k$ $(k=1，2，\cdots)$。

一般说来，损伤的累积是随机过程，因而如果已知具体材料中微缺陷的萌生和发展条件，在原则上可以用统计方法确定损伤度。但是缺陷萌生的基本机制及其成长条件的描述是相当近似的，而且在确定这些机制的定量特征、损伤度分布函数、随机缺陷之间的关系等方面存在着巨大困难。

一般情况下，材料损伤度的变化不仅与应力张量 $\boldsymbol{\sigma}$ 有关，还与应变张量 $\boldsymbol{\varepsilon}$、温度 T、时间 t、结构状态参数（内变量）λ_i（$i=1，2，\cdots$）有关，这些内变量表征了材料结构中的不可逆变化。例如，强化的定向性、塑性变形及各向异性能量的耗散等，这里的各向异性（纤维的优先方向）是在金属与合金的工艺加工（辗压、锻造等）过程中造成的，对材料的持久强度可能具有重要影响。各向异性对持久强度指数的影响，在以铝、钛为基的轻合金中特别明显。随着材料变形过程的发展，损伤度随时间而增长，损伤度的变化 $\mathrm{d}\omega/\mathrm{d}t$ 可以利用统计物理的概念描述，写出最普遍的损伤度动力学方程形式为

$$\frac{\mathrm{d}\omega}{\mathrm{d}t}=F(\omega,\boldsymbol{\sigma},\boldsymbol{\varepsilon},t,\lambda_i) \tag{2-3-20}$$

3. 强度动力学理论

许多广泛使用的强度动力学理论判据类似于可应用于动态加载过程的判据 $C.B.\phi_{\mathrm{ypkoB}}$，其确立了温度的时间叠加原理，$\phi_{\mathrm{ypkoB}}$ 的形式为

$$t_{\mathrm{B}}=t_{\mathrm{B}}^{0}\exp\left(\frac{U_0-\gamma\sigma_{\mathrm{eq}}}{kT}\right) \tag{2-3-21}$$

该函数表示温度的时间叠加原理，确定了在给定等效应力 σ_{eq} 和某个温度 T 时断裂发生之前的总时间。没有应力 U_0 时，式（2-3-21）中断裂过程的活化能是每种介质与其状态无关的物理常数，其量级相当于固体中原子间价键的能量。一般认为，参数 γ 表征了固体结构中的最危险的缺陷——微观的应力集中，γ 具有体积量纲，其值可以用缺陷体积 V（原子量级）与应力集中系数 $K_\sigma=\sigma_{\max}/\sigma_{\mathrm{eq}}$ 的乘积来说明，这里 $\sigma_{\max}$ 是缺陷边界上最大的应力。通常还认为参数 γ 与非活性断裂的应力值有关，$\sigma_0=U_0/\gamma$。对于各种钢材，γ 值从 $\sigma_0>2.5$ GPa 时的 $2\times10^{-4}\ \mathrm{m^3/mol}$，变化到 $\sigma_0\approx0.4\sim0.5$ GPa 时的 $12\times10^{-4}\ \mathrm{m^3/mol}$。

统计的强度动力学理论所描述的仅仅是开裂式断裂核的形成，既无法描述开裂裂纹的传播，也无法描述剪切裂纹和断口裂纹的萌生及发展。如果拟静态加载下缺陷的萌生和成长时间比裂纹传播时间长得多，则整个断裂时间 t_B 实际上由式（2-3-21）确定，而在强动载荷（冲击波）作用下，缺陷的萌生和成长时间将与裂纹传播时间相当。这样就阐明了所考察的理论与试验数据相差很大而且不适用于短寿命范围 ($t_B < 10^{-1}$ s) 的原因。动态变形和断裂时弹塑性材料粒子对于所加载荷的响应，在形式上包含如下两个主要部分。

（1）非平衡部分。该部分与材料变形和断裂过程的惯性及黏性效应有关，是高加载参数以及相应的高应力、高温度和高应变率作用的结果，此时平均应力值高于应力偏量表征的应力强度值。

（2）似平衡部分。该部分是局部应力和伴生塑性变形引起材料解构的作用。

某项研究假定材料单位体积中缺陷个数的萌生速度 $\dot{N}$ 与上述两个因素的关系是

$$\dot{N} = \frac{\mathrm{d}N}{\mathrm{d}t} = \dot{N}_0 \exp\left(\frac{\sigma - \sigma_{n0}}{<\sigma>}\right) H(\sigma - \sigma_{n0}) + A(\sigma)\sigma + B(e_i)e_i^{\mathrm{p}} \tag{2-3-22}$$

式中　等号右部第一项与高平均应力 σ 的作用有关；第二项和第三项考虑了塑性应变过程；H 是 Heaviside 函数；$e_i^{\mathrm{p}} = \sqrt{(2/3)e_{ij}^{\mathrm{p}}e_{ij}^{\mathrm{p}}}$，是等效塑性应变的时间变化率；$A$ 和 B 是试验确定的函数；频率因子 $\dot{N}_0$，σ_{n0} 和 $<\sigma>$ 都是通过试验确定的材料参数。

复杂冲击波加载场合下的高强度玻璃、硅微晶玻璃、陶瓷和其他脆性材料的应用，使学者对强动载荷作用下脆性材料形态进行了广泛研究，目前已获得关于均匀（玻璃、单晶体）和非均匀（陶瓷、岩石）脆性材料的大量试验数据。冲击波加载脆性材料力学性质研究的基础，是与材料可压缩性变化有关的伴生变形和断裂的过程，该过程由可测量的压缩波、卸载波的结构反映。

试验表明，冲击波加载脆性材料和弹塑性材料的动态断裂过程有很大差别，如下：

（1）脆性材料受到动态压缩时，其剪切应变强度要么保持不变，要么下降直至为零。这意味着从非弹性变形开始，脆性材料可能丧失了部分抵御剪切的能力，此现象被视作压缩之下材料发生断裂的证明。

（2）脆性材料中损伤的萌生、成长以及随后的断裂，都可以在压缩应力的作用下发生，然而对于弹塑性介质模型来说，其内部缺陷的萌生、成长和随后的断裂，只可能发生在拉伸应力区中。

由冲击波加载材料断裂的试验研究表明，变形和断裂的强度特性与同种材料制备样品的尺寸有关，样品尺寸越大（保持几何相似条件下），其强度越低。这个现象被称为断裂的尺度效应。一般说来，塑性流动和断裂条件下的尺度效应是微观过程在宏观层次上的表现。

如果断裂结构之间保持几何相似性，则即使只是表征断裂过程的无量纲参数之一与结构的特征尺寸有关，也将存在断裂的尺度效应。这里几何相似应被理解为宏观相似性，其他的尺度定义如晶粒尺寸、夹杂物或缺陷之间的距离以及微观参数，在计算中都用不到。

有学者提出了阐明尺度效应性质的一些假说。

第一种是统计假说：物体尺寸增大时，其内部足够大的初始缺陷相互交会的概率增加，在较低载荷下，这些缺陷就可能发展成为贯穿裂纹，也就是保持几何相似，使物体尺寸增大，则在降低应力下即可发生断裂。这里的无量纲特征参数是断裂应力与任何一个具有应力量纲的固定物理量比值。例如，断裂应力与材料流动极限的比值。上述缺陷相互交会的概率对延性断裂过程的影响并不显著，但对脆性断裂的影响十分明显，因为脆性断裂的不稳定发展过程可以被微裂纹、应力集中等形式的任何局域化缺陷所引发。

第二种是能量假说：物体断裂时耗费的断裂能量（如弹性势能）取自物体的整个体积，但耗散于断裂表面。因此，释放的能量正比于特征尺寸的立方，而耗散的能量正比于断裂表面的面积，即特征尺寸的平方。为了保持能量平衡，断裂表面个数（贯穿裂纹的个数）必须与特征尺寸成正比地增加。

断裂的必要和充分条件不一定能够同时被满足。例如，若物体中不存在已达到临界尺度的断裂核(充分条件)，然而储存的能量对于结构形成贯穿裂纹来说是足够的(满足必要条件)。虽然总存在着丧失整体性的危险，但断裂过程却无法实现断裂核的形成。如果满足充分条件但不满足必要条件，裂纹只在起始时传播，那么结构不会丧失整体性。

结构整体性丧失的必要条件可写成如下形式：

$$\sigma\sqrt{L}=C \tag{2-3-23}$$

式中　L 是物体的特征尺寸；$C=\sqrt{2E\gamma}$，为常数，γ 是材料比表面能，E 是第一类弹性模量。在精确到常数的意义下，式（2-3-23）实质上类似线性断裂力学理论中关于贯穿裂纹的著名的 Griffith 公式，该式中的特征尺寸 l 即物体的特征尺寸（$l=L$）。

能量性质的尺度效应，即物体尺寸增大时，为了破坏其整体性，只需要作用较低的应力。通常在物体尺寸与临界缺陷尺度之间存在一定关联（物体尺寸越大，存在大尺寸缺陷的概率越大），但并不是直接的联系（为了表明大尺寸物体中只存在最小尺度的缺陷，就可以对其采取特殊的度量）。如果把 L 看作缺陷的临界尺寸，式（2-3-23）也描述了统计性质的尺度效应，表明启动临界长度越长的裂纹，只需越低的应力作用。因此，统计性质和能量性质的尺度效应是类似的，只不过，统计性质的尺度效应类同于断裂的充分条件，能量性质的尺度效应类同于断裂的必要条件。

利用高速碰撞和爆炸对材料脉冲式加载的过程，通常由同时满足断裂的必要和充分条件表征。这意味着此类过程研究的主要目的不是确定材料断裂条件或者保持整体性的条件，而是探讨模拟断裂过程随时间发展的可能性，并且确定过程的参数，包括断裂类型（层裂、剪切、开裂）、断裂时间、几何参数（层裂片厚度、所形成破片的几何形状等）、裂纹个数、按尺寸和传播方向的分布、所形成破片的个数及其按质量的分布。然而，目前已有的动态断裂物理模型没有一个是完备的，都没有能力同时回答上面提出的所有问题。

4. 动态断裂韧性的判定

在动态条件下，裂纹尖端的应力场和施加的应力（或力）并不是简单相关的，如果加载率超过某一临界值，就不能通过外力测量到这些应力场。确切地说，传播裂纹尖端的应力必须是直接量，动态应力强度因子的测定有两种很方便的光学方法：动光弹法和动态焦散法。前者从等色数据中得到 K_1，这些等色数据是从高速传播的裂纹尖端的特征干涉条环中得到的，而后者则是从动态焦散的阴影点中得到的。

焦散线法是由 Manogg 于 1964 提的，是一种非接触式光学测量方法。这种方法的基础是通过透明受力板的光线发生偏转，这种偏转是由于厚度不同，部分是由应力光学效应导致折射率的改变而产生的，如果受力板中有裂纹，光线就在裂纹尖端周围区域发生偏转，而且在离试件一定距离处的参考平面上形成一个所谓的“应力光环”“阴影点”或“焦散”的奇异曲线。焦散的尺寸与应力强度有关，初始曲线是在试件表面上定义的。

从这个初始曲线外部来的光线会投射到焦散线的外面，从初始曲线内部来的光线会投射到焦散曲线上或其外部。因此，焦散曲线是环绕着暗区的明亮曲线。通过阴影点测量焦散点直径 D 来表达 K_1 以获得强度因子：

$$K_1 = 0.56\frac{F}{z_0 C d_{\mathrm{eff}}}D^{5/2} \tag{2-3-24}$$

式中　F 是速度修正因子，可近似表示为

$$F = 1 - 0.01\left(\frac{v}{CR}\right) \tag{2-3-25}$$

C 是材料的光学常量；z_0 是阴影图像平面与物体表面之间的距离；d_{eff} 是板的有效厚度。图 2-3-3 所示为焦散线法的光学构形，由于应力和开裂板的厚度变化使得矢量 OI 偏移到 OR。

Ravi-Chandar 和 Knauss 采用焦散方法研究 Homalite-100，并定义了与动态应力强度因子有关的不同因子 F：

$$F = \frac{4\alpha_1\alpha_2 - (1+\alpha_2{}^2)^2}{(\alpha_1{}^2 - \alpha_2{}^2)(1+\alpha_2{}^2)} \tag{2-3-26}$$

式中

$$\alpha_1 = \left[1 - \left(\frac{v^2}{c_1^2}\right)\right]^{1/2}$$
$$\alpha_2 = \left[1 - \left(\frac{v^2}{c_s^2}\right)\right]^{1/2} \tag{2-3-27}$$

式中　v 是裂纹速度；c_1 是纵波波速；c_s 是剪切波波速。Rosakis 用了类似的但又稍作修改的 F 表达式。图 2-3-3（b）所示为适用于反射区的焦散方法，由 Zehnder 和 Rosakis 研究得出。裂纹使初始平面发生变形且使平行光束发生反射，反射光偏离了入射光，这就形成了图 2-3-3（b）所示的阴影区域。在阴影区域的周围，由于光的聚集而形成了明亮的光环。

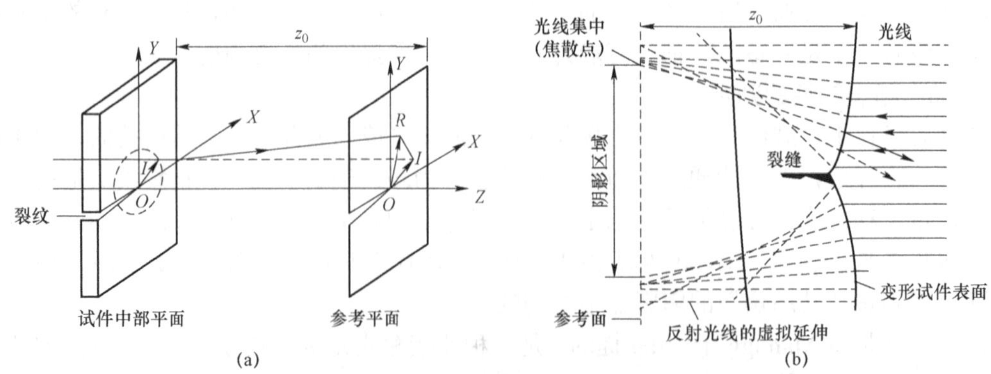

图 2-3-3　焦散线法的光学构形

（a）在传播模式中，焦散线法的光学原理；（b）由于光在接近裂纹尖端变形的抛光试件表面上发生反射而形成的焦散线

图 2-3-4 所示为用焦散线法和高速光学摄影法得到的一系列照片。其中，脉冲激光提

供了光源，且脉冲曝光时间为 15 ns。这些照片是利用转镜式相机的条纹模式拍摄的，所选择的曝光照片如图 2－3－4 所示。裂纹尖端在照片的底端部分，且裂纹是由速度为 10 m/s 的重锤下落产生的。黑圈的成长可以在 42 ns～252 μs 范围内看到。这符合裂纹尖端处 K_1 的增长（$K_1 \propto D^{5/2}$），黑圈在 259 μs 时开始运动。我们可以看到这些同心圆圈是与从裂纹尖端区域发射出来的弹性波对应的。试件的横向尺寸足够大（比照片中大得多），以确保没有反射波和裂纹传播相互作用。Zehnder 和 Rosakis 能够测量 AISI 4340 钢中的高达 1 100 m/s 的裂纹速度且可确定相应的应力强度。这是可能的，因为我们可以同时测量裂纹速度（用不同幅分帧照片来测量传播距离）和应力强度（用焦散直径测量），这种焦散线法已被证实能在静加载下获得满意的结果。在动态载荷作用下，焦散线法的可靠性已由 Ravi-chandran 和 Knauss 对 Homalite 传播模式的研究中得到验证。他们采用两种试验方法（见图 2－3－5）：第一种方法是在无限介质中的半无限裂纹表面受到均匀压力脉冲 p 作用；第二种方法是载荷固定在离裂纹尖端 a 处的一小段半无限裂纹表面上。结果如图 2－3－5 所示。对于第一种，载荷均匀分布，裂纹位置是时间的函数。对于第二种，载荷作用于一个小区域内，且不足以使裂纹扩展。从第一种方法来看，在高速摄像机的时间分辨率（5 μs）范围内，裂纹可达到固定的 240 m/s 的速度。这个速度可由图 2－3－5（a）所示裂纹长度－时间曲线的斜率得到。试验结果表明，K 随载荷作用时间的增大而增大（对于两种方法）且随裂纹的扩展而增大（对于第一种方法）。假设在理想的裂纹尖端应力场和恒定断裂能量之间建立瞬时应力强度和相应的瞬时裂纹速度的关系。这种关系为

$$\frac{E\gamma f}{K^2}=\left(1-\frac{v}{CR}\right) \tag{2-3-28}$$

值得一提的是，许多学者认为瞬时应力强度和瞬时裂纹速度之间存在唯一的关系，其影响通常可在 $K-v$ 曲线上得到，Zehnder 和 Rosakis 对 AISI 4340 钢的试验结果强有力地支持了这种唯一关系。而在 Ravi-Chandran 和 Knauss 所做的 Homalite－100 的试验中发现，并不存在一一对应关系。确切地说，尽管应力强度发生相当大的改变，裂纹也很难改变其速度；当波撞击运动中的裂纹引起应力强度快速变化时，裂纹速度才发生变化。

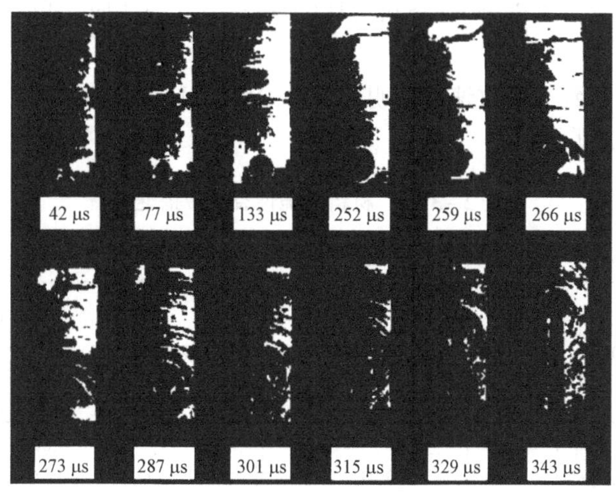

图 2－3－4　用焦散线法和高速光学摄影法得到的一系列照片

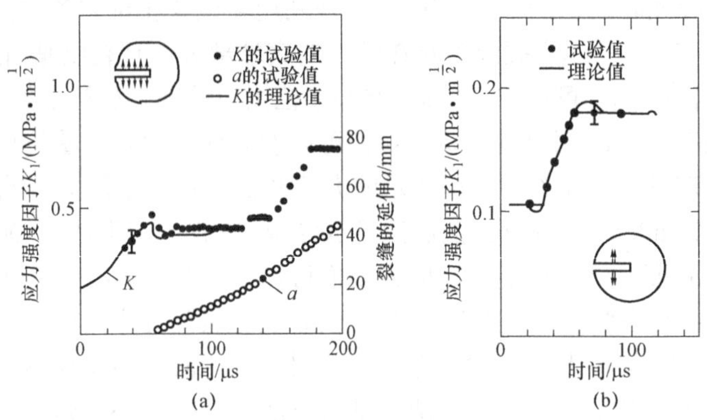

图 2-3-5　应力强度因子变化历史的理论值和试验值比较

（a）均匀压力脉冲；（b）局部压力作用

图 2-3-6 所示为裂纹扩展速度和应力强度之间的关系，这是许多学者对 Homalite-100 研究得到的。这些曲线的上部表明，裂纹达到相当大范围的速度要取决于裂纹尖端的加载有多快；裂纹速度似乎由裂纹起始时裂纹尖端的条件决定，并且与曾假设的存在Rayleigh波速这样一个明确速度上限矛盾。而理想化地预测 Rayleigh 波速为裂纹扩展的极限速度时，工程材料表现出较低的裂纹成长速率，速率减小的原因取决于材料。当然塑性效应、空成长、黏弹性行为都很重要。在多晶聚合体中，裂纹沿着不规则路径传播且解理面是从晶粒到晶粒变化的。但是，不考虑这些影响，产生微裂和裂纹尖端的连续合并过程需要这些微裂纹发生相互作用，这都需要时间。因此，存在多重裂纹时，裂纹扩展速度不能接近波速。我们可以预测，当断裂以纯解理方式发生时，单晶体中的裂纹速度将会更高些。

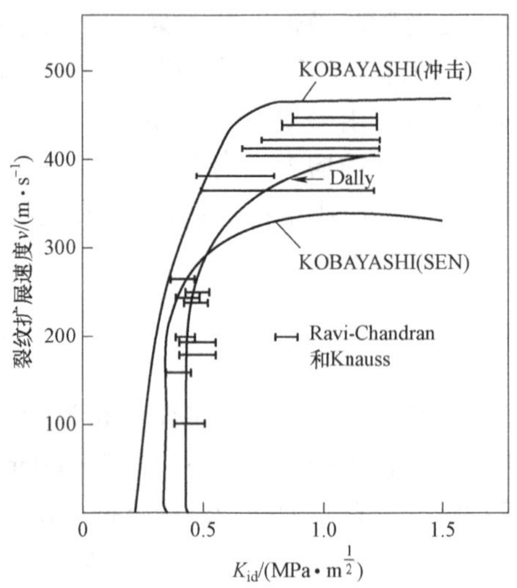

图 2-3-6　Homalite-100 的 $v-K_{id}$ 关系曲线

在所有材料中观察到的裂纹速度都明显低于 Rayleigh 表面波波速。不同介质的脆性裂纹传播速度如表 2-3-3 所示。

表 2-3-3　材料的脆性裂纹传播速度

材料	v/c_0•	v/c_R	v/（m·s^{-1}）	材料	v/c_0	v/c_R	v/（m·s^{-1}）
石英玻璃	0.29	—	1 500	钠钙玻璃	0.29 0.28 0.30 0.39	0.51 0.47 0.52 0.66	—
4340 钢	0.20	—	1 000	耐热有机玻璃	0.33 0.36 0.36	0.58 0.62 0.62	—

续表

材料	v/c_0•	v/c_R	$v/(m \cdot s^{-1})$	材料	v/c_0	v/c_R	$v/(m \cdot s^{-1})$
高强度钢	0.28	—	1 400	Homalite-100	0.19 0.22 0.25 0.27	0.33 0.38 0.41 0.45	357 411 444 487
乙酸纤维素	0.37	—	400	AISI 4340 钢	0.21	0.30	1 100

注：c_0•物质的声速。

2.3.3 冲击加载材料的层裂式断裂

我们研究的冲击与爆炸加载下材料断裂时的拉伸应力 σ_r 问题，就是对平板的一个表面施加冲击或者爆炸载荷时，该平板开裂时刻达到的应力。该平板的横向尺寸比厚度大得多（$\varepsilon_1=\varepsilon_2=0$）。

当一块自由飞行的平板（撞击器）撞击另一块静止的平板（靶板），或者平面爆轰波正向入射于由待研究材料制作的靶板（挡板）时，即有压缩波沿靶板传播并在靶板的后自由面反射。随后，波之间的相互作用产生拉伸应力，在相应的条件下可能导致靶板的断裂。这种特殊的断裂形式被称为层裂式断裂或层裂。在我们采用的分类中，层裂式断裂属于材料开裂性断裂的一种动态断裂，其表面通常粗糙不平，既有脆性断口，也有延性断口。

作为理想化的例子，我们考察由同种理想的弹性材料制作的撞击器和靶板相互碰撞时波在（x，t）平面上的传播情况（见图 2-3-7），此时所有波的速度都相同。以速度 u 飞行的厚度为 δ_0 的薄板撞击厚度为 δ_1 的靶板之后，从两板的界面向左、向右传播两个压缩波[图 2-3-7（a）中的 Oa 和 On]，不同时刻的速度分图和应力分图如图 2-3-7（b）所示。

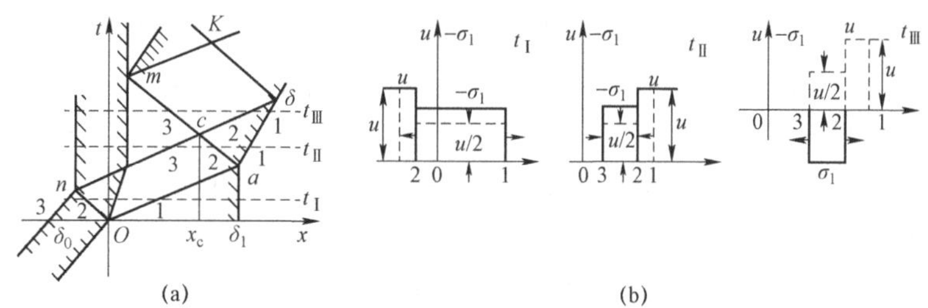

图 2-3-7 同种弹性材料制作的撞击器和靶板相互碰撞时波的传播情况

（a）两块平板弹性碰撞时的波系；（b）应力分图和速度分图

向左传播的压缩波在 t_{II}时刻到达撞击器的后表面，并反射向右传播的卸载波[图 2-3-7（a）中的 nc]，该卸载波后方的介质成为未受载的静止区 [图 2-3-7（b）所示时刻 t 的分图] 靶板中的压缩波在 t_a 时刻从点 $x=\sigma_1$ 的自由面处反射，向左传播一个卸载波，该波与靶板自由面之间区域中的应力变为零，而由于卸载波的作用，该区中粒子速度增大到 u，压缩波后的粒子速度是 $u/2$。在 t_c 时刻，上述两个迎面传播的卸载波在点（x_c，t_c）相遇，此时整个撞击器薄板中的应力都为零。而从点 x_c 往左的两板区域中，介质都处于静止状态；该点往右的区域中，介质都具有粒子速度 u。当 $t>t_e$ 时，从点 x_c 处发出拉伸应力波 [图 2-3-7（b）所示时刻 t_{III}的分图]，如果这个拉伸应力大到足以使靶板断裂，则靶板的右面部分将会裂开并向右飞出。在所考察材料瞬时断裂的理想化情形中，在 $t=t_c$ 时刻，x_c 点截面处发生层裂，因为只可能在 x_c 截面处形成 $\sigma_1 \geqslant \sigma_*$ 的拉应力。

我们考察流体力学近似时，两块同种材料平板以速度 u 碰撞时波的传播方式。两个冲击波（直线 On 和 Oa）分别从两个自由面反射之后产生两个中心卸载波。图 2-3-8（b）和（c）所示为两个时刻 t_{I} 和 t_{II} 的应力 σ 和粒子速度 u 的示意分图。这里认为，当压缩应力从最大值降为零时，卸载波中粒子速度增大到 $u/2$。当拉伸应力达到规定值，并作用一定时间 t 后，就引起一部分材料的层裂。本情形中，在靶板的每个处于拉伸状态的截面处，σ_* 值是变化量。

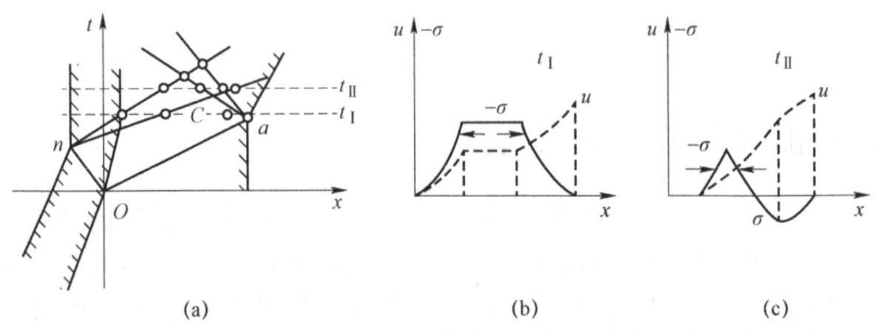

图 2-3-8　两个时刻 t_{I} 和 t_{II} 的应力 σ 和粒子速度 u 的示意分图

一定条件下的层裂现象也发生在炸药装药在平板表面接触爆炸的情形。图 2-3-9 所示为炸药装药在靶板表面爆炸时靶板中的波系。其中未画出弹性波，爆轰波 D 从靶板的左面入射，在其加载表面反射之后，产生透射冲击波 Oa，并在板内向右传播，反射冲击波则在爆轰产物中向左传播。爆轰产物与靶板分界面迹线 OK 上的压力下降，从而引起靶板中跟在冲击波后面传播的卸载波。图 2-3-9 所示的卸载波用一簇发散特征线表示，该卸载波引起靶板中右行冲击波的衰减，当右行冲击波自靶板后自由面（点 a）反射后，即有中心卸载波（图 2-3-9（a）中的 am 和 an）向左传播，其应力和粒子速度如图 2-3-9（b）和（c）所示。当上述两个卸载波相互作用形成的拉伸应力的幅度和作用时间达到所需值时，靶板发生层裂。如果卸载波的传播速度与其幅度无关，则图 2-3-9（c）所示时刻 t_{II} 分图上的线段 1-2 将是垂直的。

应当指出，层裂时形成新的自由面，残余的应力波脉冲在该面上将发生反射。如果残余入射应力波的幅度足够高，则在该层裂面附近可能再次发生拉伸断裂，这样可以发生多次层裂。

研究层裂式断裂的主要目的是建立断裂时刻层裂面上的应力与加载参数的函数关系，即确定材料的特性参数——层裂强度。这里主要采用试验方法研究冲击波作用时单轴应变条件下层裂的形成过程，学者们大力探讨了构建层裂面上拉伸波幅度 σ_r 对拉伸脉冲作用持续时间 t_r 的依赖关系的方法。测定材料层裂强度值 σ_* 和断裂时间值 t_* 的意义在于，这些参数信息能给出持续时间小于 10^{-8} s 的脉冲拉伸应力作用下材料强度最完备的信息，其余试验方法都是不够充分的。

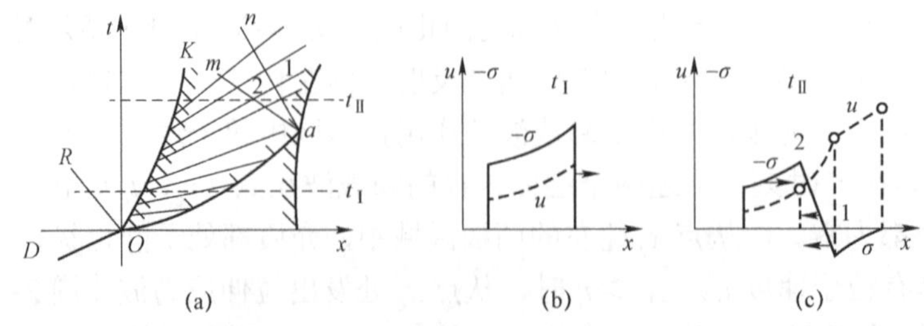

图 2-3-9　炸药装药在靶板表面爆炸时靶板中的波系、应力和粒子速度

图 2－3－10 所示为钢、B－95 合金和铜三种金属的 σ_* 与 t_* 的关系曲线。从图中可知，倾向于脆性断裂的材料（本例中为钢）的层裂强度随加载时间的变短而明显增大。

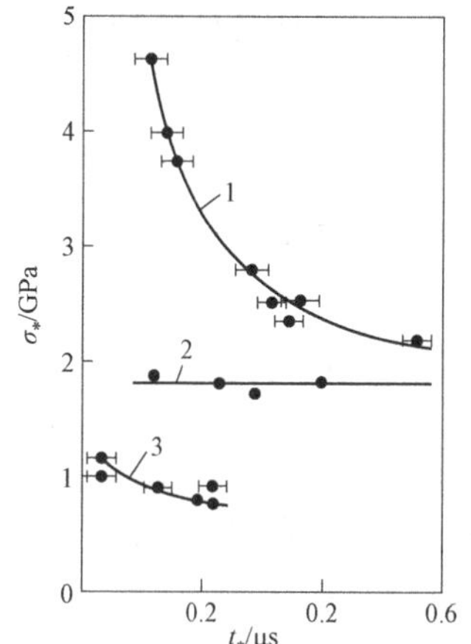

图 2－3－10　三种金属的 σ_* 与 t_* 的关系曲线

1—钢；2—B－95 合金；3—铜

试验确定，若撞击器平板的厚度 δ_0 增加，在较低撞击速度下就可实现层裂（见图 2－3－7），这时由平板的厚度增大造成的拉伸应力作用时间变长，从而使得达到层裂所需的撞击速度降低（见图 2－3－7），也就是所需的拉伸应力幅度 σ_r 减小。如果把试验的几何尺寸变化 n 倍，也就是在撞击速度不变的条件下把靶板和撞击器的厚度同时变化 n 倍，则断裂应力将保持相同，而其作用时间将增长 n 倍（若将试验尺寸放大 n 倍），或者缩短 n 倍（若将试验尺寸缩小 n 倍），这是从量纲和相似理论得知的。试验表明“小”，试验中层裂现象消失，这在定性上验证了断裂应力 σ_* 对其作用时间依赖关系的假说。

图 2－3－10 所示的关系曲线 $\sigma_*(t_*)$ 把可能的状态 $\sigma_r(t_r)$ 划分为两个区域：曲线上部（包括曲线自身）发生完全层裂式断裂，曲线下部不可能实现完全层裂式断裂，因此，该图的试验曲线可以被有条件地称为层裂式断裂曲线。

材料动态开裂的强度（层裂强度）与固体的物理性质、力学性质、材料结构、拉伸应力的脉冲形状和持续时间、应力－应变状态以及周围介质参数有关，是许多变量和常量的函数。这使得层裂式断裂过程的定量描述极为复杂，发展模拟层裂现象的简化途径更为实用。

最简单的层裂式断裂判据应考虑拉伸应力脉冲（稀疏波）与其作用时间 t_r 有关的特性参数，例如依据第一强度理论（最大拉伸应力判据），可以假定如下的层裂强度准则：

当绝对值为最大的主拉伸应力等于（或者超过）临界值 σ_* 时，样品的某个截面处发生断裂，这里的临界值 σ_* 与表示脉冲加载作用时间的某个特性参数 t_* 有关。如果稀疏波具有矩形形状，则时间参数 t_* 最好的选择就是拉伸应力脉冲的持续时间。类似于图 2－3－10 所示由试验得到的关系曲线，可以用来确认受载样品内部哪个截面处最早达到 σ_* 与 t_* 的临界条件，并发生层裂式断裂。

通常可用下列几种类型的关系式拟合试验结果：

$$t_* = k_1 \exp(-\alpha\sigma_*)，\ t_* = k_2\sigma_*^{\beta}，\ t_* = t_0 \exp(\gamma / \sigma_*) \qquad (2-3-29)$$

式中　k_1，k_2，t_0，β，α 和 γ 都是常数。

三角形状的脉冲可以用其应力幅值和应力梯度，或者其应力幅值和应力对时间的导数来表征。例如，试验中观察到铜、铝、镍和铅等金属的层裂强度强烈依赖拉伸条件 $\sigma_*(\partial\sigma_1 / \partial x)$。如果拉伸应力脉冲（稀疏波）具有其他形状，则可以把它们化归为已知的形状（矩形、三角形等），或者提出它们独有的与时间有关的特性参数。

构建层裂强度判据的另一种途径是基于第二强度理论（最大线应变判据）的应用，这种模型也以试验数据为基础。这些数据表明，随着拉伸应力特征作用时间的缩短，相应的层裂式断裂的线性拉伸应变 ε_* 增大。利用类似式（2－3－29）的指数关系式，可以得到 $\varepsilon_*(t)$ 的近似式。还有一种十分显然的构建层裂强度判据的途径与采用应变能之类不变量有关，这里假定层裂式断裂时材料开裂所需要的功是由储存在稀疏波中的弹性能完成的，因此，当弹性能累积到足以使层裂面开裂所需要的功时，材料发生层裂。对于任意形状的拉伸应力脉冲（稀疏波），这种条件的形式是

$$\int_0^{\delta}\frac{\sigma_r^2(x)\mathrm{d}x}{2E_k}=U_* \tag{2-3-30}$$

式中　δ 和 σ_r 分别是稀疏波的空间宽度和应力幅度；E_k 是弹性压缩模量，是材料单位面积开裂所需要的功。存在层裂片时，δ 值就是层裂片的厚度。对于矩形形状的稀疏波，有 $U_*=\sigma_r^2\delta_*/(2E_k)$；对于三角形状的稀疏波，有 $U_*=\sigma_r^2\delta_*/(6E_k)$。

根据试验数据计算的值，铝为 20 kJ/m^2，铜为 30 kJ/m^2，镍为 60 kJ/m^2，退火的 45 钢为 90 kJ/m^2，退火的 40X 钢为 70 kJ/m^2，淬火的 40X 钢为 130 kJ/m^2。能量判据式（2-3-30）相对于其他层裂强度判据的优越性在于，它仅取决于一个不变量性质的判别参数 U_*，即层裂式断裂的比弹性能。层裂片厚度由最早满足式（2-3-30）的截面的坐标值确定，一般说来，$U_*\neq$常数，而且与波阵面压力、应变强度、应变率和温度有关，但在一次近似下可以使用将 U_* 视为常值的式（2-3-30），对层裂问题作定量估算。

上述几种层裂式断裂判据均未揭示层裂机制的物理实质，属于经验性判据，但是只要加载参数与确定判据参数的试验情况相差不是很大时，这些判据可以很好地应用于实际问题中，预测冲击波加载下发生层裂式断裂的可能性。

由于材料断裂时需要应力 $\sigma_r(t)$ 作用一定时间，在此期间材料中的损伤发生累积，产生微裂纹并在层裂面上汇通。所以，我们可以把层裂判据表示成 Taler-Butcher 提出的损伤积分形式：

$$K=\int_{t_0}^{t}[\sigma_r(t)-\sigma_0]^n\mathrm{d}t$$

式中　σ_0 和 n 是常数。积分的初始条件是 $t=t_0$，$\sigma=\sigma_0$。某个截面达到了条件 $K=K_*$ 时就会发生断裂，K_* 是材料常数。

所有上述层裂式断裂判据都假设：当由应力、应变、能量等参数给定的某个临界条件得到满足时，材料立刻发生断裂。然而在描述层裂现象时，自然应采用 NAG 模型或者其他分散损伤力学模型形式的涨落性强度动力学理论（参看 2.3.2 节）。关于断裂阶段的划分与特征以及从一个阶段转变为另一个阶段的条件等问题，尚未得到完全一致的回答。

强度动力学理论的扩展性模型应用于描述层裂式断裂得到一定进展，该模型把开裂强度 σ_* 与加载持续时间 t_* 用式（2-3-31）关联起来：

$$\sigma_*=\frac{\varepsilon_* E}{\chi}\left[1-\frac{\alpha kT}{\varepsilon_* C_a}\ln\left(\frac{t_*}{t_0}\right)\right] \tag{2-3-31}$$

式中　ε_* 是原子键的临界应变；E 是弹性模量；χ 是过载系数；α 是线性膨胀系数；k 是玻尔兹曼常数；T 是温度；C_a 是原子热容量；t_0 是原子振动周期。式（2-3-31）具体化的主要问题是确定系数 χ 与受载物体真实缺陷结构的定量关系。

目前已经知道三种类型的层裂。第一种层裂发生于厚度为 0.5～1 cm 的薄板、撞击厚度为 1.2～3.6 cm 的铜板的情形，撞击压力为 30～60 GPa，在铜板中产生一系列如图 2-3-7 所示的波系，由于撞击器与靶板都不厚，冲击波幅度很高，拉伸应力的空间梯度很大，靶板厚

度能够满足断裂应力 σ_* 与持续加载时间 t_*，这意味着断裂应力并不是一个值，由于单相多晶体材料中晶粒取向的随机性，断裂应力散布于某个范围，晶粒的取向应有利于在更低应力之下、在离自由面更近距离上发生断裂，而不采取较为不利的取向，因而断裂区具有有限厚度而且粗糙不平。由计算值与试验数据的比较表明，上述例子中铜靶板的断裂应力 $\sigma_*=15$ GPa 。

当炸药装药在铁、钢样品靶板的前表面处接触爆炸时，这种试验可实现另一种类型的层裂，此时在一定的试验条件下，铁和钢样品中可以得到像车床加工品那样光滑的层裂面。试验所用铁、钢样品是 3 号钢、40X 钢和 30XГCA 钢，直径为 80～120 mm，厚度为 30～100 mm，炸药装药采用 TNT 或混合炸药 TNT/RDX(50/50)，高度为 65～440 mm。接近炸药－金属接触面样品的区域会产生具有光滑表面且形状规则的芯裂（见图 2－3－11）。如果样品高度低于 80 mm，则芯裂的球头部分被削平（图 2－3－11 所示虚线部分）。在铁、钢材料中存在稀疏冲击波，解释了光滑层裂面形成的原因。

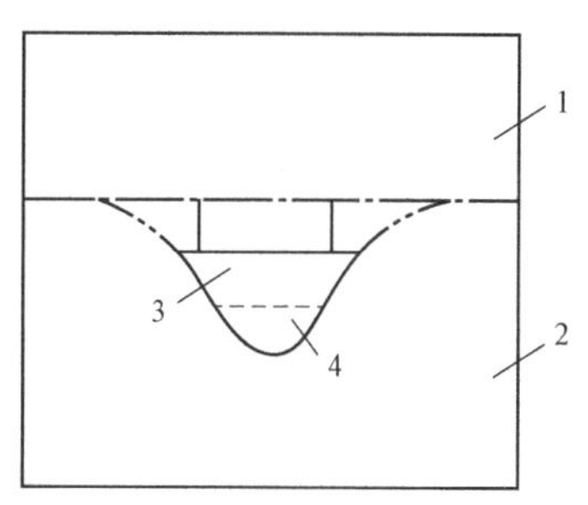

图 2－3－11　获得光滑层裂面试验的示意

1—炸药装药；2—钢铁样品；3—芯裂；4—光滑层裂面

芯裂的侧面是由于冲击波阵面后方运动的稀疏波与来自样品侧自由面的侧向稀疏波相互作用而形成的，芯裂中平面断面的形成（见图 2－3－11）可以用来自样品前、后表面的两个迎面运动的稀疏冲击波的交会来说明，图 2－3－12 所示线段 AK 和 BK 表明了此时波的相互作用。

当冲击波从自由面透出时，产生的中心稀疏波向样品中反射，这时立刻会形成具有最大幅度的稀疏冲击波（图 2－3－12 中线段 BK）。两个稀疏冲击波相遇时，在很窄的区域中（约为 10^{-3} cm）达到很高的断裂应力，从而导致光滑层裂面的形成。因此，材料向拉伸应力远大于断裂应力的状态急剧转变，即使晶粒取向不利于断裂，也能成为光滑层裂面形成的原因。前面早已指出（对于第一种层裂），由于任何材料中都存在微小的非均匀性和微结构的各向异性（邻近晶粒间取向各异），简单稀疏波相遇时形成的层裂区较宽，其层裂面不平坦并且粗糙。

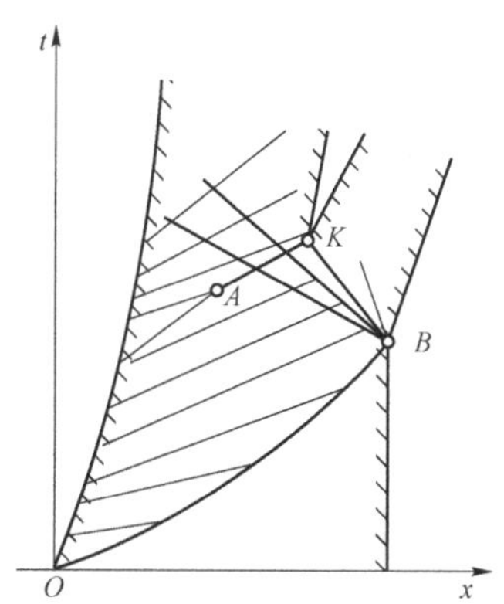

图 2－3－12　存在稀疏冲击波时样品靶板中的波系（靶板左方为爆轰产物）

图 2－3－13 所示为两块平板碰撞时形成的稀疏冲击波值，K 点处两个稀疏冲击波的相遇，使靶板发生断裂。显然只有当入射冲击波的压力大于相交压力 p_{ph} 时，才可能形成从后自由面向板中传播的稀疏冲击波，工程实际中通常采用很宽且较厚的靶板，在爆炸与冲击加载下能够满足产生普通层裂的一定条件（第三种层裂）。实现前面考察的两种层裂(即金属结构解体产生的开裂性层裂和具有光滑层裂面的层裂）都需要很高的压力，而工程实际中应力往往较低，此时只可能发生材料层裂部位具有粗糙表面的普通塑性层裂，层裂过程中在开裂性裂纹附近产生的塑性变形并不明显。

塑性层裂现象试验研究的主要方向是确定层裂面上的断裂应力 σ_*。由于采用的试验方法以及由试验数据计算处理 σ_* 所依据的理论不同，现有的 σ_* 值相当分散。使用最广泛的确定层裂时刻断裂应力的方法是构造靶板中应力的直方图。为此，首先要测量放置在靶板基体凹孔中几块不同厚度的小薄片的飞行速度（见图 2－3－14），小薄片和靶板材料相同。我们认为测

得的小薄片速度 v_i 等于其原来位置处压缩波中材料粒子速度 u_i 的两倍，即 $u_i = v_i / 2$。当压缩波通过与小薄片厚度 x_i 相等的距离，并且反射稀疏波前沿已到达该薄片与后面薄片的接触面时，该薄片即从凹孔中飞出。

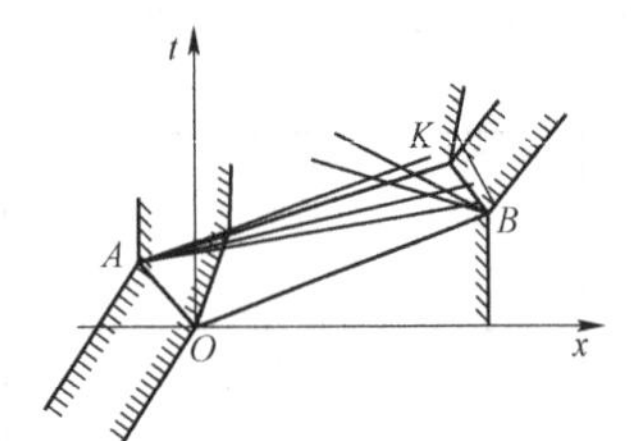

图 2-3-13　两块平板碰撞时形成的稀疏冲击波值

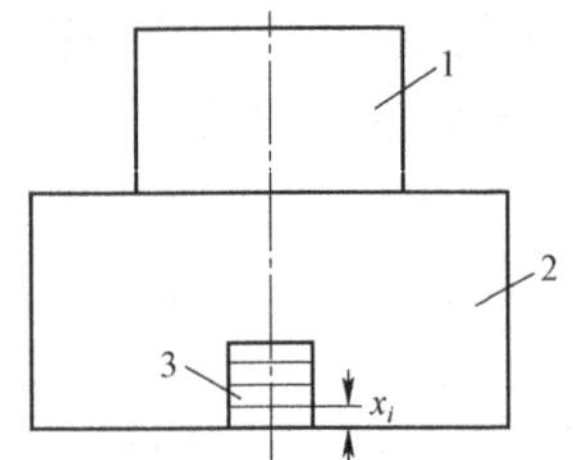

图 2-3-14　确定层裂时刻断裂应力的方法（离片法）

1—炸药装药；2—主靶板；3—薄片

因此，所考察薄片得到的动量对应压缩波宽度为 $2x_i$ 的情形，知道薄片速度 v_i 后，就可确定 $u_i = v_i / 2$，再画出粒子速度的直方图，在距离 $2x_i$ 处画出速度 u_i。然后按照公式 $\sigma_{1e} = \rho_0 c u_i$ 作出应力的直方图，这里声速 c 采用弹性纵波速度 c_e 值。有时把薄片直接放在靶板的后自由面上，但由于稀疏波的影响，这种做法的精确度略低一些。

我们可以近似地采用构画应力直方图的方法确定靶板中的应力剖面，这里没有考虑薄片内冲击波从两个方向传播运动距离 $2x_i$ 时的衰减问题，也可以依据接触式传感器测量的靶板自由面速度 $v = v(t) = 2u(t)$，近似构建波的剖面。粒子速度关系 $u(t)$ 确定了靶板中的波剖面（不考虑波的衰减），并可按照公式 $\sigma_{1i} = \rho_0 c u(t)$ 确定应力剖面。与断裂时间 $t_i = 2x / c$ 对应的层裂面位置坐标 x_i 给出了 σ_{1i} 值，然后就可确定断裂应力 $\sigma_* = \sigma_{1m} - \sigma_{1i}$，这里 σ_{1m} 是最大应力值。

无论直方图方法还是自由面速度方法，都不足以弄清楚波的速度问题。通常在这两种情形中传播的是弹性波和冲击波，并且这两种波的幅值是相当的。试验中测量的是这些波相互作用的整体性结果，最终结果中的一定误差应归结为层裂发生时波传播迹线的弯曲性。这些方法也不能用来确定断裂应力随时间的变化。最好的试验方案是两块平板碰撞的方法，因为撞击器足够宽，旁侧稀疏影响不大，运动比较均匀。这种方法可以估算断裂应力 σ_* 与其作用时间 t_* 的关系，爆炸中压缩加载的形状接近三角形，两板碰撞时的冲击波形则为矩形。

层裂面上最大断裂应力值可以按照层裂片厚度和层裂片压力剖面来确定，该压力剖面可以利用电磁粒子速度计测定。

为了限制两个相遇的稀疏波中一个波的幅度，可降低靶板中拉伸应力的幅值。我们可以采用组合（双层）式撞击器或样品（靶板），这种方案需要在撞击器或样品的后表面上放置比它们自身材料声阻抗更“软”的另一层平板。

为了揭示受层裂式断裂后材料中微结构的变化，人们用 X 射线技术研究材料中已变形结构，确定结构参数、晶格微畸变和位错密度。在研究层裂强度的试验方法中，信息量最大的方法之一是采用电容式传感器，得到自由面速度连续变化的记录，其测量结果带有关于层裂形成动力学过程的信息。

表 2-3-4 所示为炸药装药在靶板表面接触爆炸试验中得到的断裂应力 σ_* 值。可以看出，

同一种材料在不同工作中得到的σ_*值有所不同，有些情形中以不同方法测定的值相互符合较好（如铝的情形），有些情形则存在明显的差别（如铅的情形）。

表 2-3-4　炸药装药在靶板表面接触爆炸试验中得到的断裂应力σ_*值

靶板材料		σ_*/GPa	σ_B/GPa	靶板制条件
铝（99.999%）	温度 90 K	1.35	—	退火，放在炉中从 500 ℃起冷却
	温度 293 K	1.35	0.05	—
	温度 800 K	1.45	—	—
1100 铝		1.35	0.09	退火，放在炉中从 500 ℃起冷却
2024-0 铝		1.35	0.19	不退火
2024-TY 铝		1.63	0.48	不退火
铝		1.45	0.06	退火
B95 合金		1.15	0.35	供货状况
Ml 铜		1.35	0.20	800 ℃退火
铜（99.999%）		2.45	—	454 ℃退火
铜（99.81%）		2.88	0.75	退火
铍铜合金		3.78	0.38	铍含量 25%
黄铜（60/40）		2.18	0.80	454 ℃退火
BT3 合金		3.20	0.33	退火
工业纯铁		2.70	0.66	规范产品
45 钢		2.45	0.41	规范产品
SAE-1020 钢		1.61	—	857 ℃退火
SAE-1020 钢	靶板厚度 31 mm	2.14	—	未指明
	靶板厚度 38 mm	2.34	—	未指明
SAE-4340 钢		3.08	0.13	857 ℃退火
银（99.9%）		2.14	0.33	857 ℃退火
电解镍		4.28	0.02	857 ℃退火
铅（99.99%）		0.92	0.02	退火
铸铅		0.60	—	退火
铀		5.10	—	未指明
A-1 铝		1.44	0.03	未指明
水		0.04	—	未指明
酒精		0.05	—	未指明

如表 2–3–4 所示，Г. И. КанелЬ 使用电磁粒子速度计得到了水、酒精和 A–1 铝的断裂应力 σ_* 值（测量误差是 30%）。为了与层裂时的断裂应力 σ_* 作比较，该表就列出了由杆件静态拉伸试验得到的极限强度 σ_B 值。断裂应力 σ_* 与极限强度之间存在巨大差异的原因很多，极限强度 σ_B 是在单轴应力状态（$\sigma_2=\sigma_3=0$）下测量的，而断裂应力 σ_* 则是在层裂即单轴应变状态（$\varepsilon_2=\varepsilon_3=0$）下测量的。如果用真实应力代替极限强度，则 σ_* 与 σ_B 之间的差异将被大为改进，这里的真实应力指考虑到拉伸断裂试验中杆件样品颈部横截面面积的变化而测定的应力。应变率对极限强度 σ_B 值的影响相对较小，因此动力学过程并不能解释 σ_* 值与 σ_B 值之间相当大的差异。如果把层裂时刻的断裂应力 σ_* 值看作断裂时间 t_* 的函数，则上述两者可以达到更好的相符程度。

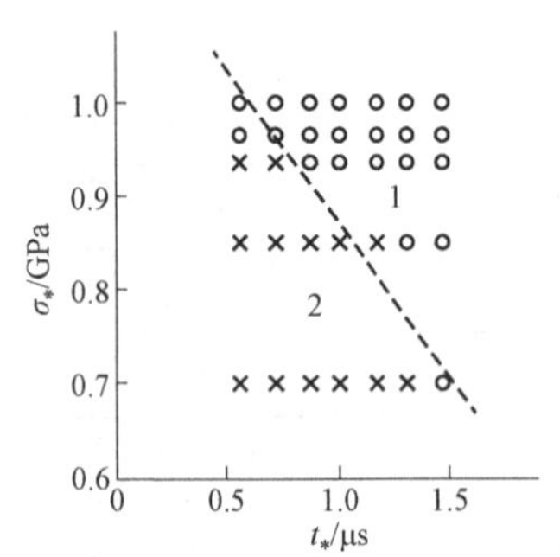

图 2–3–15　铜材料断裂应力 σ_* 与断裂时间 t_* 的关系

1—断裂区；2—未断裂区

图 2–3–15 所示为断裂应力 σ_* 与断裂时间 t_* 的关系。其是用冷轧电解铜的试验数据画出的。该图中的小圆圈（○）表示在该处的 σ_*、t_* 组合下，靶板中出现层裂式裂纹的区域，十字叉（×）记号表示不出现层裂式裂纹的区域。从该图中看出，（σ_*，t_*）整个平面可划分为两部分，上面一半（〇区）表示断裂区，下面一半（×区）中的任何（σ_*，t_*）组合下都不出现层裂式裂纹。试验中被抛掷的撞击器平板厚度为 0.12～0.318 cm，靶板厚度为 0.493～0.642 cm，碰撞速度为 38.2～149 m/s，试验结果按照理想化方式处理。

表 2–3–5 所示为通过平板碰撞试验方法获得的 3 钢和 Ml 铜的 $\sigma_*(t_*)$ 关系。从中我们可以看出，图 2–3–15 和表 2–3–5 所示的铜的试验数据在上述断裂概念方面没有矛盾。例如，表 2–3–5 所示断裂时间 t_* 范围内的点也都属于图 2–3–15 所示断裂区。把图 2–3–15 所示断裂时间很长时的层裂式断裂应力 $\sigma_*=\sigma_*(t_*)$ 与静态极限强度 σ_B 作比较，发现它们的量值有可能是一致的，所以应当指出，从层裂现象的角度观察最有意义的是断裂区的下界（图 2–3–15 所示的虚线）。

除了应力–应变状态及作用于所考察材料、直接影响层裂式断裂的因素，还有材料的结构特性。

表 2–3–5　断裂应力与断裂时间的关系

钢		铜	
σ_* / GPa	t_* / μs	σ_* / GPa	t_* / μs
3.50	1.50	3.80	2.50
5.00	0.50	5.30	0.80
8.00	0.05	8.30	0.05

低碳钢中层裂式断裂的萌生和发展过程，包括剥落式微裂纹的形成（温度低于 –196 ℃时发生，导致脆性剥落），夹杂物、晶粒及孪晶边界处微裂纹的萌生（温度低于 0 ℃时发生），渗碳体析出物和硫化夹杂物附近非规则断裂核的萌生（温度低于 400 ℃时发生），析出物和硫

化夹杂物处球形孔洞形式微断裂的形成，并伴有较大的局部塑性变形，层裂断裂面具有延性特征（温度低于 8 000 ℃时发生）。对于高强度优质合金钢，基体与碳夹杂物分离过程所引发的微断裂具有孔洞形状。在上述各个温度范围中，断裂都具有延性特征。

钢的层裂强度还与冲击加载时的晶粒尺寸有关。从 Hall－Petch 关系式得出的断裂应力与晶粒尺寸的关系 $\sigma_*(d^{-1/2})$，仅适用于过热锻造的粗晶粒 45 钢，对于所考察的其余钢种（30XH4M、011－28、12X18H10T）的 Hall－Petch 关系式，则给出相互矛盾的结果，即该式在这些钢材受冲击波加载的情形中是不正确的。

层裂过程中，铜的微断裂起始于结构的非均匀性（夹杂物、晶粒边界、孪晶）。在 0～600 ℃，层裂的萌生开始于强塑性应变的扁圆形区域；低温下（－196 ℃），层裂则由晶粒边界处的脆性裂纹引起。在上述所有温度范围中，层裂式断裂的特性都是延性断裂，冲击加载的高作用参数并未导致断裂形貌的改变。

在 A－1 铝的层裂区产生的损伤，在 0 ℃时具有球形孔洞形状；在 500 ℃以下时在朝辗压方向凸起的扁圆形区域内产生的塑性变形是层裂式断裂的先导，随后形成空腔，空腔生长并汇合成为不大的微裂纹，加热并不引起铝的层裂式断裂性质发生重大变化。

在－196～0 ℃，BT14 钛合金中的微裂纹沿着晶粒边界处析出的α 相萌生，当试验温度达到 4 000 ℃或更高时，断裂仍然是延性的，所产生的微孔洞长大成为任意形状的空腔。

在所有温度范围内，铅材料中层裂式断裂初始阶段的特征都是球形孔洞的萌生和成长，它们发生在微应力集中的地方，既可以是晶粒和孪晶的边界，也可以是晶粒内部的结构缺陷处。当加载参数增长时，导致层裂式断裂的主要过程是孔洞的汇通。

镍的层裂式断裂特性属于延性断裂，并受制于结构不均匀性。形成的空腔的萌生、成长和汇通实际上与加载的温度条件无关。

聚合物（有机玻璃、氟塑料）层裂式断裂的研究发现，层裂区中形成的损伤都是圆盘状的裂纹。

温度低于 260 ℃时，液体（甘油类）的层裂式断裂具有脆性特性，在这个温度范围内的层裂强度是常量。当温度高于 260 ℃时，断裂变为延性特征，并伴有气泡的萌生和长大，层裂强度随温度的升高而快速下降。在这个温度范围内，甘油的层裂式断裂性质定性上接近铅的断裂特性。

2.3.4 炸药装药爆炸时靶板的动态断裂

当炸药装药在有强度的有限厚度靶板（金属、混凝土等）表面上接触爆轰时，在装药与靶板几何尺寸一定的组合下，靶板材料的一部分可能发生层裂，或者装药下方部位的靶板发生穿孔式完全断裂，弹孔大小与装药尺寸有关。

（1）当前计算方法和计算机技术发展所达到的水平，能够对经受接触炸药装药爆轰产物作用板件的变形和断裂过程进行数值计算，这里需要对描述爆轰产物和靶板材料运动的两个微分方程组分别进行数值积分。其中，气体动力学方程组描述爆轰产物的飞散，在爆轰波从靶板上反射之前，爆轰产物的运动是等熵的；反射之后，在反射波阵面与靶板表面之间的爆轰产物运动是绝热的。

在确定有强度挡板材料的运动规律时，必须使用既考虑挡板材料的物理性质，又考虑其力学性质的运动微分方程组（参看 2.1.1 节）。许多著作中介绍了类似问题的提法、问题的物理和数学模型、初始条件和边界条件的给定、数值计算方法和若干解算结果。

（2）现在考察接触炸药装药爆轰作用下有强度平板断裂问题的近似积分计算，用以确定装药参数与发生断裂的平板参数之间的近似解析关系。这里我们不考虑靶板中波运动的机制。图 2–3–16 所示为接触爆炸作用下断开的厚度为 76 mm 的韧性钢板的横断面照片，其炸药装药质量 q=270 g，高度 l=51 mm，直径 $2r_0=d$=76 mm。从中可以清楚地看出三个断裂区：后表面附近的多次层裂、装药直接作用区域中的断裂、分布于圆锥面上的侧向裂纹（锥面的母线与板面大约呈 45°）。这些裂纹都是若干相遇的稀疏波相互作用的结果。图 2–3–16 所示平板已接近完全断裂（平板底部接近于形成穿孔），从中可以看出一个近似为锥台形状的、质量为 M 的“塞子”几乎被爆炸作用从板中冲落。

图 2–3–17 所示为接触爆炸作用下平板断裂的简图，这里画阴影线的部分是被爆炸作用冲出的质量为 M 的板料，以某个平均速度 u 向下飞行。一般说来，在不同的板料和爆炸脉冲强度条件下，可能实现的断裂方式不尽相同。

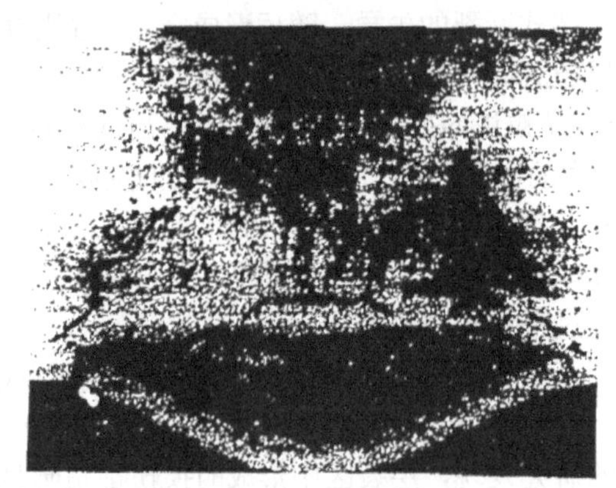

图 2–3–16　接触爆炸作用下断开的厚度为 76 mm 的韧性钢板的横断面照片

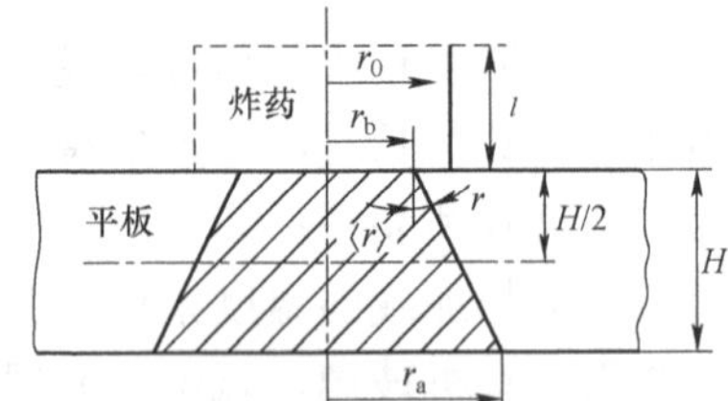

图 2–3–17　接触爆炸作用下平板断裂的简图

如果强度力不能保持质量为 M 的“塞子”与板的其余部分连接，则在接触面积 πr_0^2 上的炸药爆炸冲量 I 的作用下，质量 M 获得动能。考虑平板材料的强度，设耗费于从板中分裂出来的质量 M 及其部分断裂做功所需的能量为 E_f，其余部分为飞行动能 $E'_k = Mu^2/2$，则有 $E_k = E_f + E'_k$。作用于靶板的爆炸冲量值 I 与耗费于平板断裂的能量 E_f 及质量 M 的平均抛掷速度 u 有关，其公式为

$$I = \theta\sqrt{2ME_k} = \theta\sqrt{2M(E_f + 0.5Mu^2)} \qquad (2-3-32)$$

由此得出：

$$u = \sqrt{(I/\theta)^2 - 2ME_f M} \qquad (2-3-33)$$

式（2–3–33）中引入的系数 θ 考虑了由于层裂现象、质量 M 的不同部分可能具有不同的速度，因而其动量将低于具有能量 E_k 的质量 M 定常运动的情形。

如果已知装药和平板的参数，则式（2–3–33）可被用来确定质量 M 的平均抛掷速度。特别当 u=0 时，有

$$I = \theta\sqrt{2ME_f} \qquad (2-3-34)$$

此时 $E_k=E_f$。

因爆炸作用而从平板中分裂出来的“塞子”质量 M，在一次近似下可以按图 2–3–17 所示方式确定：

$$M=\pi\langle r\rangle^2 H\rho_p=V\rho_p \qquad (2-3-35)$$

式中 $V=\pi\langle r\rangle^2 H$；$r=(r_a+r_b)/2$，为锥台的平均半径，$r_a$ 和 r_b 分别是锥台的下、上表面半径；H 是锥台的高度；ρ_p 为平板材料密度。差值 $(r_a-r_b)=H\tan\gamma$，γ 是锥台张角的 1/2 角度。根据钢板和硬铝板的某些数据，$r_a=\eta r_0$，$r_0>H/\eta$，这里 $\eta=1.25$（±0.1），$\gamma=45°(\pm5°)$。一般情况下，作用于平板上的爆炸冲量值 I 与装药质量、炸药性质、起爆方法、装药几何尺寸和炸药装药周围介质性质（有无外壳、土壤、空气等）有关，张宝钘等所著的《爆炸物理学》一书中介绍了在许多情形下测定的爆炸冲量值，断裂能量 E_f 可采用如下积分值：

$$E_f=\int_V A_f \mathrm{d}V \qquad (2-3-36)$$

式中 $A_f=\int_0^{\varepsilon_f}\sigma_i \mathrm{d}\varepsilon_i$，是断裂的比能量，即为了使断裂体积中每个板微元的变形都达到极限断裂应变 ε_f，就必须向单位体积给定材料提供的能量，σ_i 和 ε_i 分别为动态真实应力强度和真实应变强度。如果认为断裂体积 V 中每个微元的应变值 ε_f 都相同，则有

$$E_f=\delta A_f V \qquad (2-3-37)$$

式中 δ 是考虑确定 V 和 A_f 值时的误差而引入的系数（一次近似下，$\delta=1$）。

式（2–3–33）中各物理量具体值的确定存在较大困难，这与计算断裂比能量 A_f 的复杂性有关，也与 δ、γ 和 η 的值难以确定有关。若要在相当的准确度下确定这些参数，则只有通过试验的途径。为了确定 A_f，就必须知道板断裂部分变形时的应变率和压力状态所对应的动态应力–应变关系 $\sigma_i=\sigma_i(\varepsilon_i)$，还应知道板断裂时极限应变对应的应变值 ε_f。在计算静态塑性大变形时（如在冲压、锻造、拉拔等加工问题中），通常把应力–应变关系[$\sigma_i=\sigma_i(\varepsilon_i)$]看作与通过杆件或平板样品拉伸试验得到的真实应力–应变关系[$\sigma=\sigma(\varepsilon)$]相同的关系。由确定应力–应变关系 $\sigma=\sigma(\varepsilon)$ 以及开裂时流动极限、强度极限和断裂应变变化的现有试验结果表明，这些参数与应变率有很强的依赖关系。在分析约定的 $\sigma-\varepsilon$ 曲线图的基础上，我们可以用杆件动态变形的试验数据对断裂比功 A_f 的值进行一定的推测。

表 2–3–6 所示为金属的静态和动态特性参数，包括静态比例性极限 σ_e、静态强度极限 σ_{BC}、动态强度极限 σ_B、静态断裂应变 ε_{fc}、动态断裂应变 ε_f、静态断裂比能 A_{fc}、动态断裂比能 A_f 和动载荷系数等，这些数据是通过在撞击速度为 60 m/s 以下的杆件拉伸试验得到的，相应的平均应变率达到 300 s^{-1}（Clark 和 Bude 的数据）。表 2–3–6 中，延伸率数据对应的样品长度为 203.2 mm。动载荷系数 K_d 等于动态断裂比能与静态断裂比能的比值，这些比能的值是在分析 $\sigma-\varepsilon$ 曲线的基础上获得的。为了确定更加准确的 A_f 值，必须考虑在平均压力 p（平均应力 σ）条件下真实的动态应力–应变关系（$\sigma_i-\varepsilon_i$）。

关于 ε_f 值变化问题的研究尚不充分，某些材料的 σ_e 值先随应变率上升而增大，然后下降，但仍停留于较大的静态值 ε_{fc}；然而对于另一些材料，可能降得比其静态值还要低，极限应变值极其依赖应力状态的形式，因而由杆件拉伸试验得到的断裂应变值必须在做补充研究的条件下，才能使用断裂比能 A_f 的计算。

对于所考察的板材断裂问题，看来最接近的 E 值是爆炸加载下平板断裂试验中得到的 ε_f

值（见表 2－3－7）。但是，这些断裂应变的数据是在 $\varepsilon_1 = \varepsilon_2$，$\varepsilon_3 = -2\varepsilon_1$ 的应变状态下获得的，不能完全反映厚板中高平均压力值下压缩波和拉伸波相互作用时的应变条件，如平面层裂式裂纹形成时所实现的应变状态中，只有波运动方向上的体应变分量 ε_3 不为零，其余两个主方向的体应变分量 $\varepsilon_1 = \varepsilon_2 = 0$，并且这些应变应低于不存在体应变的杆件和薄板中的拉伸应变值。

表 2－3－7 所示为静态和动态加载下金属的断裂比能量值，动态值 $A_f = K_d A_{fc}$，这里动载荷系数是指爆炸断裂试验中圆板中心的断裂应变 ε_f 对于静态断裂应变 ε_{fc} 的比值。此时平均应变率为 300 s^{-1}。显而易见，这样得到的 K_d 系数值低于实际值，因为在动态加载下，不仅 ε_f 增大，而且通常整个 $\sigma_i - \varepsilon_i$ 曲线沿应力轴向上移动。表 2－3－7 所示的数据没有考虑平均应力（平均压力）对断裂比能 A_f 的影响。

表 2－3－6　金属的静态和动态特性参数

金属材料	σ_e /GPa	σ_{BC} /GPa	σ_B /GPa	ε_{fc}/%	ε_f/%	A_{fc}/MPa	A_f/MPa	$K_d = A_f / A_{fc}$
铁（退火）	0.11	0.30	0.40	26	16	61	37	0.6
SAE－1022 钢（退火）	0.29	0.45	0.58	25	28	105	148	1.4
SAE－1022 钢（冷轧）	0.45	0.59	0.73	6	15	34	100	2.9
SAE－1022 钢（淬火，回火）	0.94	1.07	1.24	3	6	28	66	2.3
SAE－1040 钢（退火）	0.30	0.55	0.64	20	21	104	127	1.2
SAE－1045 钢（标称）	0.39	0.68	0.74	13	15	81	106	1.3
SAE－2345 钢（淬火，回火）	0.94	1.02	1.23	8	14	85	155	1.8
SAE－4140 钢（淬火，回火）	0.86	0.94	1.07	8	15	73	149	2.0
SAE－5150 钢（淬火，回火）	0.87	0.97	1.04	8	13	85	135	1.6
NE－9445 钢（淬火，回火）	1.05	1.98	1.85	5	8	106	141	1.3
SAE－302 不锈钢	0.29	0.65	0.78	58	47	333	324	0.97
铜（冷轧）	0.21	0.31	0.42	2.5	11	6	36	6
2S 铝合金（退火）	0.01	0.08	0.11	23	30	16	29	1.8
24ST 铝合金	0.33	0.46	0.48	11	13	50	63	1.3
DOWI 镁合金	0.21	0.31	0.36	10	11	29	38	1.3

表 2-3-7　静态和动态加载下金属的断裂比能量值

材料	A_{fc}/MPa	ε_{fc}	ε_f	K_d	A_f/MPa
黄铜	111	0.25	0.54	2.1	233
铜	12	0.04	0.56	12.5	150
不锈钢	282	0.45	0.44	0.98	275
钛	56	0.11	0.37	3.5	196
铝	2.2	0.02	0.50	31	68
软钢	60	0.17	0.56	3.3	200
钛合金	57	0.15	0.25	1.7	95

2.4　冲击波作用引起的相变和化学反应

当冲击波传过材料时，冲击波的能量会发生耗散。剧烈的能量吸收会导致一系列的物理变化和化学变化。这些变化包括多晶态相变、化学分解过程、化学合成过程、单（分子物）体聚合反应和缺陷形成（点缺陷、线缺陷、双重缺陷等）。

在冲击波作用下，材料的压力和温度都很高。另外，在局部或整个物体内产生了很大的剪切应力和应变。当材料是疏松的或是由不同元素或化合物粉末组成的混合物时，这些效应更加明显。当空洞由于物质高速流动发生塌陷时，便形成局部的温度梯度。这些情况可使界面发生熔化，粉末的相对运动产生强烈的摩擦作用。从冲击波导致的各种效应来讲，其包括：

（1）结构变化：在冲击波经过时，形貌和疏松度发生变化。

（2）质量混合：在高压和剪切应力作用下，物质产生相对运动，使物质和邻近物质发生混合。

（3）活化作用：高的缺陷密度（点、线、界面缺陷）可以提高粉末的反应活性。

（4）加热作用：在冲击介质中有强烈的温度波动。

实施冲击波（典型的持续时间为 1～10 μs）加载时，实际上没有时间发生扩散效应，相或化合物的形成和分解涉及不同的机理，而且压力会使扩散系数减小，因为压力使原子压在一起，所以外面的原子很难进入这个“拥挤”的晶格。

因此，冲击波对材料内部所产生的显著的物理化学变化已经成为一个探索课题。冲击引起相变的第一次报道是在 1954 年，Minshall 报道：当压力达到 13 GPa 时，铁发生了多晶态变化。最初，人们认为从 α（BCC）（体中心晶格）相转变到 γ（FFC）（面中心晶格）相，后来发现应该是从 α（BCC）相转变为 ε（HCP）（六角密集晶格）相。1961 年，DeCarli 和 Jamieson 报道了在高冲击压力作用下，碳可转变为金刚石的相变问题。这个过程可生产非常精细的金刚石（0.1～60 μm）。在俄罗斯，超精细金刚石（纳米级晶体）已经可以用炸药爆炸直接进行合成。

2.4.1 相变热力学

固体存在于许多结构中，且从一种结构变化到另一种结构都是由热力学和动力学控制的。相的稳定性是由外部因素（如压力、温度）和内部因素（如组分、缺陷）产生的内应力（如位错、点缺陷、界面）控制的。冲击波和反射拉伸波可造成压力和温度的突变，结果可能产生新相。

相变可分成扩散型（或重组型）和无扩散型（或位移型）。其中，扩散型相变又包括成核和生长（沉积）、旋节分解和晶格转化；无扩散相变又包括位移相变、整体相变、熔化/固化、有序－无序相变、汽化/凝聚和升华。

扩散型相变在冲击波传播过程中不是很重要，因为其受扩散时间（微秒级）的限制。我们将只讨论在冲击脉冲中出现的相变。冲击波经过后的残余热在一些合金中发生沉积，但这些是冲击波经过后的效应，在此不予讨论。

相变进一步可分为一阶相变和二阶相变，如图 2－4－1 所示。在常压和常温下，相的稳定性由 Gibbs 自由能给出。具有最低 Gibbs 自由能的相是稳定的。图 2－4－1（a）所示为 α 和 β 相的 G 随 p 的变化情况。在 p_T 点，相达到了平衡；在 p_T 以下，β 是稳定相；在 p_T 以上，α 是稳定相。图 2－4－1（b）所示的两条曲线，在相变压力 p_T 点处的斜率相同。由 Gibbs 自由能的定义可得

$$G = H - TS,\ G = E + pv - TS,\ \mathrm{d}G = \mathrm{d}E + p\mathrm{d}v + v\mathrm{d}p - T\mathrm{d}s - S\mathrm{d}T \tag{2-4-1}$$

又

$$\mathrm{d}E = \delta Q - p\mathrm{d}v,\ \frac{\delta Q}{T} = \mathrm{d}S,\ \mathrm{d}G = v\mathrm{d}p - S\mathrm{d}T$$

故可以得到

$$\left(\frac{\partial G}{\partial p}\right)_{\mathrm{T}} = v, \left(\frac{\partial G}{\partial T}\right)_{\mathrm{p}} = -S \tag{2-4-2}$$

因此，自由能对压力的一阶导数如图 2－4－1 所示，其给出了伴随相变的体积变化。在一阶相变中，$\partial G / \partial p$ 是不连续的，且在相变中存在体积变化 Δv。在二阶相变中，一阶导数 $(\partial G / \partial p)_{\mathrm{T}}$ 是连续的（没有体积变化）；但自由能对压力的二阶导数 $(\partial^2 G / \partial p^2)_{\mathrm{T}}$ 是不连续的。一阶相变的例子有马氏体相变（通常体积增加 4%）、熔化（通常体积增加）和固化（通常体积减小）；二阶相变没有明显的结构变化。磁性转变和有序－无序相变都属于这个领域。

应该注意的是，图 2－4－1 所示为在温度不变的情况下的曲线。实际上，自由能可表示成包含 p 和 T 的曲面，我们还可以沿这些曲面作等压线，而且可以看到一阶相变导致熵的净变化，即 $S = -(\partial G / \partial T)_{\mathrm{p}}$。Clausius-Clapeyron 方程由两个曲面 G_1（p，T）和 G_2（p，T）的交线确定，这个方程给出了相变温度随压力变化的函数关系，并可由这些曲面的方程得到

$$G = f(p,T),\ \mathrm{d}G = \left(\frac{\partial G}{\partial p}\right)_{\mathrm{T}} \mathrm{d}p + \left(\frac{\partial G}{\partial T}\right)_{\mathrm{p}} \mathrm{d}T \tag{2-4-3}$$

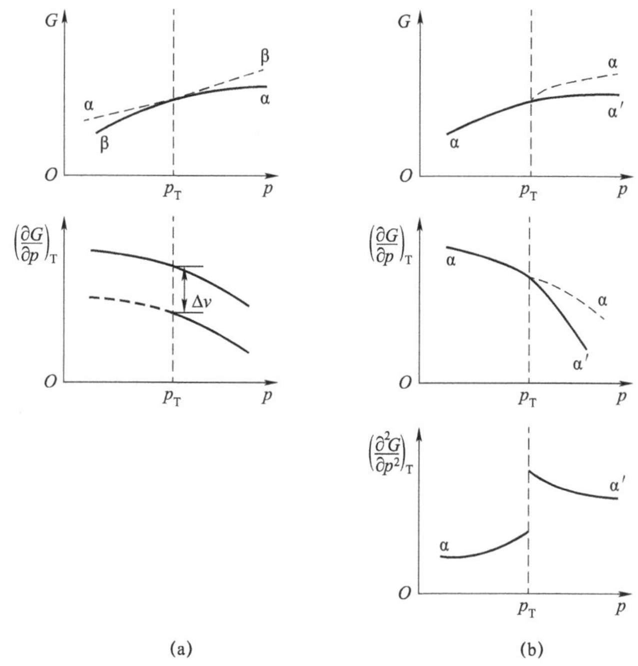

图 2-4-1　自由能对压力的导数

（a）一阶相变；（b）二阶相变

对曲面 1 和曲面 2，利用式（2-4-3）得

$$\mathrm{d}G_1-\mathrm{d}G_2=\left[\left(\frac{\partial G}{\partial p}\right)_T^1-\left(\frac{\partial G}{\partial p}\right)_T^2\right]\mathrm{d}p+\left[\left(\frac{\partial G}{\partial T}\right)_p^1-\left(\frac{\partial G}{\partial T}\right)_p^2\right]\mathrm{d}T$$

平衡时，$\mathrm{d}G_1=\mathrm{d}G_2$，且由式（2-4-2）得

$$0=(v_1-v_2)\mathrm{d}p+(S_1-S_2)\mathrm{d}T$$

因此

$$\frac{\mathrm{d}p}{\mathrm{d}T}=\frac{\Delta S}{\Delta v}\quad 或\quad \frac{\mathrm{d}p}{\mathrm{d}T}=\frac{\Delta H}{T\Delta v}\tag{2-4-4}$$

式（2-4-4）给出了压力对相变温度的影响。

2.4.2　相变冲击绝热曲线

在冲击载荷作用下，因为作用时间短，通常没有热力学平衡，故非平衡过程是非常重要的，首先还是把所有过程都看成平衡过程来处理。

图 2-4-2 所示为体积变化 $\Delta v<0$ 时等温图中的相变。在 v_1-v_2 内，同时存在两个相。在冲击载荷作用下没有等温过程，我们需要先研究 Rankine–Hugoniot 曲线。

由式（2-4-4）知，如果 $\Delta v<0$ 且 $\Delta S<0$，那么 $\mathrm{d}p/\mathrm{d}T>0$，相变压力随着温度的增加而增加。图 2-4-3 所示为三条 $T_1<T_2<T_3$ 条件下的等温线，相变压力随着等温线温度的增

加而增加。另外，Rankine－Hugoniot 曲线通常近似于绝热线，且可借助 Gruneisen 状态方程从等温压缩线上得到。它的原点（$p=0$）被设在 T_1 等温线上的 0 点。它穿过在 $Q'H$ 处的两相区，然后上升到 J。图 2－4－4 所示为$\Delta S<0$，$\Delta v<0$ 的相变的 Rankine－Hugoniot 曲线。这条曲线和 $p-v/v_0$ 曲线的根本不同就是曲线的斜率不连续。这个不连续便是相变的发生点。

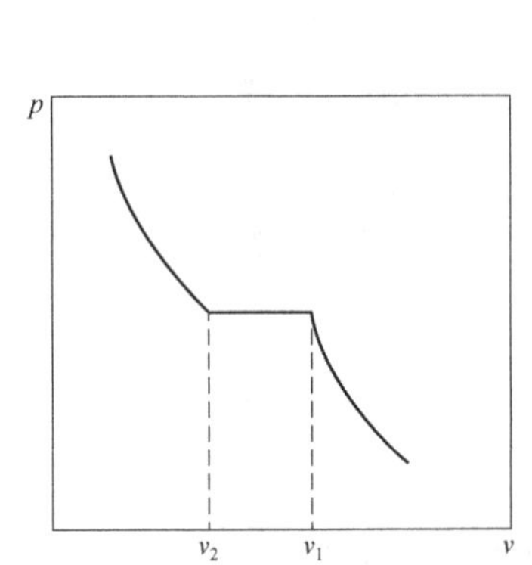

图 2－4－2　一次相变的压力－体积等温线

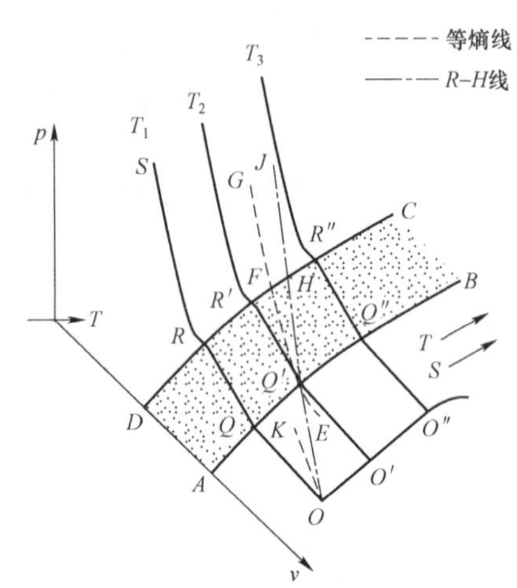

图 2－4－3　正常的多晶态相变的压力－体积－温度曲面

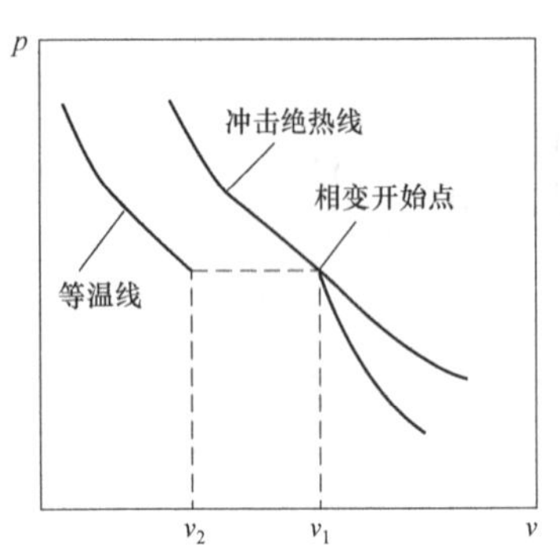

图 2－4－4　$\Delta S<0$，$\Delta v<0$ 的相变的 Rankine－Hugoniot 曲线（冲击绝热）

$\Delta S>0$，$\Delta v<0$ 且 $dp/dT<0$ 的情况下的相变的压力－体积－温度曲面和 Rankine-Hugoniot 曲线如图 2－4－5 所示。虚线表示等熵过程（$S=S_0$）和绝热压缩过程（$S_1>S_0$）。相变压力随着温度的增加而减小，使得冲击绝热线的形状发生了变化。当相变发生时，温度有所下降。完全相变将发生在 T_0 点，且 $T_0<T_1$。因此，Rankine-Hugoniot 曲线的斜率在相变后出现了第二个不连续。图 2－4－5（b）所示为 Rankine-Hugoniot 曲线的形状。这种情况比 $\Delta S<0$ 的情况更少见。

现在来看图 2－4－4 所示的 $p-V$ 曲线的形状是如何影响冲击波的形状的。为此我们需要参考图 2－4－6 所示的双冲击波结构。冲击波 S_1 以速度 u_{S1} 传播且粒子速度为 u_{p1}。相对波后物质（S_1 和 S_2 之间）的冲击波速度为$u_{S1}-u_{p1}$。冲击波 S_2“骑在”以 U_{p1} 运动的物质上且在欧拉参考系中以 u_{S2} 速度向前传播。与 S_1 和 S_2 之间的物质相比，它的速度为$u_{S2}-u_{p1}$。如果$(u_{S2}-u_{p1})<(u_{S1}-u_{p1})$（或简单地说$u_{S2}<u_{S1}$），那么第二个波连续跟在第一个波后面，这个双冲击波结构是稳定的。但是，如果$u_{S2}>u_{S1}$，那么第二个波赶上第一个波，且随之形成单冲击波结构。运用 Rankine－Hugoniot 方程，可得到 Rayleigh 线的斜率：

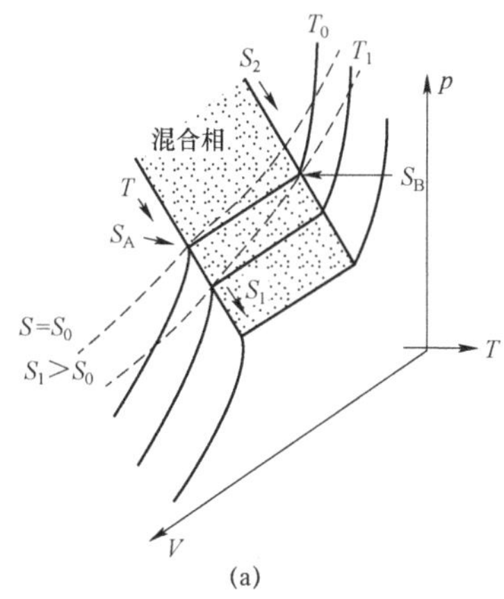

(a)

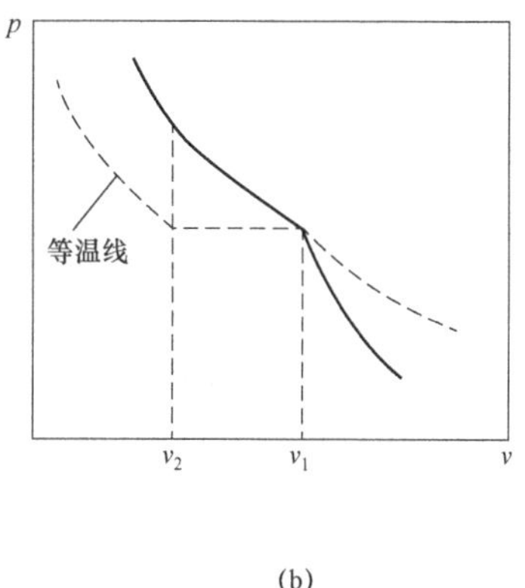

(b)

图 2－4－5　相变的压力－体积－温度曲面和 Rankine－Hugoniot 曲线

（a）在 $\Delta V<0$，$\Delta S>0$ 且 $\mathrm{d}p/\partial T<0$ 的情况下，相变的压力－体积－温度曲面；（b）Rankine－Hugoniot 曲线

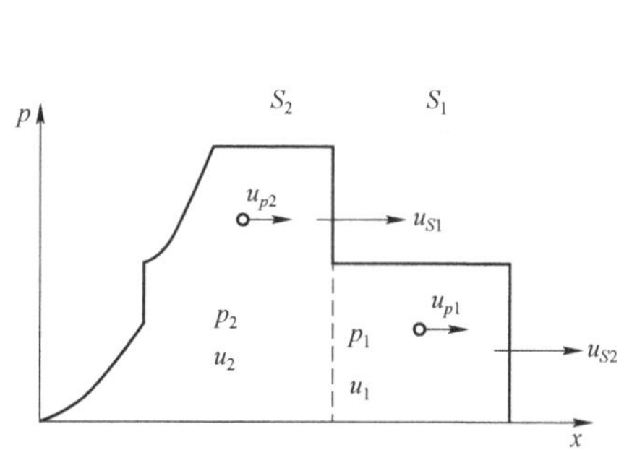

(a)

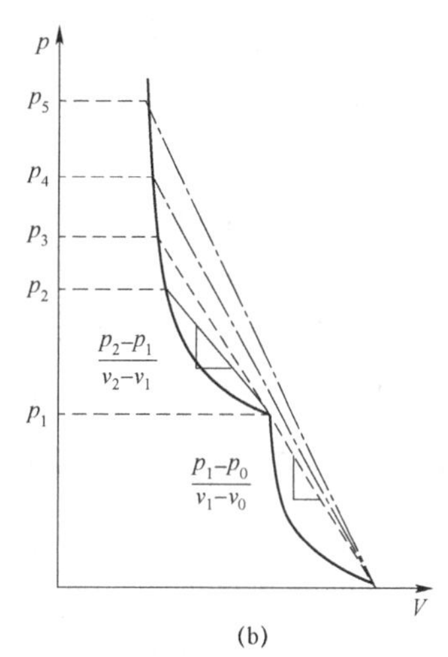

(b)

图 2－4－6　双冲击波结构与 Rankine－Hugoniot 曲线

（a）双冲击波结构；（b）斜率不连续的 Rankine－Hugoniot 曲线

$$(u_{S1}-u_{p0})^2=V_0^2\left(\frac{p_1-p_0}{v_0-v_1}\right) \tag{2-4-5}$$

由质量守恒方程还可得到

$$u_{S1}-u_{p1}=\frac{v_1}{v_0}(u_{S1}-u_{p0}) \tag{2-4-6}$$

对于压力 p_2，以 p_1 作为参考，重新应用这些表达式。应注意，图 2－4－6（a）所示第二个冲击波传入的是初始粒子速度为 u_{p1}，初始比容为 v_1，初始压力为 p_1 的材料。因此

$$(u_{S2}-u_{p1})^2=v_1^2\left(\frac{p_2-p_1}{v_1-v_2}\right) \tag{2-4-7}$$

$$u_{S2}-u_{p2}=\frac{v_2}{v_1}(u_{S2}-u_{p1}) \tag{2-4-8}$$

由式（2-4-5）和式（2-4-7）得

$$\frac{p_1-p_0}{v_1-v_0}=-\left(\frac{u_{S1}-u_{p0}}{v_0}\right)^2 \tag{2-4-9}$$

$$\frac{p_2-p_1}{v_2-v_1}=-\left(\frac{u_{S2}-u_{p1}}{v_1}\right)^2 \tag{2-4-10}$$

把式（2-4-6）代入式（2-4-9）得

$$\frac{p_1-p_0}{v_1-v_0}=-\left(\frac{u_{S1}-u_{p1}}{v_1}\right)^2 \tag{2-4-11}$$

由前面确定的使两个冲击波阵面都稳定的条件

$$(u_{S2}-u_{p1})<(u_{S1}-u_{p1})$$

和式（2-4-10）和式（2-4-11）得

$$\frac{p_2-p_1}{v_2-v_1}>\frac{p_1-p_0}{v_1-v_0} \tag{2-4-12}$$

如图 2-4-6（b）所示，这两个值是两条 Rayleigh 线的斜率。其为两波 S_2 和 S_1 提供了速度。当这些值相等时（在峰值压力 p_3 处），双冲击波结构变得不稳定并且重新形成单冲击波结构。在图 2-4-6（b）所示的 p_4 点，存在一个 Rayleigh 斜率为 $(p_4-p_0)/(v_4-v_0)$ 的单冲击波。在 $p_1 \to p_3$ 压力范围内，双冲击波结构是稳定的。

2.4.3 冲击引起的化学反应

在冲击条件下，不同组分的粉末混合物发生反应并且产生新的化合物。通常，放热反应的物质（粉末状）优先反应。粉末可以在两反应物的界面上产生高温。钛、镍、铝化铌、硅化物和许多其他化合物都可以用冲击波进行合成。冲击引起的化学反应可分成以下两类。

（1）合成：$xA+yB \longrightarrow A_xB_y$。

（2）分解：$A_xB_y \longrightarrow xA+yB$。

其中，A 和 B 可能是元素也可能是化合物。

许多放热反应可用冲击波来激发，如：

$$\mathrm{Ti+C \longrightarrow TiC}$$

$$\mathrm{Ti+2B \longrightarrow TiB_2}$$

$$x\mathrm{Ni}+y\mathrm{Al} \longrightarrow \mathrm{Ni}_x\mathrm{Al}_y$$

$$x\mathrm{Nb}+y\mathrm{Al} \longrightarrow \mathrm{Nb}_x\mathrm{Al}_y$$

$$x\mathrm{Nb}+y\mathrm{Si} \longrightarrow \mathrm{Nb}_x\mathrm{Si}_y$$

用字母 x 和 y 表示未知值，相同的两元素可产生不同的化合物。例如，NiAl，$NiAl_3$，Ni_2Al_3 和 Ni_3Al 都可以由 Ni+Al 反应得到。Thadhani 系统阐述了冲击合成问题。

另外，对分解反应也进行了研究，Dremin 和 Brevsov 对如下问题予以了关注：

$$3CuO \longrightarrow Cu + Cu_2O_3$$

$$PbO_2 \longrightarrow PbO + \frac{1}{2}O_2$$

$$4FeO \longrightarrow Fe + Fe_3O_4$$

$$Al_2SiO_5 \longrightarrow Al_2O_3 + SiO_2$$

一个非常重要的问题是这些反应是否只能用于冲击波激发。冲击波经过后，由于冲击和反应放热，物质处于受热状态，这样可能导致反应连续进行。如图 2-4-7 所示，其用图解给出了冲击波在疏松易反应的介质中传播。黑色区域表示反应产物。反应产物的大小随时间增加。其有三种可能的情况：

（1）物质在脉冲持续时间内完全发生反应。

（2）在脉冲持续时间内，物质部分发生反应，反应由于压力卸载而停止。

（3）在脉冲时间内，物质部分发生反应，脉冲经过后反应继续进行。

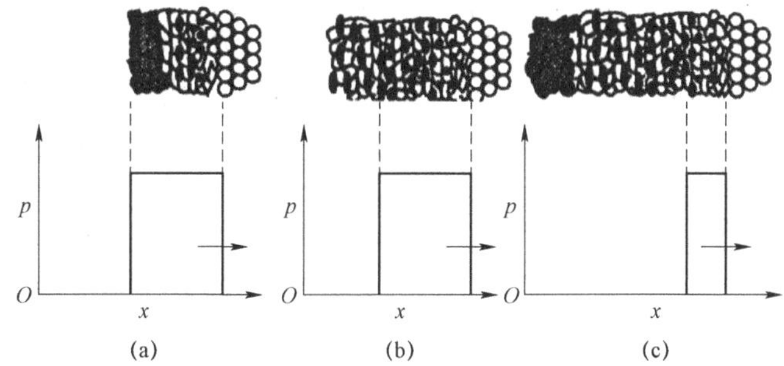

图 2-4-7　冲击波传过易反应粉末混合物时三种可能的情况（黑色区域表示已反应后物质）

（a）物质在脉冲持续时间内完全反应；（b）部分物质反应的情况；（c）物质完全反应的情况

从微观结构尺度上看，这些反应都是非常复杂的，而且其受许多因素的影响，如物质的疏松度、粒子的尺寸和形状、冲击压力和初始温度等。Meyers 等和 Vecchio 等在反应机制的研究中已经论述了这些问题。图 2-4-8 所示为 Nb-Si 混合物的微观结构。图 2-4-8（a）所示为未反应物质；图 2-4-8（b）所示为部分反应物质，初始混合物是疏松的，而且 Nb 粉末和 Si 粉末是分离的，反应生成了小的球形 $NbSi_2$ 微粒，这些粒子是在 Nb-Si 界面上形成的，并漂浮起来流入硅中。可以认为，在冲击压缩下，硅发生熔化，且固体 Nb 和熔化的硅发生了反应。Meyers 等根据这些观测结果，提出了一种理论分析框架。

疏松物质有利于反应的发生，因为它的能级可达到很高。由：

$$E - E_0 = \frac{1}{2}(p + p_0)(v_{00} - v)$$

当比容 v_{00} 大时（因疏松度大，$v=1/\rho$），在设定压力下的能级比固体的高得多。因此，其容易达到高温并使微粒熔化，这些效应可以激发反应。

Boslough、Yu 与 Meyers 提出了一种处理冲击压缩易反应物质的热力学方法。他们把反应能加入能量守恒方程中：

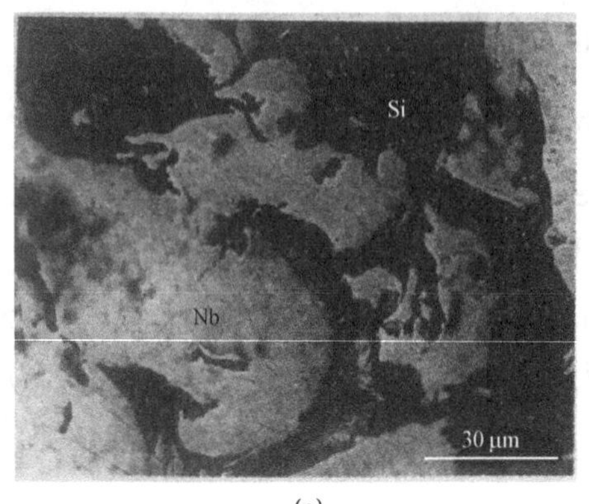

(a)

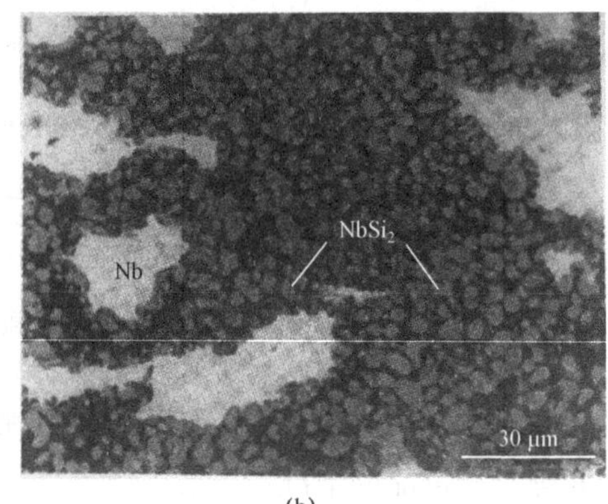

(b)

图 2-4-8　Nb-Si 混合物的微观结构

（a）未反应物质（Nb 亮，Si 暗）；（b）部分反应物质（$NbSi_2$ 小球在硅相中可以被看到，是灰色的）

$$E-E_0=\frac{1}{2}(p+p_0)(v_{00}-v)+\Delta v$$

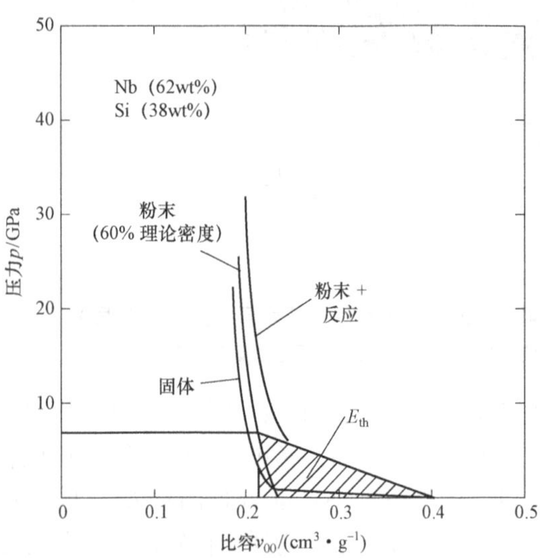

图 2-4-9　Nb-Si 混合物的冲击绝热曲线

对于初始密度为理论密度 60%的疏松 Nb-Si 混合物，很容易进行计算，结果如图 2-4-9 所示。固体物质的冲击绝热曲线在左边；疏松物质的冲击绝热曲线在中间。反应能量的加入使得疏松物质的冲击绝热曲线向右移动，这种效应和炸药中的情况类似。

地质材料也受到了相当大的重视，冲击压缩已经被用来模拟陨石冲击过程中和地球中心处所形成的高压。Ahrens 及其合作者和 Syono 已经发现了许多重要的相变。本书只介绍大部分氧化物和硅化物在冲击压缩作用下的相变。在冲击压缩下，Chhabildas 发现石英-超石英相变在 15 GPa 时发生，在 40 GPa 时完成，产生的相为超石英（Stishovite）。Lange 和 Ahren 所研究的压力引起的分解现象为

$$CaCO_3 \longrightarrow CaO+CO_2$$

其用 Clausius-Clapeyron 方程，确定在冲击载荷作用下铜开始熔化时的压力：

$$T_m(p=1\ \text{atm})=1\,083\ \text{K}^*$$

$$H_m=49\ \text{cal/g}$$

$$\rho(\text{在}T_m\text{时的液体})=7.99\times10^3\ \text{kg/m}^3$$

热膨胀 L_T（用华氏温度）为

$$L_T=L_0(1+16.73T+0.002\,626T^2+9.1\times10^{-7}T^3)\times10^{-1}$$

假定 Δv 和压力无关，则应用 Clausius－Clapeyron 方程，首先确定 Δv：

$$\Delta v = v_{液体} - v_{固体}|_{MP}$$

为了把线膨胀系数转换成体膨胀系数，则使用因子 3：

$$T_m = 1\,490\ ℉^*$$

$$\frac{L_T(T_m) - L_0}{L_0} = 0.033\,8$$

$$\Delta v = 2.2 \times 10^{-6}\ m^3/kg$$

应用 Clausius－Clapeyron 方程得

$$dp/dT = \Delta S / \Delta v = \Delta H / (T\Delta v) = \frac{49\ cal/g \times 4.2\ J/cal}{1\,083\ K \times 2.2 \times 10^{-6}} = 0.9 \times 10^8\ N/（m^2 \cdot K）$$

见式（2－4－4）。根据表 2－4－1 所示数据，我们可以画出冲击温度随压力的变化曲线。

表 2－4－1　Hugoniot 曲线上的参数

p/Mbar①	ρ/（g·cm^{-3}）	T/K	S	C/（km·s^{-1}）	u_S/（km·s^{-1}）	u_p/（km·s^{-1}）
0.00	8.930	293	5.16	3.94	3.94	0.00
0.10	9.499	336	5.22	4.42	4.33	0.26
0.20	9.959	395	5.51	4.81	4.66	0.48
0.30	10.349	479	5.98	5.13	4.95	0.68
0.40	10.688	589	6.57	5.41	5.22	0.86
0.50	10.990	726	7.19	5.67	5.47	1.02
0.60	11.262	888	7.82	5.90	5.70	1.18
0.70	11.510	1 072	8.42	6.12	5.91	1.33
0.80	11.738	1 279	8.99	6.32	6.12	1.46
0.90	11.949	1 505	9.52	6.51	6.32	1.60
1.00	12.145	1 751	10.01	6.69	6.50	1.72
1.10	12.329	2 014	10.48	6.86	6.68	1.84
1.20	12.502	2 294	10.91	7.03	6.86	1.96
1.30	12.666	2 589	11.31	7.19	7.03	2.07
1.40	12.820	2 900	11.69	7.34	7.19	2.18
1.50	12.967	3 224	12.04	7.49	7.35	2.29
1.60	13.107	3 561	12.37	7.63	7.50	2.39
1.70	13.241	3 910	12.69	7.77	7.65	2.49
1.80	13.368	4 271	12.96	7.91	7.79	2.59
1.90	13.491	4 643	13.26	8.04	7.93	2.68
2.00	13.608	5 026	13.53	8.17	8.07	2.77
2.10	13.721	5 419	13.78	8.30	8.21	2.87

① 1 bar = 100 kPa。

续表

p/Mbar	ρ/（g·cm^{-3}）	T/K	S	C/（km·s^{-1}）	u_S/（km·s^{-1}）	u_p/（km·s^{-1}）
2.20	13.829	5 821	14.02	8.42	8.34	2.95
2.30	13.934	6 232	15.25	8.54	8.47	3.04
2.40	14.035	6 653	14.47	8.66	8.60	3.13

表 2-4-1 中，T 表示冲击温度。压力随冲击温度和熔点变化的曲线交点即为熔化时的压力，如图 2-4-10 所示。

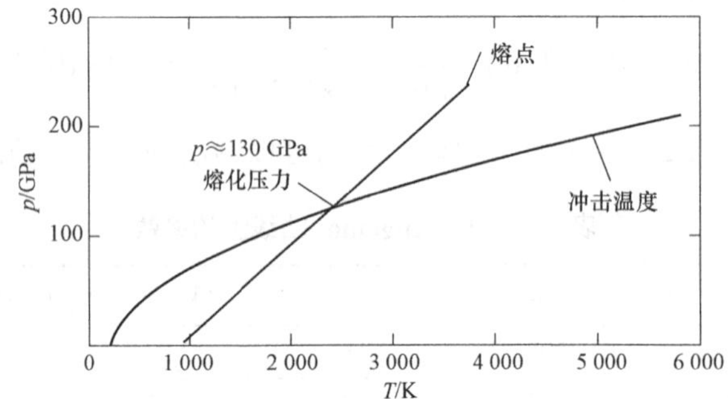

图 2-4-10　压力随冲击温度和熔点变化的曲线

第3章 爆炸的流体动力学基础理论

3.1 流体动力学基本方程组

流体运动遵守物质运动的一些普遍规律，利用流动参数写出这些定律的数学表达式，其构成了气体动力学的基本方程。这些方程如下。

（1）质量守恒定律——连续方程。

（2）牛顿第二运动定律——动量方程。

（3）热力学第一定律——能量方程。

（4）热力学状态变化规律——状态方程。

基本方程有微分和积分两种形式。从理论上研究流体运动，主要应用微分形式的基本方程组。使用微分方程组时要求流动参数具有连续的一阶偏导数。如果流场中有冲击波阶段面，则在阶段面上微分形式的方程组不能成立，而积分形式的方程不受此限制。

以系统为研究对象建立基本方程，利用系统和控制体的转换公式将其改写成欧拉型基本方程。

1. 系统的基本方程

对于系统，质量守恒定律为：质量既不能被创造，也不能被消灭，因此系统的质量保持不变，将其写为连续方程，即

$$\left(\frac{\mathrm{d}m}{\mathrm{d}t}\right)_{\mathrm{st}}=0 \tag{3-1-1}$$

式中　m 为系统的质量。对于有限大的体积 ϑ，其中各点密度 ρ 一般是不相同的，m 可以写为

$$m=\int_{\vartheta}\rho\mathrm{d}\vartheta \tag{3-1-2}$$

对于系统，牛顿第二运动定律是系统的动量 $\boldsymbol{K}$ 对时间的变化率等于外界作用在该系统上的合力 $\sum\boldsymbol{F}$，将其写为动量方程，即

$$\left(\frac{\mathrm{d}\boldsymbol{K}}{\mathrm{d}t}\right)_{\mathrm{st}}=\sum\boldsymbol{F} \tag{3-1-3}$$

式中

$$\boldsymbol{K}=\int_{\vartheta}\rho v\mathrm{d}\vartheta$$

系统的动量矩定理是：系统对某点的动量矩对时间的变化率，等于外界作用在系统上所有外力对于同一点的力矩之和。将其写为动量矩方程，即

$$\left(\frac{\mathrm{d}\boldsymbol{M}}{\mathrm{d}t}\right)_{\mathrm{st}}=\sum \boldsymbol{r}\times\boldsymbol{F} \tag{3-1-4}$$

式中　$\boldsymbol{M}$ 是系统对点 O 的动量矩，$\boldsymbol{M}=\int_{v}(\boldsymbol{r}\times v)\rho\mathrm{d}\vartheta$；$\boldsymbol{r}$ 是以 O 为原点的向径。

对于系统的能量守恒定律：单位时间内，外界传给系统的热量与其对系统做功之和等于系统总能量随时间的变化，将其写为能量方程，即

$$\dot{Q}-\dot{W}=(\mathrm{d}E/\mathrm{d}t)_{\mathrm{st}},\ E=\int_{\vartheta}\rho\left(u+\frac{v^{2}}{2}\right)\mathrm{d}\vartheta \tag{3-1-5}$$

式中　$E=\int_{\vartheta}\rho\left(u+\frac{v^{2}}{2}\right)\mathrm{d}\vartheta$，为系统的总能量；$\dot{Q}$ 为热流率（规定外界对系统加热为正）；$\dot{W}$ 为功率（规定外界对系统做功为负，系统对外界做功为正）。

2. 转换公式——随流导数的积分表达式

对系统建立的基本方程都含有某个量对时间的变化率，也就是欧拉法的随流导数：

$$\frac{\mathrm{D}(\ )}{\mathrm{D}t}=\left(\frac{\mathrm{d}(\ )}{\mathrm{d}t}\right)_{\mathrm{st}}$$

用 N 表示括号内的物理量，令

$$N=\int_{\vartheta}\eta\rho\mathrm{d}\vartheta$$

显然，$\eta=1$ 时，$N=m$；$\eta\to v$ 时，$\eta\to\boldsymbol{K}$；$\eta\to\boldsymbol{r}\times\boldsymbol{F}$ 时，$N\to\boldsymbol{M}$；$\eta=u+\boldsymbol{v}^{2}/2$ 时，$N=E$。

N 所代表的物理量都是和质量有关的状态量。下面推导随流导数对有限控制体的表达式。图 3－1－1 所示为系统和控制体。

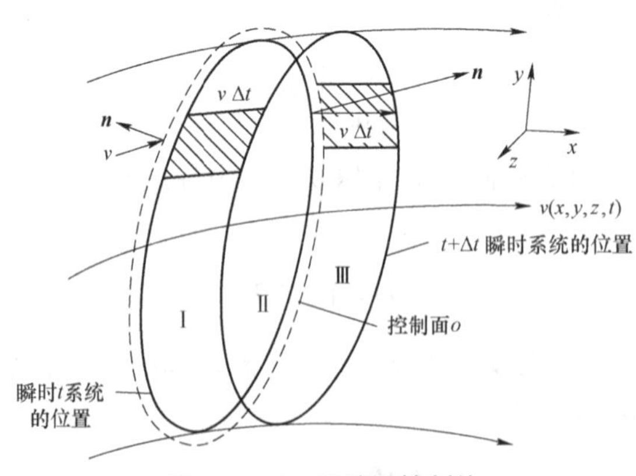

图 3－1－1　系统和控制体

在流场中取有限控制体，如图 3－1－1 虚线所示，研究瞬时即 t 时刻占据控制体的系统，Δt 时间后该系统沿流线移动了一个微小距离。由定义知控制体是不动的。瞬时即 t 时刻系统占据Ⅰ区和Ⅱ区，在 $t+\Delta t$ 时刻，系统占据Ⅱ区和Ⅲ区，物理量 N 的随流导数为

$$\begin{aligned}\frac{\mathrm{D}N}{\mathrm{D}t}&=\left(\frac{\mathrm{d}N}{\mathrm{d}t}\right)_{\mathrm{st}}=\lim_{\Delta t\to 0}\frac{(N_{\mathrm{II}}+N_{\mathrm{III}})_{t+\Delta t}-(N_{\mathrm{I}}+N_{\mathrm{II}})_t}{\Delta t}\\&=\lim_{\Delta t\to 0}\frac{N_{\mathrm{II},t+\Delta t}-N_{\mathrm{II},t}}{\Delta t}+\lim_{\Delta t\to 0}\frac{N_{\mathrm{III},t+\Delta t}}{\Delta t}-\lim_{\Delta t\to 0}\frac{N_{\mathrm{I},t}}{\Delta t}\end{aligned}\tag{3-1-6}$$

式（3-1-6）右端第一项表示Ⅱ区中 N 的变化率，在 $\Delta t\to 0$ 的条件下，Ⅱ区与控制体重合，所以

$$\lim_{\Delta t\to 0}\frac{N_{\mathrm{II},t+\Delta t}-N_{\mathrm{II},t}}{\Delta t}=\frac{\partial}{\partial t}\int_{\vartheta}\eta\rho\mathrm{d}\vartheta$$

式中　ϑ 是控制体体积。式（3-1-6）右端第二项表示单位时间内经过控制面流出的 N，即

$$\lim_{\Delta t\to 0}\frac{N_{\mathrm{III},t+\Delta t}}{\Delta t}=\int_{\mathrm{out}}\eta\rho(v\cdot\boldsymbol{n})\,\mathrm{d}\sigma_{\mathrm{out}}$$

式中　σ_{out} 表示有质量流出的那部分控制面的面积；$\boldsymbol{n}$ 为其外法向单位向量。

式（3-1-6）右端第三项表示单位时间内经过控制面流入控制体的 N，即

$$\lim_{\Delta t\to 0}\frac{N_{\mathrm{I},t}}{\Delta t}=-\int_{\sigma_{\mathrm{in}}}\eta\rho(v\cdot\boldsymbol{n})\,\mathrm{d}\sigma_{\mathrm{in}}$$

式中　σ_{in} 表示有质量流入的那部分控制面的面积；$\boldsymbol{n}$ 为其外法向单位向量。因为速度 v 与 σ_{in} 的外法向单位向量 $\boldsymbol{n}$ 的夹角 α 为 $(\pi/2)\sim(3\pi/2)$，即 $(v\cdot\boldsymbol{n})<0$，而质量应总是正值，所以积分号前面要加负号。

将以上各项代入式（3-1-6），得出

$$\frac{\mathrm{D}N}{\mathrm{D}t}=\left(\frac{\mathrm{d}N}{\mathrm{d}t}\right)_{\mathrm{st}}=\frac{\partial}{\partial t}\int_{\vartheta}\eta\rho\mathrm{d}\vartheta+\oint_{\sigma}\eta\rho(v\cdot\boldsymbol{n})\,\mathrm{d}\sigma\tag{3-1-7}$$

式中　$\sigma=\sigma_{\mathrm{out}}+\sigma_{\mathrm{in}}$，是整个控制面面积。

式（3-1-7）就是欧拉法随流导数的积分表达式，利用它便可把对系统的方程转换成对控制体的基本方程，一般把它叫作转换方程。公式第一项是非定常项，它表示单位时间内控制体中 N 的变化量，其是由流动参数 $\eta\rho$ 随时间变化引起的。第二项是迁移变化量，表示单位时间内通过控制面流出的 N 减去流入的 N，简称其为 N 的通量。其是由流场不均匀，流动参数随空间变化引起的。

3.1.1　连续方程

1. 积分形式的连续方程

令 $\eta=1$，将转换公式（3-1-7）代入对系统建立的连续方程（3-1-1）得

$$\begin{cases}\dfrac{\partial}{\partial t}\displaystyle\int_{r}\rho\mathrm{d}v+\oint_{\sigma}\rho(v\cdot\boldsymbol{n})\,\mathrm{d}\sigma=0\\[2ex]\displaystyle\oint_{\sigma}\rho(v\cdot\boldsymbol{n})\,\mathrm{d}\sigma=-\frac{\partial}{\partial t}\int_{r}\rho\mathrm{d}v\end{cases}\tag{3-1-8}$$

这便是对控制体的积分形式的连续方程，即欧拉法的连续方程。它表示单位时间内通过控制面的质量通量等于同一时间内控制体中质量的变化量。负号说明，如果通量为正（流出的质量大于流入的质量），则控制体内的质量应减少。式（3-1-8）对理想流体和黏性流体同样

适用。

定常流动的连续方程为

$$\oint_{\sigma}\rho(v\cdot \boldsymbol{n})\mathrm{d}\sigma=0 \tag{3-1-9}$$

其说明在定常条件下，单位时间内通过控制面流出与流入的质量相等。

不可压流的连续方程为

$$\oint(v\cdot \boldsymbol{n})\mathrm{d}\sigma=0$$

其说明在定常不可压流动中，单位时间内通过控制面流出与流入的流体体积相等。

2. 微分形式的连续方程

利用奥–高定理有

$$\oint_{\sigma}\rho(v\cdot \boldsymbol{n})\mathrm{d}\sigma=\oint_{r}\mathrm{div}(\rho v)\mathrm{d}v \tag{3-1-10}$$

式中　div 为散度符号。

将式（3–1–10）代入式（3–1–8），得出

$$\int_{r}\left[\frac{\partial\rho}{\partial t}+\mathrm{div}(\rho v)\right]\mathrm{d}v=0 \tag{3-1-11}$$

假设流动参数及其一阶导数是连续的，由于控制体体积 v 是任意的，所以上述积分为零必定是

$$\begin{cases}\dfrac{\partial\rho}{\partial t}+\mathrm{div}(\rho v)=0\\ \dfrac{\partial\rho}{\partial t}+\nabla(\rho v)=0\end{cases} \tag{3-1-12}$$

或

$$\frac{\partial\rho}{\partial t}+\frac{\partial}{\partial x}(\rho u)+\frac{\partial}{\partial y}(\rho v)+\frac{\partial}{\partial z}(\rho w)=0 \tag{3-1-13}$$

式（3–1–12）与式（3–1–13）是微分形式的连续方程。为了说明它的物理意义，在流动中取微元控制体（图 3–1–2），其边长分别是 $\mathrm{d}x, \mathrm{d}y, \mathrm{d}z$ 。流体连续不断地通过控制体。

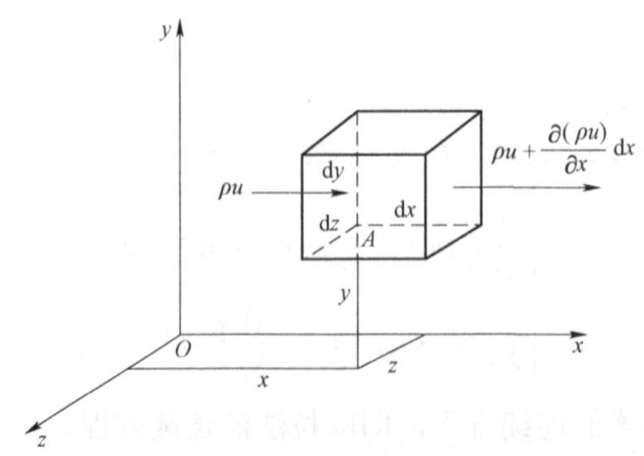

图 3–1–2　微元控制体的质量守恒

设单位时间内通过左界面流入的质量为 $\rho u\mathrm{d}y\mathrm{d}z$，穿过右界面流入的质量为 $\left[\rho u+\dfrac{\partial(\rho u)}{\partial x}\mathrm{d}x\right]\mathrm{d}y\mathrm{d}z$，则其差值为 $\dfrac{\partial}{\partial x}(\rho u)\mathrm{d}x\mathrm{d}y\mathrm{d}z$，因此 $\mathrm{d}t$ 时间内沿 x 方向流出与流入的质量差为 $\dfrac{\partial}{\partial x}(\rho u)\mathrm{d}x\mathrm{d}y\mathrm{d}z\mathrm{d}t$。同理，在 $\mathrm{d}t$ 时间内沿 y, z 方向流出与流入的质量差分别为 $\dfrac{\partial}{\partial y}(\rho v)\mathrm{d}x\mathrm{d}y\mathrm{d}z\mathrm{d}t$，$\dfrac{\partial}{\partial z}(\rho w)\mathrm{d}x\mathrm{d}y\mathrm{d}z\mathrm{d}t$，总的流出与流入控制体的质量差为 $\left[\dfrac{\partial}{\partial x}(\rho u)+\dfrac{\partial}{\partial y}(\rho v)+\dfrac{\partial}{\partial z}(\rho w)\right]\mathrm{d}x\mathrm{d}y\mathrm{d}z\mathrm{d}t$，控制体内质量减少量是 $-\dfrac{\partial \rho}{\partial t}\mathrm{d}x\mathrm{d}y\mathrm{d}z\mathrm{d}t$，根据质量守恒定律，有

$$\frac{\partial}{\partial x}(\rho u)+\frac{\partial}{\partial y}(\rho v)+\frac{\partial}{\partial z}(\rho w)=-\frac{\partial \rho}{\partial t}$$

这便是式（3－1－13），它可以被改写为如下形式：

$$\frac{\partial \rho}{\partial t}+u\frac{\partial \rho}{\partial x}+v\frac{\partial \rho}{\partial y}+w\frac{\partial \rho}{\partial z}+\rho\left(\frac{\partial u}{\partial x}+\frac{\partial v}{\partial y}+\frac{\partial w}{\partial z}\right)=\frac{\mathrm{D}\rho}{\mathrm{D}t}+\rho\,\mathrm{div}\,v=0 \tag{3-1-14}$$

定常流动时，$\partial\rho/\partial t=0$，则可将式（3－1－14）简化为

$$\begin{cases}\mathrm{div}\,\rho v=0\\ \nabla\cdot(\rho v)=0\end{cases} \tag{3-1-15}$$

不可压流体，$\mathrm{D}\rho/\mathrm{D}t=0$，由式（3－1－14）得

$$\mathrm{div}\,v=\theta_x+\theta_y+\theta_z=0 \tag{3-1-16}$$

速度向量的散度表示流体微团体积的相对变化率，我们可以简单证明。

取正六面体微团，设瞬时即 t 时刻其体积是 ΔV，$\Delta V=\mathrm{d}x\mathrm{d}y\mathrm{d}z$。在瞬时即 $t+\Delta t$ 时刻，设它的体积变为 $\Delta V'$，则

$$\Delta V'=\left(1+\frac{\partial u}{\partial x}\mathrm{d}t\right)\mathrm{d}x\left(1+\frac{\partial v}{\partial y}\mathrm{d}t\right)\mathrm{d}y\left(1+\frac{\partial w}{\partial z}\mathrm{d}t\right)\mathrm{d}z$$

将其展开并略去高阶小量，得到微团体积的相对变化率为

$$\frac{\Delta V-\Delta V'}{\Delta V\mathrm{d}t}=\frac{\partial u}{\partial x}+\frac{\partial v}{\partial y}+\frac{\partial w}{\partial z}=\theta_x+\theta_y+\theta_z=\mathrm{div}\,v$$

式（3－1－16）表明，在运动过程中，不可压流体的微团体积保持不变；而不可压流体微团，如果有的边伸长了，则必定有的边要缩短。

3.1.2 动量方程

1. 流体中的力

作用在流体中的力分为体积力和表面力两大类。

（1）体积力（质量力）。体积力作用在流体内部所有流体微团上，它是微团在一定力场中受到的非接触力，如万有引力、电场与磁场中的作用力等。体积力与流体质量成正比，所以也叫质量力，单位质量的体积力用 B 来表示。

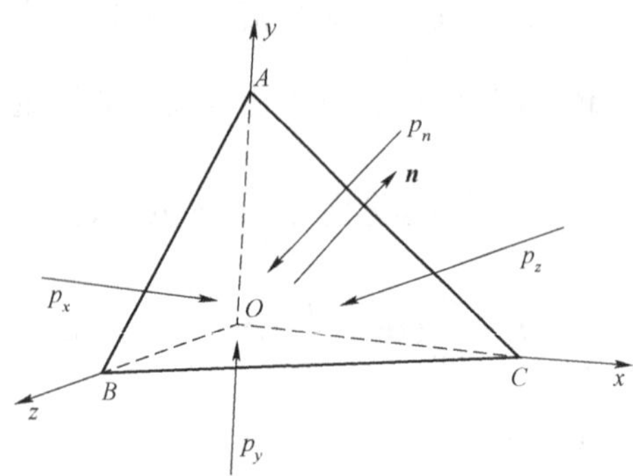

图 3-1-3　理想流体中某一点处的应力

（2）表面力。表面力是和流体接触的外界流体或物体作用在流体表面上的力。它可以分解为法向力和切向力（摩擦力）。对于理想流体来说，单位面积上的法向力就是压力。

在理想流体中只存在法向力，我们可以证明某一点处的压力大小与受力面的方向无关。如图 3-1-3 所示，在运动流体中取一边长为 dxdydz 的微元四面体。微元四面体表面作用有压力 p_x, p_y, p_z, p_n（脚标字母表示作用面的法向方向）。作用在微团上的质量力和惯性力与微团体积成正比是三阶小量，而表面力与面积成正比为二阶小量。根据牛顿第二运动定律，沿 x 方向的平衡方程可写为

$$p_x \Delta\sigma_x - p_n \Delta\sigma \cos(\boldsymbol{n}, x) + \text{三阶小量} = 0$$

式中　$\boldsymbol{n}$ 是△ABC 的外法线；$\Delta\sigma$ 是△ABC 的面积；$\Delta\sigma_x$ 表示与 x 轴垂直的△AOB 的面积。注意到：

$$\Delta\sigma \cos(\boldsymbol{n}, x) = \Delta\sigma_x$$

当微元四面体向 O 点缩小取极限时，可以忽略三阶小量，因而得到 $p_x - p_n = 0$。

同理，由 y 方向和 z 方向的平衡方程可得

$$p_y - p_n = 0, \quad p_z - p_n = 0$$

所以 $p_x = p_y = p_z = p_n$。

因为坐标轴方向是任意选取的，所以在某一点处压力的大小在任意方向上都相同。这个结论对于静止的黏性流体也适用。

2. 理想流体的运动方程

（1）积分形式的动量方程。将转换公式（3-1-7）中的 η 用 V 代换后代入式（3-1-3），得出对控制体的动量方程为

$$\frac{\mathrm{D}}{\mathrm{D}t}\int_r \rho V \mathrm{d}V = \frac{\partial}{\partial t}\int_r \rho V \mathrm{d}V + \oint_\sigma \rho V(\boldsymbol{v} \cdot \boldsymbol{n})\, \mathrm{d}\sigma = \sum \boldsymbol{F} \tag{3-1-17}$$

对控制体动量方程的说明：控制体内动量的当地变化率与通过控制面的动量通量之和等于作用在控制体上的外力之和。

式（3-1-17）中，$\sum \boldsymbol{F} = \int_r B(x, y, z, t)\rho \mathrm{d}V - \oint_\sigma p\boldsymbol{n}\mathrm{d}\sigma + \boldsymbol{F}$，为作用在控制体上的合外力。

将 $\sum \boldsymbol{F}$ 的表达式代入式（3-1-17），便得出积分形式的欧拉法动量方程：

$$\frac{\mathrm{D}}{\mathrm{D}t}\int_r \rho V \mathrm{d}V = \frac{\partial}{\partial t}\int_r \rho V \mathrm{d}V + \oint_\sigma \rho V(\boldsymbol{v} \cdot \boldsymbol{n})\,\mathrm{d}\sigma = \int_r B\rho \mathrm{d}V - \oint_\sigma p\boldsymbol{n}\mathrm{d}\sigma + \boldsymbol{F} \tag{3-1-18}$$

式中　$\int_r B\rho \mathrm{d}V$ 为体积力的合力；$-\oint_\sigma p\boldsymbol{n}\mathrm{d}\sigma$ 为表面力的合力，$\boldsymbol{n}$ 为控制面外法向单位向量，用 $-\boldsymbol{n}$ 表示压力的方向；$\boldsymbol{F}$ 为控制体内部固体包含物或固体边界对流体作用力的合力。

定常流动的动量方程为

$$\oint_\sigma \rho V(\boldsymbol{v} \cdot \boldsymbol{n})\mathrm{d}\sigma = \int_r B(x, y, z, t)\rho \mathrm{d}V - \oint_\sigma p\boldsymbol{n}\mathrm{d}\sigma + \boldsymbol{F} \tag{3-1-19}$$

将其写为分量形式，即

$$\begin{cases}\oint_{\sigma}\rho u(\boldsymbol{v}\cdot\boldsymbol{n})\mathrm{d}\sigma=\int_{r}\rho B_{x}\mathrm{d}V-\oint_{\sigma}p\cos(\boldsymbol{n},x)\mathrm{d}\sigma+F_{x}\\\oint_{\sigma}\rho v(\boldsymbol{v}\cdot\boldsymbol{n})\mathrm{d}\sigma=\int_{r}\rho B_{y}\mathrm{d}V-\oint_{\sigma}p\cos(\boldsymbol{n},y)\mathrm{d}\sigma+F_{y}\\\oint_{\sigma}\rho w(\boldsymbol{v}\cdot\boldsymbol{n})\mathrm{d}\sigma=\int_{r}\rho B_{z}\mathrm{d}V-\oint_{\sigma}p\cos(\boldsymbol{n},z)\mathrm{d}\sigma+F_{z}\end{cases}\tag{3-1-20}$$

（2）积分形式的动量矩方程。令 $\eta=r\times V$，将转换公式（3-1-7）代入式（3-1-4）得到：

$$\frac{\partial}{\partial t}\int_{r}(r\times V)\rho\mathrm{d}V+\oint_{\sigma}(r\times V)\rho(V\cdot\boldsymbol{n})\mathrm{d}\sigma=\int_{r}\rho(r\times B)\mathrm{d}V-\oint_{\sigma}(r\times p\boldsymbol{n})\mathrm{d}\sigma+\boldsymbol{M}$$

式中　$\boldsymbol{M}$ 为控制体内固体包含物对流体作用的合力矩。将其写成投影式，参看图 3-1-4 所示动量矩定理，规定从取矩轴正向朝负方向看，逆时针为正，应有

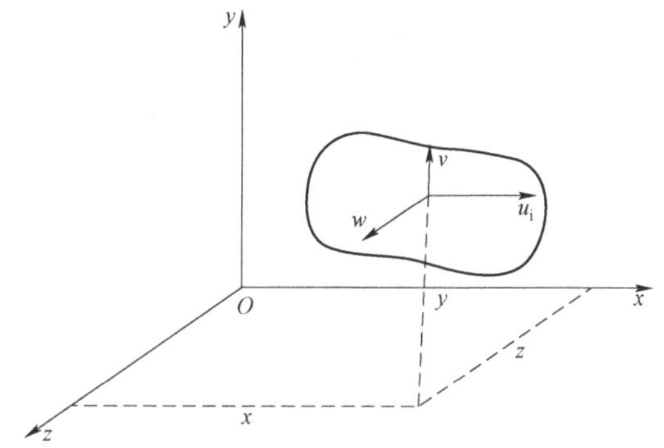

图 3-1-4　动量矩定理

$$\frac{\partial}{\partial t}\int_{v}(wy-vz)\rho\mathrm{d}V+\oint_{\sigma}(wy-vz)\rho(V\cdot\boldsymbol{n})\mathrm{d}\sigma$$
$$=\int_{v}(B_{z}y-B_{y}z)\rho\mathrm{d}V+\oint_{\sigma}p[z\cos(\boldsymbol{n},y)-y\cos(\boldsymbol{n},z)]\mathrm{d}\sigma+$$
$$M_{x}\frac{\partial}{\partial t}\int_{\gamma}(uz-wx)\rho\mathrm{d}V+\oint_{\sigma}(uz-wx)\rho(V\cdot\boldsymbol{n})\mathrm{d}\sigma$$
$$=\int_{v}(B_{x}z-B_{z}x)\rho\mathrm{d}V+\oint_{\sigma}p[x\cos(\boldsymbol{n},z)-z\cos(\boldsymbol{n},x)]\mathrm{d}\sigma+$$
$$M_{y}\frac{\partial}{\partial t}\int_{\gamma}(vx-uy)\rho\mathrm{d}V+\oint_{\sigma}(vx-uy)\rho(V\cdot\boldsymbol{n})\mathrm{d}\sigma$$
$$=\int_{v}(B_{y}x-B_{x}y)\rho\mathrm{d}V+\oint_{\sigma}p[y\cos(\boldsymbol{n},x)-x\cos(\boldsymbol{n},y)]\mathrm{d}\sigma+M_{z}$$

（3）微分形式的动量方程。推导微分方程时不必考虑内部包含物，式（3-1-18）具有如下形式：

$$\frac{\mathrm{D}}{\mathrm{D}t}\int_{r}\rho V\mathrm{d}V=\int_{r}B\rho\mathrm{d}V-\oint_{\sigma}p\boldsymbol{n}\mathrm{d}\sigma\tag{3-1-21}$$

将式（3-1-21）左端改写为

$$\frac{\mathrm{D}}{\mathrm{D}t}\int_{r}\rho V\mathrm{d}V=\int_{r}\rho\frac{\mathrm{D}V}{\mathrm{D}t}\mathrm{d}V+\int_{r}V\frac{\mathrm{D}\rho}{\mathrm{D}t}\mathrm{d}V$$

根据对系统建立的连续方程应有 $\int_\tau V\frac{\mathrm{D}(\rho\mathrm{d}V)}{\mathrm{D}t}=0$，即

$$\frac{\mathrm{D}}{\mathrm{D}t}\int_\tau \rho V\mathrm{d}V=\int_\tau \rho\frac{\mathrm{D}V}{\mathrm{D}t}\mathrm{d}V$$

将以上结果代入式（3－1－21）得到

$$\int_\tau \rho\frac{\mathrm{D}V}{\mathrm{D}t}\mathrm{d}V=\int_\tau B\rho\mathrm{d}V-\oint_\sigma p\boldsymbol{n}\mathrm{d}\sigma \tag{3-1-22}$$

利用奥－高定理得到

$$\oint_\sigma p\boldsymbol{n}\mathrm{d}\sigma=\int_\tau \mathrm{grad}\ p\mathrm{d}V$$

式中　压力梯度 $\mathrm{grad}\ p=\frac{\partial p}{\partial x}\boldsymbol{i}+\frac{\partial p}{\partial y}\boldsymbol{j}+\frac{\partial p}{\partial z}\boldsymbol{k}=\nabla p$，于是式（3－1－22）变为

$$\int_\tau\left(\rho\frac{\mathrm{D}V}{\mathrm{D}t}+\nabla p-B\rho\right)\mathrm{d}V=0$$

在此基础上，假设流动参数及其一阶导数连续，由于微团体积是任意的，所以需满足：

$$\begin{cases}\rho\frac{\mathrm{D}V}{\mathrm{D}t}+\nabla p-\rho B=0\\ \frac{\mathrm{D}V}{\mathrm{D}t}=\frac{\partial V}{\partial t}+(V\cdot\nabla)V=B-\frac{1}{\rho}\mathrm{grad}\ p\end{cases} \tag{3-1-23}$$

将其写成分量形式，即

$$\begin{cases}\frac{\mathrm{D}u}{\mathrm{D}t}=\frac{\partial u}{\partial t}+u\frac{\partial u}{\partial x}+v\frac{\partial u}{\partial y}+w\frac{\partial u}{\partial z}=B_x-\frac{1}{\rho}\frac{\partial p}{\partial x}\\ \frac{\mathrm{D}v}{\mathrm{D}t}=\frac{\partial v}{\partial t}+u\frac{\partial v}{\partial x}+v\frac{\partial v}{\partial y}+w\frac{\partial v}{\partial z}=B_y-\frac{1}{\rho}\frac{\partial p}{\partial y}\\ \frac{\mathrm{D}w}{\mathrm{D}t}=\frac{\partial w}{\partial t}+u\frac{\partial w}{\partial x}+v\frac{\partial w}{\partial y}+w\frac{\partial w}{\partial z}=B_z-\frac{1}{\rho}\frac{\partial p}{\partial z}\end{cases} \tag{3-1-24}$$

微分形式的运动方程即式（3－1－23）和式（3－1－24）被称为欧拉方程。

欧拉方程的物理意义可以通过图 3－1－5 所示的流体微团来说明。在无黏条件下，作用在微团上的力只有压力和质量力。

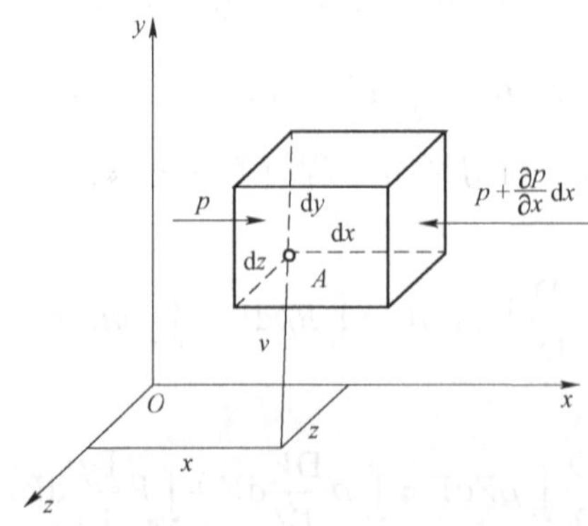

图 3－1－5　流体微团受力分析

x 方向的压力合力为

$$\left[p-\left(p+\frac{\partial p}{\partial x}\mathrm{d}x\right)\right]\mathrm{d}y\mathrm{d}z=-\frac{\partial p}{\partial x}\mathrm{d}x\mathrm{d}y\mathrm{d}z$$

x 方向质量力的合力为 $B_x\rho\mathrm{d}x\mathrm{d}y\mathrm{d}z$ ，根据牛顿第二定律写出：

$$\rho\mathrm{d}x\mathrm{d}y\mathrm{d}z\frac{\mathrm{D}u}{\mathrm{D}t}=B_x\rho\mathrm{d}x\mathrm{d}y\mathrm{d}z-\frac{\partial p}{\partial x}\mathrm{d}x\mathrm{d}y\mathrm{d}z$$

化简后得到

$$\frac{\mathrm{D}u}{\mathrm{D}t}=B_x-\frac{1}{\rho}\bullet\frac{\partial p}{\partial x}$$

同理有

$$\frac{\mathrm{D}v}{\mathrm{D}t}=B_y-\frac{1}{\rho}\bullet\frac{\partial p}{\partial y}$$

$$\frac{\mathrm{D}w}{\mathrm{D}t}=B_z-\frac{1}{\rho}\bullet\frac{\partial p}{\partial z}$$

我们仍可以得到欧拉方程，即式（3－1－24）。

作为特例，我们讨论一种最简单的情况，即欧拉平衡方程。

在静止流体中，欧拉方程即式（3－1－23）变为

$$B-\frac{1}{\rho}\mathrm{grad}\ p=0$$

或

$$\begin{cases}B_x-\dfrac{1}{\rho}\bullet\dfrac{\partial p}{\partial x}=0\\B_y-\dfrac{1}{\rho}\bullet\dfrac{\partial p}{\partial y}=0\\B_z-\dfrac{1}{\rho}\bullet\dfrac{\partial p}{\partial z}=0\end{cases}$$

其被称为欧拉平衡方程，如果质量力只有重力，又通常取 z 轴向上为正方向，则 $B_x=B_y=0$ ；$B_z=-g$ ，于是得

$$\frac{\mathrm{d}p}{\mathrm{d}z}=-\rho g \qquad (3-1-25)$$

式（3－1－25）说明流体沿 z 方向的压力梯度仅仅是由重力引起的。对于不可压流动，对式（3－1－25）积分可以得到

$$p=-\rho gz+C$$

若取 $z=0$ 处， $p=p_0$，则 $C=p_0$，于是

$$p=p_0-\rho gz$$

其为流体静力学的基本方程。

对于可压缩流体，利用完全气体状态方程将式（3-1-25）改写为

$$\mathrm{d}p=-\frac{pg}{RT}\mathrm{d}z$$

或

$$\frac{\mathrm{d}p}{p}=-\frac{g}{RT}\mathrm{d}z$$

如果测出温度随高度 z 的变化关系，则可以确定大气压力随高度变化的规律。

（4）葛罗米柯方程。欧拉方程可以改写为如下形式：

$$\frac{\partial v}{\partial t}+\operatorname{grad}\frac{v^2}{2}+\operatorname{rot}v\times v=B-\frac{1}{\rho}\operatorname{grad}p \tag{3-1-26}$$

式（3-1-26）被称为理想流体的葛罗米柯方程，其特点是，在迁移加速度项中，引入了角速度向量。下面进行推导。

由于存在

$$u\frac{\partial u}{\partial x}=\frac{\partial}{\partial x}\left(\frac{v^2}{2}\right)-v\frac{\partial v}{\partial x}-w\frac{\partial w}{\partial x}$$

所以 x 方向迁移加速度可写为

$$\begin{aligned}\frac{\partial u}{\partial x}u+\frac{\partial u}{\partial y}v+\frac{\partial u}{\partial z}w&=\frac{\partial}{\partial x}\left(\frac{v^2}{2}\right)+w\left(\frac{\partial u}{\partial z}-\frac{\partial w}{\partial x}\right)-v\left(\frac{\partial v}{\partial x}-\frac{\partial u}{\partial y}\right)\\&=\frac{\partial}{\partial x}\left(\frac{v^2}{2}\right)+2(w\omega_y-v\omega_z)\end{aligned}$$

同理， y, z 方向的迁移加速度为

$$\frac{\partial v}{\partial x}u+\frac{\partial v}{\partial y}v+\frac{\partial v}{\partial z}w=\frac{\partial}{\partial y}\left(\frac{v^2}{2}\right)+2(u\omega_z-w\omega_x)$$

$$\frac{\partial w}{\partial x}u+\frac{\partial w}{\partial y}v+\frac{\partial w}{\partial z}w=\frac{\partial}{\partial z}\left(\frac{v^2}{2}\right)+2(v\omega_x-u\omega_y)$$

以上三式相加得到

$$\begin{aligned}(v\cdot\nabla)v&=\operatorname{grad}\left(\frac{v^2}{2}\right)+2\omega\times v\\&=\operatorname{grad}\left(\frac{v^2}{2}\right)+\operatorname{rot}v\times v\end{aligned}$$

将其代入欧拉方程，即式（3-1-23），便得到式（3-1-26）。若质量力存在位函数，则

$$B=-\operatorname{grad}\Pi$$

式中 Π 为质量力的位函数，$\frac{\partial\Pi}{\partial x}=-B_x,\frac{\partial\Pi}{\partial y}=-B_y,\frac{\partial\Pi}{\partial z}=-B_z$。

如果流体为正压流体，即密度仅仅是压力的函数，则

$$\frac{1}{\rho}\text{grad } p = \text{grad } \zeta$$

式中　$\zeta = \int \frac{\mathrm{d}p}{\rho p}$，为压力函数。

于是理想正压流体在有位外力作用下，葛罗米柯方程可写为

$$\frac{\partial v}{\partial t} + \text{grad}\left(\frac{v^2}{2} + \Pi + \zeta\right) + \text{rot } v \times v = 0 \tag{3-1-27}$$

式中

$$\text{rot } v \times v = 2[(w\mathrm{d}y - v\mathrm{d}z)\omega_x + (u\mathrm{d}z - w\mathrm{d}x)\omega_y + (v\mathrm{d}x - u\mathrm{d}y)\omega_z] \tag{3-1-28}$$

当讨论运动方程的积分时，利用葛罗米柯方程比较方便。

3.1.3　能量方程

1. 积分形式的能量方程

利用转换式（3-1-7），令 $\eta = \left(\frac{v^2}{2}\right) + u$，将其代入系统的能量方程（3-1-5）得：

$$\frac{\mathrm{D}}{\mathrm{D}t}\int_r \left(\frac{v^2}{2} + u\right)\rho \mathrm{d}v = \frac{\partial}{\partial t}\int_r \left(\frac{v^2}{2} + u\right)\rho \mathrm{d}v + \oint_\sigma \left(\frac{v^2}{2} + u\right)\rho(v \cdot \boldsymbol{n})\,\mathrm{d}\sigma = \dot{Q} - \dot{W} \tag{3-1-29}$$

式中　$\dot{W}$ 为单位时间内所有外力对控制体内流体所做的总功。其包括以下四部分。

（1）单位时间内压力对流体所做的总功为

$$-\oint_\sigma p(v \cdot \boldsymbol{n})\,\mathrm{d}\sigma = -\oint_\sigma \frac{p}{\rho}\rho(v \cdot \boldsymbol{n})\,\mathrm{d}\sigma$$

对于有质量流出的控制面，$\rho(v \cdot \boldsymbol{n})\,\mathrm{d}\sigma$ 为正，所以外界压力对流体所做的功为负；对于有质量流入的控制面，$\rho(v \cdot \boldsymbol{n})\,\mathrm{d}\sigma$ 为负，所以外界压力对流体所做的功为正。这和前面对功的符号规定是一致的。

（2）单位时间内表面切应力对流体所做的总功为 $-\dot{W}$，它是在控制体物面边界运动时切应力对流体所做的功（规定流体对外界做功为正）。

（3）单位时间内质量力对流体所做的总功为

$$\int_r (B \cdot v)\rho \mathrm{d}v = \int_r (B_x u + B_y v + B_z w)\rho \mathrm{d}v$$

若质量力有势，则

$$\begin{aligned}\int_r (B \cdot v)\rho \mathrm{d}v &= -\int_r \left(u\frac{\partial \Pi}{\partial x} + v\frac{\partial \Pi}{\partial y} + w\frac{\partial \Pi}{\partial z}\right)\rho \mathrm{d}v \\ &= -\int_r \left(\frac{\mathrm{D}\Pi}{\mathrm{D}t} - \frac{\partial \Pi}{\partial t}\right)\rho \mathrm{d}v = -\oint_\sigma \Pi \rho(v \cdot \boldsymbol{n})\,\mathrm{d}\sigma\end{aligned}$$

（4）单位时间内的转轴功为 $-\dot{W}_\mathrm{s}$，它是通过控制面的转轴在转动时对流体所做的功。请参看图 3-1-6 所示能量方程（也规定流体对外界做功为正）。

将以上各项代入式（3-1-29），整理后得出一般形式的能量方程为

$$\dot{Q}=\frac{\partial}{\partial t}\int_{r}\left(\frac{v^{2}}{2}+u\right)\rho \mathrm{d}v+\oint_{\sigma}\left(\frac{v^{2}}{2}+h+\Pi\right)\rho(v\bullet \boldsymbol{n})\mathrm{d}\sigma+\dot{W}_{\mathrm{s}}+\dot{W}_{\tau} \qquad (3-1-30)$$

式中　$h=u+p/\rho$，是单位质量气体的热焓。在进行计算时，还应给出 $\dot{Q}$，$\dot{W}_{\mathrm{s}}$ 和 $\dot{W}_{\tau}$ 的具体表达式。

图 3-1-7 所示为一维定常流的能量守恒，虚线表示所取控制体，1-1 及 1-2 截面远离转轴，其上流动参数是均匀分布的。控制体侧表面相邻的是固体物面，因此边界处切向功 W_{τ} 为零。

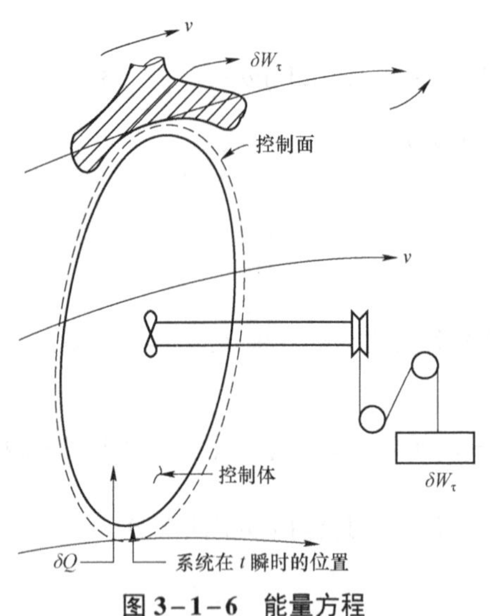

图 3-1-6　能量方程

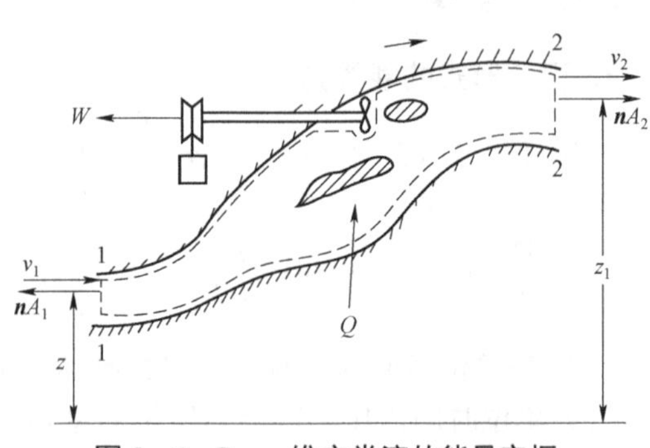

图 3-1-7　一维定常流的能量守恒

根据式（3-1-30）写出：

$$\dot{W}_{\mathrm{s}}-\dot{Q}+\int_{\sigma 2}\left(\frac{v^{2}}{2}+h+gz\right)\rho v\mathrm{d}\sigma-\int_{\sigma 1}\left(\frac{v^{2}}{2}+h+gz\right)\rho v\mathrm{d}\sigma=0$$

式中　$\dot{Q}$ 是对截面 1-1 和 2-2 之间的流体在单位时间内所加的热量；$\dot{W}_{\mathrm{s}}$ 是该段流体对外界所完成的转轴功率。对其进行积分可得到：

$$\frac{\dot{Q}}{\dot{m}}+\frac{v_{1}^{2}}{2}+h_{1}+gz_{1}=\frac{\dot{W}_{\mathrm{s}}}{\dot{m}}+\frac{v_{2}^{2}}{2}+h_{2}+gz_{2}$$

式中　$\dot{m}=\rho_{1}v_{1}\sigma_{1}=\rho_{2}v_{2}\sigma_{2}$，为管道内的质量流量。

绝热无转轴功和切向功的流动，简称绝能流动，其能量方程为

$$\frac{v_{1}^{2}}{2}+h_{1}+gz_{1}=\frac{v_{1}^{2}}{2}+h_{2}+gz_{2}$$

如果可以忽略质量力，则在绝能条件下，一维定常可压流的能量方程变为

$$\frac{v_{1}^{2}}{2}+h_{1}=\frac{v_{2}}{2}+h_{2}$$

$$\frac{v^{2}}{2}+h=常数$$

这正是可压流的伯努利方程。

2. 微分形式的能量方程

在绝能条件下，将 $\dot{Q}=\dot{W}_s=\dot{W}_\tau=0$ 代入式（3－1－30）得到

$$\frac{\partial}{\partial t}\int_{\tau}\left(\frac{v^2}{2}+u\right)\rho\mathrm{d}v+\oint_{\sigma}\left(\frac{v^2}{2}+h+\Pi\right)\rho)(v\cdot\boldsymbol{n})\,\mathrm{d}\sigma=0$$

利用奥－高定理将面积分变为体积分，则有

$$\int_{\tau}\left\{\frac{\partial}{\partial t}\left[\rho\left(\frac{v^2}{2}+u\right)\right]+\mathrm{div}\left[\rho v\left(\frac{v^2}{2}+h+\Pi\right)\right]\right\}\mathrm{d}v=0$$

设被积函数连续，由于控制体体积是任意的，上述积分为零，故必定有

$$\frac{\partial}{\partial t}\left[\rho\left(\frac{v^2}{2}+u\right)\right]+\mathrm{div}\left[\rho v\left(\frac{v^2}{2}+h+\Pi\right)\right]=0 \tag{3-1-31}$$

式（3－1－31）是微分形式绝能流动的能量方程。

定常绝能流动的能量方程为

$$\mathrm{div}\left[\rho v\left(\frac{V^2}{2}+h+\Pi\right)\right]=0$$

将其展开可以得到有明显物理意义的表达式，即

$$\left(\frac{v^2}{2}+h+\Pi\right)\mathrm{div}(\rho v)+\rho v\,\mathrm{grad}\left(\frac{v^2}{2}+h+\Pi\right)=0$$

根据定常流连续方程式（3－1－15）可知，第一项为零，第二项展开为

$$(v\cdot\nabla)\left(\frac{v^2}{2}+h+\Pi\right)=0 \tag{3-1-32}$$

式（3－1－32）表明动能、热焓和质量力的位函数三者之和的迁移变化量为零。在定常条件下，它们的随流导数为零，即

$$\frac{\mathrm{D}}{\mathrm{D}t}\left(\frac{v^2}{2}+h+\Pi\right)=0 \tag{3-1-33}$$

式（3－1－33）说明在定常绝能流动中，单位质量流体的动能、热焓和质量力的位函数三者之和沿流线保持不变。

忽略质量力，式（3－1－33）变为

$$\frac{\mathrm{D}}{\mathrm{D}t}\left(\frac{v^2}{2}+h\right)=0$$

$$\frac{v^2}{2}+h=h_0=\text{常数(沿流线)} \tag{3-1-34}$$

即重新得到可压缩流体的伯努利方程。它是研究可压缩流体运动的重要关系式，只要是定常绝能流动，对可逆和不可逆过程都适用。实际上，在不可逆过程中，机械能损失产生的热量，在绝能条件下仍保留在微团内部，使其内能增加。因此微团在运动过程中动能和热焓之和保持不变。

对于满足可逆绝热过程的微团运动，熵值保持不变，能量方程又可写为

$$\frac{\mathrm{D}S}{\mathrm{D}t}=\frac{\partial S}{\partial t}+(v\times\nabla)S=0 \qquad (3-1-35)$$

在定常条件下则有

$$(v\cdot\nabla)S=0$$

3.2 气体动力学方程组求解

3.2.1 气体一维等熵运动方程组的特解

可压缩介质的一维不定常运动理论，对于阐明不定常运动的物理规律一般具有重要的根本性意义，尤其是可用来解决一系列与确定爆轰产物运动及状态参数有关的具体问题。

在一维平面运动情况下，气体动力学基本方程组（3－2－1a）可写成（3－2－1b）的形式：

$$\begin{cases}\dfrac{\partial u}{\partial t}+u\dfrac{\partial u}{\partial r}=-\dfrac{1}{\rho}\dfrac{\partial p}{\partial r}\\ \dfrac{\partial p}{\partial t}+\dfrac{\partial(\rho u)}{\partial r}+\dfrac{N\rho u}{r}=0\\ p_{\mathrm{s}}=p_{\mathrm{s}}(\rho),\ p=p(\rho,T)\end{cases} \qquad (3-2-1a)$$

$$\begin{cases}\dfrac{\partial\ln\rho}{\partial t}+u\dfrac{\partial\ln\rho}{\partial x}+\dfrac{\partial u}{\partial x}=0\\ \dfrac{\partial u}{\partial t}+u\dfrac{\partial u}{\partial x}+\dfrac{1}{\rho}\dfrac{\partial p}{\partial x}=0\end{cases} \qquad (3-2-1b)$$

式中　p，ρ，u 分别是介质的压力、密度和粒子速度。

对于完全气体的等熵过程，有

$$p=A\rho^k \qquad (3-2-2)$$

由于 $(\partial p/\partial\rho)_{\mathrm{S}}=c^2$，$c$ 是声速，所以由 $\mathrm{d}i=\dfrac{\mathrm{d}p}{\rho}$ 得到

$$\frac{\mathrm{d}p}{\rho}=c^2\mathrm{d}(\ln\rho)=\mathrm{d}i \qquad (3-2-3)$$

对于完全气体，$c=(Ak)^{1/2}\rho^{(k-1)/2}$，由此得出：

$$\mathrm{d}\ln\rho=\frac{2}{k-1}\mathrm{d}\ln c \qquad (3-2-4)$$

把由式（3－2－4）得出的 $\mathrm{d}\ln\rho$ 代入方程组（3－2－1b）的第一式，并逐项乘以 c，得

$$\frac{\partial c}{\partial t}+u\frac{\partial c}{\partial x}+\frac{k-1}{2}c\frac{\partial u}{\partial x}=0 \qquad (3-2-5)$$

类似地，利用式（3－2－3）和式（3－2－4），可把方程组（3－2－1b）的第二项写成

$$\frac{\partial u}{\partial t}+u\frac{\partial u}{\partial x}+\frac{2}{k-1}c\frac{\partial c}{\partial x}=0 \qquad (3-2-6)$$

把式（3－2－5）乘以 2/（k－1），然后与方程组（3－2－6）相加或相减，得到

$$\frac{\partial}{\partial t}\left(u\pm\frac{2}{k-1}c\right)+(u\pm c)\frac{\partial}{\partial x}\left(u\pm\frac{2}{k-1}c\right)=0 \tag{3-2-7}$$

考虑 $2c/(k-1)=\int c\mathrm{d}\ln\rho$，就可以把方程组（3-2-1b）写成如下关系式

$$\frac{\partial}{\partial t}(u\pm\int c\mathrm{d}\ln\rho)+(u\pm c)\frac{\partial}{\partial x}(u\pm\int c\mathrm{d}\ln\rho)=0 \tag{3-2-8}$$

对于任意形式的等熵线 $p=p(\rho)$，方程组（3-2-8）确定了气体的一维等熵运动。对于满足 $p=A\rho^k$ 的等熵过程，方程组（3-2-7）是成立的。从方程组（3-2-8）和方程组（3-2-7）可看出，由物理量 $u+\int c\mathrm{d}\ln\rho$ 或 $u+2c/(k+1)$ 确定的介质状态以速度 $(u+c)$ 沿介质流动方向传播，而由物理量 $u-\int c\mathrm{d}\ln\rho$ 或 $u-2c/(k+1)$ 确定的介质状态以速度 $(u-c)$ 沿与介质运动相反的方向传播。气体以亚声速流动时，扰动既可以沿 x 轴正向传播，也可以沿 x 轴负向传播；气体以超声速流动时，扰动将被流动带走，只可能沿 x 轴的正向传播。我们已经确定，一般情况下，两个方向相反的波相互作用，只有当 $p=A\rho^k$ 并且 $k=3$ 时，两个方向相反的波的传播才是彼此无关的。

下面来确定给定介质等熵线 $p=p(\rho)$ 时流动方程组的特解。先研究运动方程组（3-2-8），表达式为

$$u+\int c\mathrm{d}\ln\rho=\alpha,\ u-\int c\mathrm{d}\ln\rho=\beta \tag{3-2-9}$$

在 $\alpha=\alpha_0=$常数且 $\beta=\beta_0=$常数时，其是方程组（3-2-8）的解。将 $u=\alpha_0-\int c\mathrm{d}\ln\rho$ 代入方程组（3-2-8），得到

$$\frac{\partial(\ln\rho)}{\partial t}+(u-c)\frac{\partial(\ln\rho)}{\partial x}=0$$

由于 $\mathrm{d}\ln\rho=\mathrm{d}u/c$，故有

$$\frac{\partial u}{\partial t}+(u-c)\frac{\partial u}{\partial x}=0 \tag{3-2-10}$$

式（3-2-10）是在假设 $u+\int c\mathrm{d}\ln\rho=\alpha_0=$常数成立时得到的，是一簇特征线的方程式。式（3-2-10）给出对应于参数（u, c）的该簇特征线在（x, t）平面上的解为 $x=(u-c)t+F(u)$。由此可见，对应于等熵线 $p=p(\rho)$ 的特解有如下形式

$$x=(u-c)t+F(u),\ u+\int c\frac{\mathrm{d}\rho}{\rho}=\alpha_0=\text{常数} \tag{3-2-11}$$

类似地，假设 $u=\beta_0+\int c\mathrm{d}\ln\rho$，则可以得到另一个特解。我们对方程 $\partial u/\partial t+(u+c)\partial u/\partial x=0$ 进行积分，得到特解

$$x=(u+c)t+F(u),\ u-\int c\frac{\mathrm{d}\rho}{\rho}=\beta_0=\text{常数} \tag{3-2-12}$$

如果等熵线方程的形式为 $p=A\rho^k$，则上述两个特解可以一起写为

$$x=(u\pm c)t+F(u),\ u\pm\frac{2c}{k-1}=\text{常数} \tag{3-2-13}$$

即此特解依赖于任意函数 $F(u)$ 和任意常数。如果 $k=3$，则特解形式变为

$$x=(u\pm c)t+F(u),\ u\pm c=\text{常数} \tag{3-2-14}$$

由于在方程组的特解中，介质运动是沿特征线 $u+\int c(\mathrm{d}\rho/\rho)=\alpha_0$ 或 $u-\int c(\mathrm{d}\rho/\rho)=\beta_0$ 确定的，所以由特解描述的介质扰动只沿一个方向传播，即其是一个单向波，这种波被称为行波或简单波（黎曼波）。

3.2.2　气体动力学方程组的特征线

静止介质中，小扰动以声速向四周传播。在介质运动的普遍情形下，其速度与空间、时间坐标 x, y, z 和 t 有关，空间每一点处小扰动的传播速度均由该点处介质的当地运动速度 $v(u, v, w)$ 和当地声速 c 相加而成。在这种情况下，扰动速度由如下微分方程组确定：

$$\frac{\mathrm{d}x}{\mathrm{d}t}=u\pm\alpha_1 c,\ \frac{\mathrm{d}y}{\mathrm{d}t}=v\pm\alpha_2 c,\ \frac{\mathrm{d}z}{\mathrm{d}t}=w\pm\alpha_3 c \tag{3-2-15}$$

式中　$\mathrm{d}x/\mathrm{d}t$，$\mathrm{d}y/\mathrm{d}t$，$\mathrm{d}z/\mathrm{d}t$ 分别是扰动阵面传播速度 D 在相应的三个坐标轴上的投影分量；$\alpha_1,\alpha_2,\alpha_3$ 是扰动阵面法向矢量的方向余弦。

运动的初始条件给定后，方程组（3-2-15）的解确定了某一个超曲面（线）：

$$f(x, y, z, t)=0 \tag{3-2-16}$$

即扰动的阵面，曲面（线）被称为特征面（特征线）。

扰动以压缩波和稀疏波的形式传播。压缩波是指一种运动，运动过程中介质每个微元中的压力均随时间的增加而增大。相反地，如果运动过程中介质每个微元中的压力都随时间的增加而下降，则该波就是稀疏波。

在气体做一维定常运动的情况下，式（3-2-16）可退化为 $f(x, t)=0$，这时的特征线将是 (x, t) 平面上的曲线，其每一点处的斜率 $\mathrm{d}x/\mathrm{d}t$ 均等于该处声音相对于固定坐标系的当地传播速度。

根据扰动确定其向 x 轴正向还是负向传播。我们有两个特征线簇，分别记为 c_+ 簇特征线和 c_- 簇特征线，并分别对应于方程式 $(\mathrm{d}x/\mathrm{d}t)_+=u+c$ 和 $(\mathrm{d}x/\mathrm{d}t)_-=u-c$。如果式（3-2-9）中的 α 和 β 对于任何气体状态都是常量，即

$$u+\int c\left(\frac{\mathrm{d}\rho}{\rho}\right)=\alpha=\text{常数},\ u-\int c\left(\frac{\mathrm{d}\rho}{\rho}\right)=\beta=\text{常数} \tag{3-2-17}$$

或

$$u+\int\sqrt{-\mathrm{d}\rho\mathrm{d}v}=\alpha, u-\int\sqrt{-\mathrm{d}\rho\mathrm{d}v}=\beta$$

则具有这些组合参量（$\alpha=$常数和 $\beta=$常数）的扰动区域在气体中分别以如下的速度传播：

$$\frac{\mathrm{d}x}{\mathrm{d}t}=u+c,\ \frac{\mathrm{d}x}{\mathrm{d}t}=u-c \tag{3-2-18}$$

式（3-2-18）可由方程组（3-2-8）导出。事实上，当 $\alpha=$常数（或 $\beta=$常数）时，方程组（3-2-8）的第一式可以写为

$$\frac{\partial\alpha}{\partial t}+(u+c)\frac{\partial\alpha}{\partial x}=0$$

当 α = 常数时，还可得

$$\frac{\mathrm{d}\alpha}{\mathrm{d}t}=\frac{\partial\alpha}{\partial t}+\frac{\mathrm{d}x}{\mathrm{d}t}\cdot\frac{\partial\alpha}{\partial x}=0$$

比较后两个式子可以得出，当 α = 常数时，扰动以速度 $\mathrm{d}x/\mathrm{d}t=u+c$ 传播；当 β = 常数时，也有类似的关系式。方程组（3-2-17）被称为黎曼（Riemann）不变量，它们就是方程组（3-2-8）在（u，c）平面或（u，ρ）平面［若作 $c=c(\rho)$ 的替换］上的特征线。

方程组（3-2-18）是方程组（3-2-8）在（x，t）平面上的特征线，而且每一条 α = 常数或 β = 常数的特征线与各自在（x，t）平面上的特征线对应。一般情况下，对于等熵线 $p=p(\rho)$，方程组（3-2-17）和方程组（3-2-18）的特征线都是曲线。利用方程组（3-2-17）和方程组（3-2-18）以及相应的初始条件和边界条件，可以数值计算满足等熵线关系 $p=p(\rho)$ 的气体一维等熵运动。

如果气体满足等熵线关系 $p=A\rho^k$，则特征线方程组具有如下形式

$$u+\frac{2}{k-1}c=\alpha=\text{常数},\quad u-\frac{2}{k-1}c=\beta=\text{常数} \tag{3-2-19}$$

$$\frac{\mathrm{d}x}{\mathrm{d}t}=u+c,\quad \frac{\mathrm{d}x}{\mathrm{d}t}=u-c \tag{3-2-20}$$

此时对于任何 k 值，平面（u，c）上的特征线都是直线，而平面（x，t）上的特征线一般是曲线，因为其方程是

$$\frac{\mathrm{d}x}{\mathrm{d}t}=\alpha+\frac{k-3}{k-1}c(x,t),\quad \frac{\mathrm{d}x}{\mathrm{d}t}=\beta-\frac{k-3}{k-1}c(x,t) \tag{3-2-21}$$

当 k=3 时，这些特征线都是直线，即

$$\frac{\mathrm{d}x}{\mathrm{d}t}=\alpha=\text{常数},\quad \frac{\mathrm{d}x}{\mathrm{d}t}=\beta=\text{常数} \tag{3-2-22}$$

现在我们研究简单波的特征线。单方向的简单波可以用前面的特解来描述

$$x=(u+c)t+F(u) \tag{3-2-23}$$

$$u-\int c\frac{\mathrm{d}\rho}{\rho}=\text{常数} \tag{3-2-24}$$

这里的常数在气体流动整个区域内都是一个值，即在 (u,c) 平面上只有一条特征线 $u-\int c\frac{\mathrm{d}\rho}{\rho}=$ 常数。如果 $p=A\rho^k$，则 $u-\frac{2}{k-1}c=$ 常数是直线，这条线的每个固定点 $u_i=$ 常数，$c_i=$ 常数，各自对应着 (x,t) 平面上的一条直线：

$$x=(u_i+c_i)t+F(u_i) \tag{3-2-25}$$

并且由 $u_i=$ 常数和 $c_i=$ 常数表征的每个气体状态在介质中的传播速度为

$$\frac{\mathrm{d}x}{\mathrm{d}t}=u_i+c_i=\text{常数} \tag{3-2-26}$$

这表明在 (x,t) 平面上，简单波的特征线是直线，沿着这些直线，气体的所有参数都分别是常数。

如果 $F(u)=0$，则所有直特征线 $x=(u_i+c_i)t$ 都通过坐标原点，这样的波被称为中心波。由于 $c^2=\mathrm{d}p/\mathrm{d}\rho$，$p=p(\rho)$，所以当 $F(u)=0$ 时，气体的所有参数，即 u，c，p 和 ρ 都是组合

量$\eta = x/t$的函数，故这个波被称为自相似波。

为了更加直观地阐明简单波的性质，我们就要讨论下面两种情况。

假定一端（右端）封闭的管子中充有气体，左边以活塞为界。当向外拉动活塞时，将引起简单稀疏波的传播。图 3-2-1 所示为该波的c_+簇特征线，即从描述活塞运动的迹线$x = x(t)$上各点发出的一束发散直线。特征线$x = c_0 t$的右边是静止气体区，该区内的所有特征线相互平行。

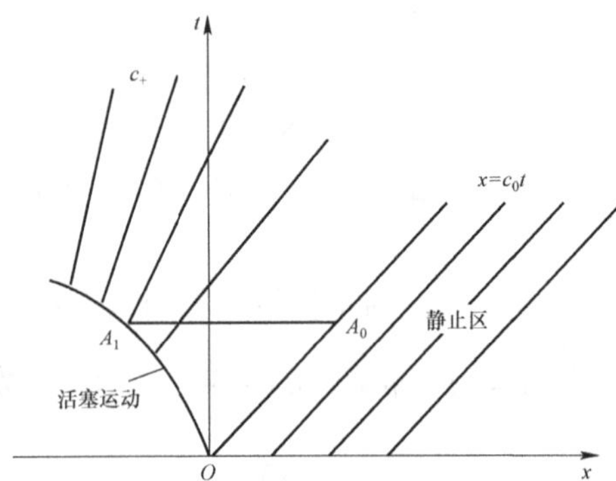

图 3-2-1　活塞从管内向外运动时引起的简单稀疏波的特征线簇

活塞后面的气体流动将用关于等熵线$p = A\rho^k$的特解来描述，即

$$x = (u+c)t + F(u)，\quad u - \frac{2}{k-1}c = 常数 \tag{3-2-27}$$

方程组（3-2-27）中$F(u)$应由活塞运动规律确定，第二式的常数则根据特征线OA_0上$u=0$，$c=c_0$的条件确定（见图 3-2-1），即

$$常数 = u - \frac{2}{k-1}c = -\frac{2}{k-1}c_0$$

由此得到

$$c = c_0 + \frac{k-1}{2}u \tag{3-2-28}$$

每个新的扰动都来自活塞与气体的界面，然后以速度$(u+c)$从左向右传播，并且该界面上粒子速度矢量$\boldsymbol{u}$指向活塞的运动方向。借助式（3-2-28），确定(x,t)平面上的特征线：

$$\frac{\mathrm{d}x}{\mathrm{d}t} = \boldsymbol{u} + c = c_0 + \frac{k+1}{2}\boldsymbol{u} \tag{3-2-29}$$

可取活塞速度w作为每条特征线［式（3-2-29）］上的粒子速度$\boldsymbol{u}$，即$\boldsymbol{u} = -|w|$，此时$\mathrm{d}x/\mathrm{d}t = c_0 - (k-1)|w|/2$。对每个固定的速度$w =$常数，这个方程可确定$(x,t)$平面上一条相应的直特征线，$|w|$的值越大，扰动传播的速度越小。这是因为$u + c = c_0 - (k-1)|w|/2$，故在$(x,t)$平面上得到的是扇形展开的特征线束。其中每条特征线都对应一个确定的恒定速度w。

随着活塞速度$|w|$的增大，活塞后方的稀疏程度增强，声速c相应地减小，因为式（3-2-29）成为$c = c_0 - (k-1)|w|/2$。如果$|w| = 2c_0/(k-t)$，则$c=0$，此时活塞后面为真空状态，即$\rho = 0$。由此可见，当活塞速度$|w| \geqslant 2c_0/(k-1)$时，活塞将与气体脱离，不再影

响气体的运动。此时，气体向真空中飞散。

如图 3-2-1 所示，对应于某一时刻的截段 A_1A_0 是该时刻之前已被稀疏波波及的气体区域，显然，这个受扰动区域将随时间的增加而扩大。图 3-2-2 所示为与简单压缩波类似的图像，该波是在活塞向管内加速运动时形成的，活塞每做一步微位移，就发出一个单独的微压缩波，其传播速度取决于该空间点处 c_+ 簇特征线对纵坐标轴的倾斜度。这些直线对纵轴的倾斜度逐步增加，说明后来的微压缩波将在比以前的波所经过的更加稠密的气体中传播，导致波的幅度不断增大。图 3-2-2 所示最终要相交的汇聚特征线束，表明有形成冲击波的趋势。但从物理学观点来看，特征线彼此相交是不合理的，因为前面已经阐明，每条特征线上的速度都保持为常值，多条特征线的交点处将出现多值函数 $u(x,t)$，这种交点只能被解释为冲击波产生的位置。

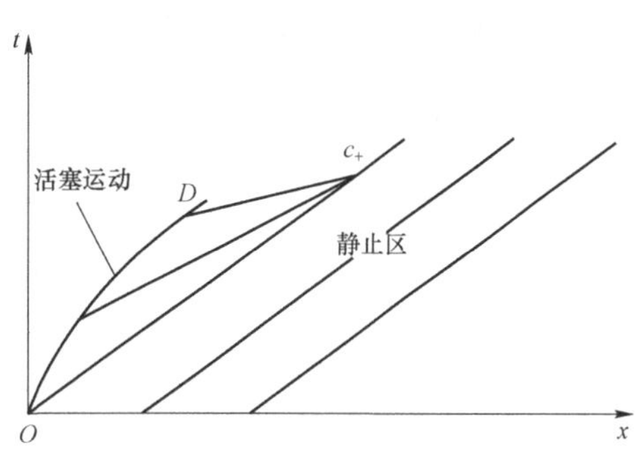

图 3-2-2　活塞向管内加速运动时引起的简单压缩波的特征线簇

下面给出气体在管内运动过程的解析描述。当活塞向管内加速运动时，气体运动可以用下面的特解描述：

$$x=(u+c)t+F(u),\quad u-\frac{2}{k-1}c=\text{常数} \tag{3-2-30}$$

借助活塞运动规律 $x=x(t)$ 可以确定未知函数 $F(u)$，而常数值由简单波的右边界条件确定，这里 $u=0,\ c=c_0$，所以有 $u-2c/(k-1)=-2c_0/(k-1)$ 或 $c=c_0+(k-1)u/2$。由于气体中每个新扰动都发生于活塞的加速运动中，活塞界面处 $u=|w|$，所以可定出：

$$c=c_0+\frac{k-1}{2}|w|,\quad \frac{\mathrm{d}x}{\mathrm{d}t}=c_0+\frac{k+1}{2}|w|$$

对于由 $|w_i|=$常数表征的第 i 个气体状态，有

$$\frac{\mathrm{d}x}{\mathrm{d}t}=u_i+c_i=c_0+\frac{k+1}{2}|w_i|=\text{常数}$$

这时 $|w_i|$ 越大，给定状态的传播速度 u_i+c_i 也越大，因此在 (x,t) 平面上形成汇聚的扇形特征线束（图 3-2-2）。这些特征线的相交点确定了冲击波产生的位置和时间，在此之后的运动过程不再是等熵的。将式（3-2-30）应用于等熵过程是正确的，但不能将其应用于存在冲击波的过程。

3.2.3　气体动力学方程组的通解

前面我们已经讨论了气体的两类运动。

（1）$p=$常数和 $u=$常数对应的定常流动。

（2）在扰动所波及的整个区域内，两个黎曼不变量中有一个（I_+ 或 I_-）守常，这是简单波的特性。

这里我们要讨论气体运动的一般情形，即在扰动区内，I_+ 或 I_- 都不守常；每对 I_+、I_- 值

只对应(x,t)平面上受扰动区中的一个截面。

为了求出介质一维等熵运动基本方程组的通解，我们借助公式$\frac{\mathrm{d}p}{\rho}=c^2\mathrm{d}\ln\rho=\mathrm{d}i$，把方程组（3－2－1b）变换为如下方程组

$$\frac{\partial u}{\partial t}+u\frac{\partial u}{\partial x}+\frac{\partial i}{\partial x}=0,\ \frac{\partial i}{\partial t}+u\frac{\partial i}{\partial x}+c^2\frac{\partial u}{\partial x}=0 \tag{3-2-31}$$

这里的自变量是 x 和 t，$x=ut-\frac{\partial\varphi}{\partial u},\ t=\frac{\partial\varphi}{\partial i}$。如果把这些方程作变换，以 u 和 i 作为新的自变量，则对于完全气体［$i=c^2/(k-1)$］可得到替代式（3－2－31）的方程，即

$$(k-1)i\frac{\partial^2\varphi}{\partial i^2}+\frac{\partial\varphi}{\partial i}=\frac{\partial^2\varphi}{\partial u^2} \tag{3-2-32}$$

当$k=(3+2n)/(1+2n)$（$n=0$，1，2，3，…）时，式（3－2－32）可以积分。也就是说，当 $k=3$，5/3，7/5，…，1 时，可以找到式（3－2－32）的通解

$$\varphi=\frac{\partial^N}{\partial c^N}\left[f_1\left(\frac{2c}{k-1}+u\right)+f_2\left(\frac{2c}{k-1}-u\right)\right] \tag{3-2-33}$$

即此解取决于两个任意函数 f_1 和 f_2，它们由具体问题的初始条件和边界条件确定。对于 $n=0$，即 $k=3$ 的特殊情况，同样可以通过求解 $k=3$ 时的方程组（3－2－7）而得到通解：

$$\frac{\partial(u\pm c)}{\partial t}+(u\pm c)\frac{\partial(u\pm c)}{\partial x}=0 \tag{3-2-34}$$

或者记$u+c=\alpha,\ u-c=\beta$，则有

$$\frac{\partial\alpha}{\partial t}+\alpha\frac{\partial\alpha}{\partial x}=0,\ \frac{\partial\beta}{\partial t}+\beta\frac{\partial\beta}{\partial x}=0 \tag{3-2-35}$$

当 $k=3$ 时，这个方程组的通解为

$$x=(u+c)+F_1(u+c),\ \ x=(u-c)+F_2(u-c) \tag{3-2-36}$$

也就是说，当 $k=3$ 时，此通解取决于两个任意函数$F_1(u+c)$和$F_2(u-c)$。

在 3.2.2 节已经确定，简单波要么与静止区域邻接，要么与定常流动区域邻接。因此，由式（3－2－35）所描述的运动不可能直接与这些区域邻接，而是被其间的简单波区所隔开。简单波与通解所描述的波区之间的边界，由于其也是两个不同解析解区域之间的边界，故一定是特征线。

通解所表征的区域在左边或右边均可与通解所表征的其他区域邻接，或者其一边与特解描述的区域连接，而另一边与通解描述的区域连接。也可能出现这种情况，即通解区域的两边均是特解区域。简单波的一边则应与静止区域或定常流动区域连接。由通解所描述的受扰动区域也可能一边与固壁邻接，这将导致波的反射，并且往往导致复杂的不同波的相互作用。

在许多场合下，通解区域可以有一边或两边与具有不同熵的受扰动区域邻接，通过所谓的特殊间断面或接触间断面将它们分隔开来。如果已知初始条件和边界条件，利用前面得到的通解可求解一系列与稀疏波自固壁反射运动有关的问题，如气体从管子两端出流、稀疏波与冲击波相互作用、爆轰波自固壁反射等。

3.2.4　产生冲击波的条件

简单压缩波传播的情况最终会产生冲击波，其特点是具有无限陡峭的阵面。设有某个幅度任意的扰动沿 x 轴正向行进，要求解出介质某一给定状态的传播速度。我们注意到简单波流动中所有状态量 p，ρ，c 都与速度 u 有单值的函数关系。

设某时刻 t_1 在 x_1 点处有 $u=\bar{u}$，$c=\bar{c}$，这些值应符合前面得到的解，即有

$$x_1=(\bar{u}+\bar{c})t_1+F(\bar{u}) \tag{3-2-37}$$

现在确定在以后的某时刻 $t_2>t_1$，在某一点 x_2 处可以观察到同样的 $\bar{u}$ 和 $\bar{c}$ 值。显然，该时该点必须满足如下的公式：

$$x_2=(\bar{u}+\bar{c})t_2+F(\bar{u}) \tag{3-2-38}$$

由式（3-2-36）和式（3-2-37）得到

$$\frac{x_2-x_1}{t_2-t_1}=\bar{u}+\bar{c}$$

由此可得出结论，介质给定状态的移动速度是 $\bar{u}+\bar{c}$。任何两个用不同的 u，c 值所表征的状态，其传播速度都是不变的，但其大小互不相同。由此可知，扰动既不会散布扩展，也不会变样。$u+c$ 较大的介质状态参数的特征点（如波脊，即密度最大的点）移动得比 $u+c$ 较小的特征点快。这在物理上是显然的，并可解释为在被压缩程度较大的气体中，声速也较大；被压缩程度较大的气体具有与声速传播同向的较高的粒子速度。

扰动的相似传播将导致波发生变形。压缩区（波脊）跑在前面，相反地，稀疏区落在气体平均运动的后面——波脊变得越来越陡，最后在产生冲击波的时刻推动波阵面变成竖直的。但是如果计算更晚时刻的压力，将得到多值函数，即在同一点处同时有着三个不同的压力值和密度值，这从物理学观点来看是不合理的。根据所得的解导出有限幅度正弦波的变形特性如图 3-2-3 所示。

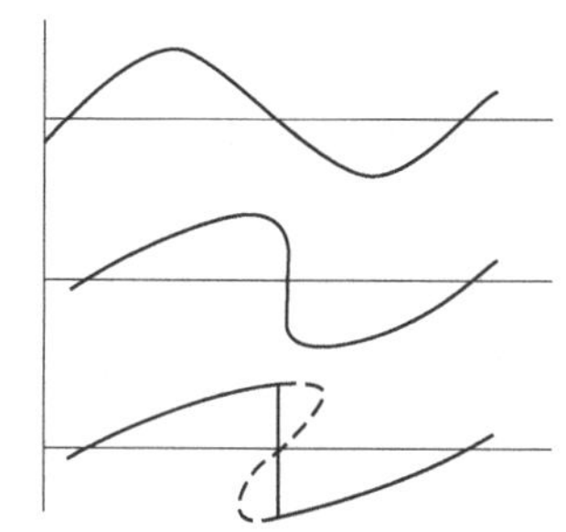

图 3-2-3　有限幅度正弦波的变形特性

我们所用的气体动力学原始微分方程组只有在间断出现时刻之前才是正确的。事实上，压力、密度、温度的跳跃或间断面的形成意味着系统熵的改变，而在推导过程中我们假设了熵是不变的。

如果在波的运动过程中，温度梯度 $\partial T/\partial x$ 无限地增长，那么即使热导率 λ 很小，通过热传导而转移的能流 $\lambda(\partial T/\partial x)$ 也会无限地增长。由此可见，在与发生很大温度梯度有关的过程中，必须考虑介质的热传导。因此，间断面的形成导致熵的增大，即导致能量的耗散，从而引起波的急剧衰减。

下面简要描述活塞运动形成冲击波的条件。

设活塞运动规律由函数 $x_{\mathrm{II}}=x_{\mathrm{II}}(t)$ 给定，则活塞速度为 $u=\mathrm{d}x_{\mathrm{II}}/\mathrm{d}t=\dot{x}_{\mathrm{II}}(t)$。由此可知，活塞前面形成的简单行波可用如下方程描述：

$$x=x_{\mathrm{II}}(u)+(u+c)[t-t_{\mathrm{II}}(u)]=(u+c)t+F(u)，\quad c=c_{\mathrm{H}}+\frac{k-1}{2}u \tag{3-2-39}$$

式中

$$F(u)=x_{\mathrm{II}}(u)-t_{\mathrm{II}}(u)[u+c(u)] \tag{3-2-40}$$

冲击波形成的条件首先应由$(\partial x/\partial u)_t=0$或$(\partial u/\partial x)_t\to\infty$的状况来确定，这个条件给出$t=-2F'/(k+1)$。然后，由于在给定时刻$t$曲线$u=u(x)$转折，故应满足条件$(\partial^2 x/\partial u^2)_t=0$，从而给出$F''=0$。根据这些条件，可以单值地确定冲击波形成时刻的各项参数，即$t=t_{\mathrm{SW}}$，$x=x_{\mathrm{SW}}$和$u=u_{\mathrm{SW}}$。如果活塞匀加速运动（加速度不变），则不能满足条件$(\partial^2 x/\partial u^2)_t=0$。容易证明，当$x=c_{\mathrm{H}}t$，$u=0$，$c=c_{\mathrm{H}}$时，在声波通过的区域中会形成冲击波。

下面我们完整地研究一个具体问题。设活塞在充有静止完全气体的管子中匀加速运动，则有

$$x_{\mathrm{II}}=a\frac{t^2}{2}，\quad t_{\mathrm{II}}=\frac{u}{a}，\quad x_{\mathrm{II}}=\frac{u^2}{2a} \tag{3-2-41}$$

式中　a，u分别是活塞的加速度和速度。活塞前面气体的运动可用式（3-2-30）描述。

$$x=(u+c)t+F(u)，\quad u-\frac{2}{k-1}c=\text{常数} \tag{3-2-42}$$

式（3-2-42）中常数由条件$u=0$，$c=c_{\mathrm{H}}$确定，而函数$F(u)$借助于活塞的运动方程式（3-2-29）确定。问题的解具有如下形式：

$$x=(u+c)t-\left(\frac{ku^2}{2a}+\frac{uc_{\mathrm{H}}}{a}\right)，\quad u-\frac{2}{k-1}c=-\frac{2}{k-1}c_{\mathrm{H}} \tag{3-2-43}$$

将式（3-2-43）中第一式两边对u求导，得到微分式

$$\frac{\partial x}{\partial u}=\frac{k+1}{2}t-\frac{ku}{a}-\frac{c_{\mathrm{H}}}{a}=0 \tag{3-2-44}$$

即可找到冲击波形成的时刻

$$t_{\mathrm{SW}}=2\frac{ku+c_{\mathrm{H}}}{(k+1)a} \tag{3-2-45}$$

冲击波的形成位置在$x_{\mathrm{SW}}=c_{\mathrm{H}}t_{\mathrm{SW}}$，并且当冲击波形成时，在$x_{\mathrm{SW}}$处压缩波中$u=0$，因此由式（3-2-46）可以确定冲击波形成的最早时刻和位置

$$t_{\mathrm{SW}}=\frac{2c_{\mathrm{H}}}{(k+1)a}，\quad x_{\mathrm{SW}}=\frac{2c_{\mathrm{H}}^2}{(k+1)a} \tag{3-2-46}$$

如果活塞瞬时开始以速度u运动$(a\to\infty)$，则立刻形成冲击波，$t_{\mathrm{SW}}=0$，$x_{\mathrm{SW}}=0$。

假设$t=t_0$时刻，$x=x_0$处活塞突然停止运动，如果还没有形成冲击波，则有稀疏波向压缩波区行进，旧的压缩波仍占据在下列区间内

$$x=x_0, c_{\mathrm{H}}t\geqslant x\geqslant x_0+(u_0+c_0)(t-t_0)=x_0+\left(c_{\mathrm{H}}+\frac{k+1}{2}u_0\right)(t-t_0) \tag{3-2-47}$$

式中　u_0是$t=t_0$时的u值。在区间

$$x=x_0, c_{\mathrm{H}}(t-t_0)\leqslant x\leqslant x_0+\left(c_{\mathrm{H}}+\frac{k+1}{2}u_0\right)(t-t_0) \tag{3-2-48}$$

内传播的不定常简单稀疏波为

$$c = c_{\mathrm{H}} + \frac{k-1}{2}u\,,\quad \frac{x - x_0}{t - t_0} = u + c \tag{3-2-49}$$

在区间 $x_0 \leqslant x \leqslant x_0 + c_{\mathrm{H}}(t - t_0)$ 内将会出现驻定波 $u = 0$， $c = c_{\mathrm{H}}$。整个区域中 u, c 的分布如图 3-2-4 所示。如果在活塞运动停止之前已经产生了冲击波，则以后将形成更加复杂的涉及等熵间断的波系。

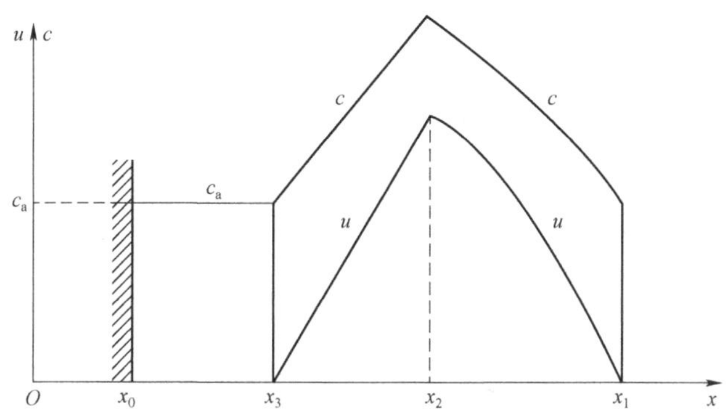

图 3-2-4　活塞停止之后 u 和 c 的分布

现在研究一个十分有意义的问题。当活塞运动发出的所有特征线都相交于同一个点 $(x_{\mathrm{SW}}, t_{\mathrm{SW}})$，并且在该点处活塞赶上了冲击波阵面时，这个冲击波即在占据体积为无限小的整个受压缩气体区域内同时形成，于是

$$\frac{x - x_0}{t - t_0} = u + c = c_{\mathrm{H}} + \frac{k-1}{2}u\,,\quad u = \frac{2}{k+1}\left(\frac{x - x_0}{t - t_0} - c_{\mathrm{H}}\right) \tag{3-2-50}$$

由于 $u = \mathrm{d}x_{\Pi} / \mathrm{d}t$，所以这个问题中活塞运动规律的形式为

$$x = x_0 + \frac{2c_{\mathrm{H}}}{k+1}(t_0 - t) - \frac{k+1}{k-1}c_{\mathrm{H}}t_0^{\frac{k-1}{k+1}}(t_0 - t)^{\frac{2}{k+1}} \tag{3-2-51}$$

活塞的速度是

$$u = \frac{2}{k-1}c_{\mathrm{H}}\left[\left(\frac{t_0}{t_0 - t}\right)^{\frac{k-1}{k+1}} - 1\right] \tag{3-2-52}$$

研究这个无限狭窄气体层的后续运动，这层气体具有的能量为

$$E_0 = f\int_x^{x_0}(p - p_{\mathrm{H}})\,\mathrm{d}x + \frac{fp_{\mathrm{H}}x_0}{k-1} = fp_{\mathrm{H}}\int_0^{c_{\mathrm{H}}t_0}\left(\frac{p}{p_{\mathrm{H}}} - 1\right)u\,\mathrm{d}t + \frac{fp_{\mathrm{H}}x_0}{k-1} \tag{3-2-53}$$

式中　f 是活塞的截面面积。当 $p_0 \gg p_{\mathrm{H}}$ 时，这种运动可以用平面型点爆炸的解来描述。到此，还剩下气体能量 E_0 的计算，由于 $x_0 = c_{\mathrm{H}}t_0$，所以有

$$\frac{p}{p_{\mathrm{H}}} = \left(\frac{c}{c_{\mathrm{H}}}\right)^{\frac{2k}{k-1}} = \left(1 + \frac{k-1}{2}\frac{u}{c_{\mathrm{H}}}\right)^{\frac{2k}{k-1}}\,,\quad 1 + \frac{k-1}{2}\frac{u}{c_{\mathrm{H}}} = \left(\frac{t_0}{t_0 - t}\right)^{\frac{k-1}{k+1}} \tag{3-2-54}$$

得到

$$E_0=\frac{2f}{k-1}p_{\mathrm{H}}c_{\mathrm{H}}\int_0^{t_0}\left[\left(\frac{t_0}{t_0-t}\right)^{\frac{k-1}{k+1}}-1\right]\left(\frac{t_0}{t_0-t}\right)^{\frac{2k}{k+1}}\mathrm{d}t+\frac{fp_{\mathrm{H}}c_{\mathrm{H}}t_0}{k-1}=\frac{k+2}{k-1}fp_{\mathrm{H}}x_0 \quad (3-2-55)$$

此后就像平面型点爆炸一样，冲击波开始向活塞前面的空气中运动。图 3－2－5 所示为(x, t)平面上活塞运动的规律和特征线。

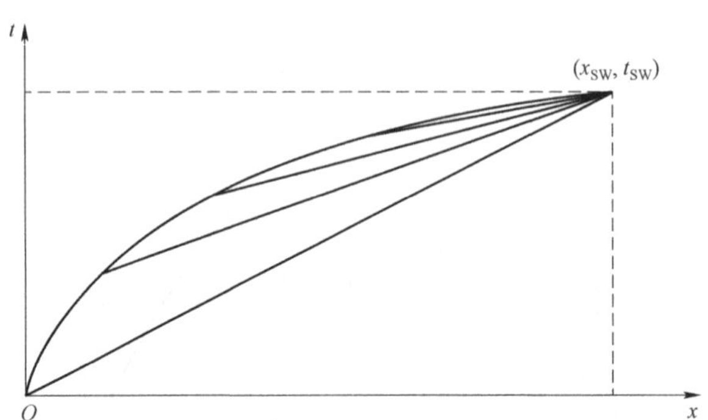

图 3－2－5　(x, t) 平面上活塞运动的规律和特征线

3.3　冲击波基本理论

3.3.1　基本关系式

爆炸作用产生的冲击波对各种介质的驱动或破坏作用，是爆炸力学最重要的研究课题之一。现在我们来推导冲击波理论的基本方程组。

首先研究任意非一维运动冲击波阵面上的一般条件。我们可以把冲击波阵面看作表征介质状态和各运动参数的连续性发生间断的一个几何面。为了导出介质不定常运动最一般情况下间断面上的基本关系式，我们考察在无限小时间间隔内间断面上的任一面元。在与该面元一起运动的直角坐标系中进行考察，设 x 轴指向该面元的法线方向（图 3－3－1）。

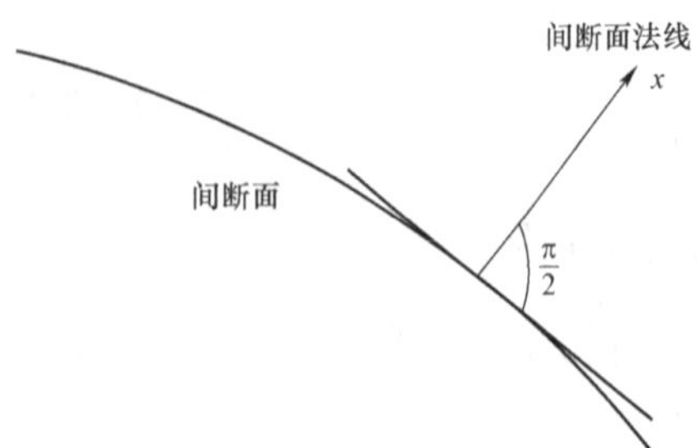

图 3－3－1　间断面上关系式的推导

间断面两边物理量应满足的基本守恒定律是质量、动量和能量守恒定律。根据质量守恒定律可知，间断面上通过所考察面元的介质流动应当是连续的。间断面单位面积上介质的质量流为 ρu，这里 ρ 是介质密度，u 是介质流动沿 x 轴的速度分量。我们用脚标 1，2 分别表示介质的扰动与未扰动状态，即间断面两边的介质状态，我们可以把在间断面上的质量守恒定律写成

$$\rho_1u_1=\rho_2u_2 \quad (3-3-1)$$

动量流的守恒定律：动量流 x 分量的连续性由式（3－3－2）确定：

$$p_1+\rho_1u_1^2=p_2+\rho_2u_2^2 \quad (3-3-2)$$

动量流 y 分量和 z 分量的连续性分别由式（3－3－3）和式（3－3－4）确定：

$$\rho_1 u_1 v_1 = \rho_2 u_2 v_2 \tag{3-3-3}$$

$$\rho_1 u_1 w_1 = \rho_2 u_2 w_2 \tag{3-3-4}$$

表示能量守恒定律的能量流连续性条件具有下列形式

$$\rho_1 u_1 \left(\frac{\boldsymbol{v}_1^2}{2} + h_1 \right) = \rho_2 u_2 \left(\frac{\boldsymbol{v}_2^2}{2} + h_2 \right) \tag{3-3-5}$$

式中　$\boldsymbol{v}_1$ 和 $\boldsymbol{v}_2$ 是介质的总速度，有

$$\boldsymbol{v}_1 = \sqrt{u_1^2 + v_1^2 + w_1^2}\ ,\quad \boldsymbol{v}_2 = \sqrt{u_2^2 + v_2^2 + w_2^2} \tag{3-3-6}$$

h 是介质的比热焓。

考虑到条件式（3-3-1），可将式（3-3-5）写成

$$\frac{\boldsymbol{v}_1^2}{2} + h_1 = \frac{\boldsymbol{v}_2^2}{2} + h_2 \tag{3-3-7}$$

除了上述六个方程式，还需要补充一个假定为已知的介质的物态方程

$$p_2 = p_2(\rho_2, T_2) \tag{3-3-8}$$

方程组即式（3-3-1）～式（3-3-5）和式（3-3-6）～式（3-3-8）完全确定了间断面的条件。已知未扰动介质的状态参数时，根据上述八个方程可以求出间断面另一边受扰动介质的状态及其运动参数：u_2，v_2，w_2，p_2，ρ_2，T_2 和 h_2。

当 $u_1=u_2=0$ 时，没有介质流通过间断面，此时根据式（3-3-2）得 $p_1=p_2$，即间断面两边压力相等。而间断面两边介质的密度和切向速度分量 v，w 可为任意值。

如果间断面两边的切向速度分量不相等，则称这样的间断为切向间断。这种间断面两边介质的密度（或熵）可能相同，也可能不同。如果 $v_1=v_2$，$w_1=w_2$，而 $\rho_1 \neq \rho_2$，则称此间断面为奇异间断。

如果有介质流动通过间断面，则

$$u_1 \neq u_2 \neq 0 \tag{3-3-9}$$

此时由式（3-3-1）、式（3-3-3）和式（3-3-4）得出

$$v_1 = v_2\ ,\quad w_1 = w_2 \tag{3-3-10}$$

即间断面上的切向速度分量是连续的。在这种情况下，间断面上压力、密度和介质的其他热力学参数都会发生跃变，此时该方程组为

$$\rho_1 u_1 = \rho_2 u_2\ ,\quad p_1 + \rho_1 u_1^2 = p_2 + \rho_2 u_2^2\ ,\quad \frac{u_1^2}{2} + h_1 = \frac{u_2^2}{2} + h_2 \tag{3-3-11}$$

当 $u_1 \neq u_2 \neq 0$，$v_1=v_2=0$，$w_1=w_2=0$ 时，介质沿间断面法线方向流动，即存在正冲击波。如果 $v_1 \neq v_2 \neq 0$，$w_1 \neq w_2 \neq 0$，则存在空间的斜冲击波；如果切向速度分量中有一个等于零，则这种波是平面的，简称为斜冲击波。我们所导出的关系式在形式上普遍适用于任意形状的间断面。间断面是冲击波的波阵面，其传播速度 D 指向间断面的法线。

在固定坐标系中，速度 u_{10} 和 u_{20} 分别有如下的值：

$$u_{10} = u_1 + D\ ,\quad u_{20} = u_2 + D \tag{3-3-12}$$

如果 $v_1=v_2=w_1=w_2=0$，则式（3-3-11）变为

$$\begin{cases}\rho_1(u_{10}-D)=\rho_2(u_{20}-D)\\ p_1+\rho_1(u_{10}-D)^2=p_2+\rho_2(u_{20}-D)^2\\ i_1+\dfrac{1}{2}(u_{10}-D)^2=i_2+\dfrac{1}{2}(u_{20}-D)^2\end{cases} \quad (3-3-13)$$

3.3.2 平面正冲击波

首先考察平面正冲击波。为了简单、直观地得出平面正冲击波阵面上的关系式，设想有一个活塞以匀速度 u_2 在充满可压缩介质、横截面面积为 f 的管中运动（见图 3-3-2）。

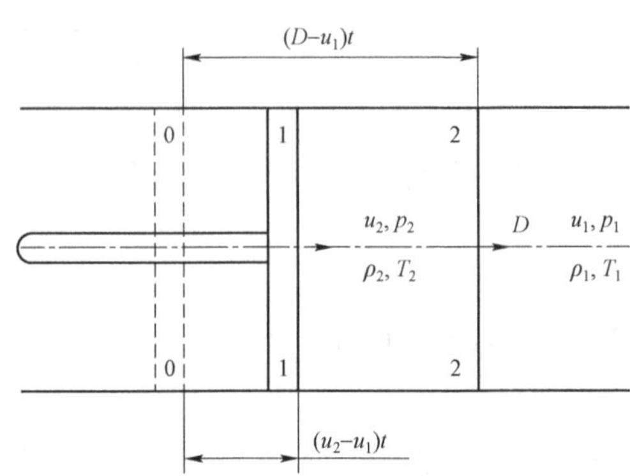

图 3-3-2　平面正冲击波正面关系式的推导

对于理想介质绝热的运动过程，$t=0$ 时刻在 0-0 截面处，活塞突然开始以匀速度 u_2 运动。此时，冲击波阵面 2-2 以速度 D 开始从活塞处向前传播。波阵面前介质的参数为 p_1，ρ_1，u_1，T_1。冲击波阵面后（区域 11-22）介质的参数为 p_2，ρ_2，u_2，T_2。

应用质量、动量和能量守恒定律

$$\rho_1(D-u_1)=\rho_2(D-u_2) \quad (3-3-14)$$

$$p_2-p_1=\rho_1(D-u_1)(u_2-u_1) \quad (3-3-15)$$

下面建立能量守恒方程。在绝热过程中，介质总能量的变化等于对它做的功。单位质量介质的内能记为 E_1，单位质量介质的动能记为 $u_1^2/2$，因而未扰动介质的总能量等于 $E_1+u_1^2/2$，而冲击压缩后介质的总能量为 $E_2+u_2^2/2$。介质总能量的变化等于外力 $p_2u_2-p_1u_1$ 所做的功，因此有

$$\frac{p_2u_2-p_1u_1}{\rho_1(D-u_1)}=(E_2-E_1)+\left(\frac{u_2^2}{2}-\frac{u_1^2}{2}\right) \quad (3-3-16)$$

变换所导出的关系式，将式（3-3-14）改写为

$$\frac{D-u_1}{v_1}=\frac{D-u_2}{v_2} \quad (3-3-17)$$

式中　$v=1/\rho$ 是比容。式（3-3-17）两边均乘以 v_1v_2，得到 $(D-u_1)v_2=(D-u_2)v_1$，由此有 $D=(u_1v_2-u_2v_1)/(v_2-v_1)$。再从等式两边减去 u_1，得到 $D-u_1=v_1(u_2-u_1)/(v_1-v_2)$，由此得

$$\frac{D-u_1}{v_1}=\frac{u_2-u_1}{v_1-v_2} \quad (3-3-18)$$

再由式（3-3-15）得到 $(D-u_1)/v_1=(p_2-p_1)/(u_2-u_1)$，比较后面两个表达式，得到

$$u_2-u_1=\sqrt{(p_2-p_1)(v_1-v_2)} \quad (3-3-19)$$

根据已求得的关系式，不难得到冲击波传播速度的表达式

$$D-u_1=v_1\sqrt{\frac{p_2-p_1}{v_1-v_2}} \tag{3-3-20}$$

应用式（3-3-18）和式（3-3-20），变换能量守恒方程，把它表示为

$$E_1-E_2=\frac{1}{2}(u_2-u_1)\left[2\frac{p_2u_2-p_1u_1}{p_2-p_1}-(u_1+u_2)\right]=\frac{1}{2}(u_2-u_1)^2\left(\frac{p_2+p_1}{p_2-p_1}\right)$$

由此得出

$$E_1-E_2=\frac{p_2+p_1}{2}(v_1-v_2) \tag{3-3-21}$$

根据质量、动量和能量的守恒定律，平面正冲击波阵面上的参数应满足式（3-3-14）、式（3-3-15）和式（3-3-21）。

（1）如果冲击波阵面前介质是静止的，即 $u_1=0$，则这些方程具有如下形式：

$$\rho_1D=\rho_2(D-u_2)，\quad p_2-p_1=\rho_1Du_2，\quad E_1-E_2=\frac{p_2+p_1}{2}(v_1-v_2) \tag{3-3-22}$$

或

$$u_2=\sqrt{(p_2-p_1)(v_1-v_2)}，\quad D=v_1\sqrt{\frac{p_2-p_1}{v_1-v_2}}，\quad E_1-E_2=\frac{p_2+p_1}{2}(v_1-v_2) \tag{3-3-23}$$

（2）对于服从物态方程 $p=\rho RT$ 的完全气体，考虑到关系式 $h=E+pv$，式（3-3-21）可以变换为

$$h_2-h_1=\frac{p_2-p_1}{2}(v_1+v_2) \tag{3-3-24}$$

（3）服从多方过程规律 $pv^k=$常数的完全气体则有

$$E=C_vT=\frac{pv}{k-1}，\quad E_1=\frac{p_1v_1}{k_1-1}，\quad E_2=\frac{p_2v_2}{k_2-1} \tag{3-3-25}$$

对能量守恒方程（3-3-21）作简单变换，可得出

$$\frac{p_2}{p_1}=\frac{\frac{k_2+1}{k_2-1}\frac{\rho_2}{\rho_1}-1}{\frac{k_1+1}{k_1-1}-\frac{\rho_2}{\rho_1}}，\quad \frac{\rho_2}{\rho_1}=\frac{\frac{k_2+1}{k_2-1}\frac{p_2}{p_1}+1}{\frac{k_1+1}{k_1-1}+\frac{p_2}{p_1}}$$

或者（对于不太强的波，$k_1=k_2=k$）得到

$$\frac{p_2}{p_1}=\frac{(k+1)\rho_2-(k-1)\rho_1}{(k+1)\rho_1-(k-1)\rho_2}，\quad \frac{\rho_2}{\rho_1}=\frac{v_1}{v_2}=\frac{(k+1)p_2+(k-1)p_1}{(k+1)p_1+(k-1)p_2} \tag{3-3-26}$$

对于强冲击波，由于气体中的离解和电离过程，冲击波阵面前、后介质的等熵指数 k_1 和 k_2 是不同的。

上述形式的表达式被称为冲击绝热线（Hugoniot），表示适合于多方介质中冲击波的能量守恒定律形式。

3.3.3 冲击波的性质

把已导出的冲击波关系式写为如下形式

$$\begin{cases} u_2 - u_1 = \sqrt{(p_2 - p_1)(v_1 - v_2)} \\ D - u_1 = v_1\sqrt{\dfrac{p_2 - p_1}{v_1 - v_2}} \\ E_1 - E_2 = \dfrac{p_2 + p_1}{2}(v_1 - v_2) \\ p_2 = p(\rho_2, T_2) \end{cases} \tag{3-3-27}$$

这样我们就得到了关于五个未知数的四个方程。给定冲击波的任一参数值，就可确定其余各个参数的值。

为了方便研究，我们就把冲击波的主要参数 u_2, p_2 和 v_2 表示为未扰动介质声速 c_1 的函数，假设 $u_1=0$，并记 $u_2=u$，利用完全气体物态方程得

$$p_2 - p_1 = R(\rho_2 T_2 - \rho_1 T_1) = \rho_1 D u \tag{3-3-28}$$

将式（3-3-17）和式（3-3-25）代入式（3-3-28），并设 $k_1=k_2=k$，经若干变换后得到

$$u = \frac{2}{k+1} D\left(1 - \frac{c_1^2}{D^2}\right) \tag{3-3-29}$$

式中 $c_1^2 = kp_1/\rho_1$，是未扰动气体中的声速。再将式（3-3-29）的 u 值代入式（3-3-28），得到

$$p_2 - p_1 = \Delta p = \frac{2}{k+1}\rho_1 D^2\left(1 - \frac{c_1^2}{D^2}\right) \tag{3-3-30}$$

类似地，变换式（3-3-17）得到

$$\frac{v_1 - v_2}{v_1} = \frac{2}{k+1}\left(1 - \frac{c_1^2}{D^2}\right) \tag{3-3-31}$$

我们可用这些方程推导出有关声波的基本关系式。

当 $p_2 \to p_1$ 和 $v_2 \to v_1$ 时，$D = v_1\sqrt{-\mathrm{d}p/\mathrm{d}v} = \sqrt{\mathrm{d}p/\mathrm{d}\rho} = c_1$，此时 $u=0$，即介质无任何位移。

从已导出的关系式可以推断，对于冲击波永远有 $D > c_1$，$u > 0$，而且 $u < D$，即介质朝波阵面传播方向移动，但是其速度低于波阵面速度。

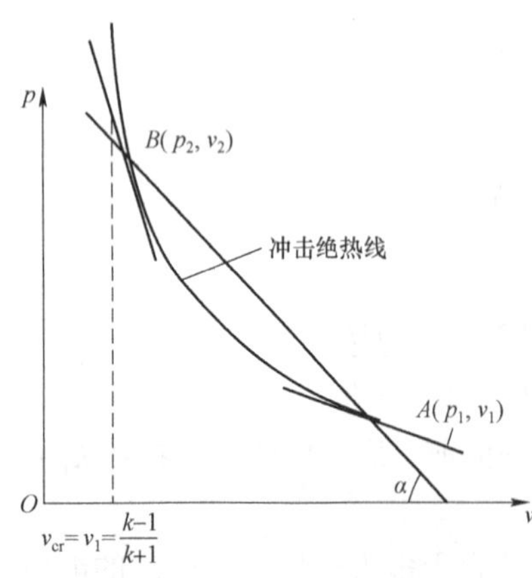

图 3-3-3 冲击绝热线

冲击绝热线在冲击波理论中具有十分重要的意义，它确立了增密跳跃前、后介质参数之间的关系，用坐标系（p，v）中的曲线表示此关系，则得到冲击绝热线（见图 3-3-3）。该曲线图可以帮助我们简单、直观地研究冲击波的某些特性。

用直线连线表示介质未扰动状态的点 A（p_1，v_1）和受

正冲击波压缩后介质状态的点 B（p_2，v_2），显然有 $(p_2-p_1)/(v_1-v_2)=\tan\alpha$，这里 α 是直线 AB 对于横坐标轴的倾角。这样，倾角 α 就完全确定了物理量 D 和 u。

A 点以上冲击绝热线的各点对应冲击波，因为这些点有 $D>c_1$ 和 $u>0$；A 点以下是冲击绝热线的另一个分支，这里 $(p_2-p_1)<0$ 且 $(v_1-v_2)<0$，即 $D>0$ 和 $u<0$，意味着介质沿与扰动传播相反的方向运动，这时出现的是稀疏波。

对于 $p_2\to p_1$ 和 $v_2\to v_1$ 时的弱冲击波来说，$D=v_1\sqrt{\tan\alpha}=v_1\sqrt{-\mathrm{d}p/\mathrm{d}v}$，也就是冲击绝热线过渡为 Poisson（泊松）绝热线，在 A 点处两者具有公共切线。

按照冲击绝热线由 A 点跳跃到 B 点时，介质的熵增加。对理想气体有

$$\mathrm{d}Q=p\mathrm{d}v+C_v\mathrm{d}T \tag{3-3-32}$$

从而 $\mathrm{d}Q/T=\mathrm{d}S=(p/T)\mathrm{d}v+C_v\mathrm{d}T/T$，由此得出 $\mathrm{d}S=R\mathrm{d}(\ln v)+C_v\mathrm{d}(\ln T)$，积分后得到

$$S-S_0=R\ln v+C_v\ln T=\ln(v^R T^{C_v}) \tag{3-3-33}$$

用 p 和 v 代换 T，得到 $1/C_v(S-S_0)=\ln(pv^k/R)$，由此有

$$pv^k=\mathrm{Re}^{(1/C_v)(S-S_0)}=\sigma \tag{3-3-34}$$

在未扰动介质 $\sigma_1=p_1v_1^k$ 中，受冲击波压缩后为 $\sigma_2=p_2v_2^k$，将 v_2 值代入，得到

$$\sigma_2=p_2v_2^k=\sigma_1\frac{p_2}{p_1}\left[\frac{(k-1)p_2+(k+1)p_1}{(k+1)p_2+(k-1)p_1}\right]^k>\sigma_1 \tag{3-3-35}$$

由此可见，压力 p_2 越大，冲击波通过时介质的熵增加的幅度也越大。

可以证明，如果 $(\partial^2p/\partial v^2)_S>0$，则在任何介质中都能形成冲击波，为此我们研究强度相对较低的冲击波，其中压力、密度及其他参数的跳跃量均可被视为小量。

由于焓 H 可以被视为压力 p 和熵 S 的函数，故我们可以把冲击波中焓的增量写为对各自变量的小增量在初始状态点附近的展开式

$$\begin{aligned}h_2-h_1=&\left(\frac{\partial h}{\partial p}\right)_S(p_2-p_1)+\frac{1}{2}\left(\frac{\partial^2 h}{\partial p^2}\right)_S(p_2-p_1)^2+\frac{1}{6}\left(\frac{\partial^3 h}{\partial p^3}\right)_S(p_2-p_1)^3+\cdots+\\&\left(\frac{\partial h}{\partial S}\right)_p(S_2-S_1)+\cdots\end{aligned} \tag{3-3-36}$$

由热力学理论可知

$$(\partial h/\partial p)_S=v,\quad(\partial h/\partial S)_p=T \tag{3-3-37}$$

从这些关系式得到

$$h_2-h_1=T_1(S_2-S_1)+v_1(p_2-p_1)+\frac{1}{2}\left(\frac{\partial v}{\partial p}\right)_S(p_2-p_1)^2+\frac{1}{6}\left(\frac{\partial^2 v}{\partial p^2}\right)_S(p_2-p_1)^3+\cdots \tag{3-3-38}$$

对比容可以写出类似式（3-3-36）的表达式

$$v_2-v_1=\left(\frac{\partial v}{\partial p}\right)_S(p_2-p_1)+\frac{1}{2}\left(\frac{\partial^2 v}{\partial p^2}\right)_S(p_2-p_1)^2+\cdots \tag{3-3-39}$$

从式（3-3-24）和式（3-3-38）中消去 (h_2-h_1)，并借助式（3-3-39）得到

$$S_2 - S_1 = \frac{1}{12T_1}\left(\frac{\partial^2 v}{\partial p^2}\right)_S (p_2 - p_1)^3 + \cdots \tag{3-3-40}$$

由此可见，一次近似下熵的跳跃量正比于压力跳跃量的立方$(p_2 - p_1)^3$。对于具有正常热力学性质的介质（如热容量恒定的完全气体）有$(\partial^2 v / \partial p^2)_S > 0$。根据热力学第二定律，绝热过程中熵不可能减少，即$S_2 - S_1 > 0$，由此得出 $p_2 > p_1$，表明在这种情况下只可能有压缩的冲击波，不可能有 $p_2 < p_1$ 的稀疏冲击波。如果$(\partial^2 v / \partial p^2)_S < 0$，则由不等式$S_2 - S_1 > 0$可知，只可能有稀疏冲击波（$p_2 < p_1$），不可能有压缩冲击波（$p_2 > p_1$）。

再补充一个理想气体冲击波阵面处温度的关系式。由于 $pv=RT$，所以有

$$\frac{T_2}{T_1} = \frac{p_2}{p_1}\left(\frac{\rho_1}{\rho_2}\right)_{\mathrm{SW}} = \frac{p_2}{p_1}\frac{\dfrac{k_1+1}{k_1-1}+\dfrac{p_2}{p_1}}{\dfrac{k_2+1}{k_2-1}\dfrac{p_2}{p_1}+1} \tag{3-3-41}$$

等熵过程中，温度随压力的增大而升高，密度随压力的增大而增大的方式为 $T \sim c^2 \sim p^{(k-1)/k}$，$\rho \sim \rho^{1/k}$，因而$T_{2\mathrm{is}} / T_1 = (p_2 / p_1)^{(k-1)/k}$，因此有

$$\frac{T_{2\mathrm{SW}}}{T_{2\mathrm{is}}} = \left(\frac{p_2}{p_1}\right)^{\frac{1}{k}}\left(\frac{\rho_1}{\rho_2}\right)_{\mathrm{SW}} = \left(\frac{\rho_2}{\rho_1}\right)_{\mathrm{is}}\left(\frac{\rho_1}{\rho_2}\right)_{\mathrm{SW}} = \left(\frac{p_2}{p_1}\right)^{\frac{1}{k}}\frac{\dfrac{k_1+1}{k_1-1}+\dfrac{p_2}{p_1}}{\dfrac{k_2+1}{k_2-1}\dfrac{p_2}{p_1}+1} \tag{3-3-42}$$

脚标 SW，is 分别表示冲击压缩和等熵压缩，冲击压缩过程温度随压力的增大而升高的程度，远大于等熵压缩过程。

当 $k_1=k_2=k$ 时，式（3-3-41）和式（3-3-42）的形式分别变为

$$\frac{T_{2\mathrm{SW}}}{T_1} = \frac{p_2}{p_1}\frac{(k+1)p_1+(k-1)p_2}{(k+1)p_2+(k-1)p_1} \tag{3-3-43}$$

$$\frac{T_{2\mathrm{SW}}}{T_{2\mathrm{is}}} = \left(\frac{p_2}{p_1}\right)^{\frac{1}{k}}\frac{(k+1)p_1+(k-1)p_2}{(k+1)p_2+(k-1)p_1} \tag{3-3-44}$$

在强冲击波($p_2 \gg p_1$)情形中，式(3-3-29)、式(3-3-30)、式(3-3-41)、式(3-3-43)和式（3-3-44）具有特别简单的形式

$$u = \frac{2}{k+1}D \tag{3-3-45}$$

$$p_2 = \frac{2}{k+1}\rho_1 D^2 \tag{3-3-46}$$

$$\frac{\rho_1}{\rho_2} = \frac{k+1}{k-1} \tag{3-3-47}$$

$$\frac{T_{2\mathrm{SW}}}{T_1} = \frac{p_2}{p_1}\frac{k-1}{k+1} \tag{3-3-48}$$

$$\frac{T_{2\mathrm{SW}}}{T_{2\mathrm{is}}} = \left(\frac{p_2}{p_1}\right)^{\frac{1}{k}}\frac{k-1}{k+1} \tag{3-3-49}$$

式（3－3－47）表明，冲击波阵面上气体的密度实际上趋于确定的有限极限值，此值与 k 有关，最终依赖波阵面上的温度。在无限强的冲击波作用下（$p_2 \to \infty$），冲击波阵面上气体密度趋于一个完全确定的有限极限值，为初始密度的 10～12 倍。上述讨论不包含离解和电离过程的冲击波。

因此，冲击波与声波不同的特点之处包括：

（1）冲击波的传播速度永远大于声波在未扰动介质中的速度。

（2）冲击波阵面处介质状态和运动参数的变化是跳跃式的。

（3）冲击波引起波后介质沿扰动阵面传播方向运动。

（4）冲击波速度与其强度有关，而声波不是。

（5）冲击波形成过程中介质的熵增加，即 $dS_2 > 0$。

（6）冲击波没有周期特性，而以单次增密跳跃方式传播。

利用冲击绝热线就可确定冲击波阵面后介质的最终状态，但不能表征过渡区域内介质状态的循序变化。研究该区域内介质的中间状态时，必须考虑黏性力和热传导，这些因素在初始和最终状态时曾被忽略。例如，关系式 $D^2 = v_1^2(p_2 - p_1)/(v_1 - v_2)$ 仅是同时应用质量守恒和动能守恒方程的结果，因而此式在不违反动量守恒方程普遍形式的所有情况下都是正确的，但是在应当考虑内部黏性力时就不成立了。

对考虑热传导和黏性作用的微分方程组进行研究，可以确定过渡区域的剖面特性，并可证明冲击波阵面的宽度 d 在量级上等于物质原始状态下分子自由程长度。为了估算冲击波阵面的宽度 d，苏联科学院院士 Я.В.泽尔道维奇利用热导率和黏性系数的分子动力学表达式求得

$$d \approx \frac{lp}{\Delta p} \approx \frac{lc_1}{u} \tag{3-3-50}$$

式中　l 是气体中分子的自由程长度。

G. I. Taylor（泰勒）假定动力黏性系数与热扩散率的比值为 1，给出空气中 d 的表达式（以 cm 为单位）为

$$d = \frac{4 \times 10^{-5}}{\Delta p} \tag{3-3-51}$$

式中　Δp 以 atm 为单位。这些表达式表明，在强冲击波（$\Delta p \gg p_1$）场合下，波阵面宽度的量级实际上与分子自由程长度相同。

在连续性概念基础上提出的方程式，当分子自由程长度区段上介质状态参数变化很小时，才能正确表征气体的状态。因此，过渡区域宽度的具体计算结果只具有一次近似的性质。

如果把气体分子内自由度的循序激发考虑在内，就可更详细地研究冲击波的结构。气体状态变化很快（这是冲击波固有的特性）时，其热容量可能比状态缓慢变化时显著降低。气体分子的热容量由平动、转动和振动的能量叠加而成。当温度升高时，这些过程的强度增大。由于分子中电子被激发，还可能出现附加的自由度。不同的自由度不是同时被激发的，平动和转动热容量的激发几乎是瞬时的，而振动热容量的激发比较缓慢。例如，CO_2 分子振动激发的平衡建立时间约等于 10^{-5} s。

特别是类似的现象会引起声波的色散，即声速依赖于频率的现象。这时高频的声音以较快的速度传播，因为这时传播过程如同在热容量较小的气体中进行；热容量减小等价于多方

指数 k 的增长，而 $c_1^2 = kp_1 / \rho_1$。

当形成相当强烈的增密跳跃时，气体粒子内部自由度的缓慢激发也会对冲击波阵面结构产生显著影响，因为过渡区域较窄，而压缩却进行得十分迅速。此外，高温下粒子的离解过程会得到显著的发展。这些平衡反应随时间而进行，乃补充热容量被缓慢激发的原因。

在强冲击波情形中，量级为自由程长度的间断区开始时并不引起内部自由度的显著激发。随着间断面后热容量的激发，冲击波阵面上压力在量级为 D_τ 的长度范围中相对平缓地增高（这里 τ 是激发时间）。这种波的结构如图 3−3−4 所示。详细的定量研究表明，增密跳跃区由两部分组成：宽度量级位于几个分子自由程长度的状态参数梯度极陡的区段，以及相对较宽的状态参数变化比较缓慢的区段。用 Tepler 方法得到的冲击波照相结果证实了这些理论的结论。

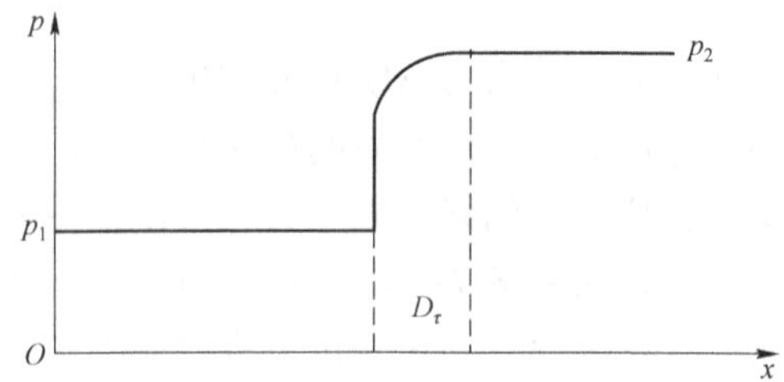

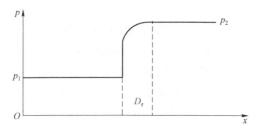

图 3−3−4　自由度缓慢激发的气体中强冲击波的结构

3.3.4　冲击波的声学理论

对弱冲击波（$\Delta p / p \ll 1$）来说，当通过冲击波阵面时，介质熵的变化相当小，我们可以近似地把冲击波看作阵面上有间断面的简单压缩波，即把介质的熵当作常数。

设冲击跃迁和简单波将气体由初始状态（p_1，v_1，u_1）转变为状态（p_2，v_2，u_2），$v_1 = 1/\rho_1$，$v_2 = 1/\rho_2$，为此，我们将冲击波基本关系式（3−3−15）、式（3−3−19）、式（3−3−21）写成如下形式

$$\begin{cases} u_2 - u_1 = \sqrt{(p_2 - p_1)(v_1 - v_2)} \\ p_2 - p_1 = \rho_1 (u_2 - u_1)(D - u_1) \\ \dfrac{p_2 v_2 - p_1 v_1}{k-1} = \dfrac{p_2 + p_1}{2}(v_1 - v_2) \end{cases} \tag{3-3-52}$$

当 $(u_2 - u_1) / u_1 \ll 1$ 时，则有

$$\begin{cases} c_2 - c_1 = \dfrac{k-1}{2}(u_2 - u_1) \\ u_2 + c_2 = u_1 + c_1 + \dfrac{k+1}{2}(u_2 - u_1) + \cdots \\ p_2 - p_1 = \rho_1 c_1 (u_2 - u_1) + \dfrac{k+1}{4}\rho_1 (u_2 - u_1)^2 + \cdots \end{cases} \tag{3-3-53}$$

按 $(u_2 - u_1)$ 的幂级数展开 $D_{\mathrm{SW}} = D - u_1$，得到

$$D_{\mathrm{SW}} = u_1 + c_1 + \frac{k+1}{4}(u_2 - u_1) + \frac{(k+1)^2}{32}\frac{(u_2 - u_1)^2}{c_1} + \cdots \tag{3-3-54}$$

将式（3−3−53）的 $(u_2 - u_1)$ 代入式（3−3−54），则有

$$D_{\mathrm{SW}}=u_1+c_1+\frac{1}{2}(u_2+c_2-u_1-c_1)+\frac{1}{8}\frac{(u_2+c_2-u_1-c_1)^2}{c_1}+\cdots \tag{3-3-55}$$

因此，在一次近似下，冲击波速度恰好等于波阵面沿两边小扰动速度的平均值，即

$$D_{\mathrm{SW}}=\frac{1}{2}(u_2+c_2+u_1+c_1) \tag{3-3-56}$$

如果初始状态（u_1，c_1）是定常流动，此时对于简单压缩波有

$$u_2-u_1=\frac{2}{k-1}(c_2-c_1) \tag{3-3-57}$$

利用式（3－3－53），并考虑 $p_2/p_1=(\rho_2/\rho_1)^k$，$c_2/c_1=(\rho_2/\rho_1)^{(k-1)/2}$，得到

$$\begin{cases} p_2=p_1\left(1+\dfrac{k-1}{2}\dfrac{u_2-u_1}{c_1}\right)^{\frac{2k}{k-1}} \\ c_2=c_1+\dfrac{k-1}{2}(u_2-u_1) \\ u_2+c_2=u_1+c_1+\dfrac{k+1}{2}(u_2-u_1) \end{cases} \tag{3-3-58}$$

把 (u_2-u_1) 的幂级数展开有

$$p_2=p_1+\rho_1c_1(u_2-u_1)+\frac{k+1}{4}\rho_1(u_2-u_1)^2+\cdots \tag{3-3-59}$$

$\Delta p/p\ll1$时，简单波和冲击波在二阶项前的参量相同。

弱冲击波可以使用近似公式：

$$D_{\mathrm{SW}}=\frac{1}{2}(u_2+c_2+u_1+c_1)\text{，}\quad \Delta p=\rho_1c_1(u_2-u_1)\text{，}\quad \Delta\rho=\frac{\rho_1(u_2-u_1)}{c_1} \tag{3-3-60}$$

最后指出，将简单波关系式代入冲击波方程组中所引起的误差是很小的，甚至在$\Delta p/p$值稍大于 1 时也是这样。例如，对于 $k=1.4$ 和 $\Delta p/p=1.5$ 的气体，冲击波的精确计算公式为

$$\frac{u_2-u_1}{c_1}=0.71\text{，}\quad \frac{c_2-c_1}{c_1}=0.15\text{，}\quad \frac{D_{\mathrm{SW}}}{c_1}=1.51$$

而按近似公式计算则得到如下结果：

$$\frac{u_2-u_1}{c_1}=0.70\text{，}\quad \frac{c_2-c_1}{c_1}=0.14\text{，}\quad \frac{D_{\mathrm{SW}}}{c_1}=1.52$$

在一系列具体问题的理论计算中，我们可以利用这种情况，以声学近似方法来研究强度$\Delta p/p$稍大于 1 的冲击波。这种方法特别适用于爆轰波自固壁反射的问题。

3.4　爆轰波理论

3.4.1　爆轰波自持条件

1950—1960 年，通过对气体爆轰问题的详细研究发现，真实的爆轰波阵面具有胞格状结构。具有爆轰波阵面的理想化的一维 ZND 模型，在强烈依赖于温度的实际化学反应中是不

稳定的。现代流体动力学理论不仅阐明了爆轰过程的定性实质，而且有可能完全计算出爆轰波的基本参数（速度、压力、密度、温度和能量）。

根据流体动力学的理论，炸药中爆轰是以冲击波方式传播的。如果冲击波阵面幅值大于某个量值，则会引起其阵面后方强烈的化学反应，此反应释放的能量使得爆轰波参数能够保持恒定，整个爆轰过程的定常特性得以维持。

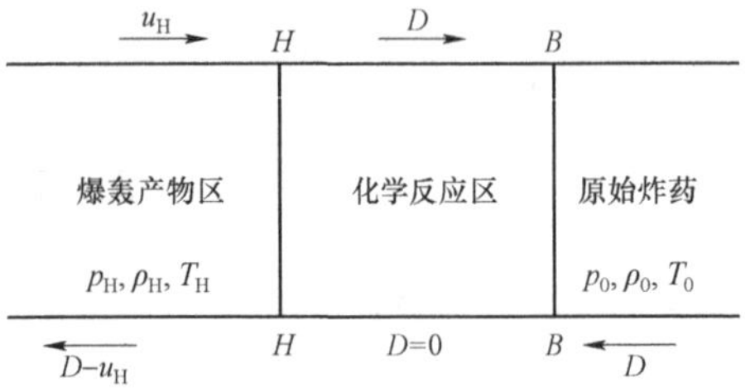

图 3-4-1　爆轰波的基本关系

爆轰波传播依赖于冲击波，波阵面包含化学反应区、爆轰产物区界面。定常爆轰中区分化学反应区和爆轰产物区的界面被称为 C—J 面（图 3-4-1 所示的 *H*—*H* 面）。C—J 面爆轰产物的参数被称为 C—J 参数。原始炸药与化学反应区的分界面是冲击波阵面（图 3-4-1 所示的 *B*—*B* 面）。

为了描述爆轰的定常过程，就将原始炸药状态与最终反应产物状态进行比较，不必考虑反应区的情况。在与波阵面固结的且以速度 D 沿爆轰传播反方向运动的坐标系中，反应区是静止不动的。为了确定爆轰波的参数，我们可以利用冲击波理论的基本方程组。

引入符号：D——爆速，等于化学反应区的移动速度；u_H——波阵面后爆轰产物的速度；p_H，ρ_H，T_H——化学反应区后爆轰产物的状态参数；p_0，ρ_0，T_0——化学反应区前原始炸药的状态参数；$v_0=1/\rho_0$，$v_H=1/\rho_H$——分别为化学反应区前原始炸药的比容和化学反应区后爆轰产物的比容。

在冲击波向爆轰波转变的过程中，基本守恒方程组仍然成立，因此可以写出

$$u_H=(v_0-v_H)\sqrt{\frac{p_H-p_0}{v_0-v_H}} \tag{3-4-1}$$

$$D=v_0\sqrt{\frac{p_H-p_0}{v_0-v_H}} \tag{3-4-2}$$

由于爆轰过程是定常的，D=常数，式（3-4-2）可以给出变量 p 和 v 平面上的一条直线，有

$$p=p_0+\frac{v_0-v}{v_0^2}D^2 \tag{3-4-3}$$

这条线通过初始点（p_0，v_0），而且此线对横轴倾角的正切值确定了速度 D 的平方。这条直线即为 Rayleigh 线。

爆轰波的冲击绝热线方程具有如下形式

$$E_H(p_H,v_H)-E_0(p_0,v_0)=\frac{1}{2}(p_H+p_0)(v_0-v_H)+Q \tag{3-4-4}$$

式（3-4-4）右边第一项是冲击波压缩物质引起的内能变化量；第二项是反应热的剩余能量。爆轰波的冲击绝热线如图 3-4-2 所示，该曲线（пд）对应所含能量增高的最终爆轰产物，因此其位置应该高于冲击波压缩原始炸药的冲击绝热线（*BB*）（图 3-4-2 所示 *AB* 曲线）。E_H 是化学反应区后产物的比内能，E_0 是原始炸药的比内能，Q 是单位质量炸药爆炸释放的热量，仅当原始介质及其反应产物都是理想气体，并且具有相同的平均分子量和热容量（或具有相同的常数 $k=C_p/C_v$）时，这个量才是不变的，并等于爆热 Q_v。在热化学计算中，

通常用 Q_{pT} 或 Q_{vT} 代替 Q_{pv}；但在爆轰理论中，仅 Q_{pv} 具有主要意义。

爆轰产物冲击绝热线上只有 CH 线段对于爆轰过程具有实际意义，因为从式（3-4-1）和式（3-4-2）可知，沿这条曲线有 $D>0$，$u>0$。对应 $D>0$，$u<0$ 的 DE 曲线则对应燃烧过程，其特征是燃烧产物沿波阵面传播的反方向运动。MD 线段不对应任何实际的定常过程，因为这里有 $(p_H-p_0)>0$ 和 $(v_0-v_H)<0$，也就是说 D 和 u 都是虚数。

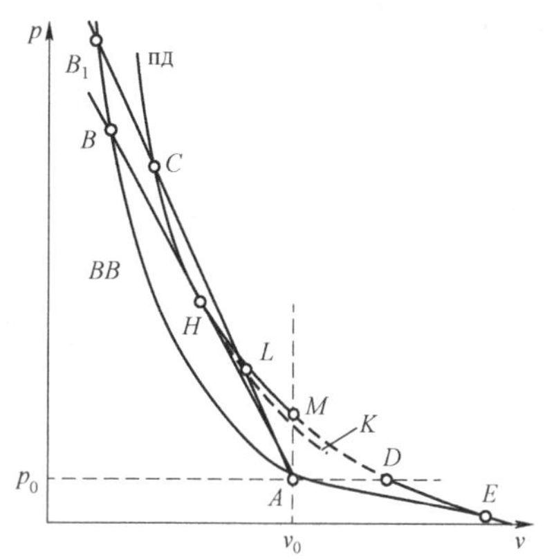

图 3-4-2　爆轰和燃烧过程的（p，v）图

由点 A（p_0，v_0）沿某个角度 α 引直线 AC，与爆轰产物冲击绝热线相交于两点，此时由条件 $D=v_0\sqrt{\tan\alpha}$ 可知，在波阵面这两个不同的炸药分解状态点处可以实现相同的爆轰速度。但从物理观点来看，这是不合理的。

查普曼和儒盖从不同的角度提出并论证了，只有 H 点所表示的唯一的爆轰产物状态对应爆轰过程，在该点处，Rayleigh 线与爆轰产物的冲击绝热线相切。显然，在这个点上，$\tan\alpha$ 以及相应的爆轰速度都达到了各自的最小值。这个最小的定常速度被称为正常爆轰速度。

可以证明，在这个状态下（H 点），爆轰速度等于爆轰产物中扰动相对于静止观察者的传播速度，即

$$D=u_H+c_H \tag{3-4-5}$$

而沿着爆轰产物的冲击绝热线，在 H 点处的熵达到自己的最小值，$dS=0$，即 S 在该点取极值。

由式（3-4-5）可以导出

$$D-u_H=v_0\sqrt{\frac{p_H-p_0}{v_0-v_H}}-(v_0-v_H)\sqrt{\frac{p_H-p_0}{v_0-v_H}}=c_H \tag{3-4-6}$$

式中　$(p_H-p_0)/(v_0-v_H)=\tan\alpha=c_H^2/v_H^2$。

为了证明在 H 点处爆轰速度 $D=u_H+c_H$，我们利用热力学第一定律 $TdS=dE+pdv$。把该式左右两边都除以 p_0v_0，得到无量纲的形式，并记 $E/(p_0v_0)=\varepsilon$，$p/p_0=\pi$，$v/v_0=\mu$，得到 $(T/p_0v_0)dS=d\varepsilon+\pi d\mu$。将其改写为无量纲的形式，式（3-4-4）将成为

$$\varepsilon-\varepsilon_0=\frac{\pi+1}{2}(1-\mu)+\frac{Q}{p_0v_0}$$

由此有

$$d\varepsilon=\frac{1}{2}[(1-\mu)d(\pi+1)+(\pi+1)d(1-\mu)]$$

将 $d\varepsilon$ 值代入无量纲形式的热力学关系式，并考虑 $-d\mu=d(1-\mu)$ 和 $d(\pi+1)=d(\pi-1)$，得到

$$\frac{T}{p_0v_0}dS=\frac{(1-\mu)d(\pi-1)-(\pi-1)d(1-\mu)}{2}$$

上式右边除以 $(1-\mu)^2$ 后，再乘以 $(1-\mu)^2$ 得到

$$\frac{T}{p_0 v_0}\mathrm{d}S=\frac{(1-\mu)^2}{2}\left[\frac{\mathrm{d}(\pi-1)}{1-\mu}-\frac{(\pi-1)\mathrm{d}(1-\mu)}{(1-\mu)^2}\right] \tag{3-4-7}$$

式（3－4－6）用无量纲量 π 和 μ 表示，可写为 $\tan\alpha_1=(\pi-1)/(1-\mu)$， $\tan\alpha_1=(v_0/p_0)\tan\alpha$。由于

$$\mathrm{d}(\tan\alpha_1)=\frac{\mathrm{d}(\pi-1)}{1-\mu}-\frac{(\pi-1)\mathrm{d}(1-\mu)}{(1-\mu)^2}$$

将其与式（3－4－7）比较，得到

$$\frac{T}{p_0 v_0}\mathrm{d}S=\frac{(1-\mu)^2}{2}\mathrm{d}(\tan\alpha_1)$$

考虑到 $\mathrm{d}(\tan\alpha_1)=\mathrm{d}\alpha_1/\cos^2\alpha_1=(1+\tan^2\alpha_1)\mathrm{d}\alpha_1$，即有

$$\frac{T}{p_0 v_0}\mathrm{d}S=\frac{(1-\mu)^2+(\pi-1)^2}{2}\mathrm{d}\alpha_1 \tag{3-4-8}$$

如果 $\mathrm{d}S=0$（这对于定常爆轰过程是正确的），则有

$$\frac{(1-\mu)^2+(\pi-1)^2}{2}\mathrm{d}\alpha_1=0 \tag{3-4-9}$$

式（3－4－9）仅当 $\mathrm{d}\alpha_1=0$ 时才可能成立，因为微分式前的因子恒大于零。但是，$\mathrm{d}\alpha_1$ 等于零处也就是 α_1 达到最小值的点，恰好对应 Rayleigh 线与冲击绝热线的切点。显然，沿着对应爆轰过程的冲击绝热线分支，α_1 没有最大值。

图 3－4－2 所示的 H 点同时也是冲击绝热线 MHC 和通常的 Poisson 绝热线 HK 的相切点，Poisson 绝热线就是等熵线（$\mathrm{d}S=0$）。因此，直线 AB 是两条绝热线的公切线，即

$$\tan\alpha=\frac{D^2}{v_0^2}=\frac{p_\mathrm{H}-p_0}{v_0-v_\mathrm{H}}=\left(-\frac{\mathrm{d}p}{\mathrm{d}v}\right)_\mathrm{S}=\frac{c_\mathrm{H}^2}{v_\mathrm{H}^2}$$

或者

$$v_\mathrm{H}^2\frac{p_\mathrm{H}-p_0}{v_0-v_\mathrm{H}}=v_\mathrm{H}^2\left(-\frac{\mathrm{d}p}{\mathrm{d}v}\right)_\mathrm{S}=c_\mathrm{H}^2 \tag{3-4-10}$$

考虑质量守恒方程 $\rho_0 D=\rho_\mathrm{H}(D-u_\mathrm{H})$，可得 $v_\mathrm{H}/v_0=c_\mathrm{H}/D=1-u_\mathrm{H}/D$，由此有 $D=u_\mathrm{H}+c_\mathrm{H}$。实际上，爆轰波阵面的基本关系式都是在质量、动量、能量守恒定律和爆轰稳定性条件的基础上确立的[式（3－4－1）、式（3－4－2）、式（3－4－4）和式（3－4－5）或式（3－4－10）]。为了确定温度，就必须在这些方程之外再补充一个形式为 $p_\mathrm{H}=f(\rho_\mathrm{H},T_\mathrm{H})$ 的爆轰产物物态方程。

式（3－4－8）表明，对于冲击绝热线上位于 H 点两边的所有点，都有 $\mathrm{d}S>0$，因为 $\mathrm{d}\alpha_1>0$，并且微分式前的因子永远是正值。这说明在所有异于 H 点的反应产物状态下，爆轰波阵面上的熵增大。

Я.B.泽尔道维奇证明，化学反应区内热量 Q 的释放速度为正，即当发生放热反应（$\mathrm{d}Q/\mathrm{d}t>0$）时，原始炸药冲击绝热线上的状态连续地转变到爆轰绝热线上的状态，只有在平衡爆轰绝热线的强分支（图 3－4－2 所示的 HC 线段）上才可能实现。

图 3-4-3 所示为爆轰波后压力分布、密度分布以及一维爆轰波的结构。

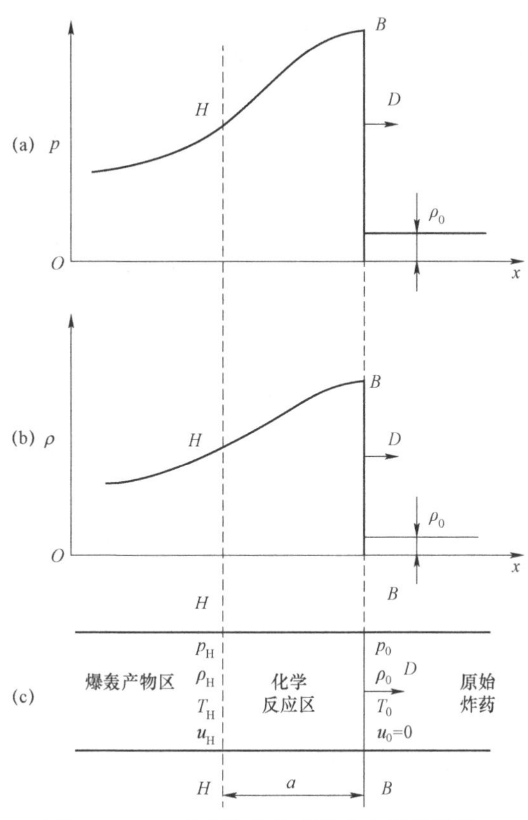

图 3-4-3　爆轰波后的参数分布及其结构

（a）压力分布；（b）密度分布；（c）一维爆轰波的结构

借助高速转镜相机对液态炸药端面进行狭缝扫描摄影，从爆轰波自发光试验照片上观察到爆轰波阵面的不均匀性。试验照片显示了爆轰波阵面的不均匀发光现象，亮带和暗带区段向不同方向移动。图 3-4-4 所示为硝基甲烷和丙酮混合物试验的典型光学扫描照片，不均匀性的平均尺寸与混合物中丙酮的浓度有关。试验方法的分辨能力可以确定不均匀性的平均尺度约为 1 mm。丙酮浓度较低时，高速相机记录到平整的波阵面。从一定浓度的硝化甘油、含有甲醇及丙酮的脱水甘油酒精的硝酸盐混合物中，我们可以观察到类似的不均匀（不平整）性。

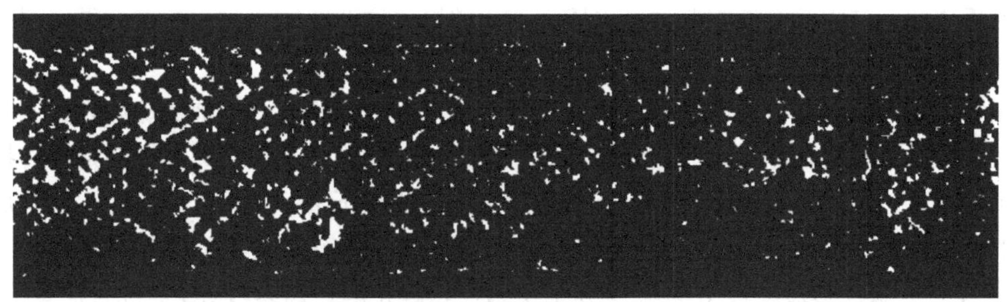

图 3-4-4　硝基甲烷和丙酮混合物试验的典型光学扫描照片

爆轰波的不均匀性是化学反应区的不均匀性的结果，并导致爆轰波传播呈现脉动形态。对于非均匀固态炸药，爆轰波阵面的不均匀度是由炸药本身的不均匀性所确定的。在气态和液态炸药中，波阵面的不均匀性产生于爆轰过程中。导致爆轰波脉动性态的不稳定性是一些因素相互作用的结果，包括化学反应速度和压力对于温度的依赖关系、压力对于释放热量的依赖关系等。当这些因素之间的关系处于一定范围时，存在自发涨落过程的可能性，从而导致脉动的爆轰过程以及不均匀的爆轰波阵面。

对于液态炸药，阵面的均匀性或不均匀性与物理量 $\beta = RT_0 / E$ 和 $\gamma = (RT_0^2 / E)(C / Q)$ 关联。其中，β 表征初始时刻反应速度的主要性态；γ 则由反应的热自加速确定；R 为气体常数；T_0 为冲击压缩后的初始温度；E 为阿伦尼乌斯定律中的活化能；C 为炸药和爆轰产物的热容；Q 为等温下的比反应热。正常热爆炸时，$\beta \ll 1$，$\gamma \ll 1$。如果这两个条件中有一个不能满足，则出现退化热爆炸现象。爆炸具有退化特性，爆轰波出现稳定的均匀阵面的可能性比出现不均匀阵面的可能性更高。在某些条件下，增大 β 和 γ 可以使不平整阵面发展为平整阵面；减小 β 和 γ，则得到相反的现象。这样，在爆轰的过压缩下，增大 β 和 γ，可以使不均匀阵面转变为均匀阵面（在硝基甲烷和二氯乙烷及硝酸的化学计量混合物的试验中）。不均匀爆轰波阵面的前部结构如图 3－4－5 所示。

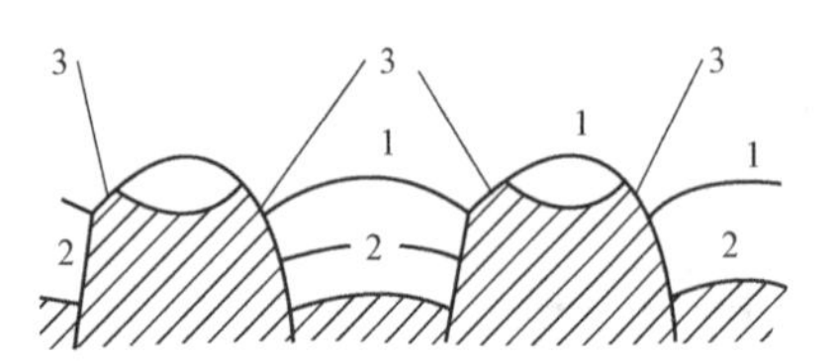

图 3－4－5　不均匀爆轰波阵面的前部结构

1—压缩原始炸药的正冲击波；2—横向爆轰；3—过压缩爆轰波

3.4.2　凝聚炸药爆轰波参数计算

“凝聚炸药”，我们可以理解为液态和固态的炸药。单位体积凝聚炸药中聚集的化学能可达到 10 kJ/cm^3，而在正常密度下，爆炸气体中的这个量约为 10^{-3} kJ/cm^3 量级。凝聚炸药的初始密度 $\rho_0 \approx 2.0$ g/cm^3，而爆轰时爆轰产物的密度 $\rho_H \approx 2.7$ g/cm^3，爆轰波的压力 $p_H \approx 4.0 \times 10^5$ 大气压（或 40 GPa），温度 $T_H \approx 4\,000$ K。与气体不同的是，凝聚炸药分子相互之间紧密地接触，凝聚炸药比气体的化学反应过程复杂得多，爆轰化学变化过程仅持续非常短的时间（约 10^{-7} s），这使得关于这个过程的试验研究十分困难。

凝聚炸药中爆轰波阵面仍是冲击波，像惰性物质一样，按照冲击绝热线被压缩。冲击波阵面后释放的化学反应热补充冲击压缩不可逆的能量损失，使得冲击波参数保持不变。随着定常爆轰波沿炸药的运动，介质中的压力分布不发生变化。爆轰产物区跟在压力较高的化学反应区后传播，其中的等熵膨胀波区内压力变化较慢。这两个区由 C—J 面分隔，因此定常区（化学反应区）与爆轰产物不定常流动区（稀疏波区）邻接。

正常爆轰形式下，定常区应该以声速相对于爆轰产物而移动，否则稀疏波会赶上定常区（化学反应区），使得化学反应区内介质膨胀，压力和温度下降，以至爆轰波的定常传播过程不再可能发生，因此，定常爆轰状况下爆轰产物区的扰动不会赶上化学反应区；化学反应区内部的扰动传播速度大于冲击波速度，保证了化学能释放对冲击波的加强作用。

C—J 点处强爆轰波参数（当 $p_H \gg p_0$ 时）与原始静止的炸药参数有关，通过质量、动量、能量守恒定律、C—J 条件以及爆轰产物物态方程相互关联，这些条件可以写为

$$\begin{cases}\rho_0 D = \rho_{\mathrm{H}}(D - u_{\mathrm{H}}) \\ p_{\mathrm{H}} = \rho_0 D u_{\mathrm{H}} \\ E_{\mathrm{H}} - Q = \dfrac{1}{2} p_{\mathrm{H}}(v_0 - v_{\mathrm{H}}) \\ -\left(\dfrac{\partial p}{\partial v}\right)_{\mathrm{H}} = \dfrac{p_{\mathrm{H}}}{v_0 - v_{\mathrm{H}}} \\ E_{\mathrm{H}} = E(\rho_{\mathrm{H}}, p_{\mathrm{H}}) \\ p_{\mathrm{H}} = f(\rho_{\mathrm{H}}, T_{\mathrm{H}})\end{cases} \tag{3-4-11}$$

C—J 条件为

$$D = u_{\mathrm{H}} + c_{\mathrm{H}}$$

式中　$c_{\mathrm{H}}^2 = (\partial p / \partial \rho)_{\mathrm{SH}}$；参数 Q，ρ_0 和 p_0 均设为已知的情况下，可由式（3－4－11）六个方程确定六个未知量：p_{H}，ρ_{H}，v_{H}，E_{H}，u_{H} 和 D。

在凝聚炸药爆轰的过程中，我们对爆轰波阵面上爆轰产物的组成和特性了解十分有限，因此在确定必需的热力学方程 $p = f(\rho, T)$ 和 $E = E(\rho, p)$ 时出现严重困难。凝聚炸药爆轰产物的密度与液体和固体的密度同量级，并处于数十万个大气压的压力下，此时必须引用某些试验数据。

如果忽略初始压力 p_0 和初始内能 E_0，则爆轰波方程组可以写为如下形式（略去脚标 H）

$$\begin{cases}D^2 = \dfrac{v_0^2 p}{v_0 - v} \\ u^2 = p(v_0 - v) \\ E(p, v) - Q = \dfrac{1}{2} p(v_0 - v) \\ -\left(\dfrac{\partial p}{\partial v}\right)_{\mathrm{S}} = \dfrac{p}{v_0 - v} \\ E = E(p, v)\end{cases} \tag{3-4-12}$$

在 C—J 点处，Rayleigh 线既是爆轰产物冲击绝热线的切线，又是等熵卸载线的切线。借助式（3－4－13），我们给出等熵指数

$$k = -\left(\frac{\partial \ln p}{\partial \ln v}\right)_{\mathrm{S}} = -\frac{v}{p}\left(\frac{\partial p}{\partial v}\right)_{\mathrm{S}} \tag{3-4-13}$$

于是，方程组（3－4－12）的第四式可以写成如下形式

$$k = \frac{v}{v_0 - v} \tag{3-4-14}$$

或者

$$\frac{v_0}{v} = \frac{\rho}{\rho_0} = \frac{k+1}{k} \tag{3-4-15}$$

由方程组（3－4－12）的第一式和第二式，及式（3－4－14）确定压力和速度：

$$p=\frac{\rho_0 D^2}{k+1},\quad u=\frac{D}{k+1} \tag{3-4-16}$$

下面求等熵指数 $k=-(v/p)(\partial p/\partial v)_S$、Gruneisen 系数 $\gamma=v(\partial p/\partial E)_v$ 和物理量 $\alpha=p(\partial v/\partial E)_p$ 之间的关系。

我们利用热力学等式 $(\partial p/\partial v)_S=-(\partial p/\partial S)_v(\partial S/\partial v)_p$，在此式右边先加上再减去 $(p/T)\cdot(\partial p/\partial S)_v$，得到

$$\left(\frac{\partial p}{\partial v}\right)_S=-\frac{p}{T}\left(\frac{\partial p}{\partial S}\right)_v-\frac{1}{T}\left(\frac{\partial p}{\partial S}\right)_v\left[T\left(\frac{\partial S}{\partial v}\right)_p-p\right]$$

其可写为

$$-(\partial p/\partial v)_S=p(\partial p/\partial E)_v+(\partial p/\partial E)_v/(\partial v/\partial E)_p$$

等式左、右两边同乘以 v/p，根据符号 k，γ，α 的定义，得到

$$\gamma=\frac{k\alpha}{\alpha+1}=v\left(\frac{\partial p}{\partial E}\right)_v \tag{3-4-17}$$

现在来求爆轰速度变化量 $\mathrm{d}D$ 与炸药初始状态参数的变化量 $\mathrm{d}Q$，$\mathrm{d}v_0$ 之间的关系。为此，将式（3－4－12）的第三式微分

$$\left(\frac{\partial E}{\partial v}\right)_p\mathrm{d}v+\left(\frac{\partial E}{\partial p}\right)_v\mathrm{d}p-\mathrm{d}Q=\frac{1}{2}(v_0-v)\mathrm{d}p+\frac{1}{2}p(\mathrm{d}v_0-\mathrm{d}v)$$

借助等式 $(\partial E/\partial v)_p=p/\alpha$ 和式（3－4－17），消去 E，并考虑式（3－4－14），得到

$$\frac{\mathrm{d}p}{p}+k\frac{\mathrm{d}v}{v}=(2\alpha^{-1}+1)^{-1}\left[(k+1)\frac{\mathrm{d}v_0}{v_0}+2k\frac{\mathrm{d}Q}{pv}\right] \tag{3-4-18}$$

求式（3－4－12）第二式微分，得到

$$\frac{\mathrm{d}p}{p}+k\frac{\mathrm{d}v}{v}=2\frac{\mathrm{d}D}{D}+(k-1)\frac{\mathrm{d}v_0}{v_0} \tag{3-4-19}$$

式（3－4－18）和式（3－4－19）的右边相等，借助式（3－4－15）和式（3－4－16）消去 p 和 v 得到

$$\frac{\mathrm{d}D}{D}=(2+\alpha)^{-1}\left[(1+\alpha-k)\frac{\mathrm{d}v_0}{v_0}+\alpha(1+k)^2\frac{\mathrm{d}Q}{D^2}\right] \tag{3-4-20}$$

或者

$$\frac{\mathrm{d}D}{D}=-A\frac{\mathrm{d}v_0}{v_0}+B\frac{\mathrm{d}Q}{D^2} \tag{3-4-21}$$

式中　$A=\dfrac{k-1-\alpha}{2+\alpha}$；$B=\dfrac{\alpha(k+1)^2}{2+\alpha}$。由此得到

$$k=A+[(1+A)^2+B]^{1/2},\quad \alpha=\frac{[(1+A)^2+B]^{1/2}-(1+A)}{1+A} \tag{3-4-22}$$

借助式（3－4－20）可以得到关于压力的方程

$$p = p^*\left\{1 - \frac{(2\alpha / p^*)(\partial Q / \partial v_0)_{p_0}}{1 + [1 - (4\alpha / p^*)((/\partial Q / \partial v_0)_{p_0}]^{1/2}}\right\} \tag{3-4-23}$$

式中

$$p^* = \frac{\rho_0 D^2}{(2+\alpha)[1 + (\partial \ln D / \partial \ln \rho_0)_{p_0}]}$$

用试验方法确定 α 和 k 值时，通过测量速度变化量ΔD 与两个独立变量Δv_0 和ΔQ 或Δp_0 的关系［若使用Δp_0，则式（3-4-21）应改用变化量 dp_0 给出］。为了确定 A 和 B，应给出形如式（3-4-21）的两个独立方程式，从而可按式（3-4-22）确定 α 和 k 的值。

当爆热 Q 对初始比容的依赖关系很弱，即$(\partial Q / \partial v_0)_{p_0} \approx 0$时，可采用一种近似方法来确定凝聚炸药在 C—J 面处爆轰波的参数。这时 $p \approx p^*$，比较式（3-4-16）和式（3-4-23），可以得到 α 和 k 之间的关系式：

$$k = (2+\alpha)\left[1 + \left(\frac{\partial \ln D}{\partial \ln \rho_0}\right)_{p_0}\right] - 1 \tag{3-4-24}$$

D 和 ρ_0 之间的关系是已知的，因此$(\partial \ln D / \partial \ln \rho_0)_{p_0}$ 的值也是已知的。如果 $D = D_1 + M$（$\rho_0 - \rho_1$），且 D_1，M，ρ_1 都是常数，则$(\partial \ln D / \partial \ln \rho_0)_{p_0} = \rho_0 M / D$。

表 3-4-1 所示为按式（3-4-14）和式（3-4-24）计算的α，γ值。

表 3-4-1 按式（3-4-14）和式（3-4-24）计算的α，γ值

炸药	ρ_0/（g·cm^{-3}）	k	D/（m·s^{-1}）	M/［（m·s^{-1}）（cm^3·g^{-1}）］	α	γ
TNT	1.00	3.15	5 100	3 225	0.54	1.105
	1.59	3.33	6 940		0.48	1.080
RDX	1.00	3.20	6 050	3 590	0.63	1.235
	1.72	3.00	8 500		0.32	0.727
TNT/RDX（36/64）	1.71	3.13	8 000	3 080	0.49	1.030

注：α，γ与 k 的试验值密切相关。

如果 α 取与炸药和 ρ_0 都无关的常值，例如，取 $\alpha=0.47$，则可以确定覆盖点处的压力、粒子速度和密度。与试验值比较，按式（3-4-25）和式（3-4-26）计算的这些量值的误差不超过 10%：

$$p_H = \frac{\rho_0 D^2}{(2+\alpha)\left(1 + \frac{\rho_0}{D} M\right)}, \quad u_H = \frac{D}{(2+\alpha)\left(1 + \frac{\rho_0}{D} M\right)} \tag{3-4-25}$$

$$\rho_H = \frac{(2+\alpha)\left(1 + \frac{\rho_0}{D} M\right)}{(2+\alpha)\left(1 + \frac{\rho_0}{D} M\right) - 1} \tag{3-4-26}$$

为了近似确定爆轰波的参数，也可利用式（3-4-15）和式（3-4-16），即

$$p_{\mathrm{H}}=\frac{\rho_0 D^2}{k+1},\quad u_{\mathrm{H}}=\frac{D}{k+1},\quad \rho_{\mathrm{H}}=\rho_0\frac{k+1}{k} \tag{3-4-27}$$

注意到式（3－4－27）是由质量守恒定律、动量守恒定律、相切条件及爆轰产物等熵线方程得出的结果

$$D^2=v_0^2\frac{p}{v_0-v},\quad u^2=p(v_0-v),\quad \left(\frac{\partial p}{\partial v}\right)_{\mathrm{S}}=-\frac{p}{v_0-v},\quad k=-\frac{v}{p}\left(\frac{\partial p}{\partial v}\right)_{\mathrm{S}} \tag{3-4-28}$$

式（3－4－27）和式（3－4－28）对于爆轰产物的任何物态方程 $E=E(p,\rho)$都是正确的，在式（3－4－28）的基础上可以确定爆轰产物的物态方程 $E=E(p,\rho)$，为此必须知道 $D=D(\rho_0)$、C—J 点处的爆轰参数（p_{H}，ρ_{H}，u_{H}）和爆轰产物的等熵线。

如果 k=常数，则对应这类等熵线的物态方程具有最简单的形式，此时等熵线方程为 $p=A\rho^k$，从式（3－4－28）可得出式（3－4－27）。如果 $k=k(\rho)$，也可得到式（3－4－27）。对于完全气体 $k=C_p/C_v$=常数，$p=A\rho^k$是具有物态方程 $E=p/[\rho(k-1)]$和 $p=R\rho T$ 的完全气体的等熵线。

根据物理量 p_{H}，ρ_{H}，D 的量纲可得到等熵指数 k 的近似值。显然 $p_{\mathrm{H}}\propto\rho_{\mathrm{H}}D^2$，由于 $p_{\mathrm{H}}\approx 3\times10^5$ atm（即 30 GPa），类似于气体中的强冲击波，自然可以假设有 $\rho_{\mathrm{H}}=h\rho_0$，这里 h 是常数。

根据试验数据，在一次近似下有 $D\propto\rho_0$，由此 $p_{\mathrm{H}}\propto\rho_{\mathrm{H}}^3$ 或者 $p_{\mathrm{H}}=A\rho_{\mathrm{H}}^3$，$A$ 是常数。关系式 $p=A\rho^3$ 可以被近似看作爆轰产物的等熵线。等熵线 $p=A\rho^3$ 在 C—J 点的等熵指数 $k=3$，这与 k 的试验值很相符。

在这种情况下，如果已知初始密度 ρ_0 和爆轰速度 D，则在式（3－4－27）的基础上可得到确定爆轰波压力 p_{H}、粒子速度 u_{H} 和密度 ρ_{H} 的简单公式：

$$p_{\mathrm{H}}=\frac{1}{4}\rho_0 D^2,\quad u_{\mathrm{H}}=\frac{1}{4}D,\quad \rho_{\mathrm{H}}=\frac{4}{3}\rho_0 \tag{3-4-29}$$

显然，k 值可以选用任何更符合试验数据的其他值（见第 8 章）。按式（3－4－25）～式（3－4－27）确定的参数 p_{H}，ρ_{H}，u_{H} 的准确性是相同的，都依赖已知量 α 和 k 的精确度。量值 $k=3$ 比其他任何值都更为可取，因为利用它能够相对简便地解决与爆轰产物一维平面飞散相关的各种问题。

现在我们来考察凝聚炸药情形使用公式 $D=\sqrt{2(k^2-1)Q}$ 的合理性。这个公式是由气体中爆轰波导出的，全部压力都是由热引起的（$p\propto T$）。此时，爆轰速度与初始密度无关。可以证明，在全部化学能 Q 转变为弹性能的条件下，公式 $D=\sqrt{2(k^2-1)Q}$ 对于凝聚炸药也是精确的；否则，这个关系式仅对于某个确定的极限初始密度才是正确的。

$$\frac{1}{\rho_0}=v_0=\left(\frac{B}{Q}\right)^{\frac{1}{k-1}}\frac{k+1}{k}\left[\frac{k+1}{2k(k-1)}\right]^{\frac{1}{k-1}}$$

在解决各种实际问题时，使用公式 $D=\sqrt{2(k^2-1)Q}$ 是很方便的。虽然在很多情况下从理论上说其应用并无充分依据，但对于较大的 ρ_0 值，它给出的结果在数值上是完全令人满意的。

3.4.3 爆轰产物物态方程和等熵线

有关凝聚炸药爆轰必然涉及爆轰产物的物态方程问题，这是很自然的，爆轰引发过程的

模拟和爆轰波结构的研究，除了化学反应动力学知识外，还要用到压力为 1～40 GPa 的爆轰产物和炸药的物态方程，爆轰产物的物态方程不仅出现在爆轰产物不定常运动的气体动力学微分方程组中，而且出现在定常爆轰波方程组中，爆轰产物向真空中的飞散，在空气、水、土壤和其他介质中的爆炸，爆轰波在障碍物上的反射，炸药外壳的驱动等，都需要知道足够宽的压力范围内爆轰产物的物态方程（对于绝热流动）或等熵线（对于等熵流动）。为了这个目的，就应掌握形式为 $E=E(\rho, p)$或 $E=E(\rho, v)$的“热量”物态方程。若要计算包括温度在内的全部爆轰产物特性参数，即 D，p_H，ρ_H，u_H，E_H，T_H，则必须知道完全物态方程 $p=p\cdot(p,T)$ 以及 $E=E(\rho, T)$。

大量有关凝聚炸药爆轰产物物态方程的具体描述形式分为两种不同的途径。

第一种途径：基于爆轰产物混合物的化学组成计算，以及真实爆轰产物组成中出现的各组分对混合物热力学函数贡献总和的计算。此时，爆轰产物的状态不仅要用压力、体积和温度来描述，而且要用混合物组分的相对含量来描述，这些组分含量或是从计算得出的或是由试验测定的。快速质谱仪、拉曼式和吸收式的光谱仪，目前还不具有既快速又足够的分辨能力。当前获得 C—J 面上爆轰产物组成的基本途径，是使用现代热力学数据库以及关于炸药分解所形成物质的动态可压缩性数据，进行平衡热力学计算。

第二种途径：建立物态方程时不考虑爆轰产物的组成，而采取平均式的描述，即忽略不同炸药爆轰产物组成的差别，甚至忽略它们的变化对于瞬时状态参数（压力和温度）的依赖关系。这里完全不考虑爆轰产物的组成，把物态方程构造成只可应用于某种具体的炸药。现在可用经验和半经验的方法，足够可靠地确定这些物态方程。其典型方法是采用物态方程某种带有常数组的描述方式，确定这些常数的基础是利用 C—J 点处和（p，u）或（p，v）坐标系中爆轰产物等熵膨胀的试验数据，也可利用爆轰速度对于炸药初始密度的试验关系 $D=D(\rho_0)$。

为了强调这两种途径的差别，就分别对其加以阐述。第一种途径可在没有直接爆轰试验数据的情况下，用来预测爆轰参数、产物的组分、热力学性质和产物流动的细节，可用于新合成的炸药。第二种途径是用来解决具体的实际问题，是以炸药爆轰的直接试验数据为基础的。

1. 凝聚炸药爆轰产物考虑组分的物态方程

物态方程的选取对于准确计算爆轰的 C—J 参数、凝聚炸药爆轰转变产物的平衡组成和性质具有重要意义。基于凝聚炸药爆轰产物组成、性质的严格热力学描述的理论计算，在对炸药基本化学组成、生成焓和密度所知不多的情况下，可给出新合成单质炸药爆轰和能量性质的预测。

理想气体方程为

$$pv_g = RT \tag{3-4-30}$$

式中 v_g 是气体的克分子体积；R 是通用气体常数。由于 C—J 面的凝聚炸药爆轰产物的压力 $p\approx1\sim50$ GPa，密度 $\rho=2\sim10$ g/cm^3，温度 T 达到（3～5）×10^3 K，所以弹性压力和弹性能量（p_y，E_y）可能与相应的热压和热能（p_T，E_T）量级相同，在这样的条件下既不能忽视分子间的弹性相互作用力，也不能忽视分子的热运动，需要考虑分子间相互作用力和分子固有体积。

描述真实气体的物态方程已有 150 多个，下面列举物态方程的若干形式。

（1）范德尔斯（Van der Waals）状态方程：

$$\left(p+\frac{a}{v_g^2}\right)(v_g-b)=RT \tag{3-4-31}$$

式中 $\frac{a}{v_g^2}$ 为低压时分子间的吸引力；b 为分子固有体积（余容）。

（2）贝尔特洛（Berthelot）方程：

$$\left(p+\frac{a}{v_g^2 T}\right)(v_g-b)=RT \tag{3-4-32}$$

式（3－4－32）考虑了升温时内压的下降。

（3）阿贝尔（Abel）方程：

$$p(v_g-b)=RT \tag{3-4-33}$$

式中 b 是可变的余容，$b=b$（p）或 $b=b$（v_g）（特别当 $b=b_0=$常数时，我们可将分子看作刚性不变形）。

（4）艾林（Eyring）方程：

$$\frac{pv_g}{RT}=\frac{1}{1-K(b/v_g)^{1/3}} \tag{3-4-34}$$

式中 参数 K 与爆轰产物的点阵排列方式有关。

（5）贝克（Becker－Недоступ）方程

$$\frac{pv_g}{RT}=1+\frac{\rho B(T_0)}{1-\rho/\rho_{g0}} \tag{3-4-35}$$

式中 $T_0=T/(1-\rho/\rho_{g0})$；ρ_{g0} 是 $T\to 0$ K 时理想气体的密度。

物态方程式（3－4－31）～式（3－4－34）都是余容方程（考虑了分子固有的体积），反映了爆轰产物在低压（$p=10^1\sim10^3$ MPa）条件下气体和许多液体的真实状态，并能用于计算气态爆轰产物和低密度凝聚炸药（当初始密度 $\rho_0\leqslant 0.5$ g/cm^3 时）的爆轰参数。真实气体的余容型和维里型物态方程的特点是，当 $T\to 0$ 时，应有 $p\to 0$，即压力完全是由热引起的。

（6）其他形式：Ландау 和 Станютович 建立了确定凝聚炸药爆轰产物物态方程的、在原理上不同的另一种途径，这条途径认为爆轰产物分子的热运动特性接近原子晶格和液体分子的振动，而不接近稀薄气体中粒子的自由运动。在这样的考虑下，可以使用统计力学方法，根据分子间的相互作用势，得到真实气体的物态方程。在这种情况下，通常假设两两相互作用能量可以叠加：

$$\bar{U}=\sum_{i>j}^{N}\sum_{j=1}^{N-1}U_{ij}(r_{ij})$$

式中 U_{ij} 是第 i 个与第 j 个粒子相互作用的能量，与这两个粒子之间的距离 r_{ij} 有关，被称为相互作用势能。

由于 $U_{ij}(r_{ij})$ 的准确函数形式不能确定，所以可用任何一种近似解析关系式代替，即用相互作用势能的模型来代替。现在考虑图 3-4-6 所示的几种势能类型。

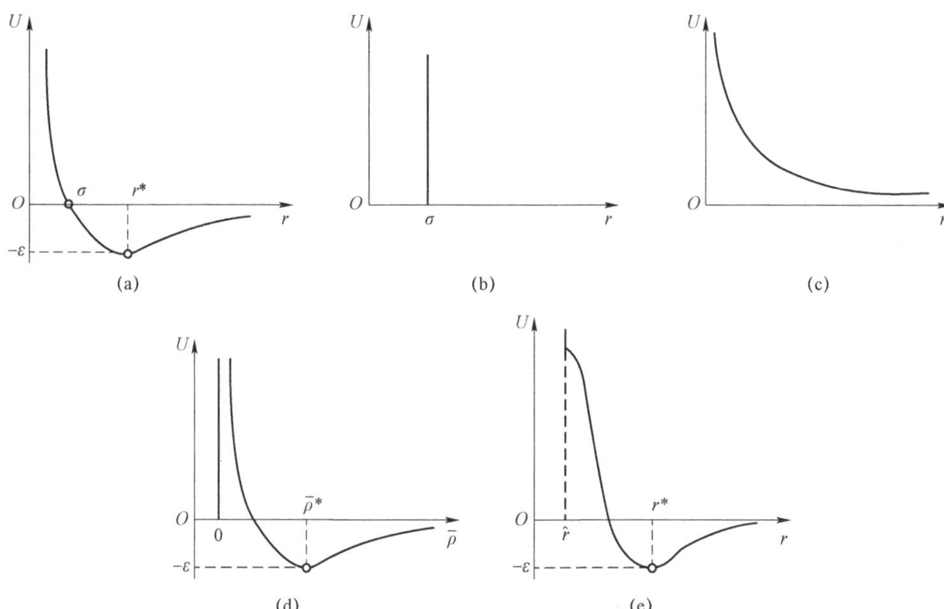

图 3-4-6　双分子之间相互作用势的模型形式

（a）Lennard-Jones（L—J）势；（b）硬球势；（c）软球势；（d）Kihara 势；（e）exp-6 型半指数势

① Lennard-Jones（L—J）势：

$$U(r)=4\varepsilon\left[\left(\frac{\sigma}{r}\right)^{12}-\left(\frac{\sigma}{r}\right)^{6}\right]=\varepsilon\left[\left(\frac{r^*}{r}\right)^{12}-\left(\frac{r^*}{r}\right)^{6}\right] \tag{3-4-36}$$

式中　ε 是势阱深度的特征值；σ 是分子间距，此间距下势能为零；r^*是分子的特征尺度，$r^*=\sqrt[6]{2}\sigma$。表 3-4-2 所示为 VLW 物态方程中爆轰产物基本组分的 L—J 势能参数和克分子余容。

表 3-4-2　VLW 物态方程中爆轰产物基本组分的 L—J 势能参数和克分子余容

物质	L—J 势		克分子余容 b_0/（$cm^3\cdot mol^{-1}$）
	r/Å	b/（$k_b\cdot K^{-1}$）	
H_2O	2.889	180.00	30.42
H_2	2.868	29.20	29.76
O_2	3.575	117.50	57.75
CO_2	4.070	205.00	85.05
CO	3.763	100.20	67.22
NH_3	3.814	138.00	70.00
NO	3.165	131.00	40.00
N_2	3.698	95.00	63.78

续表

物质	L—J 势		克分子余容 b_0/（$cm^3 \cdot mol^{-1}$）
	r/Å	b/（$k_b \cdot K^{-1}$）	
CH_4	3.817	148.20	70.16
HF	2.843	100.00	29.00
CF_4	4.700	152.50	131.00

② 硬球势：

$$U(r)=\begin{cases}\infty, & r<\sigma \\ 0, & r>\sigma\end{cases} \tag{3-4-37}$$

式中 σ 是分子球体直径，被用来估算分子的体积。

③ 软球势：

$$U(r)=\frac{A}{r^n}=\varepsilon\left(\frac{A}{r}\right)^n, \quad n\geqslant 3 \tag{3-4-38}$$

式（3-4-38）是与分子间距 n 次幂成反比的排斥势。

④ Kihara 势（带有球形刚性核和 L—J 型外壳的势）：

$$U(r)=\begin{cases}\infty, & \bar{\rho}\leqslant 0 \quad (r\leqslant d) \\ \varepsilon\left[\left(\dfrac{\bar{\rho}^*}{\bar{\rho}}\right)^{12}-2\left(\dfrac{\bar{\rho}^*}{\bar{\rho}}\right)^{6}\right], & \bar{\rho}>0\end{cases} \tag{3-4-39}$$

式中 $\bar{\rho}=r-d$；$\bar{\rho}^*=\sqrt[6]{2}(\sigma-d)$；$r$ 被（$r-d$）所代替；d 是刚核的直径。

⑤ exp−6 型半指数势：

$$U(r)=\frac{\varepsilon}{a-b}\left\{6\exp\left[a\left(1-\frac{r}{r^*}\right)\right]-a\left(\frac{r}{r^*}\right)_i^{-6}\right\} \tag{3-4-40}$$

式中 $a\geqslant 12$，可以很好地描述许多试验数据，但在 $0<r/r^*<7r^*/a$ 范围内有最大值，因此在最大值后势曲线被“截断”（代之以硬球模型）。

在统计力学框架内，有两种确定物态方程的途径。第一种利用统计力学方法，在给定两个分子间相互作用势 $U(r)$和径向分布函数 $g(r)$条件下，得出物态方程。函数 $g(r)$决定相互间距为 r 的分子对的个数，即晶格的配位数

$$\mathrm{d}\omega(r)=g(r)\frac{4\pi r^2\mathrm{d}r}{V}\cdot\frac{\mathrm{d}V}{V}$$

式中 $\mathrm{d}\omega(r)$是距离给定粒子 r 处，在半径为 r、厚度为 $\mathrm{d}r$ 的球壳层内找到粒子的概率。乘子 $4\pi r^2\mathrm{d}r/V$ 决定了粒子无规则分布情况下函数 $\mathrm{d}\omega(r)$的值。

在这种情况下，热量物态方程有如下形式

$$\frac{pV}{RT}=1-\frac{2\pi N_A}{3Vk_bT}\int_0^{\infty}g(r)\frac{\mathrm{d}U(r)}{\mathrm{d}r}r^3\mathrm{d}r \tag{3-4-41}$$

计算爆轰产物混合物参数时，必须先导出某种由同一类分子组成的基础介质的物态方程，

然后计算所研究的混合物参数与这个基本介质参数之间的偏差。结合基于溶液共形理论的混合问题解法，按照 LJD（Lennard Jones Devonshire）的胞元理论，可得到物态方程的一个例子：

$$\frac{pV}{RT}=1+\theta^{-1}\left[\tau\chi_{\tau}-\frac{g(\tau W_{\tau})}{g(y)}\right] \tag{3-4-42}$$

式中 $\theta=\frac{T}{T^*}$，$T^*=\frac{\varepsilon}{k_{\mathrm{b}}}$；$\tau=\frac{V}{V^*}$，$V^*=\left(\frac{N_{\mathrm{A}}}{\sqrt{2}}\right)r^{*3}$；$\chi_{\tau}=\frac{\mathrm{d}x}{\mathrm{d}\tau}$；$\tau W_{\tau}=\frac{\tau \mathrm{d}W}{\mathrm{d}\tau}$；$\chi$，$W$ 和 $g(y)$ 分别是晶格函数（冷压）、晶格势能和积分分布函数（$y=\tau W_{\tau}$ 或 1）。

类似于固体，LJD 方程使用了晶格模型，即假设除了一个分子可以在其邻近分子构成的势能场格子中移动，其他的分子都处在自身位置上。

为了描述相互作用势，我们利用具有两个指数项的 Meyer－Karer 势形式：

$$U(r)=\frac{\varepsilon}{a-b}\left\{6\exp\left[a\left(1-\frac{r}{r^*}\right)\right]-\exp\left[6\left(1-\frac{r}{r^*}\right)\right]\right\} \tag{3-4-43}$$

式中 参数 ε，a，r^* 根据测量原子散射和第二维里系数时得到的试验数据选定。

⑥ 半经验物态方程（Becker－Kistiakowsky－Wilson，BKW）有如下形式

$$\frac{pv_{\mathrm{g}}}{RT}=1+X\exp(\beta X),\ X=\frac{\chi\sum\limits_i x_i k_i}{v_{\mathrm{g}}(T+\theta)^{\alpha}}=\frac{\bar{k}}{v_{\mathrm{g}}(T+\theta)^{\alpha}} \tag{3-4-44}$$

式中 α，β，χ，θ 都是调节参数；x_i 为 i 组分的克分子份额；k_i 为爆轰产物气态组分 i 的几何余容（余容因子），可利用试验测量的单质炸药冲击绝热线确定，或用分子围绕自身质心转动所占据的体积来计算。在确定真实爆轰产物的物态方程时，计算方法必须与试验数据结合，并根据炸药爆轰参数作校核。

BKW 物态方程计算的爆轰产物温度 T_{H} 值偏低，因为这个方程没有考虑反映分子间吸引力的负值项（此项在晶体物质的物态方程中是必定出现的），而按 LJD 和 VLW 方程计算的 T_{H} 值可能偏高。但是，爆轰产物温度试验值的准确性低于 D 和 p_{H} 的试验数据，这是一系列因素造成的结果，特别是由于爆轰产物辐射同绝对黑体辐射规律的偏离。

改进测量爆压，尤其是测量产物温度的试验技术，则有可能进一步提高物态方程的精度，因为爆轰产物温度实质上与压力在其热能分量和弹性能分量之间的分配状况有关。

物态方程准确性的提高不仅与试验数据的精度有关（不只是爆轰产物组分的冲击绝热线和爆轰参数的数据，还涉及爆轰产物的化学组成和物相组成的数据），而且与相关的爆轰模型有关，这里需要考虑爆轰波阵面处真实的化学反应和相变的动力学。

解决能够精确预言炸药爆轰性能的物态方程的问题仍然十分迫切，这里要求任何一个系数都是与分子间相互作用势直接有关的参数。但是凝聚炸药爆轰参数热力学计算的准确性可能与平衡爆轰产物的物态方程无关，而应首先考虑真实爆轰产物中偏离化学平衡和相平衡的可能性。当明显出现爆轰产物的不均匀性时，从爆轰产物物态方程过渡到炸药爆轰性质的单值关系不再存在。

物态方程问题的解决对于起爆和爆轰传播过程、爆轰产物飞散和作用的计算，以及利用爆轰产物作为工质的装置及技术过程的计算来说都是很迫切的。通常并不需要确定爆轰产物的化学和物相组成，以及爆轰产物混合物个别组分的热力学特性，只需要对爆轰产物组成作

平均描述。物态方程的复杂化将导致计算时间的急剧增加。对于只求实用的途径而言，在物态方程的研究中不仅需要排除爆轰产物组成，而且需要排除温度。

2. 凝聚炸药爆轰产物的近似物态方程

目前已熟知并广泛使用着多种形式的爆轰产物近似物态方程，它们或者不考虑炸药组分方面的差别，或者假设爆轰产物的组分为已知并且不变，或者只能应用于某种具体炸药。建立这些对爆轰产物组分作平均描述的方程，首先要将接近于通常可应用于真实气体的方程作为基础（这些方程的特点是当温度 $T\to 0$ K 时，压力转变为零，起主要作用的是分子热运动）。

对于爆轰理论的整体发展以及构建稠密爆轰产物物态方程的方法来说，以 Ландау 和 Станютович 观念为基础的另一个方向更有成效。他们提出，凝聚炸药爆轰产物物态方程 $p=p(\rho,T)$ 及 $E=E(\rho,T)$ 应由与固体和液体情形相同的形式给定，即

$$p=p_{\mathrm{Y}}(\rho)+\varphi(\rho)\rho T \tag{3-4-45}$$

$$E=E_{\mathrm{Y}}(\rho)+E_{T}(\rho,T) \tag{3-4-46}$$

我们注意到，上面引入的式（3-4-45）和式（3-4-46）通过微分方程 $\left(\dfrac{\partial E}{\partial S}\right)_{\mathrm{T}}=T\left(\dfrac{\partial P}{\partial T}\right)_{\mathrm{v}}-p$ 相互关联。如果已知物态方程形式为 $p=p(\rho,T)$，则第二个形式为 $E=E(\rho,T)$ 的物态方程只能确定到包含一个任意温度函数的程度。因此，式（3-4-45）和式（3-4-46）中的温度项应该相互独立地求出。

定容比热为 $C_v=(\partial E/\partial T)_v$，考虑式（3-4-46），可得到 $C_v=\partial E_T/\partial T_v$。能量的热部分等于 $E_T=\int_0^T C_v\mathrm{d}T$，把式（3-4-46）写为

$$E=E_{\mathrm{Y}}+\varDelta+C_vT \tag{3-4-47}$$

式中 $\varDelta=\int_0^T C_v\mathrm{d}T-C_vT$。如果 C_v 在 0～T 范围内为常值，则有 $\varDelta=0$。p_{Y} 和 E_{Y} 之间的关系可以在 $T=0$ K 时热力学第一定律 $T\mathrm{d}S=\mathrm{d}E+p\mathrm{d}v$ 的基础上确定，即

$$p_{\mathrm{Y}}=-\frac{\mathrm{d}E_{\mathrm{Y}}}{\mathrm{d}v}=\frac{\mathrm{d}E_{\mathrm{Y}}}{\mathrm{d}\rho}\rho^2,\quad E_{\mathrm{Y}}=\int_{\rho^*}^{\rho}p_{\mathrm{Y}}\frac{\mathrm{d}\rho}{\rho} \tag{3-4-48}$$

如果 $p_{\mathrm{Y}}=0$，则式（3-4-48）中 $\rho=\rho^*$。

如果从式（3-4-45）和式（3-4-47）中消去温度，则可得到物态方程

$$p=p_{\mathrm{Y}}+\rho\gamma(E-E_{\mathrm{Y}}+\varDelta) \tag{3-4-49}$$

式中 $\gamma=\varphi(\rho)/C_v=\varphi(\rho,T)$。如果设 $\varDelta=0$，则式（3-4-49）可以写为 $p-p_{\mathrm{Y}}=\rho\gamma(\rho)\cdot(E-E_{\mathrm{Y}})$。在 v 不变的条件下，将式（3-4-49）对 E 微分，得到 $(\partial p/\partial E)_\rho=\rho\gamma(\rho)$。对其进行积分，有

$$\int_{p_1}^{p}\mathrm{d}p=\rho\gamma\int_{E_1}^{E}\mathrm{d}E,\quad p-p_1=\rho\gamma(\rho)(E-E_1) \tag{3-4-50}$$

显然，作为初始数据 $p_1=p_1(v)$ 和 $E_1=E_1(v)$，可以采取任何已知的关系式。例如，零度等温线（p_{Y}，E_{Y}）、等熵线（p_{S}，E_{S}）和冲击绝热线（p_{SW}，R_{SW}）。

把式（3-4-50）写成如下形式

$$p=a(\rho)+b(\rho)E \tag{3-4-51}$$

下面研究几种利用试验数据确定函数 $a=a(\rho)$ 和 $b=b(\rho)$ 的情况。

情况 1：如果压力的弹性分量可表示为幂次关系式，压力的热分量可被视为 ρ 和 T 的线性函数，则可以得到凝聚炸药的一种近似物态方程，$p_Y=B[(\rho/\rho_0)^n-1]$，或 $p_Y=Bv^n$，$\gamma=$常数，$\varDelta=0$（这里 B，n 都是常数），利用式（3-4-48），对于方程 $p_Y=Bv^n$（当 $\rho^*=0$ 时）可得到

$$E_Y=\frac{B}{(n-1)v^{n-1}} \tag{3-4-52}$$

由此凝聚炸药爆轰产物的状态方程式（3-4-45）和式（3-4-47）可以写为

$$p=\frac{B}{v^n}+\frac{\gamma C_v}{v}T \tag{3-4-53}$$

$$E=\frac{B}{(n-1)v^{n-1}}+C_vT \tag{3-4-54}$$

从这些方程中消去 C_vT，结果得到热量物态方程：

$$p=\frac{A}{v^n}+\frac{\gamma E}{v} \tag{3-4-55}$$

式中　$A=B(1-\gamma)/(n-1)$。与物态方程式（3-4-51）对应的等熵线方程为

$$p=B\rho^n+C\rho^{\gamma+1} \tag{3-4-56}$$

积分常数 C 可以用此等熵线经过 C—J 点的条件来确定。这条等熵线的等熵指数 $k=\mathrm{d}(\ln p)/\mathrm{d}(\ln\rho)$，等于：

$$k(\rho)=\frac{(B\rho^n+C\rho^{\gamma+1})(\gamma+1)+(n-1)A\rho^n}{B\rho^n+C\rho^{\gamma+1}}=(\gamma+1)+\frac{B(n-1-\gamma)}{B+C\rho^{\gamma+1-n}} \tag{3-4-57}$$

如果已知爆轰波在 C—J 点的参数，就能够确定常数 A（或 B）和 n。γ 值的近似确定来自这样的想法：低密度下物态方程式（3-4-55）应转变为理想气体的方程式 $p=(k-1)\rho E$，这里 $\gamma=k-1$。对理想气体可取 $\gamma=1/5\sim1/3$。利用式（3-4-55）以及如下的声速表达式：

$$c^2=\left(\frac{\partial p}{\partial\rho}\right)_S=\left(\frac{\partial p}{\partial\rho}\right)_E+\left(\frac{\partial p}{\partial E}\right)_\rho\left(\frac{\partial E}{\partial\rho}\right)_S=\left(\frac{\partial p}{\partial\rho}\right)_E+\left(\frac{\partial p}{\partial E}\right)_\rho\frac{p^2}{\rho^2} \tag{3-4-58}$$

在 C—J 点处取值，可得到两个用以确定 A 和 n 的方程式

$$p_H=A\rho_H^n+\gamma p_H E_H,\quad c_H^2=\gamma E_H+nA\rho_H^{n-1}+\gamma p_H/\rho_H$$

由这些方程式最终得到：

$$n=\frac{(c_H^2-\gamma E_H-\gamma p_H/\rho_H)\rho_H}{p_H-\gamma p_H E_H},\quad A=\frac{p_H-\gamma p_H E_H}{\rho_H^n}$$

式中　$E_H=\dfrac{u_H^2}{2}+Q$。我们现在研究等熵指数 $k=\left(\dfrac{\rho}{p}\right)\dfrac{\mathrm{d}p}{\mathrm{d}\rho}=$常数的情形。基于式（3-4-57）可得到

$$(\gamma+1)+\frac{B(n-1-\gamma)}{B+C\rho^{\gamma+1-n}}=k=\text{常数}$$

由此得到 $n=\gamma+1=k$。在这种情况下，等熵线方程式（3-4-56）和物态方程式（3-4-55）可以写为

$$p = B\rho^n + C\rho^{\gamma+1} = M\rho^k \tag{3-4-59}$$

式中 $n=\gamma+1=k$；$M=B+C$；$p=\dfrac{\gamma}{v}E$，或 $E=\dfrac{pv}{\gamma}=\dfrac{pv}{k-1}$。把 E 代入式（3-4-54），就得到与 k=常数对应的 $p=p(\rho,\ T)$形式的物态方程：$p=B/v^k+[(k-1)C_v/v]T$。在这种情况下：

$$\gamma = p_{\mathrm{H}}v_{\mathrm{H}} / E_{\mathrm{H}}，\ k=\gamma+1，\ M = p_{\mathrm{H}} / \rho_{\mathrm{H}}^k \tag{3-4-60}$$

现在考虑 Gruneisen 系数 γ 不是常量，而是与密度有关的情形。对于凝聚炸药爆轰产物，γ 值由低密度时（理想气体）的 γ_0=1/5～1/3 变化到爆轰产物密度 ρ>2 g/cm³ 时的 γ_{H}=0.7～1。因此，在一级近似下可以表示为 $\gamma=\gamma_0+C\rho$，$C\approx(\gamma_{\mathrm{H}}-\gamma_0)/\rho_{\mathrm{H}}$。此时物态方程式（3-4-55）可写为

$$p = A\rho^n + (\gamma_0 + C\rho)\rho E \tag{3-4-61}$$

常数 A 和 n 由下面两个条件确定：方程式（3-4-61）在 C—J 点处是正确的，且 $c^2=(\partial p/\partial\rho)_S$ 是正确的。借助于式（3-4-58），得到

$$p_{\mathrm{H}} = A\rho_{\mathrm{H}}^n + (\gamma_0 + C\rho_{\mathrm{H}})\rho_{\mathrm{H}}E_{\mathrm{H}},\ c_{\mathrm{H}}^2 = An\rho_{\mathrm{H}}^{n-1} + (\gamma_0 + C\rho_{\mathrm{H}})E_{\mathrm{H}} + \frac{(\gamma_0 + C\rho_{\mathrm{H}})p_{\mathrm{H}}}{\rho_{\mathrm{H}}} \tag{3-4-62}$$

由式（3-4-62）最终可确定：

$$n = \frac{(c_{\mathrm{H}}^2 - (\gamma_0 + 2C\rho_{\mathrm{H}})E_{\mathrm{H}} - (\gamma_0 + C\rho_{\mathrm{H}})p_{\mathrm{H}}/\rho_{\mathrm{H}})\rho_{\mathrm{H}}}{p_{\mathrm{H}} - (\gamma_0 + C\rho_{\mathrm{H}})\rho_{\mathrm{H}}E_{\mathrm{H}}},\ A = \frac{p_{\mathrm{H}} - (\gamma_0 + C\rho_{\mathrm{H}})E_{\mathrm{H}}}{\rho_{\mathrm{H}}^{n-1}} \tag{3-4-63}$$

情况 2：如果已知爆速 D、粒子速度 u 和爆热 Q 对于装药密度 ρ_0 的依赖关系的试验数据，则可以得到更加准确的爆轰产物物态方程，因为此时不再需要假定定容比热容 C_v 为常数，也不用设定方程式（3-4-45）中 $p_{\mathrm{Y}}(\rho)$ 和 $\varphi(\rho)$ 的函数形状。在这种情况下，根据爆轰波阵面上的 D、u_{H} 和 Q 值，借助式（3-4-49）可得到 C—J 点处的压力 p_{H}、密度 ρ_{H}、能量 E_{H} 和声速 c_{H}，即

$$p_{\mathrm{H}} = \rho_0 u_{\mathrm{H}} D，\ \rho_{\mathrm{H}} = \frac{\rho_0 D}{D - u_{\mathrm{H}}}，\ E_{\mathrm{H}} = \frac{1}{2}u_{\mathrm{H}}^2 + Q，\ c_{\mathrm{H}} = D - u_{\mathrm{H}} \tag{3-4-64}$$

如果对于不同初始密度 ρ_0 的炸药，爆轰波阵面上压力和能量的热分量都线性地依赖于温度，则可利用全部数据寻求爆轰产物的物态方程。此时，式（3-4-45）和式（3-4-46）将有如下形式：

$$p = p_{\mathrm{Y}}(\rho) + \frac{\rho fRT}{\mu} \tag{3-4-65}$$

$$E = E_{\mathrm{Y}}(\rho) + \Delta + \frac{C_v T}{\mu} \tag{3-4-66}$$

式中 μ 为爆轰产物的克分子质量；R 是气体常数。消去 T 可再次得到式（3-4-49）：

$$p - p_{\mathrm{Y}} = (E_{\mathrm{Y}} - E - \Delta)\gamma\rho\left(\gamma = \frac{Rf}{C_v}\right) \tag{3-4-67}$$

未知的密度函数 $p_Y(\rho)$ 和 γ 值可以依据试验数据 $D(\rho_0)$, $u_H(\rho_0)$, $Q(\rho_0)$ 算出。式（3－4－65）中的函数 $f=f(T,p)$ 可以在爆轰产物组成中出现的气体 H_2O、N_2、CO_2、CO 和 H_2 的试验数据（高温范围）基础上加以确定。

情况 3：目前在爆轰过程数值模拟中应用最广泛也最合理的 $p=p(\bar{E},\rho)$ 形式物态方程，是 JWL（Jones－Wilkins－Lee）物态方程。它很准确地描述了各种试验中爆轰产物的性质，并且具有针对各种炸药的原始数据库：

$$p=A\left(1-\frac{\omega}{R_1V}\right)\exp(-R_1V)+B\left(1-\frac{\omega}{R_2V}\right)\exp(-R_2V)+\frac{\omega}{V}\bar{E} \tag{3-4-68}$$

式中　$V=\rho_0/\rho=v/v_0$，为相对比容；A，B，R_1，R_2，ω 为经验（调节）常数；$\bar{E}$ 是单位体积的内能。在 C—J 状态下：

$$\bar{E}_H=\bar{E}_0+\frac{p_H}{2}(1-V_H)$$

式中　$\bar{E}_0$ 是包括由热化学试验或热力学计算确定的化学键能的归一化量，在一次近似下，$\bar{E}_H=\rho_0(E_0+Q)$。对应 JWL 物态方程的等熵线 $p_S(V)$ 为

$$p_S=A\exp(-R_1V)+B\exp(-R_2V)+CV^{-(1+\omega)} \tag{3-4-69}$$

能量沿等熵线的变化可用式（3－4－70）描述：

$$\bar{E}_S=\frac{A}{R_1}\exp(-R_1V)+\frac{B}{R_2}\exp(-R_2V)+\frac{C}{\omega}V^{-\omega} \tag{3-4-70}$$

为了确定 JWL 物态方程的常数，可采用 C—J 点试验参数 $(p_H,\rho_H,\bar{E}_H)$，给出两个方程 $p_S=p_H$ 和 $\bar{E}_S=\bar{E}_H$，以及 Rayleigh 线 $(\mathrm{d}p_S/\mathrm{d}V)=-\rho_0D^2$ 在 C—J 点与等熵线［式（3－4－69）］相切的条件［或者是声速表达式 $c_H^2=(\partial p/\partial\rho)_{SH}$］。

使用这些式子可求解系数 A，B，C 的方程式（3－4－69）和式（3－4－70），当已知和设定可变参数 R_1，R_2，ω 时可得出这些系数值。这些调节常数是在求解典型问题的基础上选取的，其办法是使二维气体动力学数值计算得出的圆柱壳运动规律与其试验运动规律符合（在 $V=v/v_0=7$ 之前）。圆柱壳运动规律可借助高速摄影试验测定，亦即所谓的“圆筒”试验。用这样的方法确定的三种炸药（TNT、PETN 和 HMX）的 JWL 物态方程参数如表 3－4－3 所示。

表 3－4－3　TNT、PETN 和 HMX 炸药爆轰产物 JWL 等熵线的常数

炸药	ρ_0/（g·m^{-3}）	D/（km·s^{-1}）	p_H/GPa	R_1	R_2	ω	A/GPa	B/GPa	C/GPa
TNT	1.630	6.93	21.0	4.15	0.9	0.35	373.8	3.747	0.734
PETN	1.770	8.30	33.5	4.40	1.2	0.25	617.0	16.926	0.699
HMX	1.891	9.11	42.0	4.20	1.0	0.30	778.3	7.071	0.643

在最广泛应用的 JWL 物态方程形式中，Gruneisen 系数 γ 是等于 ω 的常数。但是，为了确保在较宽的炸药密度范围内，JWL 物态方程能够满足试验关系 $D(\rho_0)$，就必须把 γ 看作体积或密度的函数。

在这种情况下，适宜用式（3－4－17）和式（3－4－24）确定 γ 值：$\gamma=k(k-1-2Z)/(k-Z)$，这里 $Z=\mathrm{d}\ln D/\mathrm{d}\ln\rho_0$，$k=(\partial\ln p/\partial\ln\rho)_S$。如果已知关系式 $D=D(\rho_0)$ 和爆轰产物的等熵线

$p_S = p_S(\rho)$，则对于不同的 ρ 可以算出 Z 和 k，并用于确定 $\gamma = \gamma(\rho)$。对于 PETN 炸药，这样确定的关系式 $\gamma = \gamma(\rho)$ 的形式为

$$\gamma(\rho) = A_1 \mathrm{th} A_2\left(A_3 - \frac{\rho}{1.77}\right) + B_1 \mathrm{th} B_2\left(B_3 - \frac{\rho}{1.77}\right) + \frac{C_1}{\mathrm{ch} C_2}\left(C_3 - \frac{\rho}{1.77}\right) + D_1$$

式中　ρ 的单位是 g/cm^3；$A_1=0.11$；$B_1=-0.21$；$C_1=0.09$；$A_2=15$；$B_2=4.5$；$C_2=7.5$；$A_3=1.35$；$B_3=0.71$；$C_3=0.25$；$D_1=0.4$。当密度 $\rho=2$ g/cm^3 时，得到 $\gamma=0.48$；当 $\rho=1.77$ g/cm^3 时，曲线 $\gamma(\rho)$ 达到最大值，$\gamma=0.6$；当 ρ 减小到 1 g/cm^3 时，γ 减小；当 ρ 处于 0～1 g/cm^3 范围时，γ 值为 0.2～0.3，当 $\rho \to 0$ 时，$\gamma=0.23$。

情况 4：为了构建一系列炸药爆轰产物的 Mie－Gruneisen 形式的物态方程，可使用比式（3－4－69）更简单的 $p_S(v)$ 关系式作为基准曲线，例如：

$$p_S = A\exp(-\alpha v) + Cv^{-m} \tag{3-4-71}$$

式中　A，C，α，m 是经验常数，由爆轰产物的 C—J 点参数、试验得到的（p，u）等熵膨胀线以及 $D=D(\rho_0)$ 关系式所确定。

等熵线经过 C—J 点的条件和此线在该点处与 Rayleigh 线相切的条件，给出了确定上述常数的两个方程式。其余的自由参数可按爆轰产物卸载等熵线试验数据的优化描述加以选择。例如，可用隔板试验或圆筒试验方法得到等熵线。表 3－4－4 所示为 TNT 和 TNT/RDX（50/50）炸药等熵线方程的常数。

表 3－4－4　TNT 和 TNT/RDX（50/50）炸药等熵线方程的常数

炸药	ρ_0/（g・m^{-3}）	D/（km・s^{-1}）	p_H/GPa	A/GPa	C/GPa	α	m
TNT	1.63	7.00	19.9	521.7	1.762	7.876	1.6
TNT/RDX（50/50）	1.67	7.61	25.8	453.9	1.940	7.281	1.6

构建形式为 $p = p_S(v) + (\gamma / v)[E - E_S(v)]$ 的爆轰产物物态方程，可将其归结为寻求 γ 值。在很多情况下，γ 取为常数仍具有足够的实用准确度。有些文献中物态方程常数被写成很复杂的形式，Gruneisen 系数的形式为 $\gamma = \gamma_0 + lv\exp(Kv)$。其中，$\gamma_0 = 1/3$，$l=7.425$ g/cm^3，$K=4.95$ g/cm^3。

第 4 章
爆炸对凝聚介质的作用理论

凝聚介质指固体及液体等在物理状态上处于凝聚态的物质。当它们受到较低压力的作用时可以被看作不可压缩物质，如水力学将水看作不可压缩的，爆炸形成的空气冲击波（其波阵面的超压一般为 0.1～10 MPa）对固体目标作用时，也可认为目标为不可压缩的固体。但是当炸药与目标直接接触发生爆炸时，或者当每秒数百米、数千米乃至数万米的高速物体与凝聚态目标相碰撞时，产生 10～10^3 GPa 量级的动态高压，此时任何凝聚介质都是可以压缩的，并且压缩程度可以达到百分之十到百分之几十。显然此时受击物质的可压缩性将不能再被忽略。

一般凝聚炸药爆轰波的 C—J 压力为数十吉帕，当它与凝聚介质目标直接作用时，在目标介质中必然形成冲击波的传播，同时在爆轰产物中还会形成反射波。反射波的性质是冲击波还是稀疏波，取决于炸药与受作用介质冲击波阻抗大小的关系。

冲击波阻抗（Shock Impedance）是指介质密度ρ_0与冲击波传播速度 D 的乘积，即$\rho_0 D$，又被称为介质的动力学刚度，是介质动力学硬度的度量，其量纲为 MPa/（m·s）。冲击波阻抗的物理意义是介质在冲击载荷作用下获得 1 m/s 的变形速度所需压力的大小。显然，介质获得单位变形速度所需冲击压力越大者，其动力学硬度越高，反之越小。因此，当介质的冲击波阻抗比炸药的冲击波阻抗大时，炸药爆炸后在与其相接触的介质中形成冲击波，而同时反射回爆轰产物中的部分也为冲击波；相反，当介质的冲击波阻抗小于炸药时，则在介质中形成冲击波的同时反射回爆轰产物中的部分为稀疏波；若两者冲击波阻抗相等，则界面处不发生反射现象，入射波强度不变地传入介质中。

在本章中，我们就爆轰波与凝聚介质之间相互直接作用，以及固体在受强冲击时的某些动态响应现象进行讨论。

4.1 爆炸冲击波的 Rayleigh 线和冲击波极曲线

4.1.1 基本概念

当冲击波面通过后，介质的状态要发生突跃变化，使介质由初态 p_0，ρ_0，e_0，u_0 突跃为 p，ρ，e，u。冲击波通过前后，介质的状态参量由三个守恒关系连接起来，即

$$\rho_0(D_s - u_0) = \rho(D_s - u) \tag{4-1-1}$$

$$p - p_0 = \rho_0(D_s - u_0)(u - u_0) \tag{4-1-2}$$

$$e - e_0 = \frac{1}{2}(p + p_0)(v - v_0) \tag{4-1-3}$$

利用式（4-1-1）和式（4-1-2），稍加推导即可得到

$$u - u_0 = \pm\sqrt{(p - p_0)(v_0 - v)} \tag{4-1-4a}$$

式中　$v = 1/\rho$，为比容。式（4-1-4a）表明，冲击波波面通过后，介质由状态 O（p_0，v_0）突跃到高压状态（p，v）的同时，介质速度由 u_0 突然加速至 u。

考察式（4-1-4a），其可改写为

$$u = u_0 \pm \sqrt{(p - p_0)[v_0 - v(p)]} = u_0 \pm \varphi_0(p) \tag{4-1-4b}$$

对 $\varphi_0(p)$ 求微商得到

$$\varphi_0(p) = \frac{1}{2}\sqrt{\frac{v_0 - v(p)}{p - p_0}}\left[1 - \frac{p - p_0}{v_0 - v(p)} \cdot \frac{\mathrm{d}v}{\mathrm{d}p}\right] \tag{4-1-4c}$$

式中　正号表示冲击波为自左向右传播的情况；负号表示冲击波自右向左传播的情况。在 p 和 u 的坐标平面内，可用通过同一初始状态点 $O(p_0,u_0)$的两条曲线来描述。由于正常介质的冲击绝热线的 $\mathrm{d}v/\mathrm{d}p < 0$，故式（4-1-4c）满足条件 $\varphi_0(p) > 0$，这表明函数 $\varphi_0(p)$随 p 的增加而单调上升，即式（4-1-4a）所表示的曲线也是单调上升的（见图 4-1-1），它给出了式（4-1-4a）所描述的各种可能情况的曲线。其中曲线 OA 与式（4-1-4a）中取正号的情况对应，曲线 OB 与式（4-1-4a）中取负号的情况对应。曲线的物理含义为不同强度（或不同波速）的冲击波通过同一初始状态点 $O(p_0,u_0)$之后所突跃到的终态点的轨迹，称为 $p-u$ 平面内冲击波的冲击绝热曲线或极曲线。从式（4-1-2）可看出，冲击波波面相对于运动介质的速度（$D_s - u_0$）可表示为

$$\rho_0(D_s - u_0) = \frac{p - p_0}{u - u_0} \tag{4-1-5}$$

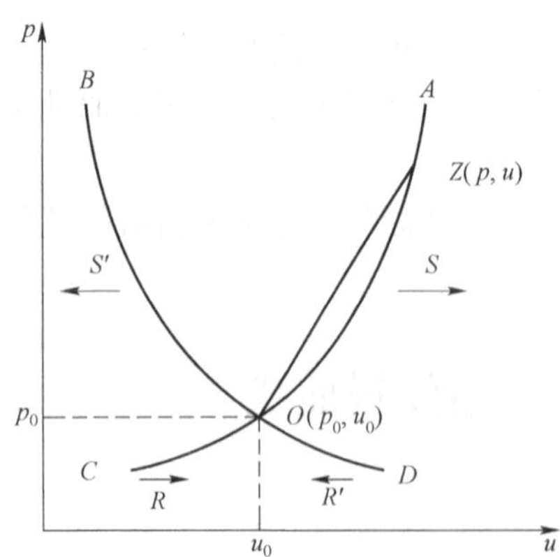

图 4-1-1　$p-u$ 平面上波的极曲线

显然，$\rho_0(D_s - u_0)$为由点 $O(p_0,u_0)$至点 $Z(p,u)$之间所连接起来的弦线的斜率。冲击波速度不同，弦线的斜率不同，因此，不同斜率的弦线与不同波速的冲击波对应。故由点 $O(p_0,u_0)$辐射出的不同斜率的弦线被统称为波速线或 Rayleigh 线。

如图 4-1-1 所示，点 $O(p_0,u_0)$为介质的原始状态点，点 $Z(p,u)$为冲击波波面通过后介质所达到的终态点。这表明，冲击波波面通过后，介质的状态为过点 $O(p_0,u_0)$的冲击波极曲线与由点 $Z(p_0,u_0)$发出波速线的相交点状态。

假如有稀疏波 R 传入介质中，则会发生介质由点 $O(p_0,u_0)$状态降至更低的压力状态，并使介质得到一个与稀疏波传播方向相反的运动速度 u_r：

$$u_r = \int_{u_0}^{u} \mathrm{d}u = \pm\int_{p_0}^{p} \frac{\mathrm{d}p}{\rho c} \tag{4-1-6a}$$

或

$$u-u_0=u_{\mathrm{r}}=\pm\int_{p_0}^{p}\frac{\mathrm{d}p}{\rho c} \tag{4-1-6b}$$

式（4-1-6）可用图 4-1-1 所示过点 O（p_0，u_0）的另外两条对称的曲线 OC 和曲线 OD 来表示。前者（即曲线 OC）与取正号的情况对应，后者与取负号的情况对应。由于稀疏波传播为等熵过程，故曲线 OC 和曲线 OD 的物理实质为 $p-u$ 平面中的等熵线，它们代表了稀疏波传过后介质状态变化的过程。向右传播的稀疏波传过后，使得介质状态沿曲线 OC 逐渐变化，而向左传播的稀疏波传过后使得介质状态沿曲线 OD 逐渐变化。

4.1.2　定常冲击波反射问题

右传一维定常冲击波在分界面处发生反射的动力学过程，如图 4-1-2 所示。在介质Ⅰ中传播的冲击波 D_1 到达分界面后在介质Ⅱ中形成冲击波 D_2，同时在介质Ⅰ中产生反射冲击波或反射稀疏波，我们以 D_1' 表示。假定已知介质Ⅰ和介质Ⅱ的冲击绝热线方程或冲击压缩性规律，则介质Ⅰ中冲击波极曲线可以根据式（4-1-7）确定：

$$p_1=\rho_{01}(a_1+b_1u_1)u_1 \tag{4-1-7}$$

它在 $p-u$ 坐标平面内为一抛物线形式的曲线，由于假定 $p_{01}=0$，$u_{01}=0$，则该曲线通过坐标系的原点，即图 4-1-3 中所示的曲线Ⅰ。

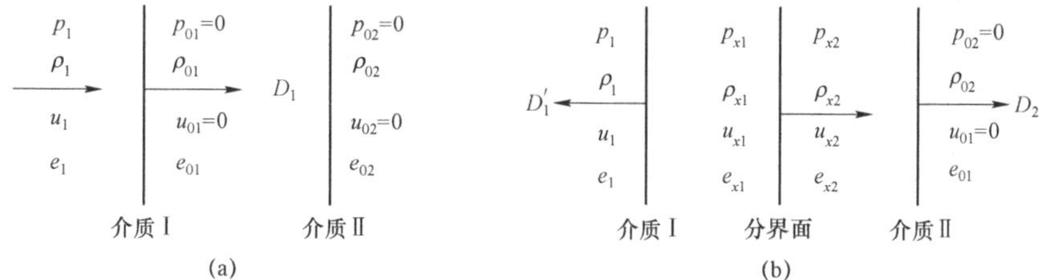

图 4-1-2　固体分界面处冲击波的反射与透射

（a）反射前；（b）反射后

由于已知入射冲击波的波速 D，则以 $\rho_{01}D_1=\tan\varphi_1$ 为斜率，由原点引斜线与曲线Ⅰ交于点 $N(p_1,u_1)$，则 p_1，u_1 为入射波 D_1 波面上的动力学参数。

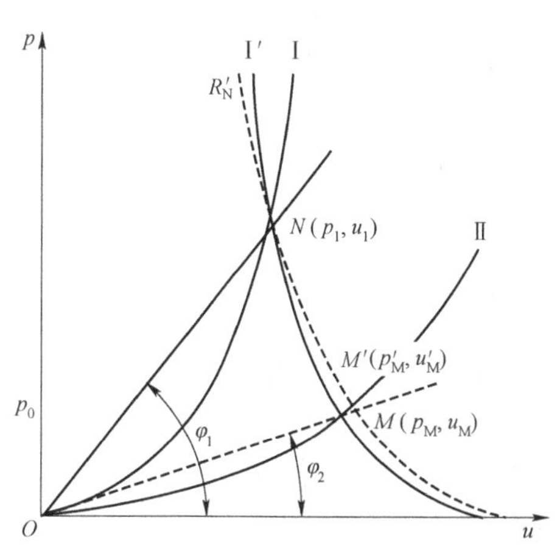

图 4-1-3　固体分界面处冲击波参数图解法

大多数固体物质的初始密度比较大，入射冲击波传过后，由于受到压缩，结构变得更加密实，故反射冲击波传播时所引起的熵值增加很小，可以忽略不计。所以，介质Ⅰ′中反射冲击波 D_1' 的冲击波极曲线与入射冲击波极曲线Ⅰ可被近似地视为呈镜像对称关系，由此造成的误差很小。这样，过点 $N(p_1,u_1)$ 引一条与曲线Ⅰ呈镜像对称的曲线Ⅰ′，即得反射波 D_1' 的冲击波极曲线。

入射冲击波到达分界面后，在介质Ⅱ中所产生的冲击波（D_2）阵面上的动力学参数必定位于介质Ⅱ的右传冲击波极曲线上，其方程为

$$p_2 = \rho_{02}(a_2 + b_0 u_{02})u_{02} \tag{4-1-8}$$

由于 $\rho_{02}=0$，$u_{02}=0$，所以该曲线也是一条通过原点的抛物线，如图 4－1－3 所示，其位于曲线Ⅱ或者在曲线Ⅰ的上方，也可能位于下方，这取决于介质Ⅱ的性质。

入射冲击波在分界面处发生反射，分界面两侧的压力和质点速度连续，即 $p_{x1}=p_{x2}$，$u_{x1}=u_{x2}$。因此，分界面处状态既应处在反射波的极曲线Ⅰ′上，又应处在介质Ⅱ的右传波极曲线Ⅱ上。由此可见，曲线Ⅱ和曲线Ⅰ′的交点 M 的动力学参数为：$p_{\mathrm{M}}=p_{x2}$，$u_{\mathrm{M}}=u_{x2}$。

如果介质Ⅱ的极曲线是未知的，则只要测得在该介质中所产生冲击波的初始速度 D_2，而后以 $\rho_{02}D_2=\tan\varphi_2$ 为斜率过原点引一条斜线，此斜线与介质Ⅰ中反射冲击波的极曲线Ⅰ′相交点的状态，即为分界面处的参数。

反之，如果已知介质Ⅱ的冲击波极曲线，那么曲线Ⅰ′和Ⅱ相交点 M 与原点连成一条直线，测出角 φ_2，利用公式

$$D_2 = \frac{\tan\varphi_2}{\rho_{02}} \tag{4-1-9}$$

便可求得介质Ⅱ中所形成的冲击波初始速度 D_2。

如图 4－1－3 所示，介质Ⅱ的冲击波阻抗比介质Ⅰ小，因此反射波 D_1' 应为稀疏波，即由点 N（p_1，u_1）到点 M（p_{M}，u_{M}）的过程应为等熵膨胀过程，即应由点 N 沿介质Ⅰ的等熵膨胀线 R_{N}' 逐渐下降到点 M'（p_{M}'，u_{M}'）才是精确的，但是，由于在压力 $p_1<$（50～100）GPa 情况下，曲线Ⅰ′和 R_{N}' 可被近似地视为一条线，其造成的偏差很小，因此在图解方法中，往往把冲击波极曲线用来代替等熵线。

4.1.3 弹靶碰撞问题

在上面问题中，我们没有考虑固体材料本身的强度，而是把它视为理想流体。这一假定用于低速碰撞以及低强度冲击波的传播及其在界面反射问题时，将引起不小的误差。根据试验研究可知，在冲击载荷作用下，固体材料的冲击弹性极限（Hugoniot 弹性极限）一般为零点几到几个吉帕。对于速度较高（如 $u_{\mathrm{d}}>1\,000$ m/s）物体的碰撞以及波峰压力较高（高于数十个吉帕）的冲击波传播问题而言，忽略固体材料的强度将不会引起明显的误差。

下面以高速物体对靶板的高速碰撞为例，用解析法及 $p-u$ 图解法求解碰撞所形成的冲击波初始参数。

1. 解析法

如图 4－1－4 所示，设弹体以 u_{d} 的速度撞击靶板，弹体由于受到靶板的阻挡立即由 u_{d} 降为分界面的初始变形速度 u_{x1}（它等于 u_{x2}，因为分界面处存在速度连续条件），在分界面处立即造成高压状态。此时，在靶板中形成右传冲击波，而在弹体中形成左传冲击波。

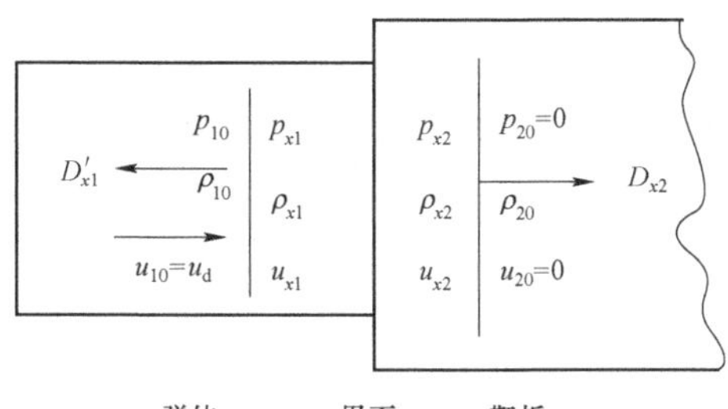

图 4-1-4　弹体对靶板的碰撞参数

假设$\rho_{10}=0$，$p_{10}=0$，$u_{10}=u_d$分别代表弹体原来的密度、压力和速度；$\rho_{20}=0$，$p_{20}=0$，$u_{20}=0$分别代表靶板材料原始的密度、压力和速度，则对于靶板中所形成的右传冲击波的质量与动量守恒方程分别为

$$\rho_{02}D_{x2}=\rho_{x2}(D_{x2}-u_{x2}) \tag{4-1-10}$$

$$p_{x2}-p_{20}=\rho_{20}D_{x2}u_{x2} \tag{4-1-11}$$

式中　脚标 x 表示分界面处的参数。

对于弹体中形成的左传冲击波，可写为

$$\rho_{10}(-D_1'-u_d)=\rho_{x1}(-D_1'-u_{x1}) \tag{4-1-12}$$

即

$$\rho_{10}(D_1'+u_d)=\rho_{x1}(D_1'+u_{x1}) \tag{4-1-13}$$

由式（4-1-10）得到

$$D_{x2}=\frac{u_{x2}}{1-\xi_2} \tag{4-1-14}$$

式中　$\xi_2=\rho_{20}/\rho_{x2}$，将其代入式（4-1-11）得到

$$p_{x2}=\frac{\rho_{02}u_{x2}^2}{1-\xi_2} \tag{4-1-15}$$

从式（4-1-12）得到

$$D_1'=\frac{\xi_1 u_d-u_{x1}}{1-\xi_1} \tag{4-1-16}$$

式中　$\xi_1=\rho_{10}/\rho_{x1}$，将其代入式（4-1-13）得到

$$p_{x1}=\frac{(u_d-u_{x1})^2}{1-\xi_1} \tag{4-1-17}$$

考虑在碰撞分界面处存在压力和速度的连续，即

$$\begin{cases}p_{x1}=p_{x2}\\u_{x1}=u_{x2}\end{cases} \tag{4-1-18}$$

由式（4-1-15）和式（4-1-17）整理可得到

$$u_{x2}=u_{x1}=\frac{u_{\mathrm{d}}}{1+\sqrt{\frac{\rho_{20}(1-\xi_1)}{\rho_{10}(1-\xi_2)}}} \tag{4-1-19}$$

将式（4-1-19）代入式（4-1-15），可得到发生碰撞瞬间分界面上的碰撞压力为

$$p_{x2}=p_{x1}=\frac{\rho_{02}u_{\mathrm{d}}^2}{1-\xi_2}\Bigg/\left\{1+\left[\frac{\rho_{20}}{\rho_{10}}\frac{(1-\xi_1)}{(1-\xi_2)}\right]^{\frac{1}{2}}\right\}^2 \tag{4-1-20}$$

考察式（4-1-19）和式（4-1-20）可知，其中有四个未知量（p_{x2}，u_{x2}，ξ_1 和ξ_2），因此，若要解出分界面上的初始压力 p_{x2} 和初始速度 u_{x2}，则需知道弹体和靶板材料的状态方程或冲击压缩性规律，如下：

对于弹体材料，将其冲击压缩性规律设为

$$\begin{cases}D_1=a_1+b_1u_{x1}\\ p_1=\dfrac{\rho_{10}a_1^2(1-\xi_1)}{(b_1-1)^2\left[\dfrac{b_1}{b_1-1}\xi_1-1\right]^2}\end{cases} \tag{4-1-21}$$

对于靶板材料，将其冲击压缩性规律设为

$$\begin{cases}D_{x2}=a_2+b_2u_{x2}\\ p_{x2}=\dfrac{\rho_{20}a_2^2(1-\xi_2)}{(b_2-1)^2\left[\dfrac{b_2}{b_2-1}\xi_2-1\right]^2}\end{cases} \tag{4-1-22}$$

利用逐次迭代逼近法求解式（4-1-19）～式（4-1-22），可解得高速碰撞时所形成冲击波的四个初始参数：p_{x2}，u_{x2}，ξ_2（或ρ_{x2}），u_{x1} 和ξ_1（或ρ_{x1}）。

将求得的 u_{x2}，ξ_2 代入式（4-1-14），便可求得靶板中初始冲击波的传播速度 D_{x2}；而将 u_{x1}，ξ_1 代入式(4-1-16)，便可求得弹体中形成的左传冲击波的初始速度 D_1'。速度为 5 000 m/s 的铀弹（铀 97/钼 3）碰撞 2024 铝、镁、铅三种靶板时，分界面初始参数的计算结果如表 4-1-1 所示。

表 4-1-1　铀弹碰撞金属靶板时，分界面初始参数的计算结果

靶板	ρ_{02}/（g·cm^{-3}）	p_{x2}/GPa	u_{x2}/（mm·μs^{-1}）	D_{x2}/（mm·μs^{-1}）	ρ_{x2}/（s·cm^{-3}）	ξ_2
2024 铝	2.785	107	3.70	10.30	4.36	0.638 8
镁	1.740	68	4.60	9.62	3.01	0.578 1
铅	11.340	107	3.70	4.52	25.73	0.440 7

当弹体和靶板为同一种材料时，$\rho_{10}=\rho_{20}$，$\xi_1=\xi_2$，则从式（4-1-19）可得到如下结论：

$$u_{x2}=\frac{1}{2}u_{\mathrm{d}} \tag{4-1-23}$$

式（4–1–23）表明，高速弹体碰击相同材料的靶板时，分界面的运动速度 u_{x2} 等于弹体速度 u_d 的一半。这是一个很准确的结论，而且已成为用制动法试验研究物质动态压缩性的理论根据，具有重要的意义。

根据式（4–1–20），p_{x2} 的表达式也相应地得到简化：

$$p_{x2}=\frac{1}{4}\frac{\rho_{02}u_d^2}{(1-\xi_2)} \tag{4-1-24}$$

2. 图解法

用图解法对同一问题进行求解。已知弹体和靶板材料的冲击波极曲线的 $D-u$ 关系式分别为

$$D_1+u_{10}=a_1+b_1u_1 \tag{4-1-25}$$

$$D_2-u_{20}=a_2+b_2u_2 \tag{4-1-26}$$

将它们分别代入各自的动量守恒方程，可得到 $p-u$ 形式的极曲线

$$p_1=\rho_{10}(-D_1'-u_d)(u_{x1}-u_d)=\rho_{10}(a_1+b_1u_1)(u_d-u_{x1}) \tag{4-1-27}$$

$$p_2=\rho_{20}(a_2+b_2u_{x2})(u_{x2}-u_{20}) \tag{4-1-28}$$

在 $p-u$ 平面上，分别用曲线Ⅰ′和Ⅱ表示极曲线，如图 4–1–5 所示，其中曲线Ⅱ的起始点为 $O(p_{20}=0, u_{20}=0)$，而表示弹体材料性能的极曲线Ⅰ′的起始点则位于横轴（$p_{10}=0$，$u_{10}=u_d$）上，弹体在冲击靶板前具有零压力和 u_d 的运动速度，它碰撞靶板后形成左传冲击波，而该波阵面前方的初始状态恰恰是 $p_{10}=0$，$u_{10}=u_d$。根据界面连续条件，即

$$p_1=p_2=p_x,\quad u_{x1}=u_{x2}=u_x$$

可知两条曲线的交点即为撞击界面上形成的冲击波初始参数（p_x，u_x）。

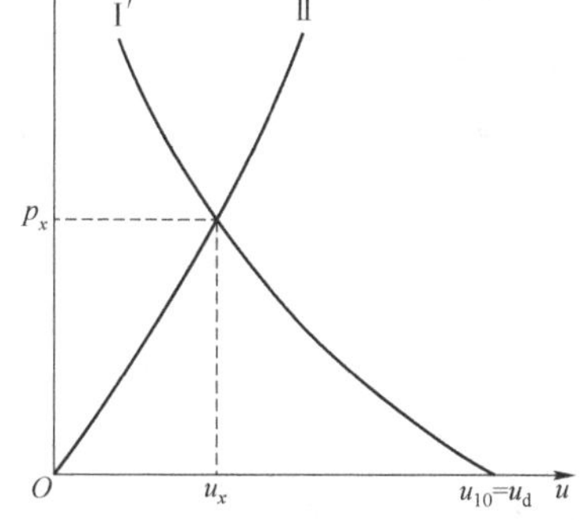

图 4–1–5　弹靶碰撞参数的图解法

在求得 u_x 之后，就可以利用冲击波关系式求解左传冲击波速度为

$$D_1=-u_d+a_1+b_1u_1 \tag{4-1-29}$$

而靶中右传冲击波的速度为

$$D_2=u_{20}+a_2+b_2u_x \tag{4-1-30a}$$

当 $u_{20}=0$ 时，有

$$D_2=a_2+b_2u_x \tag{4-1-30b}$$

撞击后弹体和靶板材料的密度分别增大为

$$\frac{\rho_1}{\rho_{10}}=\frac{D_1+u_d}{D_1+u_x},\quad \frac{\rho_2}{\rho_{20}}=\frac{D_2-u_{20}}{D_2-u_x} \tag{4-1-31}$$

界面处的撞击压力为

$$p_x=\rho_{20}(a_2+b_2u_x)(u_x-u_{20})$$

若 $u_{20}=0$，则

$$p_x=\rho_{20}(a_2+b_2u_x)u_x \tag{4-1-32}$$

若靶板与弹体为同一种材料，并且 $u_{20}=0$，则两条极曲线呈镜像对称。显然，此时有

$$u_x=\frac{1}{2}u_{\mathrm{d}} \tag{4-1-33}$$

这一结论也可以利用式（4-1-27）和式（4-1-28）在 $p_1=p_2$ 条件下得出，即

$$\rho_{10}(a_1+b_1u_x)(u_{\mathrm{d}}-u_x)=\rho_{20}(a_2+b_2u_x)u_x \tag{4-1-34}$$

若弹体和靶板为同一种材料，且有 $a_1=a_2$，$b_1=b_2$，$\rho_{10}=\rho_{20}$，则式（4-1-34）转化为 $u_{\mathrm{d}}-u_x=u_x$，故得 $u_x=\frac{1}{2}u_{\mathrm{d}}$。

4.2 垂直入射时爆炸冲击波的初始参数

爆轰产物向介质中飞散时，介质中必然产生爆炸冲击波，同时在爆轰产物中产生反射冲击波或者反射稀疏波。这种反射波的性质取决于炸药及介质的物理特性，如果炸药的冲击波阻抗 ρ_0D 比介质的冲击波阻抗 $\rho_{m0}D_m$ 小，反射时界面上的压力 p_x 高于爆轰波的 C—J 压力 p_{j}，则产物中的反射波为冲击波。反之，如果炸药的冲击波阻抗大于介质的冲击波阻抗，界面上的压力 p_x 低于爆轰波的 C—J 压力 p_{j}，则传入产物中的反射波为稀疏波。如果两者冲击波阻抗相等，则界面处不发生反射现象，入射波强度不变地传入介质中去。

4.2.1 $\rho_{m0}D_m<\rho_0D$，即分界面处压力 $p_x<p_{\mathrm{j}}$ 时的情况

如上所述，当介质的冲击波阻抗小于炸药的冲击阻抗时，在爆轰波作用下，介质中形成冲击波，反射回爆轰产物中的部分为稀疏波。我们在如下假定下对问题进行考察：

（1）整个过程是一维的，平面爆轰波向介质进行正面冲击。

（2）在一个很短的时间间隔内，爆轰波波阵面后产物的参数被近似地看作与 C—J 参数相等。爆轰波到达介质分界面前、爆轰结束后爆轰产物与介质发生作用瞬间的 $p-x$ 分布以及行波 $x-t$ 如图 4-2-1 所示。

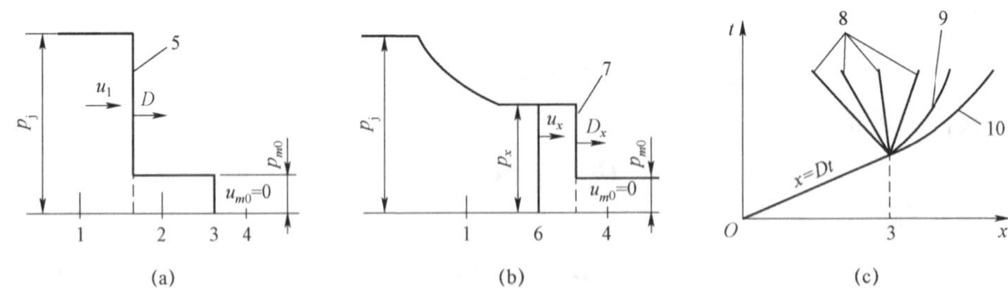

图 4-2-1 $p_x<p_{\mathrm{j}}$ 时分界面附近的参数分布

（a）爆轰波到达分界面前；（b）爆轰产物与介质作用后；（c）行波的 $x-t$ 图

1—爆轰产物；2—炸药；3—原始分界面；4—原始介质；5—爆轰波波面；6—分界面；7—冲击波波面；8—中心稀疏波；9—分界面迹线；10—冲击波迹线

爆轰波 C—J 面上产物的参数为

$$p_{\mathrm{j}}=\frac{1}{k+1}\rho_0D^2,\quad \rho_{\mathrm{j}}=\frac{k+1}{k}\rho_0,\quad u_{\mathrm{j}}=\frac{1}{k+1}D,\quad c_{\mathrm{j}}=\frac{k}{k+1}D \tag{4-2-1}$$

式中　p_{j}，ρ_{j}，u_{j}，c_{j} 分别为爆轰波的 C—J 压力、密度、质点速度和声速；D 为爆速；ρ_0 为炸药装药的初始密度。

先考察爆轰产物的膨胀过程。当爆轰波传至分界面但尚未发生膨胀时，产物的质点速度为 $u_{\mathrm{j}}=\dfrac{1}{k+1}D$。由于稀疏波传入其中，产物发生等熵膨胀，使产物得到一个附加速度 u_{r}，故分界面的速度 u_x 为

$$u_x=u_{\mathrm{j}}+u_{\mathrm{r}} \tag{4-2-2}$$

由于

$$u_{\mathrm{r}}=u_x-u_{\mathrm{j}}=\int_{p_x}^{p_{\mathrm{j}}}\frac{\mathrm{d}p}{\rho c} \tag{4-2-3}$$

借助爆轰产物的等熵方程 $p=A\rho^k$ 及声速公式 $c^2=\left(\dfrac{\partial p}{\partial \rho}\right)_s$，推导得到

$$\frac{c}{c_{\mathrm{j}}}=\left(\frac{\rho}{\rho_{\mathrm{j}}}\right)^{\frac{k-1}{2}},\ \frac{\rho}{\rho_{\mathrm{j}}}=\left(\frac{p}{p_{\mathrm{j}}}\right)^{\frac{1}{k}} \tag{4-2-4}$$

代入式（4-2-3）得到

$$u_{\mathrm{r}}=\int_{p_x}^{p_{\mathrm{j}}}\frac{\mathrm{d}p}{c_{\mathrm{j}}\left(\dfrac{p}{p_{\mathrm{j}}}\right)^{\frac{k-1}{2k}}\rho_{\mathrm{j}}\left(\dfrac{p}{p_{\mathrm{j}}}\right)^{\frac{1}{k}}}=\frac{p_{\mathrm{j}}^{\frac{k+1}{2k}}}{\rho_{\mathrm{j}}c_{\mathrm{j}}}\int_{p_x}^{p_{\mathrm{j}}}p^{-\frac{k+1}{2k}}\mathrm{d}p$$

式中　$c_{\mathrm{j}}=\dfrac{k}{k+1}D$；$c_{\mathrm{j}}^2=k\dfrac{p_{\mathrm{j}}}{\rho_{\mathrm{j}}}$。故得到

$$u_x=\frac{2kD}{k^2-1}\left[1-\left(\frac{p_x}{p_{\mathrm{j}}}\right)^{\frac{k-1}{2k}}\right] \tag{4-2-5}$$

将其代入式（4-2-2），得到

$$u_x=\frac{D}{k+1}\left\{\frac{2k}{k-1}\left[1-\left(\frac{p_x}{p_{\mathrm{j}}}\right)^{\frac{k-1}{2k}}\right]\right\} \tag{4-2-6}$$

由于在分界面处产物和介质中形成的冲击波初始压力和质点速度是连续的，故得到介质中初始冲击波的质点速度为

$$u_{mx}=u_x=\sqrt{(p_{mx}-p_{m0})(v_{m0}-v_{mx})}$$
$$u_x=\sqrt{(p_x-p_{m0})(v_{m0}-v_{mx})} \tag{4-2-7}$$

式中　脚标 m 代表介质的参数；脚标 x 表示初始参数；p_{m0}，v_{m0} 表示未受扰动介质的原始压力和比容。

如果已知介质的状态方程或冲击压缩性规律，那么由式（4-2-6）和式（4-2-7）可以

确定介质中冲击波的全部初始参数 p_x，u_x，T_{mx} 以及波速 D_{mx}。

假如爆轰产物向真空中飞散，则 $p_x=0$，由式（4-2-6）可知：

$$u_x = u_{mx} = \frac{3k-1}{k^2-1}D \tag{4-2-8}$$

若取 $k\approx 3$，则得到 $u_{mx}=D$。这表明，爆轰产物向真空中飞散时所达到的最大飞散速度不超过炸药的爆速。然而，这一结果是不符合实际的。试验结果表明，爆轰产物向空气中飞散时，产物头部速度也是接近爆速的。例如，密度为 1.6 g/cm^3、爆速为 7 000 m/s 的 TNT 爆炸后，测得的初始冲击波速度 $D_{mx}\approx$7 500 m/s，而据此计算得到的质点速度 $u_x\approx$6 800 m/s。造成上述不符合的原因，主要是随着爆轰产物压力的下降，其等熵指数 k 不能保持为常数，而是逐渐减小的。这一点在有关空气中爆炸冲击波参数计算的书中都有讨论。这就是说，式（4-2-6）和式（4-2-7）不能够计算空气中爆炸冲击波的初始参数，而只能计算固体或液体等凝聚介质中爆炸冲击波的初始参数。

4.2.2 $\rho_{m0}D_m>\rho_0 D$，即分界面处压力 $p_x>p_{\mathrm{j}}$ 时的情况

当炸药的冲击波阻抗小于介质的阻抗时，炸药装药爆炸后在介质中形成冲击波，同时反射回产物中的部分也是冲击波。此时分界面处冲击波的初始压力 p_x 大于爆轰波的 CJ 压力 p_{j}。爆轰波到达分界面前、爆轰波与介质发生作用瞬间的 $p-x$ 分布以及行波图如图 4-2-2 所示。

由于反射回产物中的波为冲击波 D_{s}'，而反射波传过后产物的质点速度由 $u=D/(k+1)$ 降低为分界面的运动速度 u_x，即反射波 D_{s}' 传过后产物也获得一个附加速度 u_{r}，这一速度等于 u_x 与 u_{j} 之差，即

$$u_{\mathrm{r}} = u_x - u_{\mathrm{j}} = -\sqrt{(p_x - p_{\mathrm{j}})(v_{\mathrm{j}} - v_x)} \tag{4-2-9a}$$

或

$$u_x = u_{\mathrm{j}} + u_{\mathrm{r}} = u_{\mathrm{j}} - \sqrt{(p_x - p_{\mathrm{j}})(v_{\mathrm{j}} - v_x)} \tag{4-2-9b}$$

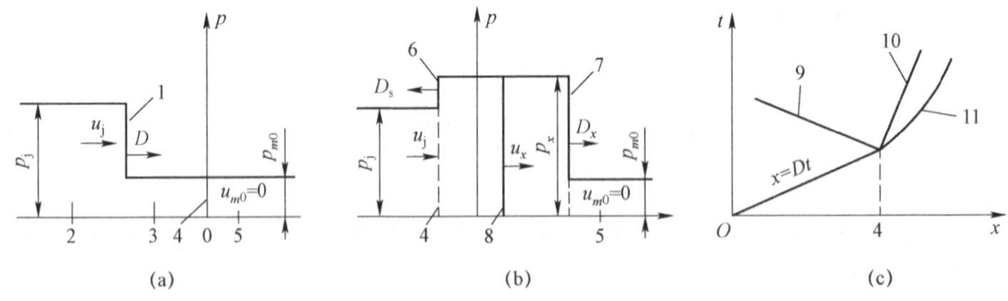

图 4-2-2 $p_x>p_{\mathrm{j}}$ 时分界面附近的参数分布

（a）爆轰波到达分界面前；（b）爆轰波与介质作用后；（c）行波的 $x-t$ 图

1—爆轰波波面；2—爆轰产物；3—炸药；4—原始分界面；5—原始介质；6—反射冲击波波面；7—冲击波波面；8—分界面；9—反射冲击波迹线；10—分界面迹线；11—冲击波迹线

利用爆轰产物的多方方程 $p=A\rho^k$，可将反射冲击波的冲击绝热线方程写成

$$\frac{v_x}{v_j}=\frac{(k+1)p_j+(k-1)p_x}{(k+1)p_x+(k-1)p_j}=\frac{(k-1)\pi+(k+1)}{(k+1)\pi+(k-1)} \tag{4-2-10}$$

式中　$\pi=\frac{p_x}{p_j}$。将其代入式（4－2－9b）得到

$$u_x=u_j-\sqrt{p_jv_j(\pi-1)\left(1-\frac{v_x}{v_j}\right)}=u_j-\sqrt{p_jv_j\left[1-\frac{(k-1)\pi+(k+1)}{(k+1)\pi+(k-1)}\right]} \tag{4-2-11}$$

式中

$$p_jv_j=\frac{1}{k+1}\rho_0D^2\frac{k}{k+1}v_0=\frac{k}{(k+1)^2}D^2$$

$$u_j=\frac{1}{(k+1)}D$$

代入式（4－2－11）后得到

$$u_x=\frac{D}{k+1}\left[1-\frac{(\pi-1)\sqrt{2k}}{\sqrt{(k+1)\pi+(k-1)}}\right] \tag{4-2-12}$$

另外，对于向介质中传播的冲击波，有

$$u_{mx}=u_x=\sqrt{(p_x-p_{m0})(v_{m0}-v_{mx})} \tag{4-2-13}$$

已知介质的状态方程或冲击压缩性规律，由式（4－2－12）和式（4－2－13）即可计算介质中爆炸冲击波的初始参数。

如果装药端部为绝对刚壁，则 $u_x=0$，由式（4－2－12）可解得

$$\pi=\frac{p_x}{p_j}=\frac{(5k+1)+\sqrt{17k^2+2k+1}}{4k} \tag{4-2-14}$$

同样，由式（4－2－10）得到

$$\frac{\rho_x}{\rho_j}=\frac{v_j}{v_x}=\frac{(9k^2+2k+1)+(k+1)\sqrt{17k^2+2k+1}}{(9k^2-1)+(k-1)\sqrt{17k^2+2k+1}} \tag{4-2-15}$$

反射冲击波的初始速度 D_s' 为

$$D_s'=u_j-v_j\sqrt{\frac{p_x-p_j}{v_j-v_x}}=u_j-\sqrt{\frac{p_jv_j(\pi-1)}{1-\frac{v_x}{v_j}}}$$

将 $p_jv_j=\frac{k}{(k+1)^2}D^2$ 及式（4－2－15）代入其中得到

$$D_s'=-\frac{1}{k+1}D\left\{\sqrt{\frac{k}{2}[(k+1)\pi+(v)]}-1\right\} \tag{4-2-16}$$

在 $k\approx3$ 时，可算出：$\pi=2.39$，即 $p_x=2.39p_j$，$\rho_x/\rho_j=1.33$，即$\rho_x=1.33\rho_j=1.33^2\rho_0\approx1.769\rho_0$，

$\dfrac{D_s'}{D}=-0.78$，即 $D_s'=-0.78D$。

产物的等熵指数 k 对于从固壁反射的冲击波参数具有较大的影响，测定接触爆炸时从密实介质表面反射回产物中的冲击波速度 D_s'，可以得到爆轰产物的等熵指数 k。由于爆轰产物具有较高的密度和压力，当爆轰波冲击固壁之后，由于反射冲击波中压力突跃较小，反射冲击波传播过程中产物熵增较小，反射冲击波扰动前产物的熵为

$$s_j=\lg(p_j v_j^k)+\text{常数}$$

反射冲击波扰动后为

$$s_x=\lg(p_x v_x^k)+\text{常数}$$

由此，有

$$\Delta s=s_x-s_j=\lg\frac{p_x}{p_j}\left(\frac{v_x}{v_j}\right)^k=\lg\eta \tag{4-2-17}$$

由式（4-2-14）和式（4-2-15）求得

$$\eta=\frac{5k+1+\sqrt{17k^2+2k+1}}{4k}\left[\frac{9k^2-1+(k+1)\sqrt{17k^2+2k+1}}{9k^2+2k+1+(k+1)\sqrt{17k^2+2k+1}}\right]^k \tag{4-2-18}$$

当 $k\approx 3$ 时，$\eta=1.08$，$\Delta s=\lg\eta=0.033\,4$。由此可知，爆轰波从固壁面反射的问题可以近似按一维等熵流动过程进行处理。

对于由固壁面反射回产物中的弱冲击波 D_s'，有

$$\begin{cases}\dfrac{dx}{dt}=D_s'\\ u+\dfrac{2}{k-1}c=\text{常数}\end{cases} \tag{4-2-19}$$

按照冲击波的声学理论，有

$$D_s'=\frac{(u_j-c_j)+(u_x-c_x)}{2}$$

对于固壁面，式中 $u_x=0$，故

$$D_s'=\frac{1}{2}(u_j-c_j)-\frac{c_x}{2}=-\left(\frac{k-1}{k+1}\right)D-\frac{c_x}{2} \tag{4-2-20}$$

由式（4-2-19）的第二式知：

$$u_j+\frac{2}{k-1}c_j=u_x+\frac{2}{k-1}c_x$$

$$u_x-u_j=\frac{2}{k-1}(c_j-c_x)$$

考虑 $u_x=0$，得到

$$c_x=c_j+\frac{k-1}{2}u_j=\frac{3k-1}{2(k+1)}D \tag{4-2-21}$$

将其代入式（4-2-20）得到

$$D_s' = -\frac{5k-3}{4(k+1)}D \tag{4-2-22}$$

又

$$\pi = \frac{p_x}{p_j} = \left(\frac{c_x}{c_j}\right)^{\frac{2k}{k-1}} = \left[\frac{\frac{3k-1}{2(k+1)}D}{\frac{k}{k+1}D}\right]^{\frac{2k}{k-1}} = \left(\frac{3k-1}{2k}\right)^{\frac{2k}{k-1}} \tag{4-2-23}$$

当 $k \approx 3$ 时，由式（4－2－22）和式（4－2－23）得到

$$\pi = \frac{p_x}{p_j} = \left(\frac{4}{3}\right)^3 = \frac{64}{27} = 2.37$$

$$\frac{D_s'}{D} = -\frac{3}{4} = -0.75$$

$$\frac{\rho_x}{\rho_j} = \frac{c_x}{c_j} = -\frac{D}{\frac{3}{4}D} = 1.33$$

由上述计算可以看出，按一维等熵流动过程得到的解与按式（4－2－14）～式（4－2－16）得到的精确解是极其相近的。所以，在考察炸药对固体介质的爆炸时，在产物中所形成的冲击波的传播问题可以近似地按等熵过程进行处理。

4.3　水中爆炸冲击波计算过程

在水中爆炸时，由于水的冲击波阻抗比固体炸药的冲击波阻抗小，故炸药爆炸后，在水中形成冲击波，而反射回产物中的部分为稀疏波。分界面处冲击波的初始参数可用式（4－2－6）和式（4－2－7）以及水的冲击压缩性联立进行求解。

根据试验研究可知，压力在 2.0～45 GPa 范围内水的冲击绝热线关系为

$$D_w = 1.483 + 25.306\lg\left(1+\frac{u_w}{5.19}\right) \text{ (mm/μs)} \tag{4-3-1}$$

式中　脚标 w 表示水及水中冲击波的参数，将式（4－3－1）代入冲击波的动量方程 $p_w=\rho_{w0}D_w u_w$ 中，得到 p_w 与 u_w 的冲击绝热线关系为

$$p_w = p_{w0}\left[1.483 + 25.306\lg\left(1+\frac{u_w}{5.19}\right)\right]u_w \tag{4-3-2}$$

用式（4－2－6）和式（4－3－2）联立求解 p_x 和 u_x，读者可以按照下列计算步骤编制一个计算小程序：

（1）假设一个分界面压力 p_x，用式（4－3－2）求出一个相应的 $u_{wx}=u_x$。

（2）将此 u_x 代入式（4－2－6），可算出一个分界面的压力 p_x'，若 p_x' 与假设的 p_x 相差较大，则采用低值 p_x 加上 0.618 乘以差值 $|p_x'-p_x|$ 的优化方法。重复上述计算，直至假设的 p_x 与算出的 p_x' 相差一个微小值 ε（如取 $\varepsilon \leqslant 10^{-4}$）为止。

（3）将确定的 p_x 和 u_x 值代入式（4-2-7）即可算出水中冲击波波面上水的密度 ρ_{wx}。

（4）将 $u_x=u_{wx}$ 代入式（4-3-1）即可算出水中初始冲击波的速度 D_{wx}。

上述计算一般要迭代数次方可得到结果。表 4-3-1 所示为按照上述方法计算得到的两种炸药水中爆炸冲击波的初始参数。

表 4-3-1　两种炸药水中爆炸冲击波的初始参数（计算值）

炸药	ρ_0/（g·cm^{-3}）	D/（m·s^{-1}）	u_x/（m·s^{-1}）	p_x/GPa	D_{wx}/（m·s^{-1}）
TNT	1.60	6 950	2 380	13.60	5 610
太安	1.69	8 400	2 960	19.41	6 435

对于大多数固体材料，冲击波阻抗或动力学硬度比炸药大，因此爆炸冲击波的初始压力 $p_x>p_j$。这样，爆炸冲击波初始参数可用式（4-2-12）、式（4-2-13）并借助固体的状态方程联立进行求解。

固体状态方程 $p=p(\rho, e)$ 的建立是一个重要的课题，我们将专门进行讨论。实际上，只要知道固体的冲击绝热线或 Hugoniot 方程，就可以对固体中的爆炸冲击波初始参数 p_x，u_x，ρ_{mx}，D_{mx} 进行计算。

常见的描述固体冲击压缩性的方程有两种，一种为

$$D_m=a+bu_m \tag{4-3-3a}$$

借助冲击波的质量和动量守恒关系得到相应的 $p(\rho)$ 关系为

$$p_m=\frac{\rho_{m0}a^2\left(\dfrac{\rho_m}{\rho_{m0}}\right)\left(\dfrac{\rho_m}{\rho_{m0}}-1\right)}{\left[b-(b-1)\dfrac{\rho_m}{\rho_{m0}}\right]^2} \tag{4-3-3b}$$

式中　a 和 b 为试验确定的与材料性质有关的常数。

另一种为泰特状态方程：

$$p_m=A\left[\left(\frac{\rho_m}{\rho_{m0}}\right)^m-1\right] \tag{4-3-4}$$

式中　A 和 m 由试验确定。几种材料的 A 和 m 值如表 4-3-2 所示。

表 4-3-2　几种材料的 A 和 m 值

材料	ρ_{m0}/（g·cm^{-3}）	A/GPa	m	适用压力范围/GPa	材料	ρ_{m0}/（g·cm^{-3}）	A/GPa	m	适用压力范围/GPa
铍	1.85	36.79	3.2	0～34	铜	10.20	71.51	3.8	0～70
铝合金	2.79	19.33	4.2	0～50	铅	11.34	8.43	5.3	0～50
钛	4.51	25.51	3.8	0～70	钽	16.46	44.93	4.0	0～50
铁	7.84	21.09	5.5	25～100	金	19.24	31.00	5.7	0～70
镉	8.64	7.55	6.3	0～70	铂	21.37	52.88	5.3	0～50
铜	8.90	29.63	4.8	0～70	—	—	—	—	—

应用上述两种冲击压缩性状态方程对几种炸药在铁、铝、铜三种材料中所形成的爆炸冲击波初始参数的计算结果如表 4－3－3 所示。

表 4－3－3　几种炸药在铁、铝、铜三种材料中所形成的爆炸冲击波初始参数（计算值）

材料	炸药爆轰参数				ρ_{m0}/（g · cm^{-3}）	u_x/（mm · μs^{-1}）		D_{mx}/（mm · μs^{-1}）		p_x/GPa		ρ_{mx}/ρ_{m0}	
	炸药	ρ_0/（g · cm^{-3}）	D/（mm · μs^{-1}）	p_j /GPa		按式（4－3－2）	按式（4－3－3）	按式（4－3－2）	按式（4－3－3）	按式（4－3－2）	按式（4－3－3）	按式（4－3－2）	按式（4－3－3）
铁	TNT	1.62	7.000	19.84	7.85	0.815	0.810	5.088	5.140	32.55	32.68	1.191	1.185
	RDX	1.65	8.280	28.45		1.050	1.010	5.451	5.520	45.00	43.77	1.238	1.227
	PETN	1.69	8.400	29.80		1.083	—	5.511	—	46.85	—	—	—
铝	TNT	1.62	7.000	19.84	2.71	1.306	1.285	7.065	7.160	25.00	25.61	1.226 8	1.223
	RDX	1.65	8.280	28.45		1.670	1.635	7.571	7.580	34.26	34.54	1.283	1.276
	PETN	1.69	8.400	29.80		1.720	—	7.641	—	35.62	—	—	—
铜	TNT	1.62	7.000	19.84	8.90	0.738	0.750	5.067	5.040	33.28	33.66	1.173	1.171
	RDX	1.65	8.280	28.45		0.960	0.940	5.400	5.380	46.66	45.04	1.216	1.213
	PETN	1.69	8.400	29.80		1.000	—	5.460	—	48.06	—	—	—

分析表 4－3－3 所示的计算数据可以看出：

（1）金属中爆炸冲击波的初始压力 p_x 比炸药的爆轰波 C—J 压力高，并且随着材料的冲击波阻抗或动力学硬度的增大而增大；然而，它不会超越极限值 $(64/27)p_j$。这就是说，金属及多数固体材料中爆炸初始冲击波的压力范围为 $p_j < p_x < (64/27)p_j$。

（2）不同炸药对同一种固体进行爆炸正冲击时，炸药的冲击波阻抗越小，p_x / p_j 值越大；反之，则 p_x / p_j 越小。这是由于炸药冲击波阻抗$\rho_0 D$ 越小时，该固体冲击波阻抗与炸药冲击阻抗之比值 $\rho_{m0}D_{mx} / (\rho_0 D)$ 越大。

（3）炸药爆炸时，金属因受压缩，密度增大，然而，在爆炸直接作用下密度增大率为 10%～30%。若要实现更高程度的压缩，则必须采用其他途径，例如金属间的高速碰撞等方法。

许多材料在某种压力条件下会发生相态和晶形变化，如铁在冲击压力达到 13.2 GPa 时将发生由α晶形向γ晶形变化的相变；水在压力达到 1.10 GPa 时也发生相变。冰在不同条件下曾出现七种晶态等。物质相态的这种变化要引起式（4－3－3）和式（4－3－4）中各常数值的显著变化。因此在应用上述冲击压缩方程时，必须注意物质的相变条件，选择恰当的常数值。式（4－3－4）中 A 值实际上是熵的函数，只有当冲击压缩压力较低（对于金属材料而言，其值要小于 50～80 GPa）、材料熵变很小时，方可近似地视 A 为常数。而式（4－3－3）不受该限制，在低压下也可近似地当作等熵方程应用。

下面用图解法求解炸药爆轰对与其相邻的固体介质相互作用时所形成的初始冲击波的参数。

首先讨论密度为ρ_0、爆速为 D 的炸药装药爆炸对冲击波阻抗较大的 304 不锈钢装甲板的作用。在这种情况下，透射到钢板中及反射回爆轰产物中的波都是冲击波。图解法的关键是

确立以 p 和 u 为参变量并且初始状态为（p_j，u_j）的爆轰产物的 Hugoniot 方程，进而画出其相应的曲线。

由式（4-2-12），我们可以把以（p_j，u_j）为起始点的爆轰产物的 Hugoniot 方程改写为

$$\left(\frac{u_j-u}{u_j}\right)^2=\frac{2k}{k+1}\left[\frac{(\pi-1)^2}{\pi+\frac{k-1}{k+1}}\right] \tag{4-3-5}$$

式中 $\pi=p/p_j$。显然该式只能在 $u \leqslant u_j$ 条件下应用，因为当 $u > u_j$ 时，其为爆轰产物的膨胀过程。该方程在 $p-u$ 坐标平面上为以 C—J 点为起始点的左传冲击波极曲线，对于 B 炸药的爆轰产物，选取 $k=2.76$，而炸药在 $\rho_0=1.713\ \text{g/cm}^3$ 时的爆速 $D=8.030\ \text{mm/μs}$。这样，可按式（4-3-5）计算得到 $p-u$ 数据，并作出极曲线 I'_H，如图 4-3-1 所示。

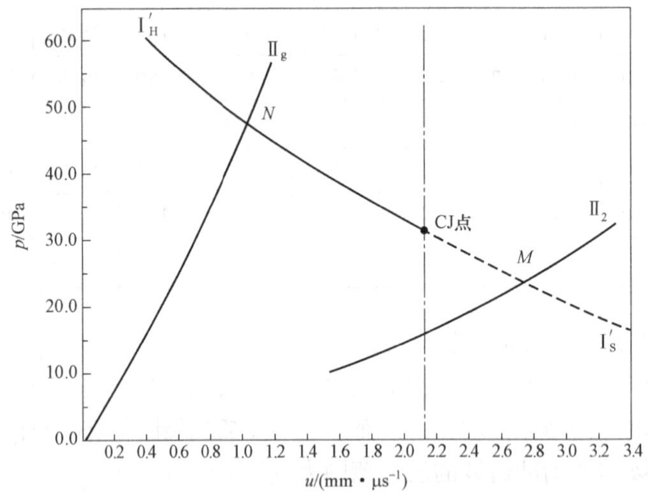

图 4-3-1 炸药对介质作用时分界面参数的图解法

在 304 不锈钢中爆炸形成右传冲击波，其冲击波极曲线 II_g 可根据式（4-3-6）确定：

$$p=7.85\times(4.57+1.490u)\times u\times 100\ (\text{GPa}) \tag{4-3-6}$$

两曲线的交点 N（$p_x\approx 48.2$ GPa，$u_x\approx 0.99$ mm/μs）即为本问题的解。

当 B 炸药与冲击波阻抗小的有机玻璃（Lucite）相互作用时，在爆轰产物中反射回来的是左传稀疏波，从而导致产物发生等熵膨胀。此时参数变化规律需要用式（4-3-7）描述：

$$\frac{u-u_j}{u_j}=\frac{2k}{k-1}\left[1-\left(\frac{p}{p_j}\right)^{\frac{k-1}{2k}}\right] \tag{4-3-7}$$

该式在 $p-u$ 坐标平面上为以 C—J 点为起始点的等熵膨胀线（虚线）I'_S，它与有机玻璃中右传波极曲线（即曲线 II_2）

$$p=1.181\times(2.260+1.816u)u\times 100\ (\text{GPa}) \tag{4-3-8}$$

相交点 M 即为问题的解。该解为 $p_x\approx 224.2$ GPa，$u_x\approx 22.671$ mm/μs。

图 4-3-2 所示为几种炸药与几种金属材料和水等接触爆炸时用图解法求解分界面参数

的情况，炸药的爆炸性能参数如表 4-3-4 所示。

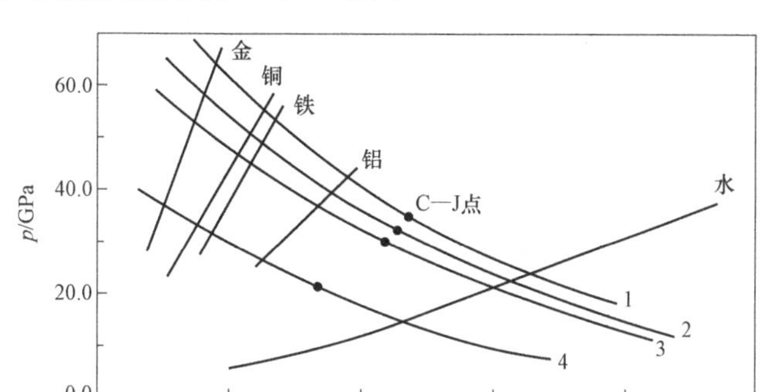

图 4-3-2　几种炸药对介质的爆炸初始冲击波参数（图解法）

表 4-3-4　几种炸药的爆炸性能参数

序号	炸药名称	ρ_0/（g・cm^{-3}）	ρ_j/（g・cm^{-3}）	p_j/GPa	u_j/（mm・μs^{-1}）	D/（mm・μs^{-1}）	k
1	RDX	1.767±0.011	2.375±0.012	33.79±0.31	2.213±0.029	8.659±0.041	2.904±0.047
2	RDX77 7TNT23	1.743±0.001	2.366±0.009	31.25±0.29	2.173±0.020	8.252±0.017	2.798±0.034
3	B 炸药（64/36）	1.713±0.002	2.331±0.008	21.22±0.26	2.127±0.019	8.018±0.017	2.770±0.034
4	TNT	1.637±0.003	2.153±0.006	18.91±0.10	1.664±0.011	6.942±0.016	3.172±0.029

这里需要指明的是，假若向右传播的爆轰波 C—J 面后紧跟着有强冲击波的作用，则爆轰产物所达到的状态应落在以 C—J 点为起始点的右传冲击波极曲线上。显然，该极曲线（$\mathrm{I_H}$）与 $\mathrm{I'_H}$ 呈镜像对称，对称轴为由 C—J 点向 u 轴所作的垂线。若右传爆轰波后面无任何介质，则爆轰产物将从 C—J 状态进行泰勒膨胀，其等熵膨胀线应与曲线段 $\mathrm{I'_S}$ 呈镜像对称。由此可知，右传爆轰波后产物的冲击极曲线及等熵线的连线为一条不通过 $p-u$ 坐标系原点（$p=0$，$u=0$）的曲线。这是因为，由炸药爆轰形成气体产物的过程中有化学能放出。

对于左传爆轰波对迎面固体介质的直接作用，由于反射波是右传的，故爆轰产物冲击极曲线与等熵线的连线将以 p（坐标）轴为对称轴，与 $\mathrm{I'_H}$— $\mathrm{I'_S}$ 曲线呈镜像对称。

4.4　爆轰波对迎面刚性壁面的作用

4.4.1　基本解

如图 4-4-1 所示，当爆轰波到达右端刚性壁面时发生反射形成左传冲击波，由于凝聚炸药爆轰时气体产物已被压缩到很紧密的程度，反射冲击波传过后产物的熵值增加很小，故本问题仍可近似地按等熵流动处理。

显然，在 $t=l/D$（即爆轰波到达右端刚性壁面）之前为右传中心简单波流场，而在 $t \geqslant l/D$ 时形成了从刚性壁面反射回来的左传波系，由于该波系是在被 $t=0$ 且 $x=0$ 处发出的右传中心稀疏波扰动过的区域中传播的，故第一道反射压缩波传过之后的区域为一复合波流场，如图 4-4-1 中的（2）区所示，假设反射压缩波仍为弱等熵波，则可近似地用一维等熵流动方程组的一般解来描述，即

$$\begin{cases} x=(u+c)t+F_1(u+c) \\ x=(u-c)t+F_2(u-c) \end{cases} \tag{4-4-1}$$

式中　任意函数 F_1 和 F_2 均由边界条件确定。当 $t=0$ 时，$x=0$，故 $F_1(u+c)=0$，则式（4-4-1）的第一式变为

$$x=(u+c)t \tag{4-4-2a}$$

当 $t=l/D$ 时，$x=l$，左传的反射冲击波开始出现，但由于壁面处 $u\equiv0$，而且由于右传第一道波的 $u+c=u_j+c_j=D$，故此时刚性壁面处产物的声速 $c=D$。将该结果代入式（4-4-1）的第二式得到

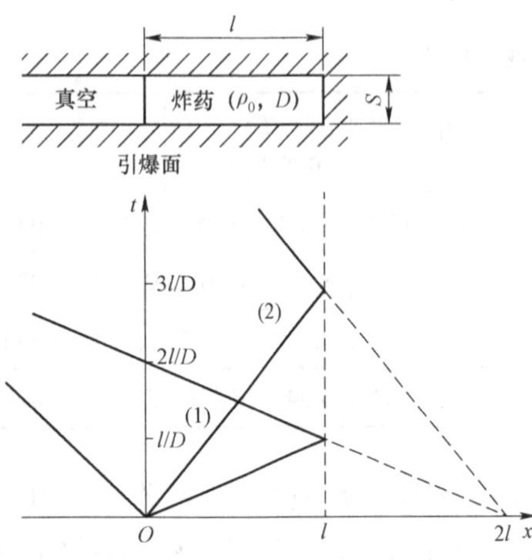

图 4-4-1　爆轰波对迎面刚壁的作用

$$l=(u-c)\frac{l}{D}+F_2(u-c)=(0-D)\frac{l}{D}+F_2(u-c)$$

由此得到

$$F_2(u-\mathrm{c})=2l$$

故有

$$x=(u-c)t+2l \tag{4-4-2b}$$

式（4-4-2a）即为左传反射波系的传播方程式。显然，它可被看作由虚拟中心点（$t=0$，$x=2l$）发出的一束左传中心压缩波。这样，在 $t>l/D$ 时，在右端刚性壁面处产物状态参数的变化规律可由式（4-4-3）求得

$$\begin{cases} u+c=\dfrac{x}{t} \\ u-c=\dfrac{x-2l}{t} \end{cases} \tag{4-4-3}$$

由于在刚性壁面处有 $u\equiv0$，故用式（4-4-3）可求得在刚性壁面处产物的声速

$$c=\frac{l}{t} \tag{4-4-4}$$

因此，刚性壁面处产物压力的变化规律为

$$p=p_j\left(\frac{c}{c_j}\right)^3=\frac{1}{4}\rho_0D^2\left(\frac{l}{t}\Big/\frac{3}{4}D\right)^3=\frac{16}{27}\cdot\frac{\rho_0}{D}\left(\frac{l}{t}\right)^3 \tag{4-4-5a}$$

或

$$\frac{p}{p_j}=\frac{64}{27}\left(\frac{l}{Dt}\right)^3 \tag{4-4-5b}$$

由此，作用在刚性壁上的比冲量为

$$i=\int_{\frac{l}{D}}^{\infty}p\mathrm{d}t=\int_{\frac{l}{D}}^{\infty}\frac{16}{27}\cdot\frac{\rho_0}{D}\left(\frac{l}{t}\right)^3=\frac{8}{27}l\rho_0 D \tag{4-4-6}$$

作用于刚性壁面上的总冲量为

$$I=A_0 i=\frac{8}{27}A_0 l\rho_0 D=\frac{8}{27}mD \tag{4-4-7}$$

式中　$m=A_0 l\rho_0$，为药柱的质量。图 4-4-2 所示为刚性壁面上压力随时间的变化曲线。

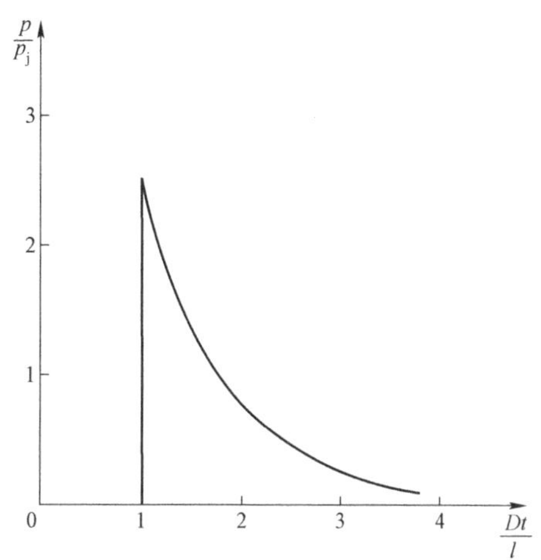

图 4-4-2　刚性壁面上压力随时间的变化曲线

需要指出的是，当时间 t 很大时，由于右传稀疏波的作用，产物密度已达到很小，此时产物的 k 值已不能再被近似看作等于 3，而是小于 3。可见，当时间 t 很大时，式(4-4-5)和式(4-4-6)算出的 p/p_j 和比冲量 i 与实际相比是稍微偏低的。但是，鉴于最初膨胀阶段产物的 p/p_j 随时间下降极快（图 4-4-2），通常可以忽略 k 值变化对 p/p_j 和 i 值的影响。

另外，由式（4-4-6）可以看出，在自由飞散的情况下，通过 $x=l$ 断面向右飞散的冲量值增大了一倍，这是由于产物向右运动受到阻碍，动压转化为静压。

按照弱冲击波的声学近似理论，反射冲击波的传播速度为

$$D'=\frac{1}{2}[(u_1-c_1)+(u_2-c_2)] \tag{4-4-8}$$

在 $k=3$ 条件下，有 $u+c=u_0+c_0$，而 u_0 和 c_0 为入射爆轰波后产物的状态量，即

$$u_0=\frac{x}{2t}-\frac{D}{4},\quad c_0=\frac{x}{2t}+\frac{D}{4}$$

于是，反射压缩波的传播方程为

$$\frac{\mathrm{d}x}{\mathrm{d}t}=D'=u-c=\frac{x}{2t}-\frac{D}{4}-\frac{l}{t} \tag{4-4-9}$$

积分后得到

$$x=-\frac{Dt}{2}-\frac{\sqrt{lDt}}{2}+2l \tag{4-4-10}$$

该式可以很好地用下列线性方程近似描述：

$$x=1.7l-\frac{Dt}{1.42} \tag{4-4-11}$$

由此不难求出，反射压缩波赶上飞散界面的时间和地点分别为 $t=16l/D$ 和 $x=-8l$。

4.4.2 刚性壁管侧壁所受到的作用冲量

长为 l 的炸药装药在无限长的刚性壁管中，装药从左端引爆，如图 4-4-3 所示。现在来考察 $x=a$ 断面处管侧壁单位面积所受到的爆炸作用比冲量。

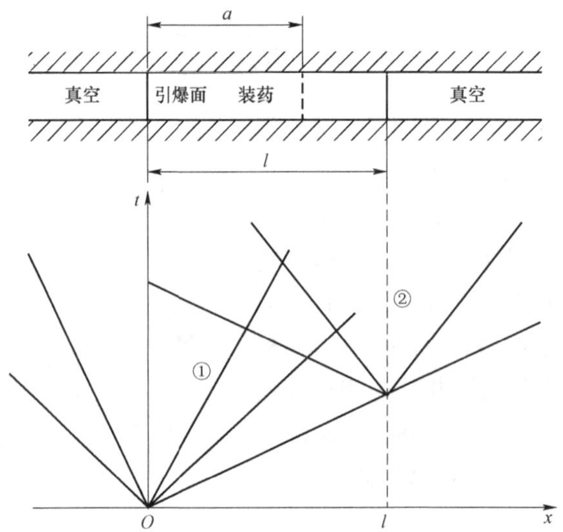

图 4-4-3 一端引爆时爆轰产物流动的特征线

在 $x=a$ 断面处，且 $\frac{3l-2a}{D} \geqslant t \geqslant \frac{a}{D}$ 时，产物流动参数随时间的变化满足右传中心简单波所确定的规律，即

$$\begin{cases} u=\frac{a}{2t}-\frac{D}{4} \\ c=\frac{a}{2t}+\frac{D}{4} \end{cases} \tag{4-4-12}$$

当 $t > \frac{3l-2a}{D}$ 时，该断面处流动参数的变化满足复合波流动所确定的规律，即

$$\begin{cases} u=\frac{a}{2t}+\frac{a-l}{2\left(t-\frac{l}{D}\right)} \\ c=\frac{a}{2t}-\frac{a-l}{2\left(t-\frac{l}{D}\right)} \end{cases} \tag{4-4-13}$$

因此，在 $x=a$ 断面处所受到的比冲量为

$$i_{(x=a)}=\int_{\frac{a}{D}}^{\frac{3l-2a}{D}} \frac{64}{27} \cdot \frac{p_{\mathrm{j}}}{D^3}\left(\frac{a}{2t}+\frac{D}{4}\right)^3 \mathrm{d}t+\int_{\frac{3l-2a}{D}}^{\infty} \frac{64}{27} \cdot \frac{p_{\mathrm{j}}}{D^3}\left[\frac{a}{2t}-\frac{a-l}{2\left(t-\frac{2}{D}\right)}\right]^3 \mathrm{d}t$$

令前一积分项为 i_1，后一积分项为 i_2，则有

$$i_1=\frac{i_0}{8}\left[\frac{3}{4}(1-\alpha)+\frac{3}{2}\alpha\ln\frac{3-2\alpha}{\alpha}+\frac{\alpha(1-\alpha)(36-21\alpha)}{(3-2\alpha)^3}\right] \tag{4-4-14}$$

$$i_2=\frac{i_0}{8}\left\{\frac{\alpha^3}{(3-2\alpha)^3}+6\alpha^3(1-\alpha)\left[\ln\frac{3-2\alpha}{2(1-\alpha)}-\frac{1}{3-2\alpha}\right]-\right.$$

$$\left.6\alpha(1-\alpha^3)\left[\ln\frac{3-2\alpha}{2(1-\alpha)}-\frac{1}{2(1-\alpha)}+\frac{1-\alpha}{4}\right]\right\} \tag{4-4-15}$$

式（4－4－14）和式（4－4－15）相加得到

$$i_{(x=a)}=\frac{i_0}{8}\left[1+6\alpha(1-\alpha)+\frac{3}{2}\alpha\ln\frac{3-2\alpha}{\alpha}+6\alpha(1-\alpha)(2\alpha-1)\ln\frac{3-2\alpha}{2(1-\alpha)}\right] \tag{4-4-16}$$

式中　$i_0=(8/27)\rho_0 lD$，即装药右端面上所受到的爆轰波迎面作用的比冲量；$\alpha=(a/l)$。给出任一个α值（或任一 a 值），即可算得装药部管侧壁截面上所受到的比冲量。

图 4－4－4 所示为i/i_0与α的关系曲线。可以看出，装药左端面引爆时最大比冲量出现在$\alpha=3/4$附近，而在装药两端面处比冲量最小。

若引爆面在装药的中间部位，引爆面左、右两边长为 l，则引爆时产物的流动如图 4－4－5 所示。我们可以看到，引爆后将形成 8 个波区。在$0\leqslant x\leqslant\frac{3}{4}l$区域中的任一个 x 断面先后会受到①，③，⑥和⑧区爆轰产物的作用。

在$\frac{x}{D}\leqslant t\leqslant\frac{2x}{D}$，其受①区作用，爆轰产物的声速为

$$c_1=\frac{x}{2t}+\frac{D}{4}$$

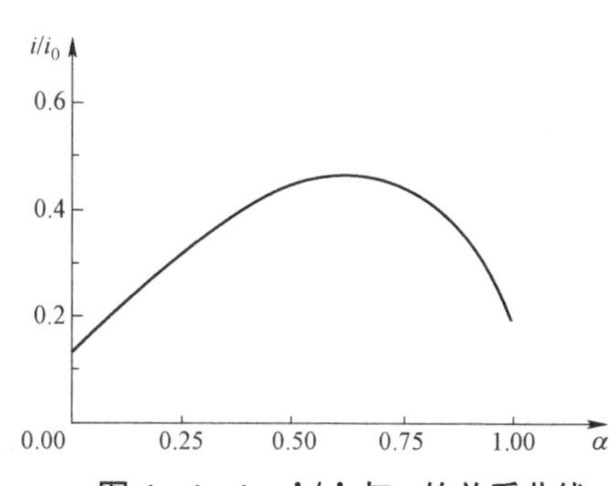

图 4－4－4　i/i_0与α的关系曲线

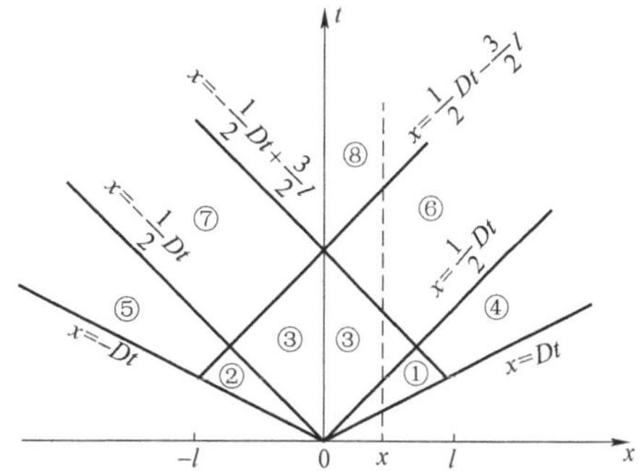

图 4－4－5　中间引爆时产物的流动

在$\frac{2x}{D}<t<\frac{3l-2x}{D}$，其受静止区③的作用，爆轰产物的声速为

$$c_3=\frac{D}{2}$$

在 $\dfrac{3l-2x}{D} \leqslant t < \dfrac{3l+2x}{D}$，其受到左传简单波区⑥的作用，爆轰产物的声速为

$$c_6 = \frac{D}{4} - \frac{1}{2} \cdot \frac{x-l}{t-\dfrac{l}{D}}$$

当 $t \geqslant \dfrac{3l+2x}{D}$ 时，其受到中间复合波区⑧的作用，爆轰产物的声速为

$$c_8 = t \Big/ \left(t - \frac{l}{D}\right)$$

由此，该 x 断面处受到的比冲量为

$$i_x = \int_{\frac{x}{D}}^{\frac{2x}{D}} \frac{64}{27} p_{\mathrm{j}} \frac{1}{D^3}\left(\frac{x}{2t}+\frac{D}{4}\right)^3 \mathrm{d}t + \int_{\frac{2x}{D}}^{\frac{3l-2x}{D}} \frac{64}{27} \cdot \frac{p_{\mathrm{j}}}{D^3}\left(\frac{D}{2}\right)^3 \mathrm{d}t +$$

$$\int_{\frac{3l-2x}{D}}^{\frac{3l+2x}{D}} \frac{64}{27} \cdot \frac{p_{\mathrm{j}}}{D^3}\left[\frac{D}{4} - \frac{1}{2}\left(\frac{x-l}{t-\dfrac{l}{D}}\right)\right]^3 \mathrm{d}t + \int_{\frac{3l+2x}{D}}^{t} \left[\frac{64}{27} \cdot \frac{p_{\mathrm{j}}}{D^3}\left(\frac{l}{t-\dfrac{l}{D}}\right)^3\right] \mathrm{d}t$$

积分后整理得到

$$i_x = \frac{i_0}{16}\left[\frac{16+23\alpha-8\alpha^2-15\alpha^3}{(1+\alpha)^2} + 3(1-\alpha)\ln\frac{1+\alpha}{1-\alpha} + 3\alpha\ln 2\right] \tag{4-4-17}$$

在 $3l/4 < x \leqslant l$，任一断面将先后受到①，④，⑥，⑧区的作用，即在 $t_1 = b/D \sim t_2 = (3l-2b)/D$ 受到①区的作用；在 $t_2 \sim t_3 = 2b/D$ 受到④区的作用；在 $t_3 \sim t_4 = (3l+2b)/D$ 受到⑥区的作用；在 $t > t_4$ 时受到⑧区的作用，各区爆轰产物的声速和压力的变化规律分别为

$$\begin{cases} c_1 = \dfrac{b}{2t} + \dfrac{D}{4}, & p_1 = \dfrac{64}{27} \cdot \dfrac{p_{\mathrm{j}}}{D^3}\left(\dfrac{b}{2t}+\dfrac{D}{4}\right)^3 \\ c_4 = \dfrac{b}{Dt} - \dfrac{b-l}{Dt-l}, & p_4 = \dfrac{64}{27} \cdot \dfrac{p_{\mathrm{j}}}{D^3}\left(\dfrac{b-l}{t-l/D}\right)^3 \\ c_6 = \dfrac{D}{4} - \dfrac{b-l}{t-\dfrac{l}{D}}, & p_6 = \dfrac{64}{27} \cdot \dfrac{p_{\mathrm{j}}}{D^3}\left(\dfrac{b}{Dt} - \dfrac{b-l}{Dt-l}\right)^3 \\ c_8 = l \Big/ \left(t-\dfrac{l}{D}\right), & p_8 = \dfrac{64}{27} \cdot \dfrac{p_{\mathrm{j}}}{D^3}\left(\dfrac{Dl}{Dt-l}\right) \end{cases} \tag{4-4-18}$$

由此可以利用积分得

$$i_{\mathrm{b}} = \int_{\frac{b}{D}}^{\frac{3l-2b}{D}} p_1 \mathrm{d}t + \int_{\frac{3l-2b}{D}}^{\frac{2b}{D}} p_4 \mathrm{d}t + \int_{\frac{2b}{D}}^{\frac{3l+2b}{D}} p_6 \mathrm{d}t + \int_{\frac{3l+2b}{D}}^{\infty} p_8 \mathrm{d}t$$

得到该断面处所受到的作用比冲量为

$$
\begin{aligned}
i_{\mathrm{b}}=\frac{i_0}{8}\Bigg[&\frac{3}{4}(2-\alpha)+\frac{2}{(1-\alpha)^2}+\frac{3\alpha(\alpha-1)(3-4\alpha)}{2\alpha-1}+\frac{(\alpha-1)(3-4\alpha)}{4(\alpha-1)^2}-\\
&\frac{(\alpha-1)(18\alpha-12\alpha^2)}{3-2\alpha}+\frac{27\alpha-36\alpha^2+12\alpha^3}{4(3-2\alpha)}+\frac{9(\alpha-1)^2}{2(\alpha+1)(2\alpha-1)}-\\
&\frac{3}{4}\cdot\frac{(\alpha-1)^3(1+4\alpha)}{(1+\alpha)^2(2\alpha-1)^2}+\frac{3\alpha}{2}\ln\frac{3-2\alpha}{\alpha}-\frac{3}{2}(\alpha-1)\ln\frac{2(1+\alpha)}{2\alpha-1}+\\
&6(\alpha-1)(2\alpha-1)\alpha\ln\frac{(2\alpha-1)(3-2\alpha)}{4\alpha(1-\alpha)}\Bigg]
\end{aligned}
\tag{4-4-19}
$$

瞬时爆轰情况如图 4－4－6 所示，则在 $t=0$ 时刻将有两簇中心稀疏波同时从 $x=0$ 和 $x=l$ 处发出，分别向右和向左传播，两者在 $t=l/(2c_0)$ 时在 $x=0.5$ 处相遇，形成复合波区④。设瞬时爆轰所形成的爆轰产物的压力为 p_0，声速为 c_0，密度为 ρ_0，且取 $k=3$，其中 $p_0=(27/64)p_{\mathrm{j}}$，$c_0=(\sqrt{27}/16)D$。

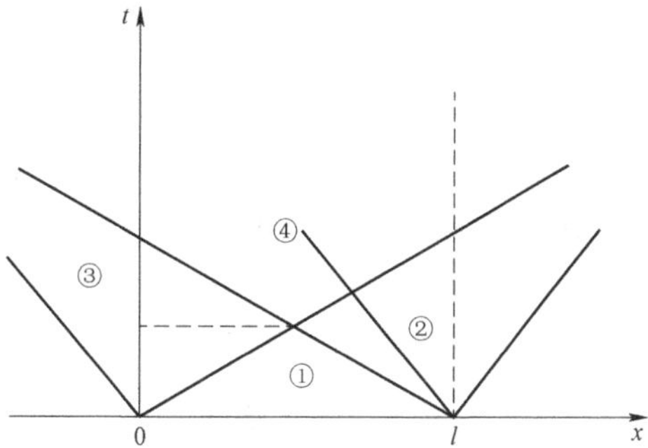

图 4－4－6　瞬时爆轰时产物的一维飞散

对于由 $t=0$，$x=0$ 点发出的右传中心稀疏波扰动区③有

$$
\begin{cases}
x=(u+c)t, & u=\dfrac{x}{2t}-\dfrac{c_0}{2}\\
u-c=-c_0, & c=\dfrac{x}{2t}+\dfrac{c_0}{2}
\end{cases}
\tag{4-4-20}
$$

对于由 $t=0$，$x=l$ 点发出的左传中心简单稀疏波区②有

$$
\begin{cases}
x=(u-c)t+l, & u=\dfrac{x-l}{2t}+\dfrac{c_0}{2}\\
u+c=-c_0, & c=\dfrac{x-l}{2t}+\dfrac{c_0}{2}
\end{cases}
\tag{4-4-21}
$$

对于由上述二簇波相交而形成的复合波区④有

$$
\begin{cases}
x=(u+c)t, & u=\dfrac{2x-l}{2t}\\
x=(u-c)t+l, & c=\dfrac{l}{2t}
\end{cases}
\tag{4-4-22}
$$

因此在 $x<l/2$ 区间的任一断面处，管壁侧面所受到的作用比冲量 i_1 为

$$i_1=\int_0^{\frac{x}{c_0}} p_j\left(\frac{c_0}{c_j}\right)^3 dt+\int_{\frac{x}{c_0}}^{\frac{l-x}{c_0}} p_j c_j^{-3}\left(\frac{x}{2t}+\frac{c_0}{2}\right)^3 dt+\int_{\frac{l-x}{c_0}}^{\infty}\frac{l}{2t}dt$$

在 $x>l/2$ 区间的任一断面处，管壁侧面所遭受的比冲量 i_2 为

$$i_2=\int_0^{\frac{l-x}{c_0}} p_j\left(\frac{c_0}{c_j}\right)^3 dt+\int_{\frac{l-x}{c_0}}^{\frac{x}{c_0}} p_j c_j^{-3}\left(\frac{c_0}{2}-\frac{x-l}{2t}\right)dt+\int_{\frac{x}{c_0}}^{\infty}\frac{l}{2t}dt$$

积分后比冲量 i_1 和 i_2 相加得到在任一断面 x 处所受到的比冲量为

$$i_x=\frac{i_0}{8}\left\{\frac{9}{2}\alpha+\frac{9}{16}\left[2-3\alpha\ln\frac{\alpha}{2-\alpha}-\frac{3\alpha^2}{2(2-\alpha)^2}+\frac{3}{2}\alpha\right]+\frac{9}{4(2-\alpha)^2}\right\} \tag{4-4-23}$$

4.5　爆轰波垂直入射固体界面的运动规律

炸药一维爆炸对端部刚性壁面作用比冲量 i 为

$$i=\frac{8}{27}l\rho_0 D$$

该式适用于受作用材料为不可压缩的绝对刚体。其中，l，ρ_0 和 D 分别为炸药装药的长度、密度和爆速。实际上固体都是具有可压缩性的，并且不同固体物质的压缩性有显著差别。因此，同一种装药爆炸时作用于端部固体表面上的作用冲量可能有很大差别。

可压缩固体壁面上所受到的作用比冲量 i 按其定义可表达为

$$i=\int_{\frac{l}{D}}^{\infty} p_b(t)dt \tag{4-5-1}$$

式中　$p_b(t)$为可压缩固体壁面上爆轰产物压力随时间 t 变化的规律。显然，我们可将本问题归结为建立固体壁面上爆轰产物压力变化的规律，即 $p_b(t)$的函数表达式。然而，若采用解析方法，则得到其精确解是相当困难的，因为这需要同时考虑爆轰产物流动与分界面运动及固体当中应力波传播之间的耦合问题。

设有一长为 l、密度为ρ_0、爆速为 D 的装药左端被引爆后，我们探求端部可压缩壁面的变形运动规律及所受到的作用比冲量。固体中平面爆炸冲击波的传播如图 4－5－1 所示，在左端引爆后 $t=l/D$ 时刻，固体表面受到爆轰波的作用而开始变形，并有冲击波传入其中。假设固体的冲击波阻抗比装的药大，则产物中所形成的是反射冲击波。但是，由于壁面以 $u_b(t)$ 的速度向右运动，所以在第一道反射冲击波阵面之后有一束稀疏波向左传播。

在考察本问题的解时我们作如下假定：

（1）由于反射冲击波对于高压状态下的爆轰产物而言属于弱压缩扰动，故爆轰产物在受到反射压缩波的扰动后的流动仍被近似地视为等熵流动过程。

（2）近似地取爆轰产物的等熵方程为 $p=A\rho^k$，且取 $k\approx3$。

（3）假设爆炸在固体中形成的冲击波为弱冲击波，则可近似地按等熵处理，且采用如下的固体状态方程来描述介质的状态变化规律

$$p_m=B(s)\left[\left(\frac{\rho_m}{\rho_{m0}}\right)^n-1\right] \tag{4-5-2}$$

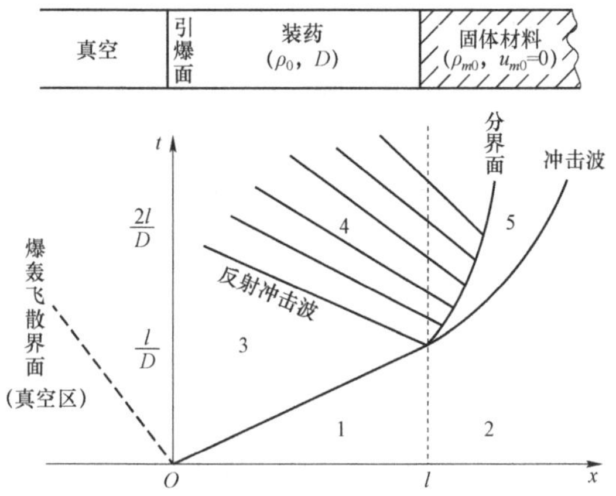

图 4-5-1　固体中平面爆炸冲击波的传播

1—未爆炸区；2—未受扰动的固体材料区；3—右传简单波区；4—复合波区；5—固体中冲击波扰动区

由爆轰产物的一维飞散运动可知，在简单波区 3 中的解为

$$\begin{cases} x=(u+c)t \\ u-c=-\dfrac{D}{2} \end{cases} \tag{4-5-3}$$

而反射波扰动过的区域 4 为复合波区，它的解为

$$\begin{cases} x=(u+c)t \\ x=(u-c)t+F_2(u-c) \end{cases} \tag{4-5-4}$$

由于反射左传波是不同时刻、不同位置从固体壁面发出的，故任意函数 F_2（$u-c$）实际是（u_b-c_b）的函数。因此，要找到 $F_2(u_b-c_b)$的具体函数形式，就必须确定 u_b 和 c_b 的变化规律，即必须确定 $u_b(x,t)$和 $c_b(x,t)$。

由爆轰产物的等熵方程

$$p=A\rho^3=\frac{16}{27}\cdot\frac{\rho_0}{D}c^3 \tag{4-5-5}$$

确定 $p_b(t)$的关键是知道固体表面处爆轰产物的声速随时间的变化规律 $c_b(t)$。

右传简单波区中各波都以各自的速度（$u+c$）向右传播。当它们到达固体壁面时，产物的质点速度 u 立即变为壁面的速度 u_b，产物的声速 c 立即变为壁面处产物的声速 c_b，压力 p 立即升为 p_b，并且 $u+c=u_b+c_b$。

在 $t=l/D$ 时刻，爆轰波开始与固体壁面作用，此时产物的速度由 u_j 变为 u_{bx}，c_j 立即变为 c_{bx}，由于 $u_j+c_j=u_{bx}+c_{bx}=D$，故 $c_{bx}=D-u_{bx}$。因此，利用式（4-5-5）可得到

$$\frac{p_{bx}}{p_j}=\frac{(D-u_{bx})^3}{c_j^3}=\frac{64}{27}\left(1-\frac{u_{bx}}{D}\right)^3 \tag{4-5-6}$$

考虑分界面两侧压力和速度的恒等条件，爆轰波到达界面之后的任意时刻有

$$\frac{dx}{dt}=u_b(t)=u_{mb}(t)\ ,\quad p_b(t)=p_{mb}(t) \tag{4-5-7}$$

式中　$u_{mb}(t)$ 和 $p_{mb}(t)$ 分别表示 t 时刻固体壁面的运动速度和冲击压力。

现在我们来考察固体中所形成的弱冲击波的传播。按照假定（3），并考虑固体介质初始时刻处于均匀静止状态，故可近似地把固体介质中传播的弱冲击波区 5 视为等熵简单波区，其解为

$$\begin{cases} x=(u_m+c_m)t+F_3(u_m) \\ u_m-\dfrac{2}{n-1}c_m=-\dfrac{2}{n-1}c_{m0} \end{cases} \tag{4-5-8}$$

利用式（4-5-2）及声速公式可得到

$$\left(\frac{\rho_m}{\rho_{m0}}\right)=\left(\frac{c_m}{c_{m0}}\right)^{\frac{2}{n-1}} \tag{4-5-9}$$

将该结果代入式（4-5-2），得到

$$p_m=B(s)\left[\left(\frac{c_m}{c_{m0}}\right)^{\frac{2n}{n-1}}-1\right] \tag{4-5-10}$$

利用界面处压力连续条件得到

$$p_{\mathrm{b}}=\frac{16}{27}\cdot\frac{\rho_0}{D}c_{\mathrm{b}}^3=B(s)\left[\left(\frac{c_{m\mathrm{b}}}{c_{m0}}\right)^{\frac{2n}{n-1}}-1\right]=\rho_{m\mathrm{b}} \tag{4-5-11}$$

由式（4-5-8）的第二式知

$$c_{m\mathrm{b}}=\frac{n-1}{2}u_{m\mathrm{b}}+c_{m0}$$

将式（4-5-7）代入后得到

$$c_{m\mathrm{b}}=c_{m0}+\frac{n-1}{2}\cdot\frac{\mathrm{d}x}{\mathrm{d}t} \tag{4-5-12}$$

而由式（4-5-4）的第一式知，在分界面处有

$$c_{\mathrm{b}}=\frac{x}{t}-u_{\mathrm{b}}=\frac{x}{t}-\frac{\mathrm{d}x}{\mathrm{d}t} \tag{4-5-13}$$

将上述结果代入式（4-5-11），得到

$$\frac{16}{27}\cdot\frac{\rho_0}{D}\left(\frac{x}{t}-\frac{\mathrm{d}x}{\mathrm{d}t}\right)^3=B(s)\left(1+\frac{n-1}{2c_{m0}}\cdot\frac{\mathrm{d}x}{\mathrm{d}t}\right)^{\frac{2n}{n-1}} \tag{4-5-14}$$

式（4-5-14）可作为一常微分方程来求解数值解，其初始条件为 $t=l/D$，$x=l$，$u_{\mathrm{b}}=u_{\mathrm{b}x}=u_{m\mathrm{b}x}$，$p_{\mathrm{b}}=p_{\mathrm{b}x}$，在求得 $u_{\mathrm{b}x}$ 后可利用式（4-5-6）表达 $p_{\mathrm{b}x}$。

利用数值积分的结果，我们可以把分界面的运动规律表示为

$$\frac{u_{\mathrm{b}}}{D}=\frac{u_{\mathrm{b}x}}{D}\left(\frac{x}{Dt}\right)^{\beta},\quad t\geqslant l/D \tag{4-5-15}$$

式中　指数β为与炸药及材料性质有关的参数。

对炸药与多种金属介质［包括铝（Al）、铍（Be）、镉（Cd）、钛（Ti）、铅（Pb）、铜（Cu）、钼（Mo）、钽（Ta）、金（Au）和铂（Pt）等固体相］作用进行计算发现，β与材料的声阻抗有关，并存在如下的经验关系：

$$\beta = 1 + 0.02(\rho_{m0} c_{m0})^{0.24} \tag{4-5-16}$$

图 4-5-2 所示为β与材料声阻抗$\rho_{m0}c_{m0}$之间的关系。

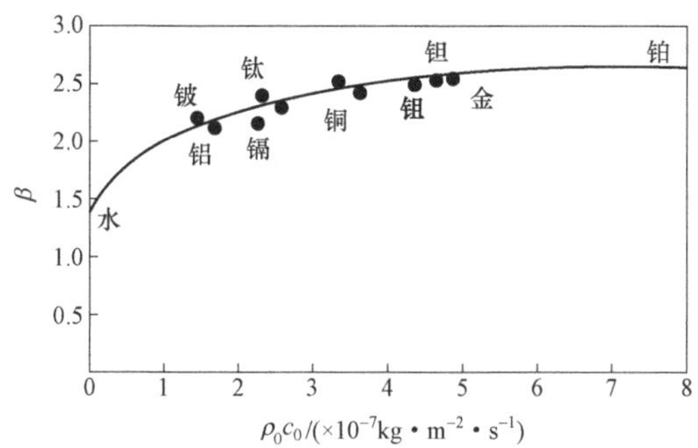

图 4-5-2　β与材料声阻抗$\rho_{m0}c_{m0}$之间的关系

分界面运动规律的确定使得我们可以建立分界面压力 p_b 随时间 t 的变化规律。前已述及，分界面上的压力 p_b 和爆轰产物声速 c_b 之间有如下关系：

$$\frac{p_b}{p_j} = \left(\frac{c_b}{c_j}\right)^3 = \frac{64}{27}\left(\frac{c_b}{D}\right)^3 \tag{4-5-17}$$

$$c_b = \frac{x}{t} - u_b \tag{4-5-18}$$

将式（4-5-15）和式（4-5-18）代入式（4-5-17）得到

$$\frac{p_b}{p_j} = \frac{64}{27}\left[\frac{x}{Dt} - \frac{u_{bx}}{D}\left(\frac{x}{Dt}\right)^\beta\right]^3 \tag{4-5-19}$$

然而分界面的运动速度$u_b = \dfrac{\mathrm{d}x}{\mathrm{d}t}$，则式（4-5-15）可表示为

$$\frac{\mathrm{d}x}{\mathrm{d}t} = u_{bx}\left(\frac{x}{Dt}\right)^\beta$$

于是有

$$\frac{\mathrm{d}x}{x^\beta} = \frac{u_{bx}}{D^\beta} \cdot \frac{\mathrm{d}t}{t^\beta} \tag{4-5-20}$$

积分后有

$$\int_l^x x^{-\beta}\mathrm{d}x = \int_{\frac{l}{D}}^t \frac{u_{bx}}{D^\beta} t^{-\beta}\mathrm{d}t$$

最后得到分界面位置 x 随时间 t 的变化规律为

$$\frac{x}{Dt}=\left[\frac{u_{bx}}{D}+\left(1-\frac{u_{bx}}{D}\right)\left(\frac{l}{Dt}\right)^{1-\beta}\right]^{\frac{1}{1-\beta}} \tag{4-5-21}$$

将式（4-5-21）代入式（4-5-15），得到分界面运动速度 $u_b(t)$为

$$\frac{u_b}{D}=\frac{u_{bx}}{D}\left[\frac{u_{bx}}{D}+\left(1-\frac{u_{bx}}{D}\right)\left(\frac{l}{Dt}\right)^{1-\beta}\right]^{\frac{\beta}{1-\beta}} \tag{4-5-22}$$

由于$u_b+c_b=x/t$，利用式（4-5-21）和式（4-5-22）可得到分界面处爆轰产物声速 c_b的表达式为

$$\frac{c_b}{D}=\frac{l}{Dt}\cdot\frac{1-\dfrac{u_{bx}}{D}}{\left\{1-\dfrac{1-u_{bx}}{D}\left[1-\left(\dfrac{l}{Dt}\right)^{\beta-1}\right]\right\}^{\frac{\beta}{1-\beta}}} \tag{4-5-23}$$

分界面处的 $p_b(t)$可表示为

$$\frac{p_b}{p_j}=\frac{64}{27}\left(\frac{l}{Dt}\right)^3\frac{\left(1-\dfrac{u_{bx}}{D}\right)^3}{\left\{1-\dfrac{u_{bx}}{D}\left[1-\left(\dfrac{l}{Dt}\right)^{\beta-1}\right]\right\}^{\frac{3\beta}{\beta-1}}} \tag{4-5-24}$$

由式（4-5-24）可看出，若介质为刚体，则有$\dfrac{u_{bx}}{D}=0$，于是式（4-5-24）可转化为

$$\frac{p_b}{p_j}=\frac{64}{27}\left(\frac{l}{Dt}\right)^3 \tag{4-5-25}$$

而当固体为可压缩介质时，由于$\dfrac{u_{bx}}{D}>0$，在$t=\dfrac{l}{Dt}$时刻，$u_b=u_{bx}$，则

$$\frac{p_{bx}}{p_j}=\frac{64}{27}\left(1-\frac{u_{bx}}{D}\right)^3 \tag{4-5-26}$$

式（4-5-26）与式（4-5-6）的结果完全相同。该式表明，炸药对可压缩固体冲击时所形成的分界面压力比与刚体壁面作用时小。由于实际介质的$\beta>1$，由式（4-5-23）可看出，可压缩固体界面处的压力随时间的衰减比刚性壁面情况要慢，这一点可从图 4-5-3 所示的数据中看清楚。

将式（4-5-23）代入式（4-5-1），积分便可得到分界面上作用的比冲量为

$$i=\int_{\frac{l}{Dt}}^{t}p_b(t)\mathrm{d}t=\int_{\frac{l}{D}}^{t}\frac{64}{27}\left(\frac{l}{Dt}\right)^3\frac{\left(1-\dfrac{u_{bx}}{D}\right)^3\mathrm{d}t}{\left\{1-\dfrac{u_{bx}}{D}\left[1-\left(\dfrac{l}{Dt}\right)^{\beta-1}\right]\right\}^{3\beta/\beta-1}} \tag{4-5-27}$$

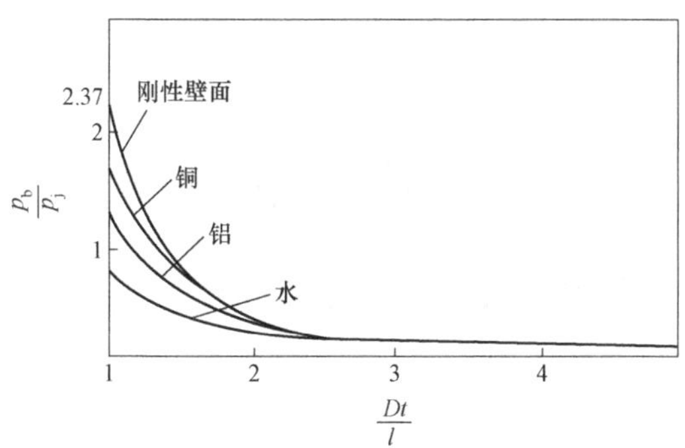

图 4-5-3　$p_b/p_j - Dt/l$ 的关系曲线

图 4-5-4 所示为部分计算结果。其中 i_0 为炸药对刚性介质作用的比冲量。曲线 1、2、3 和 4 分别代表刚性介质、铜、铝和水。我们可以看到，可压缩性越大且密度越小的介质，爆炸作用的比冲量越小。

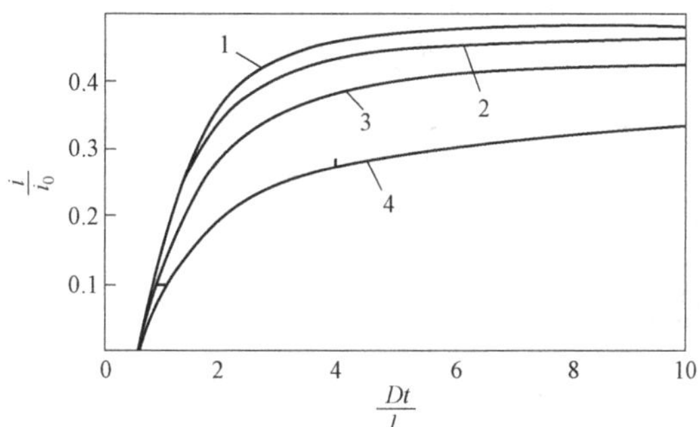

图 4-5-4　界面上比冲量 $i/i_0 - Dt/l$ 的关系曲线

第 5 章 不同介质中的爆炸作用

5.1 空气中爆炸

空气中的爆炸是个十分复杂但又极为重要的问题。研究空气中的爆炸，首先要弄清空气中爆炸的基本现象，以便从中找出规律，给出理论说明。

炸药在空气中爆炸，瞬时（10^{-6} s 量级）转变为高温（10^3 K 量级）且高压（10^9 Pa 量级）的类似于气体的爆轰产物。由于空气的初始压力（10^5 Pa 量级）和密度都很低，于是爆轰产物急剧膨胀，压力和密度下降，在爆轰产物中形成稀疏波。同时，爆轰产物膨胀，强烈压缩空气，在空气中形成爆炸空气冲击波。

5.1.1 基本物理现象

1. 爆轰产物的膨胀和爆炸空气冲击波的形成

爆轰产物的膨胀规律，可被近似地认为符合多方指数型状态方程：

$$pv^{\gamma}=常数$$

式中 p，v 分别是爆轰产物的压力和比容（单位质量的体积）；γ 是多方指数，与爆轰产物的组成和密度有关，密度越大，γ 值越大。

对于半径为 r_0 的球形装药，爆炸后爆轰产物膨胀半径用 r 表示，则爆轰产物的体积 v 和压力 p 分别与 r^3 和 $r^{-3\gamma}$ 成正比。γ 值一般大于理想气体的等熵指数 1.4，多数为 2～4。所以，随着爆轰产物的膨胀，压力下降得很快，对于普通的炸药，当压力下降到空气的初始压力 p_0 时，膨胀半径 r 只达到初始半径 r_0 的几倍到十几倍。随着爆轰产物的膨胀，密度不断减小，γ 值也不断减小，所以爆轰产物压力的下降速率在初始时刻达到最大，之后不断减小。

当爆轰产物膨胀到空气的初始压力 p_0 时，由于惯性效应产生过度膨胀，直到惯性效应消失为止。此时，爆轰产物的平均压力低于空气的初始压力 p_0，爆轰产物的体积达到最大值。由于爆轰产物的压力低于空气的初始压力 p_0，空气反过来对爆轰产物进行压缩，使其压力不断回升。同样，由于惯性效应产生过度压缩，使爆轰产物的压力又稍大于 p_0。这样，重新开始膨胀和压缩，形成膨胀和压缩的脉动（振荡）过程。

爆轰产物与空气最初存在清晰的分界面，由于脉动过程，特别是界面周围产生湍流等作用，使分界面越来越模糊，最后与空气介质混合在一起。

当爆轰波到达炸药和空气分界面时，瞬时在空气中形成强冲击波，被称为初始冲击波。

初始冲击波阵面和爆轰产物与空气的分界面重合，初始冲击波参数由炸药和介质性质决定。初始冲击波作为一个强间断面，其运动速度大于爆轰产物与空气的分界面的运动速度，造成压力波阵面与爆轰产物与空气的分界面的分离。如果不考虑衰减，则初始冲击波构成整个压力波的头部，其压力最高，压力波尾部压力最低，与爆轰产物与空气的分界面压力连续。爆轰产物第一次过度膨胀后，由于爆轰产物的压力低于空气的压力，马上在压力波的尾部形成稀疏波，并开始第一次反向压缩。此时，压力波和稀疏波与爆轰产物分离而独立地向前传播。这样，就形成了一个尾部带有稀疏波区（或负压区）的空气冲击波，被称为爆炸空气冲击波。爆炸空气冲击波的形成与压力分布如图 5－1－1 所示。

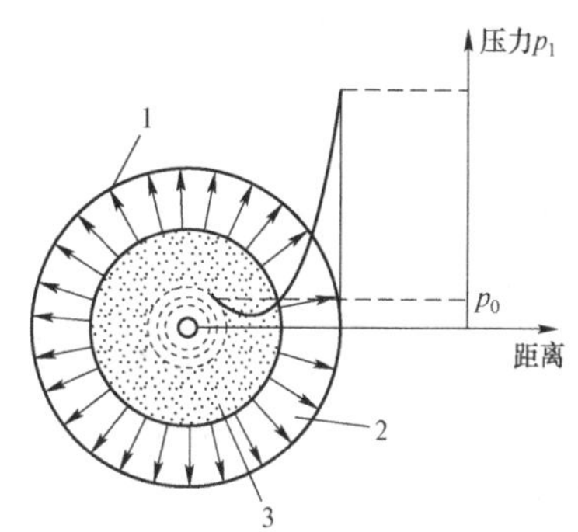

图 5－1－1　爆炸空气冲击波的形成和压力分布

1—冲击波阵面；2—正压区；3—负压区

2. 爆炸空气冲击波的传播

爆炸空气冲击波形成后，脱离爆轰产物而独立地在空气中传播。爆炸空气冲击波在传播过程中，波的前沿以超声速传播，而正压区的尾部是以与压力 p_0 对应的声速传播，所以正压区被不断拉宽。爆炸空气冲击波的传播如图 5－1－2 所示。

另外，随着爆炸空气冲击波的传播，其压力和传播速度等参数迅速下降。这是因为，首先，爆炸空气冲击波的波阵面随传播距离的增加而不断扩大，即使没有其他能量损耗，其波阵面上的单位面积能量也迅速减少；其次，爆炸空气冲击波的正压区随传播距离的增加而不断被拉宽，受压缩的空气量不断增加，使得单位质量空气的平均能量不断下降；最后，冲击波的传播是不等熵的，在波阵面上熵是增加的，在传播过程中，始终存在因空气冲击绝热压缩而产生的不可逆的能量损失。在爆炸空气冲击波的传播过程中，波阵面压力在初始阶段衰减快，后期减慢，传播到一定距离后，冲击波衰减为声波。冲击波阵面压力随时间的变化如图 5－1－3 所示，$\Delta p_1=p_1-p_0$，被称为峰值超压，表示正压区作用时间。

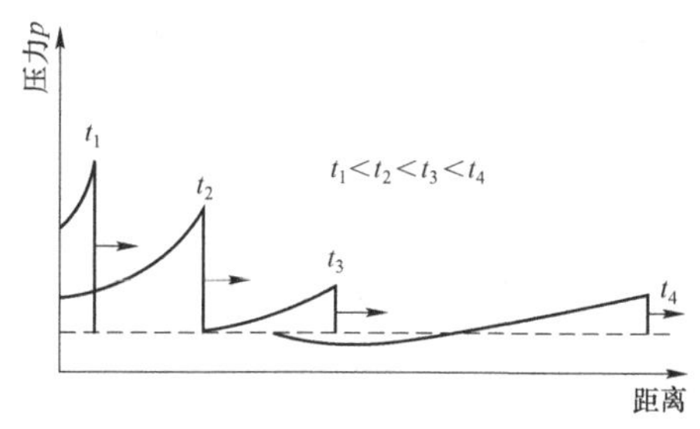

图 5－1－2　爆炸空气冲击波的传播

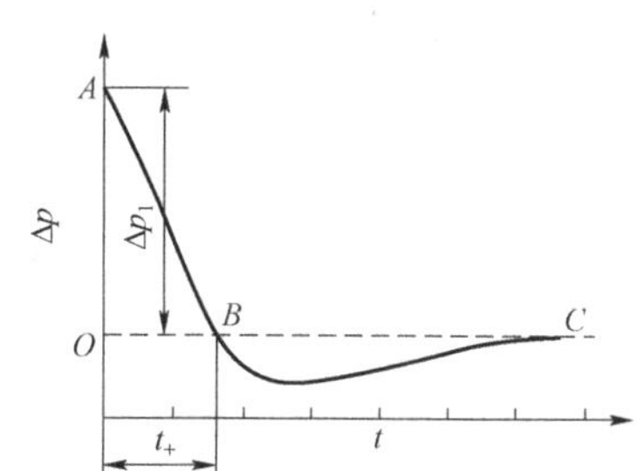

图 5－1－3　冲击波阵面压力随时间的变化

5.1.2　空气冲击波参数

炸药在空气中爆炸形成爆炸空气冲击波，爆炸空气冲击波有别于普通的冲击波，其尾部有负压区（稀疏区）。爆炸空气冲击波随着传播距离的增加，其峰值压力不断减小，正压区被不断拉宽。本小节讨论爆炸空气冲击波的参数及其变化规律。

1. 爆炸空气冲击波初始参数

描述爆炸空气冲击波的有关参数包括冲击波峰值（波峰或波谷）压力、传播速度和质点速度，以及它们随空间和时间坐标的分布等。从解析的角度求解上述参数目前难以做到，原因在于有关参数相互耦合的流体力学方程组不封闭，由于初始冲击波阵面与爆轰产物和空气的分界面重合、初始冲击波与爆轰产物的压力和质点速度连续，所以对初始冲击波参数可以求得解析解。

一般说来，初始冲击波的波阵面压力 p_X 远小于爆轰 C—J 压力 p_H，在爆轰产物由压力 p_H 膨胀到 p_X 的过程中，联系爆轰产物状态量之间关系的爆轰产物方程目前难以给出精确的表达式，或者难以得到适合整个压力范围的通用形式。所以我们只能在对爆轰产物的膨胀规律作某种假定的情况下，得到爆炸空气冲击波某些初始参数的近似计算方法。

假定炸药爆轰产物膨胀过程是绝热的，此过程分为两个阶段：第一阶段由压力 p_H 膨胀到 p_K；第二阶段由压力 p_K 膨胀到 p_X。两个阶段的状态方程如下：

$$p_H v_H^\gamma = p v^\gamma \qquad (p > p_K) \tag{5-1-1}$$

$$p_K v_K^\gamma = p v^k \qquad (p \leqslant p_K) \tag{5-1-2}$$

式中　p，v 分别表示爆轰产物的压力和比容；脚标 H 表示 C—J 爆轰状态；脚标 K 表示两阶段分界状态；$\gamma=3$；$k=1.4$。p_K 由式（5-1-3）给出：

$$p_K = \frac{p_H}{2} \cdot \frac{k-1}{\gamma-k}\left[\frac{(\gamma-1)Q_v}{\frac{1}{2}p_H v_0} - 1\right]^{\gamma/(\gamma-1)} \tag{5-1-3}$$

式中　v_0 为装药初始比容；Q_v 为装药爆热。对于 TNT 炸药，经计算得到 $p_K \approx 274.4\ \mathrm{MPa}$。

事实上，爆轰产物压力由 p_H 膨胀到初始冲击波压力 p_X 的过程是不等熵的，多方指数 γ 不断变化，并随压力和密度的降低而不断减小，以上假设不过是某种意义上的平均。对于第二阶段，由于压力已经较低，所以可以近似地看作等熵过程。下面讨论爆炸冲击波初始参数压力 p_X、质点速度 u_X 和波速 D_X 在以上假定基础上的求法。

由式（5-1-1）和式（5-1-3）可求出第二阶段分界状态参数 p_K 和 v_K。对于第二阶段，由于可以假设其为等熵过程，所以由声速的定义 $c=\sqrt{(\partial p/\partial \rho)}$，结合式（5-1-2）可得

$$\frac{c_X}{c_K} = \left(\frac{v_X}{v_K}\right)^{\frac{k-1}{2}} = \left(\frac{p_X}{p_K}\right)^{\frac{k-1}{2k}} \tag{5-1-4}$$

式中，$c_K = \sqrt{K p_K v_K}$ 表示声速；脚标 X 表示形成初始冲击波时爆轰产物的状态。

爆轰产物由 p_H 膨胀到 p_X，产物的速度由 u_H 增大到 u_X，于是：

$$u_X = u_H + \int_{p_X}^{p_H} \frac{v}{c}\mathrm{d}p = u_H + \int_{p_X}^{p_K} \frac{v}{c}\mathrm{d}p + \int_{p_K}^{p_H} \frac{v}{c}\mathrm{d}p \tag{5-1-5}$$

由爆轰理论可知：

$$u_H = \frac{1}{\gamma+1}D \tag{5-1-6a}$$

$$c_{\mathrm{H}}=\frac{\gamma}{\gamma+1}D \tag{5-1-6b}$$

$$p_{\mathrm{H}}=\frac{1}{(\gamma+1)v_0}D^2 \tag{5-1-6c}$$

$$v_{\mathrm{H}}=\frac{\gamma}{\gamma+1}v_0 \tag{5-1-6d}$$

式中　D 为装药爆速。

把式（5-1-6）代入式（5-1-5），整理得

$$u_{\mathrm{X}}=\frac{D}{\gamma+1}\left\{1+\frac{2\gamma}{\gamma-1}\left[1-\left(\frac{p_{\mathrm{K}}}{p_{\mathrm{X}}}\right)^{\frac{\gamma-1}{2\gamma}}\right]\right\}+\frac{2c_{\mathrm{K}}}{k-1}\left[1-\left(\frac{p_{\mathrm{X}}}{p_{\mathrm{K}}}\right)^{\frac{k-1}{2k}}\right] \tag{5-1-7}$$

爆炸初始冲击波必然是强冲击波，因此引入强冲击波关系式：

$$p_{\mathrm{X}}=\frac{k_0+1}{2}\rho_0u_{\mathrm{X}}^2 \tag{5-1-8}$$

$$D_{\mathrm{X}}=\frac{k_0+1}{2}u_{\mathrm{X}} \tag{5-1-9}$$

式中　k_0 为未扰动空气的等熵指数，对于强冲击波，$k_0=1.2$；ρ_0 为未扰动空气的密度，标准状况下，$\rho_0=1.225\ \mathrm{kg/m^3}$。联立式（5-1-7）和式（5-1-8）可解出 p_{X} 和 u_{X}，再由式（5-1-9）解出 D_{X}。

表 5-1-1 所示为部分炸药在空气中爆炸按上述方法得到的空气冲击波初始参数的计算结果，表 5-1-2 所示为部分试验结果。我们可以看到，计算结果和试验结果具有较好的符合程度。另外，由试验结果可以看到，冲击波初始参数与炸药密度有关。

表 5-1-1　空气冲击波初始参数的计算结果

炸药	ρ_0/（g·cm^{-3}）	D/（m·s^{-1}）	Q_V/（kJ·kg^{-1}）	p_{K}/MPa	p_{X}/MPa	D_{X}/（m·s^{-1}）	u_{X}/（m·s^{-1}）
TNT	1.60	7 000	4 186	270	64.2	7 590	6 900
RDX	1.60	8 200	5 442	266	71.4	8 008	7 280
PETN	1.69	8 400	5 860	348	79.1	8 426	7 660

表 5-1-2　炸药附近空气冲击波速度的试验结果（药柱直径 23 mm）

炸药	ρ_0/（g·cm^{-3}）	D/（m·s^{-1}）	D_{X}/（m·s^{-1}）		
			0～30 mm*	30～60 mm*	60～90 mm*
TNT	1.30	6 025	6 670	5 450	4 620
TNT	1.35	6 200	6 740	5 670	4 720
TNT	1.45	4 450	6 820	5 880	—
TNT	1.60	7 000	7 500	6 600	5 400

续表

炸药	ρ_0/（g·cm^{-3}）	D/（m·s^{-1}）	D_X/（m·s^{-1}）		
			0～30 mm*	30～60 mm*	60～90 mm*
顿感 RDX	1.40	7 350	8 000	—	—
顿感 RDX	1.60	8 000	8 600	6 900	6 400

注：*为药柱长度。

2. 爆炸相似律——无限空气介质中爆炸冲击波参数的经验算法

下面将介绍爆炸相似律、爆炸空气冲击波峰值超压 Δp 、压力区作用时间 τ 和比冲量 i 随传播距离的变化及其经验算法，以及 TNT 当量及其换算。峰值超压指冲击波峰值压力与环境压力之差。

（1）爆炸相似律。无限空气介质中的爆炸存在相似规律，这已得到人们的普遍认可。目前，关于爆炸空气冲击波三个基本参数 Δp ， τ 和 i 的计算，均根据相似理论，通过量纲分析和试验标定参数的方法得到相应的经验计算式。

通过量纲分析可得到 Δp ， τ 和 i 均是 $\sqrt[3]{m}/r$ （m 是装药量， r 为距爆心的距离）的函数，进而可展开成级数形式（多项式），即

$$\Delta p = f_1(\sqrt[3]{m}/r) = A_0 + \frac{A_1}{\bar{r}} + \frac{A_2}{\bar{r}^2} + \frac{A_3}{\bar{r}^3} + \cdots$$

$$\tau/\sqrt[3]{m} = f_2(\sqrt[3]{m}/r) = B_0 + \frac{B_1}{\bar{r}} + \frac{B_2}{\bar{r}^2} + \frac{B_3}{\bar{r}^3} + \cdots$$

$$i/\sqrt[3]{m} = f_3(\sqrt[3]{m}/r) = C_0 + \frac{C_1}{\bar{r}} + \frac{C_2}{\bar{r}^2} + \frac{C_3}{\bar{r}^3} + \cdots$$

式中　$\bar{r} = r/\sqrt[3]{m}$，为对比距离；m ，r 的单位分别为 kg 和 m；各系数 A_i ，B_i ，C_i（$i = 0,1,2,\cdots$）由试验来确定。

（2）爆炸空气冲击波峰值超压的计算公式。

① 裸露的 TNT 球形装药在无限空气中爆炸，正压区峰值超压 Δp_+ 存在下列计算公式（Brode 公式）：

$$\Delta p_+ = \frac{0.096}{\bar{r}} + \frac{0.014\,6}{\bar{r}^2} + \frac{0.585}{\bar{r}^3} - 0.001\,9 \quad (0.009\,8 \leqslant \Delta p_+ \leqslant 0.98) \tag{5-1-10a}$$

$$\Delta p_+ = \frac{0.657}{\bar{r}^3} + 0.098 \quad (\Delta p_+ \geqslant 0.98) \tag{5-1-10b}$$

式中　Δp_+，$\bar{r}$ 的单位分别是 MPa 和 mg/kg$^{1/3}$，下述公式与此相同。

我国国防工程设计规范（草案）中规定的计算公式：

$$\Delta p_+ = \frac{0.082}{\bar{r}} + \frac{0.265}{\bar{r}^2} + \frac{0.686}{\bar{r}^3} \quad (1 \leqslant \bar{r} \leqslant 15) \tag{5-1-11}$$

式（5-1-11）要求 $H/\sqrt[3]{m} \geqslant 0.35$（$H$ 是爆炸中心距地面的高度），即这样的爆炸近似为无限空气中的爆炸。

② 负压区的峰值超压 Δp_- 存在：

$$\Delta p_- = -\frac{0.0343}{\overline{r}} \qquad (\overline{r} > 1.6) \tag{5-1-12}$$

冲击波阵面正压区压力随时间的变化由式（5－1－13）近似计算：

$$\Delta p(t) = \Delta p_+ \left(1 - \frac{t}{\tau_+}\right) \exp\left(-a\frac{t}{\tau_+}\right) \tag{5-1-13}$$

其中，当 $0.1\,\text{MPa} < \Delta p_+ < 0.3\,\text{MPa}$ 时，有

$$a = \frac{1}{2} + 10\Delta p_+ \left[1.1 - (0.13 + 2.0\Delta p_+)\frac{t}{\tau_+}\right]$$

当 $\Delta p_+ \leqslant 0.1\,\text{MPa}$ 时，有

$$a = \frac{1}{2} + 10\Delta p_+$$

以上公式都是针对球形 TNT 装药在无限空气介质中的爆炸情况，对于其他类型装药及其他环境的爆炸将在本节后面讨论。另外，对于其他形状炸药，当传播距离大于装药特征尺寸时，可按上述公式近似计算；当传播距离小于装药的特征尺寸时，也将在本节后面讨论。

（3）压区作用时间的计算。

① 正压区作用时间 τ_+ 是爆炸空气冲击波的另一个特征参数，它是影响对目标破坏作用大小的重要标志参数之一。与峰值超压一样，它的计算也是根据爆炸相似律通过试验来建立的经验关系式。

TNT 球形装药在空气中爆炸时，τ_+ 的计算式为

$$\tau_+ = Br^{-1/2}\sqrt[3]{m} \qquad r > 12r_0 \tag{5-1-14}$$

式中　$B = (1.3 \sim 1.5)\times 10^{-3}$；$\tau_+$ 的单位为 s。

② 负压区作用时间 τ_- 的计算公式为

$$\tau_- = 1.25\times 10^{-2}\sqrt[3]{m} \tag{5-1-15}$$

式中　τ_- 的单位为 s。

（4）比冲量的计算。从理论上讲，比冲量由超压对时间的积分得到，但计算比较复杂。由爆炸相似律可得正压区比冲量：

$$i_+ = \frac{C}{\overline{r}}\sqrt[3]{m} \tag{5-1-16}$$

式中　i_+ 的单位为 $\text{N}\cdot\text{s/m}^2$；对于 TNT 装药，$C$=196～245。

冲击波负压区的比冲量为

$$i_- = i_+\left(1 - \frac{1}{2r}\right) \tag{5-1-17}$$

由此式可以看出，随着冲击波传播距离的增加，i_- 逐渐接近 i_+。

（5）TNT 当量及其换算。上述所有计算公式都是针对 TNT 球形装药在无限空气介质中

的爆炸。事实上，装药并不总是 TNT，也不总是在无限空气介质中爆炸。对于其他类型的炸药在一定环境条件下的爆炸，可根据能量相似原理，将实际装药量换算成相当于 TNT 炸药在无限空气介质中爆炸的装药量（TNT 当量），采用上述计算公式来计算相应的爆炸空气冲击波参数。下面介绍 TNT 当量的换算方法。

① 其他类型炸药在无限空气介质中的爆炸。

设某一炸药的爆热是 Q_{vi}，药量是 m_i，其 TNT 当量为

$$m_i = \frac{Q_{vi}}{Q_{vT}} m_i \tag{5-1-18}$$

式中 Q_{vT} 为 TNT 的爆热。

② TNT 装药在地面上的爆炸。

若地面是刚性地面，则 TNT 当量为

$$m_e = 2m \tag{5-1-19}$$

若地面是普通土壤，则 TNT 当量为

$$m_e = 1.8m \tag{5-1-20}$$

式中 m 为原装药量。

③ TNT 装药在管道（坑道）内的爆炸。

设管道（坑道）截面面积为 S，在管道两端开口情况下的 TNT 当量为

$$m_e = \frac{4\pi r^2}{2S} m = 2\pi \frac{r^2}{S} \omega \tag{5-1-21}$$

式中 r 为冲击波传播距离。

在管道一端开口情况下的 TNT 当量为

$$m_e = \frac{4\pi r^2}{S} m \tag{5-1-22}$$

④ TNT 装药在高空中的爆炸。

设高空中的压力为 p_{01}，海平面的压力为 p_0，则在压力 p_{01} 的高空中爆炸的 TNT 当量为

$$m_e = \frac{p_{01}}{p_0} m \tag{5-1-23}$$

⑤ 长径比很大的圆柱形 TNT 装药的爆炸。

设圆柱形装药半径和长度分别为 r_0 和 L，当冲击波传播距离 $r \geqslant L$ 时，其可被近似看成球形装药的爆炸。当 $r < L$ 时，TNT 当量为

$$m_e = \frac{4\pi r^2}{2\pi r L} m = 2\frac{r}{L} m \tag{5-1-24}$$

综上，TNT 当量的换算要注意两点：首先，根据爆热进行换算装药的类型；然后，根据爆炸条件和装药形状进行换算。

5.1.3 炸药装药密度对空气冲击波参数的影响

相关学者研究了球形爆炸时炸药装药密度对空气冲击波参数的影响，其方法是用光学测量波阵面的运动以决定其传播速度。特别对于密度分别为 1.6 g/cm³ 和 0.4 g/cm³ 的 PETN 装药爆炸时冲击波阵面的超压，有如下公式。

（1）$\rho_{BB}=1.6\ \mathrm{g/cm^3}$ 时，有

$$\Delta p_m = 3.8(\sqrt[3]{m}/r)^{1.14},\quad 0.053 \leqslant r/\sqrt[3]{m} \leqslant 0.35 \tag{5-1-25a}$$

$$\Delta p_m = 1.78(\sqrt[3]{m}/r)^{1.81},\quad 0.35 \leqslant r/\sqrt[3]{m} \leqslant 0.8 \tag{5-1-25b}$$

$$\Delta p_m = 1.42(\sqrt[3]{m}/r)^{2.55},\quad 0.8 \leqslant r/\sqrt[3]{m} \leqslant 1.6 \tag{5-1-25c}$$

（2）$\rho_{BB}=0.4\ \mathrm{g/cm^3}$ 时，有

$$\Delta p_m = 3.4(\sqrt[3]{m}/r)^{0.74},\quad 0.084 \leqslant r/\sqrt[3]{m} \leqslant 0.35 \tag{5-1-26a}$$

$$\Delta p_m = 2.1(\sqrt[3]{m}/r)^{1.2},\quad 0.35 \leqslant r/\sqrt[3]{m} \leqslant 0.8 \tag{5-1-26b}$$

$$\Delta p_m = 1.42(\sqrt[3]{m}/r)^{2.55},\quad 0.8 \leqslant r/\sqrt[3]{m} \leqslant 1.6 \tag{5-1-26c}$$

式中 r 和 m 的单位分别为 m 和 kg。

从上述关系式可知，炸药密度的降低导致装药近区内冲击波阵面超压的下降，但是在 $r/\sqrt[3]{m} > 0.8$ 外，炸药密度的影响就不存在了。涉及的其他有意义的冲击波参数，如压缩相持续时间、超压冲量等，由于在爆炸近区中对这些参数的试验测量比较困难，只能用数值计算方法获得必要的信息。以前的研究进行了标准密度装药在空气中的一维爆炸波的计算，并用数值估算法估算了炸药密度对空气冲击波参数的影响。

求解拉格朗日坐标系中球对称情形的一维气体动力学方程组为

$$\begin{cases} \dfrac{\partial u}{\partial t} = -\dfrac{1}{\rho_0}\left(\dfrac{r}{R}\right)^2\left(\dfrac{\partial p}{\partial r}\right),\ \rho = \rho_0\left(\dfrac{R}{r}\right)^2\dfrac{\partial R}{\partial r} \\ \dfrac{\partial E}{\partial t} = -p\dfrac{\partial(1/\rho)}{\partial t},\ u = \dfrac{\partial r}{\partial t} \end{cases} \tag{5-1-27}$$

式中 p，ρ，u 和 E 分别是气体的压力、密度、粒子速度和比内能；t 是时间；r 和 R 分别为欧拉坐标和拉格朗日坐标，它们之间的关系为

$$R = \left(R_0^3 + \frac{3}{\rho_0}\int_{r_0}^{r}\rho r^2 \mathrm{d}r\right)^{1/3}$$

式中 脚标 0 表示装药的初始密度以及其表面的初始坐标。

加入热量形式的介质物态方程 $p=p(\rho,E)$，方程组（5-1-27）成为封闭的。对于空气，可采用完全气体形式的物态方程：

$$p = (\gamma_e - 1)\rho E \tag{5-1-28}$$

式中 γ_e 是绝热指数，根据热力学数据表可给出其在很大范围中适用的近似解析表达式：

$$\gamma_e = \gamma_0 - 0.042(E/E_k)^2,\quad E \leqslant E_k$$

$$\gamma_e = a_k + (1.36 - a_k)\exp[0.223(1 - E/E_k)],\quad E > E_k$$

式中　$\gamma_0 = 1.402$；$E_k = 1.116\times10^6$ J/kg；$a_k = 1+0.163/[1-0.0573\ln(\rho/\rho_k)]$，$\rho_k = 1.2921$ kg/m^3。

必要时可以由热力学物态方程确定空气的温度：

$$T = \frac{p\mu_e}{\rho R_g}$$

式中　R_g 是通用气体常数；μ_e 是等效分子量，可由下面近似关系式确定：

$$\mu_e = \begin{cases} 28.96, & E \leqslant E_k \\ 11.5+17.46\exp[0.0445(1-E/E_k)], & E > E_k \end{cases}$$

对于爆轰产物，可采用 Mie－Gruneisen 形式的两项物态方程：

$$p = A\rho^n + (\gamma-1)\rho E \tag{5-1-29}$$

其等熵线的形式为

$$p = \frac{n-1}{n-\gamma}A\rho^n + B\rho^\gamma \tag{5-1-30}$$

式中　γ 是爆轰产物向真空中膨胀时的绝热指数；常数 A 和 n 应由标准密度炸药的 C—J 爆轰参数确定；常数 B 则由给定密度炸药的爆轰波阵面上的产物压力和密度确定。

计入爆热的变化，物态方程式（5－1－28）就可以确定任意密度炸药的爆轰参数。尤其对于 PETN 炸药，计算结果能与下面近似关系式描述的试验数据很好地符合：

$$\frac{\rho_2}{\rho_H} = 0.053+1.28\left(\frac{\rho_{BB}}{\rho_H}\right),\quad \frac{D}{D_H} = 0.225+0.775\left(\frac{\rho_{BB}}{\rho_H}\right)^{1.2}$$

在球面爆轰波阵面后方的流动区中，有关系式：

$$\begin{aligned} &\rho_z = u_z = 1-(1-r_z^{1.15})^{0.5},\ r_3 \leqslant r \leqslant r_2 \\ &u = 0, \rho = \rho_3,\ 0 \leqslant r \leqslant r_3 \end{aligned} \tag{5-1-31}$$

上述两式中，$\rho_H = 1.77$ g/cm^3；$D_H = 8.5$ km/s；$\rho_z = (\rho-\rho_3)/(\rho_2-\rho_3)$；$u_z = u/u_2$；$r_z = (r-r_3)/(r_2-r_3)$；$D$ 是密度为 ρ_{BB} 的炸药的爆速；脚标 2 和脚标 3 分别表示爆轰波阵面处和中心静止区边界处的参数。中心静止区的半径以及其中爆轰产物的密度分别为 $r_3/r_2 = 0.455-0.036(1-\rho_{BB}/\rho_H)$，$\rho_3/\rho_2 = 0.616-0.348\exp[-3.54(\rho_{BB}/\rho_H)]$，爆轰波的其余参数可以通过爆轰波阵面的已知关系式和爆轰产物的等熵卸载线式（5－1－29）来计算。式（5－1－31）是方程组（5－1－27）满足爆轰波阵面条件和中心静止区边界条件的近似解，可以作为不同密度球形 PETN 装药爆炸问题数值解的初始条件。

利用完全显式的逼近阶数为 $O(h^2+\tau)$ 的中心差分格式，对方程组［式（5－1－27）～式（5－1－29）］进行数值积分。通过接触间断区的计算达到格式的一致性。这里为了在经过接触间断面向爆轰产物区中过渡时能够保持局部逼近性，采用对数网格，其尺寸以对数变化方式向接触间断面逐步减小。利用方程组（5－1－27）与动力学协调关系自洽的特点，进行冲击波阵面跳跃的计算，从而能够把强间断面识别出来，并提高波阵面参数的计算精度。为了抹平内部跳跃，在分析解的微分性质的基础上采用如下人为黏性：

$$q = \delta\rho\Delta r\frac{\partial u}{\partial r}\left(S_1 c + S_2\Delta r\left|\frac{\partial u}{\partial r}\right|\right)$$

式中

$$\delta=\begin{cases}0,\dfrac{\partial u}{\partial r}\geqslant 0\text{且}\left|\dfrac{\partial^2 u}{\partial r^2}\right|\mathrm{d}r-\delta_3\left|\dfrac{\partial u}{\partial r}\right|\leqslant 0\\ \delta_1,\dfrac{\partial u}{\partial r}<0\text{且}\left|\dfrac{\partial^2 u}{\partial r^2}\right|\mathrm{d}r-\delta_3\left|\dfrac{\partial u}{\partial r}\right|\leqslant 0\\ \delta_2,\left|\dfrac{\partial^2 u}{\partial r^2}\right|\mathrm{d}r-\delta_3\left|\dfrac{\partial u}{\partial r}\right|>0\end{cases}$$

c 是声速；S_1 和 S_2 分别为人为黏性压力 q 的线性项和二次项的系数；δ_1，δ_2 和 δ_3 为偏微分分析器的系数。当 $S_1=0.25$，$S_2=1$，$\delta_1=\delta_2=2$，$\delta_3=3$ 时，得到的计算结果最好。通过能量守恒定律积分校核控制解的准确度，可保持直到计算结束任意时刻的偏差不大于 0.5%。

对空气初始温度 T_0=15 ℃，PETN 装药密度分别为 1.6 g/cm^3、1.2 g/cm^3、0.8 g/cm^3 和 0.4 g/cm^3 等情形进行了计算，有关爆轰特性参数如表 5－1－3 所示，Q 为比爆热，k 为爆轰波阵面处爆轰产物的绝热指数。

图 5－1－4～图 5－1－7 展示了计算结果，其形式分别是不同装药密度下空气冲击波阵面超压 Δp_{m}、超压冲量 $i=\int_0^{\tau}\Delta p\mathrm{d}t$、动压冲量 $j=\int_0^{\tau_u}\rho u^2\mathrm{d}t$ 和压缩相持续时间 τ 对冲击波传播距离的依赖关系，这里实线代表 $\rho_{\mathrm{BB}}=1.6\ \mathrm{g/cm^3}$、长虚线代表 $\rho_{\mathrm{BB}}=0.4\ \mathrm{g/cm^3}$ 的情形。如图 5－1－4 所示，短虚线表示超压 Δp_{m} 的试验值，且图中的参数都是无量纲的，相应的计量尺度是：$p_{\mathrm{M}}=0.101\ 325\ \mathrm{MPa}$，$\rho_{\mathrm{M}}=1.224\ 9\ \mathrm{kg/m^3}$，$u_{\mathrm{M}}=(p_{\mathrm{M}}/\rho_{\mathrm{M}})^{1/2}\approx 0.287\ 6\ \mathrm{km/s}$，$r_{\mathrm{e}}=(mQ/p_{\mathrm{M}})^{1/3}$，$t_{\mathrm{M}}=(r_{\mathrm{e}}/u_{\mathrm{M}})t_{\mathrm{M}}=p_{\mathrm{M}}t_{\mathrm{M}}$。其中，$m$ 是装药质量。不同密度 PETN 装药的爆轰特性参数如表 5－1－3 所示。

表 5－1－3　不同密度 PETN 装药的爆轰特性参数

ρ_{BB}/（g·cm^{-3}）	1.6	1.2	0.8	0.4
D/（m·s^{-1}）	7 750	6 040	4 450	3 020
Q/（MJ·kg^{-1}）	5.85	5.65	5.45	5.25
k	2.953	2.8	2.51	1.94
r/r_{e}	0.013 7	0.015 3	0.017 7	0.022 6

根据图 5－1－4 所示的冲击波超压 Δp_{m} 可以知道，计算结果很准确地与试验数据相符合，但是当 $r/r_{\mathrm{e}}>0.2\sim0.3$ 时，密度较小装药的超压曲线有增高的趋势。如图 5－1－6 所示，密度较低装药在 $r/r_{\mathrm{e}}>0.09\sim0.11$ 时，动压冲量开始增大，如图 5－1－5 和图 5－1－7 所示，超压冲量和压缩相持续时间分别在爆炸区域的两端——近端（$r/r_{\mathrm{e}}<0.1\sim0.2$）和远端（$r/r_{\mathrm{e}}<0.3\sim0.4$）增大。当 $0.05<r/r_{\mathrm{e}}<0.2$ 时，i 和 τ 变化形态的非单调性反映了介质流动中与二次冲击波形成和传播有关的复杂的波动特性。如图 5－1－5 所示，划线区域表示 i 值由于二次冲击波形成而增高的现象。从炸药密度 $\rho_{\mathrm{BB}}=1.6\ \mathrm{g/cm^3}$ 过渡为 $\rho_{\mathrm{BB}}=0.4\ \mathrm{g/cm^3}$，爆炸远区中 Δp_{m}，j 和 i 的值分别增大约 10%，12%和 15%。表 5－1－4 所示为用所考察的方案

在不同装药密度下计算的爆轰产物气泡最大半径 r_m、爆炸有效作用系数 η、间断面瓦解时爆轰产物界面处空气的温度 T_1 以及气泡达到最大半径时该界面处空气的温度 T_2。η 的意义是爆轰产物在第一次脉动期间内转移到空气中的能量份额。

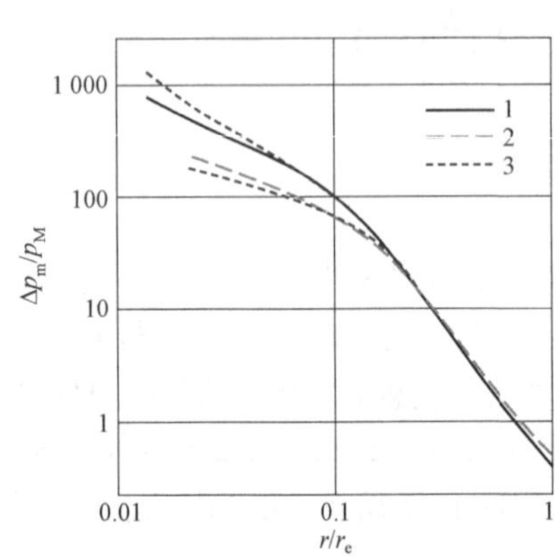

图 5-1-4　PETN 球形装药爆炸时冲击波阵面的超压

1— $\rho_{BB}=1.6\ g/cm^3$；2— $\rho_{BB}=0.4\ g/cm^3$；3—试验数据

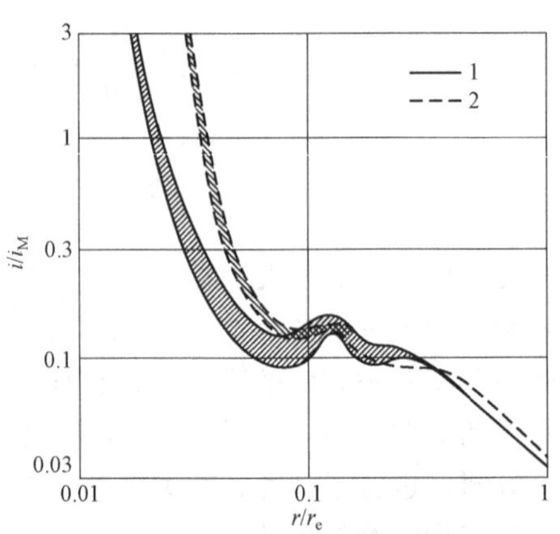

图 5-1-5　PETN 球形装药爆炸时冲击波的超压冲量

1— $\rho_{BB}=1.6\ g/cm^3$；2— $\rho_{BB}=0.4\ g/cm^3$

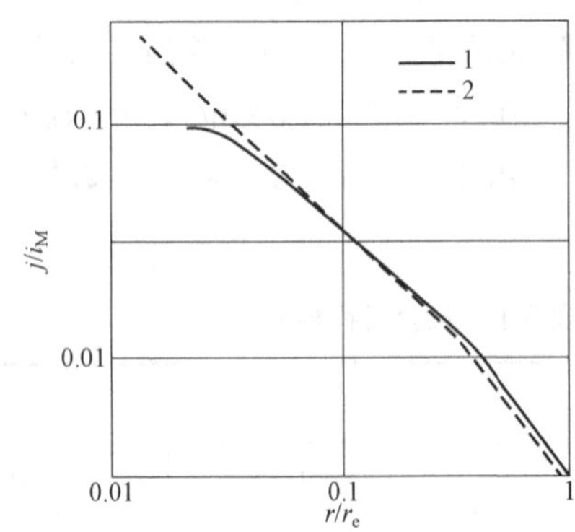

图 5-1-6　PETN 球形装药爆炸时冲击波的动压冲量

1— $\rho_{BB}=1.6\ g/cm^3$；2— $\rho_{BB}=0.4\ g/cm^3$

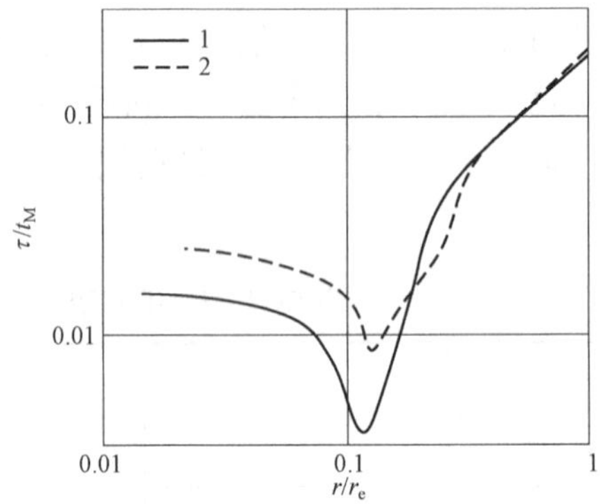

图 5-1-7　PETN 球形装药爆炸时冲击波的压缩相持续时间

1— $\rho_{BB}=1.6\ g/cm^3$；2— $\rho_{BB}=0.4\ g/cm^3$

尽管气泡的相对尺度随炸药密度减小而下降，但 $\rho_{BB}=0.4\ g/cm^3$ 时，气泡的绝对尺度还是达到了 $\rho_{BB}=1.6\ g/cm^3$ 时装药半径的 20.5 倍。爆炸有效作用系数随着炸药密度的降低而下降，因而远距离处冲击波参数的增大可能只能用冲击波阵面处的耗散减少来解释。在气泡膨胀过程中，在与爆轰产物的接触界面处，空气的温度下降为原来的 5/11～5/12。

在任何炸药密度下，在 $r/r_e>0.55$（即 $\Delta p<2p_0$）范围中，空气冲击波参数的下降似乎是相同的，这样就有可能得出相对于标准密度装药的能量当量 K_e，其值如表 5-1-4 所示。在 $0.4\ g/cm^3 \leqslant \rho_{BB} \leqslant 1.6\ g/cm^3$，$K_e$ 与炸药密度之间的关系可以用线性关系很好地描述：

$$K_e=1+0.137\,6\left(1.6-\frac{\rho_{BB}}{1\,000}\right) \tag{5-1-32}$$

当 $2<\Delta p_m/p_0\leqslant 10$ 时，K_e 值不仅与炸药密度有关，还与冲击波强度有关，可以表达为

$$K_e=1+0.0172\left(10-\frac{\Delta p_m}{p_0}\right)\left(1.6-\frac{\rho_{BB}}{1000}\right) \tag{5-1-33}$$

表 5-1-4　不同密度 PETN 装药的爆炸参数

ρ_{BB}/（g·cm^{-3}）	r_m/r	η/%	T_1	T_2	K_e
1.6	18.35	87.30	11 500	4 800	1.000
1.2	17.10	82.95	9 600	4 000	1.065
0.8	15.28	81.50	8 350	3 400	1.110
0.4	12.84	79.30	6 500	2 900	1.165

利用能量当量 K_e，可以把炸药密度在 $\Delta p_m<10p_0$ 范围中的空气冲击波参数用统一的关系式表示。由其他凝聚炸药的计算表明，在偏差小于 1%时，式（5-1-32）和式（5-1-33）是适用的。

5.1.4　空气中爆炸的破坏作用

装药在空气中的爆炸能对周围目标（如建筑物、军事装备和人员等）产生不同程度的破坏和损伤。与爆炸中心的距离小于（10～15）r_0（r_0 为装药半径）时，目标受到爆轰产物和冲击波的同时作用；超过上述距离时，只受到空气冲击波的破坏作用，因此在进行估算时，必须选用相应距离的有关计算式。

各种目标在爆炸作用下的破坏是一个极其复杂的问题，它不仅与冲击波的作用情况有关，而且与目标的特性及其某些随机因素有关。

目标与装药有一定距离时，其破坏作用的计算由结构本身振动周期 T 和冲击波正压区作用时间 τ_+ 确定。如果 $\tau_+\ll T$，则目标的破坏作用取决于冲击波冲量；反之，如果 $\tau_+\gg T$，则其取决于冲击波的峰值压力。通常，大药量和核爆炸时，由于正压区作用时间比较长，所以主要考虑峰值压力的作用；目标与炸药距离较近时，由于正压区作用时间很短，所以通常按冲量破坏来计算。

冲击波的作用按冲量计算时，必须满足 $\tau_+/T\leqslant 0.25$；而按峰值压力计算时，必须满足 $\tau_+/T\geqslant 10$。在上述两个范围之间，无论按峰值压力还是按冲量计算，误差都很大。

一些建筑物构件的自振动周期和破坏载荷如表 5-1-5 所示。只要把冲击波正压区作用时间同表中的自振动周期进行比较，就可以确定冲击波的破坏性质。

表 5-1-5　各种建筑物构件的自振动周期和破坏载荷

构件	砖墙		钢筋混凝土墙 0.25 m	木梁上的楼板	轻隔板	装配玻璃
	2 层砖	1.5 层砖				
T/s	0.01	0.015	0.015	0.3	0.07	0.02－0.04
Δp/（×10^4 Pa）	4.41	2.45	2.45	0.98～1.57	0.49	0.49～0.98
i/（N·s·m^{-2}）	2 156	1 862	—	—	—	—

炸药爆炸对目标造成破坏的最大距离称为破坏距离，用 r_a 表示；其对目标不造成破坏的最小距离称为安全距离，用 r_b 表示。破坏距离和安全距离近似按式（5-1-34）和式（5-1-35）计算：

$$r_a = k_a\sqrt{m} \tag{5-1-34}$$

$$r_b = k_b\sqrt{m} \tag{5-1-35}$$

式中　k_a，k_b 是与目标有关的系数，$k_b \approx$（1.5～2）k_a；w 为装药量（以 kg 计）；r_a，r_b 的单位为 m。表 5-1-6 所示为部分目标的 k_a 值。

表 5-1-6　部分目标的 k_a 值

目标	k_a	破坏程度
飞机	1	结构完全被破坏
火车头	4～6	结构被破坏
舰艇	0.44	舰面建筑物被破坏
非装甲船舶	0.375	船舶结构被破坏，适用于 m＜400 kg
装配玻璃	7～9	破碎
木板墙	0.7	破坏，适用于 m＞250 kg
砖墙	0.4	形成缺口，适用于 m＞250 kg
不坚固的木石建筑物	2.0	破坏
混凝土墙和楼板	0.25	严重破坏

地面核爆炸时，破坏距离和安全距离分别为

$$r_a = \bar{k}_a\sqrt{m} \tag{5-1-36}$$

$$r_b = \bar{k}_b\sqrt{m} \tag{5-1-37}$$

地面核爆炸时各种目标结构的 $\bar{k}_a$ 值如表 5-1-7 所示。

表 5-1-7　地面核爆炸时各种目标结构的 $\bar{k}_a$ 值

冲击波超压/MPa	$\bar{k}_a$	破坏程度
0.098～0.196	15～10	建筑物部分被破坏
0.196～0.294	9～7	建筑物有显著破坏
0.588～0.686	4.5～4.0	钢骨架和轻型钢筋混凝土建筑物被破坏
0.98	3.5	除防地震钢筋混凝土建筑物，其他建筑物均被破坏
1.49～1.96	2.8～2.5	防地震钢筋混凝土建筑物被破坏或被严重破坏
1.96～2.94	2.5～2.0	钢架桥位移

空气冲击波超压对各种军事装备的总体破坏情况如下：

（1）飞机：空气冲击波超压大于 0.1 MPa 时，各类飞机完全被破坏；空气冲击波超压为 0.05～0.1 MPa 时，各种活塞式飞机完全被破坏，喷气式飞机受到严重破坏；空气冲击波超压为 0.02～0.05 MPa 时，歼击机和轰炸机受到轻微损坏，而运输机受到中等或严重破坏。

（2）轮船：空气冲击波超压为 0.07～0.085 MPa 时，船只受到严重破坏；空气冲击波超压为 0.028～0.043 MPa 时，船只受到轻微或中等破坏。

（3）车辆：空气冲击波超压为 0.035～0.3 MPa 时，可使装甲运输车、轻型自行火炮等受到不同程度的破坏。

（4）当空气冲击波超压为 0.05～0.11 MPa 时，其能引爆地雷、破坏雷达并损坏各种轻武器。

（5）空气冲击波对人体的杀伤作用：引起血管破裂致使皮下或内脏出血；内脏器官破裂，特别是肝脾等器官破裂和肺脏撕裂；肌纤维撕裂等。空气冲击波超压对人体的损伤如表 5－1－8 所示。空气冲击波对掩体内人员的杀伤作用小，如对掩蔽在堑壕内的人员，杀伤半径为暴露时的 2/3；对掩蔽在掩蔽所和避弹所内的人员，杀伤半径仅为暴露时的 1/3。

表 5－1－8　空气冲击波超压对人体的损伤

冲击波超压/MPa	损伤程度
0.02～0.03	轻微（轻微的挫伤）
0.03～0.05	中等（听觉器官损伤、中等挫伤、骨折等）
0.05～0.1	严重（内脏严重挫伤，可引起死亡）
＞0.1	极严重（大部分人可能死亡）

5.2　水 下 爆 炸

5.2.1　基本物理现象

炸药在水下爆炸时，瞬间变成高温高压的爆轰产物，其压缩周围的水产生的水中冲击波迅速向周围传播。与此同时，爆轰产物迅速向外膨胀，推动周围的水向外运动，并形成气泡。当气泡内的压力等于静水压时，由于惯性作用，气泡继续向外膨胀直至最大体积，而后由于外界压力的作用，气泡收缩；同样，由于惯性的作用，在气泡内压力达到静水压时，其仍继续收缩，直到达到最小体积时又开始膨胀，同时产生一个压力波，如此反复膨胀、收缩，形成气泡脉动，在脉动过程中，气泡逐渐上升，最后脱离水面。

1. 水下爆炸的特点

当炸药在水中爆炸时，爆轰产物以极高的速度向周围扩散，强烈压缩相邻的水域，使其压力、密度、温度突跃式升高，进而形成初始冲击波。冲击波波头具有突跃的特点，幅值迅速达到最大，突跃后紧接着近似按指数规律衰减，衰减持续时间不超过数毫秒。随着冲击波的离开，爆轰产物在水中以气泡的形式存在并不断膨胀与压缩，且同时产生附加的脉动压力。一般情况下，水中冲击波压力峰值大，持续时间短，仅为数十微秒到数毫秒。脉动压力峰值虽小（仅为前者的 10%～20%），但持续时间远大于前者，可达数百毫秒。在冲击波阶段，水下爆炸容易造成舰船结构局部板的严重破损。在气泡脉动阶段，水下爆炸容易使船体产生振荡，从而造成严重的总体结构破损。

炸药在水下爆炸和空气中爆炸的区别源于水介质的特殊性质。与空气相比，水可压缩性小、密度大、声速大。在一般压力下，水几乎是不可压缩的，例如，当压力为大气压时，其密度变化仅为 $\Delta\rho/\rho\approx 0.05$。但是当装药在水介质中爆炸时，瞬间形成高温、高压的爆轰产物，所产生的压力远远大于周围水介质的静压力。在这种爆轰产物的高压作用下，水成为可压缩的，因而形成水中冲击波。水的密度比空气大很多，因此水的波阻大，爆轰产物在水中膨胀要比在空气中慢得多。由于水具有这些特殊性质，装药爆炸后形成的冲击波传播及其压力衰减规律和气泡脉动等都具有其自身的特点。

2. 冲击波的产生和传播

当炸药在水中爆炸时，首先从爆心向炸药传入爆轰波。当爆轰波传到其与水的交界处时，具有高温高压的爆轰产物以极高的速度向周围扩散。爆轰产物向外高速膨胀在水中形成了水中初始冲击波。与此同时，爆轰波在界面反射处形成稀疏波，向爆轰产物中心运动，降低其中的压力。冲击波的波长随传播过程逐渐增大，而波头压力和传播速度却下降得很快，且波形不断被拉宽。在离爆炸中心较近时，压力下降得非常快，在离爆炸中心较远时，压力的下降逐渐缓慢。这些现象都是因为水的黏滞性和导热性使得冲击波能耗散，同时也是因为波头的能量密度随冲击波向外传播的速度逐渐下降。随着高压爆轰产物的膨胀，冲击波能被逐渐传递给水。冲击波的压力按近似于指数的规律衰减，衰减的持续时间不超过毫秒量级。冲击波的速度也迅速下降，当达到一定程度后，冲击波就逐渐衰减为声波了。

有水底存在时，如同在地面爆炸，波的反射将使水中冲击波的压力增加。对于绝对刚性的水底，其相当于两倍药量在无限水域中的爆炸作用。而水底不可能是绝对刚性的，它会吸收一部分冲击波的能量。试验表明，对砂质黏土的水底，冲击波的压力增加约 10%，冲量增加约 23%。

3. 气泡的形成和脉动

随着冲击波的传播，爆轰产物在水中以气泡的形式存在并不断地膨胀与收缩。在条件有利的情况下，这种脉动可达十来次，同时产生附加的脉动压力。气泡内的初始高压在冲击波传播过后大大降低，但依然远大于周围平衡流体的静压力，气体产物将继续急剧膨胀。随着气泡体积的增大，气泡内的压力逐渐降低，直到某一时刻与外界压力平衡。但由于扩散水流的惯性，气体产物将继续膨胀，气泡内的压力下降到比大气压与流体静压的平衡值还要低的值。这时由于负压差的作用，水的扩散运动停止，气泡边界开始回缩，气泡体积开始减小，气泡内的压力又逐渐增大。直到某一时刻，气泡内的压力又与外界的压力平衡，这时由于收敛水流的惯性，气体产物还要继续收缩，直到气体无法被压缩时，气泡体积达到最小值。这样就结束了一次气泡脉动的循环。此时，气泡内的压力仍然比外界大，于是开始了新的膨胀与收缩的循环。水的惯性和弹性以及气体的弹性共同构成了这一系统产生脉动循环的必要条件。气泡从产生到逸出、膨胀收缩循环交替的过程，就是气泡脉动现象，其间气泡脉动可以延续几个循环，在有利条件下循环可达 10 次或 10 次以上。典型的自由场水下爆炸气泡脉动过程如图 5–2–1 所示。

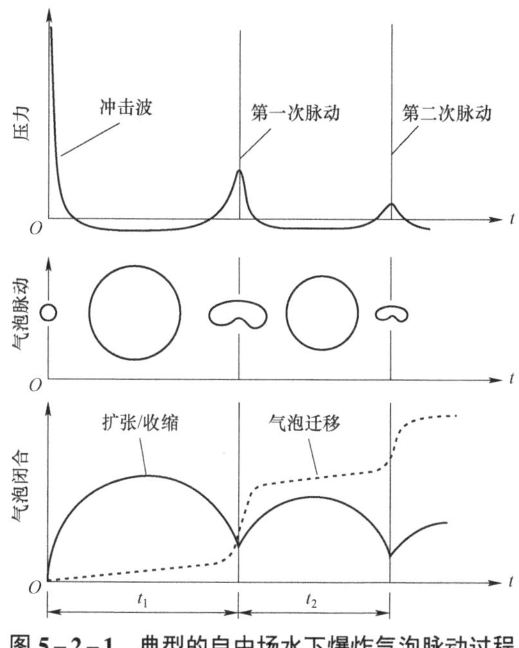

图 5–2–1　典型的自由场水下爆炸气泡脉动过程

气泡脉动是水下爆炸特有的性质。在无限水域中，气泡第一次脉动的最大压力不超过冲击波峰值压力的 10%～20%，而压力作用的持续时间却远远超过冲击波压力作用的持续时间，其作用冲量与冲击波相近，故不能忽视其破坏作用。我们可以不考虑其后续几次气泡脉动的影响。

5.2.2　水下爆炸的试验研究

水下爆炸的试验研究一直是我们研究水下爆炸的重要手段，水下爆炸试验可确定水中结构的爆炸载荷、测试炸药威力、研究水下兵器性能等。20 世纪 80 年代以来，国内外积极开展了水下爆炸的试验研究。目前水下爆炸的试验研究通常只限于气泡脉动、冲击波阵面参数和测量点处波的压力的研究。利用高速摄影技术研究气泡的运动，可得到气泡膨胀的规律、气泡的最大半径、达到最大半径所需的时间、浮出水面的时间等，气泡的最大半径和达到最大半径所需的时间分别如式（5–2–1）和式（5–2–2）所示：

$$r_{\max}=\left(\frac{M}{p_0^{1/3}}\right)r_0 \tag{5-2-1}$$

$$t_{\max}=\left(\frac{N}{p_0^{5/6}}\right)\frac{r_0}{c_0} \tag{5-2-2}$$

式中　c_0=1 500 m/s，为水中声速；p_0的单位为 0.1 MPa。

气泡膨胀速度为

$$u_n=u_0\left(\frac{r_0}{r_n}\right)^{1.5}\sqrt{1-\left(\frac{r_n}{r_{\max}}\right)^3} \tag{5-2-3}$$

当 $r_n < 0.6r_{max}$ 时，式（5-2-3）可以被简化为

$$u_n = u_0\left(\frac{r_0}{r_n}\right)^{1.5} \tag{5-2-4}$$

对式（5-2-4）进行积分，得到在初始膨胀区段（$r_n < 0.6r_{max}$）气泡的运动规律：

$$r_n = r_0\left[1+\eta\left(\frac{c_0}{r_0}\right)t\right]^{0.4} \tag{5-2-5}$$

式中　$\eta = 2.5u_0 / c_0$。式（5-2-3）和式（5-2-4）可应用于 $r > 1.5r_0$ 的距离处，此时水的可压缩性实际上已不再对气泡运动产生影响。

当 $r_n < 0.6r_{max}$ 时，通常使用式（5-2-6）拟合试验数据：

$$r_n = r_{max}\left(\sin\frac{\pi}{2}\cdot\frac{t}{t_{max}}\right)^{\beta} \tag{5-2-6}$$

第一次脉动的周期由式（5-2-7）决定：

$$T = 2t_{max} \tag{5-2-7}$$

以后各次脉动周期与尚存于爆轰产物中的能量呈比例地逐渐减小。

第一次脉动期间大约有 60%的爆炸能量被传输至主冲击波中，第二次脉动期间有 25%的爆炸能量被传输至二次冲击波中，第三次脉动期间有 8%的爆炸能量。第二次脉动期间压力波的冲量是第一次脉动的 1/6～1/5，而第三次脉动期间压力波的冲量则为第二次的 1/3。

冲击波阵面参数可以借助冲击波协调关系式计算，由波阵面后超压 $\Delta p_y = p_y - p_0$ 确定，当超压 $\Delta p_y < 0.3$ GPa 时，利用压电传感器可对超压参数作试验测量。对于更高的压力，应利用流逝过程的光学测量方法，确定冲击波的传播速度，并通过冲击波协调关系式确定其压力。

试验数据表明，炸药装药在水中爆炸时的冲击波阵面超压可用式（5-2-8）描述：

$$\Delta p_y = A\left(\frac{r_0}{r}\right)^{\alpha} \tag{5-2-8}$$

式中　r_0 为装药半径。

当 $r / r_0 > 18 \sim 20$ 时，压电传感器给出较可靠的压力波剖面记录。在装药浸水深度不是很大的情形（$p_0 < 1$ MPa）下，冲击波阵面附近超压可描述为

$$\Delta p(t) = \Delta p_y\begin{cases}\exp(-t/\theta), & t < \theta \\ 0.368\theta/t, & \theta < t < (5\sim 10)\theta\end{cases} \tag{5-2-9}$$

式中　θ 为指数式衰减常数，与距离有关，可由下式确定：

$$\theta = B_1\left(\frac{r}{r_0}\right)^{\beta}\frac{r_0}{c_0} \tag{5-2-10}$$

冲击波超压冲量值为

$$i_y = \int_0^t \Delta p \mathrm{d}t = \Delta p_y\theta\times\begin{cases}1-\exp(-t/\theta), & t < \theta \\ 0.632+0.368\ln(t/\theta), & \theta < t < (5\sim 10)\theta\end{cases} \tag{5-2-11}$$

爆炸时流体运动的一个重要特性参数是能流密度：

$$E_y = \int_0^t \rho u \Delta\left(e + \frac{1}{2}u^2 + \frac{p}{\rho}\right)\mathrm{d}t \tag{5-2-12}$$

式中　Δ表示括号内表达式的增量。

式（5-2-12）给出了冲击波通过单位表面积时能量的增加值（“余能”）。当压力低于 0.1 GPa 时，可忽略不计式（5-2-12）括号内的前两项。如果对冲击波阵面附近粒子速度使用声学近似，则能流密度具有如下表达式：

$$E_y = \frac{1}{\rho_0 c_0}\int_0^t \Delta p^2 \mathrm{d}t + \frac{1}{\rho_0 r}\int_0^t \Delta p\left(\int_0^t \Delta p \mathrm{d}t\right)\mathrm{d}t \tag{5-2-13}$$

随着距离 r 的增大，与第一项相比，可忽略不计第二项，得

$$E_y = \frac{\Delta p_y^2 \theta}{2\rho_0 c_0}\left(C_1 + D_1 \frac{c_0 \theta}{r}\right) \tag{5-2-14}$$

式中

$$C_1 = \begin{cases} 1 - \exp(-2t/\theta), & t < \theta \\ 1.135 - 0.37\theta/t, & \theta < t < (5 \sim 10)\theta \end{cases}$$

$$D_1 = \begin{cases} 1 - \exp(-t/\theta)[2 - \exp(-t/\theta)], & t < \theta \\ 0.4 + 0.135\ln(2t/\theta), & \theta < t < (5 \sim 10)\theta \end{cases}$$

采用式（5-2-8）和式（5-2-10）计算冲击波阵面超压和指数式衰减常数；根据式（5-2-11）和式（5-2-14），可计算空间任意位置点处自冲击波经过时刻起任意时间区段中冲击波所输运的冲量及能流密度。为了得到冲击波冲量及能流密度值，必须将波的全部作用时间代入这些公式中，通常我们认为冲击波的作用仅限时间长度为 $(5 \sim 10)\theta$ 的范围。

实际计算中为方便起见，常常把冲击波的主要参数表示为装药质量 q 和距离 r 的函数，依据量纲分析理论，集中装药爆炸时冲击波的超压、冲量和能流密度可以表示为以下函数关系式：

$$\Delta p_y = k\left(\frac{q^{1/3}}{r}\right)^{\alpha},\quad i_y = lq^{1/3}\left(\frac{q^{1/3}}{r}\right)^{\beta},\quad E_y = mq^{1/3}\left(\frac{q^{1/3}}{r}\right)^{\gamma} \tag{5-2-15}$$

式中　q 和 r 的单位分别是 kg 和 m。

利用经验关系式，能够计算无界水体中爆炸的一些有实际意义的参数。

5.2.3　水下爆炸自由面对压力场的影响

装药在深度较浅的水下爆炸时，自由表面对爆炸产生的流体动力学参数场有巨大的影响。在冲击波透出自由面的时刻，向空气中传入折射的压缩波，向水中反射稀疏波。由于介质的声学阻抗值存在很大差别，自由面粒子的运动速度大约是无界水域中冲击波阵面后粒子速度的两倍。水介质提高了运动速度，导致其密度降低，进而引起其压力的下降。这种扰动是以当地声速传播的，并形成一组沿不同速度特征线传播的压力衰减波。如果这种变化发生在与爆炸中心距离较近处，则可以忽略各条特征线传播速度的差别，且仍然可以用声学近似解决问题。此时自由面处边界条件反映了两个不同符号流场的叠加。可以采用源点和汇点镜像映射的方法进行分析，镜像映射法如图 5-2-2 所示。水中冲击波到达自由水面反射为稀疏波，假设该稀疏波是从装药的镜像点处发出的，稀疏波负压力的绝对值约等于入射波到达水面时

的压力。图 5–2–3 所示为在 A 点的自由面切断效应示意。从图中可以看出，入射波与稀疏波在 A 点发生了叠加，两者的作用造成了冲击波负压区段的出现，在 t_0 时刻，冲击波看上去像被削去了一段，即产生了冲击波的“切断”现象。

我们从图中还可以发现，自由面的“切断”效应并没有影响冲击波的压力峰值，但大大缩短了冲击波的作用时间；相应地，冲击波的比冲量也会减少。

在声学近似下，入射波的压力场为

$$\Delta p(r,t)=\Delta p_{\mathrm{m}}(r)f\left(t-\frac{r}{c_0}\right)\sigma_0\left(t-\frac{r}{c_0}\right) \tag{5-2-16}$$

式中　$r=\sqrt{x^2+(h-z)^2}$；$\sigma_0=\begin{cases}0, & t<r/c_0\\ 1, & t\geqslant r/c_0\end{cases}$。

合成的压力场为

$$\Delta p=\Delta p_{\mathrm{m}}(r)f\left(t-\frac{r}{c_0}\right)\sigma_0\left(t-\frac{r}{c_0}\right)-\Delta p_{\mathrm{m}}(R)f\left(t-\frac{R}{c_0}\right)\sigma_0\left(t-\frac{R}{c_0}\right) \tag{5-2-17}$$

式中　$R=\sqrt{x^2+(h+z)^2}$。超压正相作用时间由入射波和从自由面的反射波到达考察点的时间差确定

$$t_{\mathrm{a}}=\frac{R-r}{c_0}=\frac{r}{c_0}\left(\sqrt{1+\frac{4hz}{r_2}}-1\right) \tag{5-2-18}$$

冲击波从自由面的反射很容易用试验方法测定，反射稀疏波到达测量点的时刻正好对应示波器图形上爆炸压力曲线的断口，但是试验中不能测量负压。因此用式（5–2–17）计算的压力图的负压区被切去，可计算冲击波的比冲量和能流密度。在声学近似下考虑自由面影响的上述方案的特点简单而又直观，但是应用范围有限。如果自由面至爆心点的距离远大于爆心处的压力场，则必须考虑与各个基本压力衰减波（特征线）传播速度的非线性差别。此时在某些条件下，以当地声速传播的小幅特征线可能到达冲击波阵面并使之减弱；反之，具有相当负压幅度的以较低速度传播的特征线将落后于冲击波阵面。由此可见，自由面的非线性影响既可以表现为所有压力时间历史曲线随共同的超压正相持续时间增长而发生畸变，也可以表现为入射波幅度的下降。

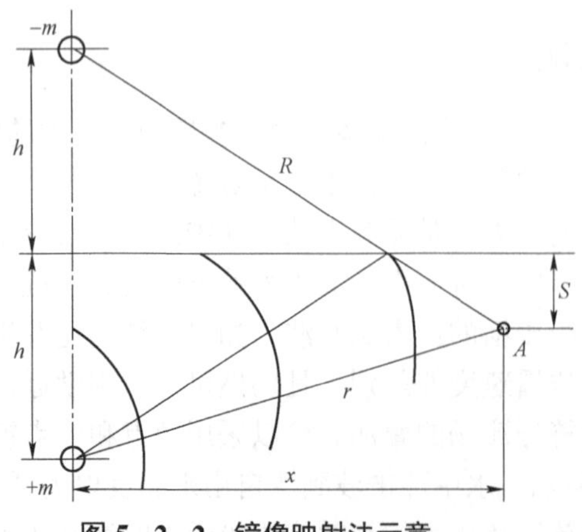

图 5–2–2　镜像映射法示意

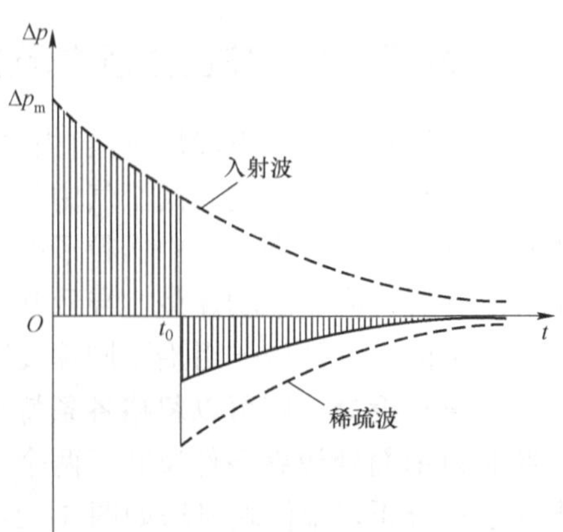

图 5–2–3　A 点的自由面切断效应示意

水体占据的全部半空间可以划分为三个区域。

第Ⅰ区为 $x<x_a$。为了能估算自由面的影响，可以在很高精度下的此区中使用前述的线性近似。

第Ⅱ区为 $x_a<x<x_c$。波的压力历史曲线已发生严重畸变，可以近似用式（5-2-19）和式（5-2-20）表示：

$$\Delta p=\Delta p_m[1-(t/t_c)^n] \tag{5-2-19}$$

$$b=\frac{1}{2}\left\{1+\sqrt{1+2.76\left(\frac{r_0}{h}\right)^2\left[\frac{r}{r_0}\sqrt{1-\left(\frac{h-z}{r}\right)}\right]^{0.87}}\right\} \tag{5-2-20}$$

式中　$n=\varphi/(1-\varphi)$，$\varphi=(\theta/t_c)[1-\exp(-t_c/\theta)]$；$t_c=bt_a$；$\Delta p_m$，$\theta$ 和 r_0 分别是最大超压、无界水体中爆炸时冲击波阵面后压力的下降常数和装药半径。

第Ⅲ区为 $x>x_c$。自由面影响波及该区中所有超压历史曲线，包括冲击波阵面上的最大超压历史，后者可由式（5-2-21）估算

$$\Delta p_m=\Delta p_{m\infty}\sqrt[3]{K_c} \tag{5-2-21}$$

式中　$\Delta p_{m\infty}$ 是无界水体中入射冲击波阵面上的超压；K_c 为式（5-2-22）定义的自由面影响系数

$$K_c=\frac{0.314(h/r_0)^{2.3}(1+4.2z/h)}{(r/r_0)\sqrt{1-[(h-z)/r]^2}} \tag{5-2-22}$$

第Ⅲ区中的超压历史可由式（5-2-19）得出，对其积分可得到第Ⅱ区和第Ⅲ区中冲击波压缩相的比冲量

$$i=\frac{n}{n+1}\Delta p_m t_c \tag{5-2-23}$$

根据式（5-2-19），能流密度由下式确定

$$E_y=\frac{2n^2}{(n+1)(2n+1)}\cdot\frac{\Delta p_m^2 t_c}{\rho_0 c_0} \tag{5-2-24}$$

标识上面各区的边界位置可近似地由下面关系式确定

$$\frac{x_a}{r_0}=0.1\left(\frac{h}{r_0}\right)^{2.3}\left(1+0.5\frac{z}{h}\right) \tag{5-2-25}$$

$$\frac{x_c}{r_0}=0.314\left(\frac{h}{r_0}\right)^{2.3}\left(1+4.2\frac{z}{h}\right) \tag{5-2-26}$$

5.2.4　水下爆炸表面效应

水下爆炸中自由界面处会出现一些独特的现象，爆炸冲击波到达自由界面之后，会形成一个迅速扩大的暗灰色水圈，其存在时间极短，持续约几毫秒便会消失。冲击波在自由界面处发射的稀疏波会使处于自由面附近的水粒子产生向上的加速度，从而形成飞溅水冢。冲击波过后，爆轰产物形成的气泡也会和自由面发生复杂的相互作用。气泡到达水面后，爆轰产

物、水介质和空气会混合成一个飞溅水柱冲出水面，其性质取决于气泡到达自由面时的状态。当气泡到达自由面并处于开始收缩的临界状态时，由于气泡上浮速度小，只径向飞散，形成的水柱按径向射出水面；当气泡到达自由面处于最大压缩状态时，气泡上浮速度极快，会在水面形成一个急速上升且高而窄的水柱。水柱的性质（如高度和上升速度）会受到装药量和装药水下爆炸深度的影响。当爆炸深度到达一定值时，气泡还未到达水面就会被溶解，从而在水面处不会观察到任何现象。

对于普通炸药，爆炸深度的临界值为

$$h \geqslant 9.0\sqrt[3]{m} \tag{5-2-27}$$

式中　h 为装药中心的爆炸深度，m 为装药量。

5.3　岩土中爆炸

岩土是岩石和土壤的总称，它由多种矿物颗粒组成，颗粒与颗粒之间有的相互联系，有的互不联系。岩土的孔隙中还含有水和空气。根据颗粒间机械联系的类型、孔隙率和颗粒的大小，岩土可分为坚硬岩石、半坚硬岩石、黏性土和非黏性（松散）土四块。

由于岩土是一种很不均匀的介质，颗粒之间存在较大的孔隙，即使是同一岩层，各部位岩土介质的结构构造与力学性能也可能有很大的差别。

5.3.1　基本物理现象

1. 装药在无限均匀岩土介质中的爆炸

炸药的爆速一般为几千米每秒，当炸药装药爆炸后，爆轰波以相同的速度向各个方向传播，具体的传播速度与炸药类型和装药条件有关，而岩土的变形速度要小得多。因此，我们可以近似地认为，炸药爆轰时，装药周围的介质同时受到爆轰产物的作用，我们可以忽略引爆位置和爆轰波形的影响。

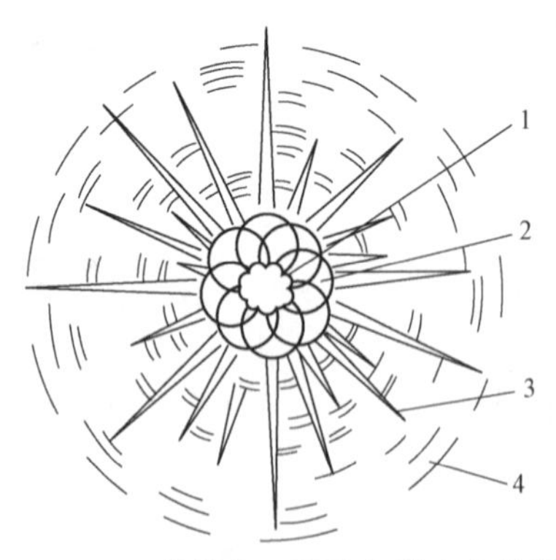

图 5-3-1　装药在无限均匀岩土中的爆炸

1—排出区；2—强烈压碎区；3—破裂区；4—振动区

炸药爆轰后的瞬间，爆轰产物的压力达数万兆帕，而最坚硬的岩石的抗压强度仅为几兆帕，因此直接与炸药接触的岩石将受到强烈的压缩，结构完全被破坏，颗粒被压碎，甚至进入流动状态。岩石因受爆轰产物挤压发生运动，形成一个空腔（脆性岩石则被压碎成粉末），其被称为爆腔或排出区，如图 5-3-1 所示。排出区的体积约为装药体积的几十倍甚至几百倍。

与排出区相邻的是强烈压碎区。在此区域内，岩土结构全被破坏或压碎。若岩土为均匀介质，则在这个区域内形成一组滑移面，表现为细密的裂纹，这些滑移面的切线与爆炸中心引出的射线呈 45°。其与排出区中岩土的破坏主要是由压缩应力作用引起的，故通常被称为压碎区和压缩区。

随着与爆炸中心距离的增加，爆轰产物的能量扩散到越来越大的介质体积中，冲击波在介质内形成的压缩应力波幅迅速下降。当压缩应力值小于岩土的动态抗压强度极限时，岩土不再被压坏和压碎，基本保持原有的结构。由于岩土受到冲击波的压缩会产生径向运动，这时介质中的每一环层受切向拉伸应力的作用。如果拉伸应力超过岩土的动态抗拉强度极限，就会产生从爆炸中心向外辐射的径向裂缝。大量的试验研究表明，岩土的抗拉强度极限比抗压强度极限小得多，通常为抗压强度极限的 2%～10%。因此在强烈压碎区外出现拉伸应力的破坏区，且破坏范围比前者大。随着压力波阵面半径的增大，超压降低，切向拉伸应力值降低。在某一半径处，拉伸应力将低于岩土的抗拉强度，岩土不再被拉裂。

在爆轰产物迅速膨胀的过程中，爆轰产物逸散到周围介质的径向裂缝中，因而助长了这些裂缝的扩展，并使自身的体积进一步增大。这样，气体的压力和温度便进一步降低。由于惯性，在压力波脱离药室之后，岩土的颗粒在一定时间内继续沿离开装药的方向运动，导致爆轰产物出现负压，并且在压力波后面传播一个稀疏（拉伸）波。由于径向稀疏波的作用，介质颗粒在达到最大位移后，反向沿装药方向运动，于是在径向裂缝之间形成许多环向裂缝。这个主要由拉伸应力而引起的径向和环向裂缝彼此交织的破坏区称为破裂区或松动区。

由于介质颗粒的反向运动压缩爆轰产物，爆轰产物的压力增大并重新膨胀，这样由爆轰产物和岩土组成的系统发生振荡，产生新的波。由阻尼效应和永久性变形所造成的能量损失在上述过程中衰减得很快，以致由爆源传出的第二个波与第一个波相比已经可以忽略了。

在破裂区以外，冲击波很弱，不能破坏岩土结构，只能产生质点的振动。离爆炸中心越远，振动的幅度越小，最后冲击波衰减为声波。这一区域被称为弹性变形区或振动区。

强烈压碎区、破裂区和振动区之间并无明显的界线，各区的大小与炸药的性质、装药量、装药结构以及岩土的性质有关。

2. 装药在有限岩土介质中的爆炸

实际上，装药经常在有限深度的岩土介质中爆炸。例如，爆破战斗部有时需要先侵彻地下一定深度后再爆炸，在开山时要把装药放入预先钻好的一定深度的炮眼中爆炸。在爆炸冲击波（压力波）到达自由表面以前，上述现象同样存在。压力波一旦到达自由表面，就反射为拉伸波（稀疏波），如图 5－3－2 所示。由于拉伸波、压力波和气室内爆炸气体压力的共同作用，装药上方的岩土向上鼓起，地表产生拉伸波和剪切波。这些波使地表介质产生振动和飞溅现象。

装药在有限岩土介质中的爆炸，根据装药埋设深度的不同而呈现程度不同的爆破现象，分别被称为松动爆破和抛掷爆破。

（1）松动爆破现象。当装药在地下较深处爆炸时，爆炸冲击波只引起周围介质的松动，而不发生岩土向外抛掷的现象。如图 5－3－3 所示，装药爆炸后，压力波由中心向四周传播。当压力波到达自由面时，介质产生径向运动。与此同时，压力波从自由面反射为拉伸波，以当地声速向岩土深处传播。反射拉伸波到达之处，岩土内部受到拉伸应力的作用，造成介质结构的破坏。这种破坏从自由面开始向深处一层层地扩展，而且基本按几何光学或声学的规律进行。我们可以近似地认为反射拉伸波是从与装药呈镜像对称的虚拟中心 O' 发出的球形波。

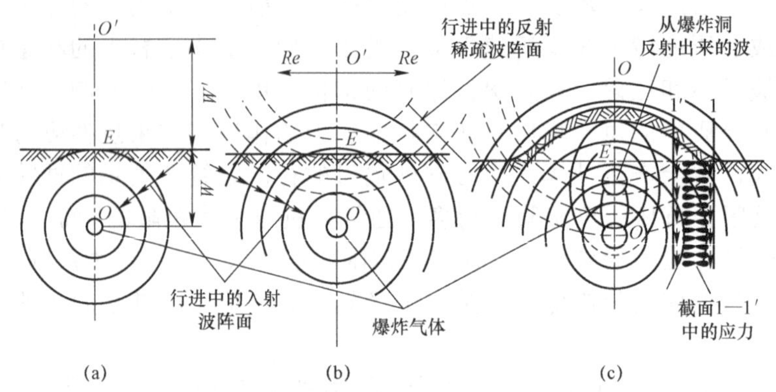

图 5-3-2　装药在有限岩土介质中的爆炸

（a）压力波的传播；（b）反射稀疏波的形成；（c）岩土的鼓起

如图 5-3-4 所示，松动爆破的破坏由两部分组成：一部分是由爆炸中心到周围基本保持球状的破坏区，被称为内松动破碎区。其特点是岩土介质内的裂缝径向发散，介质颗粒破碎得较细。另一部分是自由面反射拉伸波引起的破坏区，被称为外松动破碎区。其特点是裂缝大致以虚拟中心发出的球面扩散，介质颗粒破碎得较粗。松动破碎区的形状像一个漏斗，通常又被称为松动漏斗。

自由面的存在，使装药的破坏作用增大，工程爆破中往往利用增多自由面的方法来提高炸药的爆破效率。

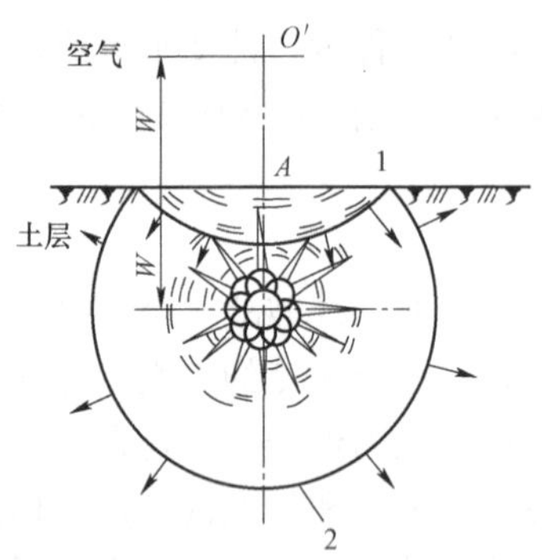

图 5-3-3　松动爆破时波的传播

1—反射波阵面；2—爆炸波阵面

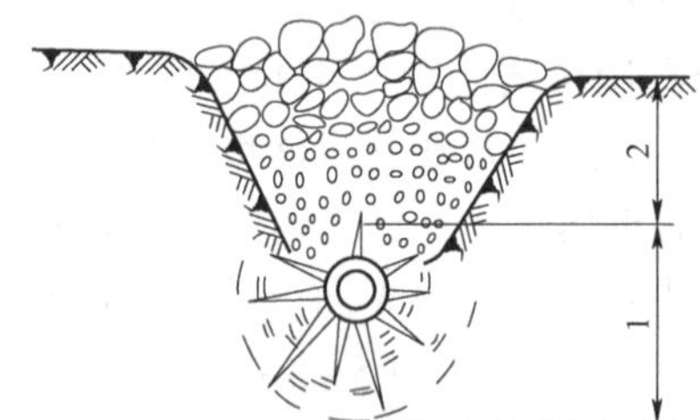

图 5-3-4　松动爆破时岩土的破坏情况

1—内松动破碎区；2—外松动破碎区

（2）抛掷爆破现象。如图 5-3-5 所示，如果装药与地面进一步接近，或者装药量更多，那么当爆炸的能量超过装药上方介质的阻碍时，岩土就会被抛掷，在爆炸中心与地面之间形成一个抛掷漏斗坑，被称为抛掷爆破。装药中心到自由面的垂直距离被称为最小抵抗线，用 W 表示，漏斗坑口部半径用 R 表示。

对于装药爆炸所形成的抛掷爆破，在装药爆炸后的一段时间内，最小抵抗线处地面首先突起，同时不断向周围扩展。上升的高度和扩展的范围随着时间的增加而增加，但范围扩展到一定程度后就停止了，而高度却继续上升。在这一阶段内，虽抛掷漏斗坑内的岩土已破碎，但地面仍保持整体的向上运动，由于其外形如鼓包（类似钟形），故被称为鼓包运动阶段，如图 5－3－6 所示。当地面上升到最小抵抗线高度的 1～2 倍时，鼓包顶部破裂，爆轰产物与岩土碎块一起向外飞散，此即鼓包破裂飞散阶段。此后，岩土在空中飞行，并在重力和空气阻力的作用下落到地面，形成抛掷堆积阶段。因此，抛掷爆破过程可分为三个阶段：鼓包运动阶段、鼓包破裂飞散阶段和抛掷堆积阶段。

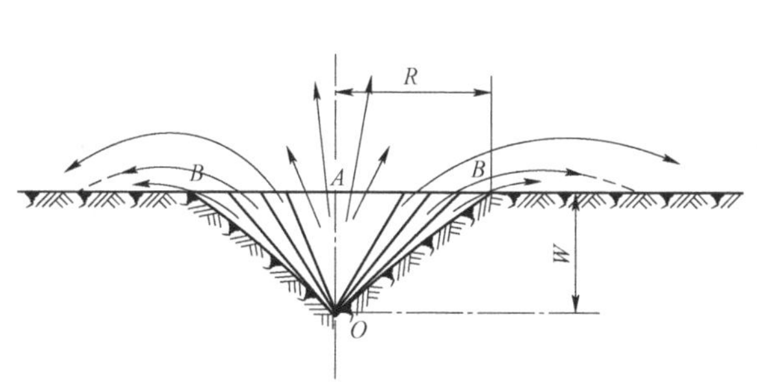

图 5－3－5　抛掷漏斗坑

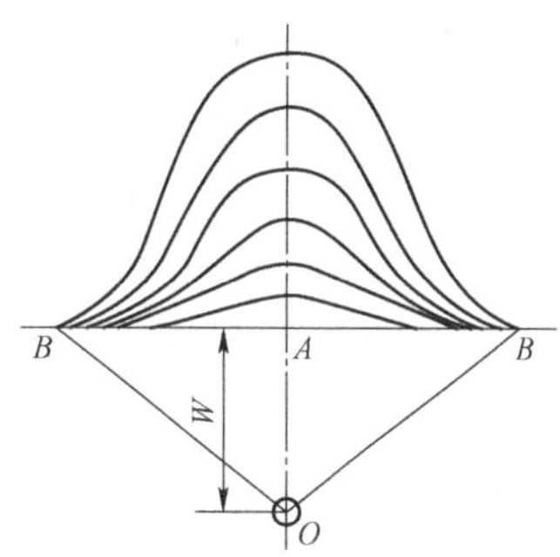

图 5－3－6　抛掷爆破时鼓包运动阶段

这样，我们就可以根据各阶段的特点进行分析研究。就鼓包运动速度而言，装药抛掷爆破时，在最小抵抗线 OA 方向上岩土运动速度最大，距离 OA 越远，速度越小，其在 B 点（即漏斗坑边缘）速度最小。

岩土块刚被抛起来时，由于周围压力较低，拉伸波传入岩土中，并且将它进一步破碎。

抛掷爆破可根据抛掷指数的大小分成以下几种情况：

① $n>1\left(n=\dfrac{R}{W}\right)$，为加强抛掷爆破，这时漏斗坑顶角大于 90°；

② $n=1$，为标准抛掷爆破，这时漏斗坑顶角等于 90°；

③ $0.75n<1$，为减弱抛掷爆破，这时漏斗坑顶角小于 90°；

④ $n<0.75$，为松动爆破，这时漏斗坑顶角大于 90°，且没有岩土抛掷现象，如果战斗部在这种情况下发生爆炸，则称之为隐炸现象。

5.3.2　岩土中爆炸波及其传播规律

1. 岩土中爆炸波的基本关系式

爆炸波是一种强间断，波阵面上的压力、密度、质点速度和温度等参数是不连续的，它们之间的关系由力学条件和热力学条件给出。力学条件为质量守恒定律和动量守恒定律；热力学（雨贡纽）条件确定了能量守恒定律。于是我们可建立爆炸波的基本关系式。

质量守恒关系式为

$$\rho_f(D_f-u_f)=\rho_0(D_f-u_0) \tag{5-3-1}$$

动量守恒关系式为

$$p_f-p_0=\rho_0(D_f-u_0)(u_f-u_0) \tag{5-3-2}$$

能量守恒关系式为

$$E_f-E_f=\frac{1}{2}(p_f+p_0)\left(\frac{1}{\rho_0}-\frac{1}{\rho_f}\right) \tag{5-3-3}$$

式中 p，ρ，u，E 分别表示介质的压力、密度、质点速度和比内能，脚标“f”“0”分别表示波后和波前状态；D_f 为爆炸波速度。

式（5－3－1）～式（5－3－3）与介质的状态方程 $p=p(v)$ 构成了封闭的方程组。在已知波阵面一个参数的情况下，可求出其他参数。分析岩土介质时，比内能并不常用，而且状态方程常表示成压力 p 和比容 v 的关系。这样，质量守恒关系式（5－3－1）、动量守恒关系式（5－3－2）和状态方程组成常用的求解波阵面参数的方程组。

2. 岩土介质的状态方程（本构关系）和爆炸波参数

上述介绍了岩土介质爆炸波的基本关系式，这些关系式在理论上是严格的，所以爆炸波参数理论计算的关键是确定严格的介质状态方程，但介质状态方程到目前为止还没有公认的表达形式，因而精确地计算爆炸波的参数是不现实的，于是给出基于岩土由三相介质组成，通过固态、液态和气态的状态方程综合得到的岩土状态方程，并给出在该状态方程形式下爆炸波参数的表达式。

假设岩土是由固体颗粒、水和空气组成的一种三相介质，以 α_{01}，α_{02}，α_{03} 分别表示初始状态时三个相的体积分数，ρ_{01}，ρ_{02}，ρ_{03} 分别表示初始状态时三个相的密度，那么可得到岩土初始状态的密度：

$$\rho_0=\alpha_{01}\rho_{01}+\alpha_{02}\rho_{02}+\alpha_{03}\rho_{03} \tag{5-3-4}$$

对于固体颗粒，状态方程为

$$p_f=p_0+\frac{\rho_{01}c_{01}^2}{K_1}\left[\left(\frac{\rho_1}{\rho_{01}}\right)^{K_1}-1\right] \tag{5-3-5}$$

式中 p_f 和 p_0 分别表示终态和初态的压力；ρ_1 为固体颗粒的终态密度；c_{01} 为固体颗粒声速，其值为 4 500 m/s；K_1 为常数，其值取 3。

对于水，状态方程为

$$p_f=p_0+\frac{\rho_{02}c_{02}^2}{K_2}\left[\left(\frac{\rho_2}{\rho_{02}}\right)^{K_2}-1\right] \tag{5-3-6}$$

式中 ρ_2 为水的终态密度；c_{02} 为水的声速，其值为 1 500 m/s；K_2 为常数，其值取 3。

对于空气，状态方程为

$$p_f=p_0\left(\frac{\rho_3}{\rho_{03}}\right)^{K_3} \tag{5-3-7}$$

式中 ρ_3 为空气的终态密度；K_3 为常数，其值取 1.4。

式（5－3－5）～式（5－3－7）经过变换得到

$$\rho_1=\rho_{01}\left[\frac{(p_f-p_0)K_1}{\rho_{01}c_{01}^2}+1\right]^{-1/K_1} \tag{5-3-8}$$

$$\rho_2=\rho_{02}\left[\frac{(p_f-p_0)K_2}{\rho_{02}c_{02}^2}+1\right]^{-1/K_2} \tag{5-3-9}$$

$$\rho_3=\rho_{03}\left(\frac{p_{\mathrm{f}}}{p_0}\right)^{-1/K_3} \tag{5-3-10}$$

终态的体积分数分别用α_1，α_2，α_3表示，于是得到

$$\alpha_1=\frac{\dfrac{\rho_{01}\alpha_{01}}{\rho_1}}{\dfrac{\rho_{01}\alpha_{01}}{\rho_1}+\dfrac{\rho_{02}\alpha_{02}}{\rho_2}+\dfrac{\rho_{03}\alpha_{03}}{\rho_3}} \tag{5-3-11}$$

$$\alpha_2=\frac{\dfrac{\rho_{02}\alpha_{02}}{\rho_2}}{\dfrac{\rho_{01}\alpha_{01}}{\rho_1}+\dfrac{\rho_{02}\alpha_{02}}{\rho_2}+\dfrac{\rho_{03}\alpha_{03}}{\rho_3}} \tag{5-3-12}$$

$$\alpha_3=\frac{\dfrac{\rho_{03}\alpha_{03}}{\rho_3}}{\dfrac{\rho_{01}\alpha_{01}}{\rho_1}+\dfrac{\rho_{02}\alpha_{02}}{\rho_2}+\dfrac{\rho_{03}\alpha_{03}}{\rho_3}} \tag{5-3-13}$$

对于终态的密度，得到

$$\rho=\alpha_1\rho_1+\alpha_2\rho_2+\alpha_3\rho_3 \tag{5-3-14}$$

将式（5-3-8）～式（5-3-13）代入式（5-3-14）并结合式（5-3-4）得到

$$\rho=\rho_0\left\{\alpha_{01}\left[\frac{(p_{\mathrm{f}}-p_0)K_1}{\rho_{01}C_{01}^2}+1\right]^{-1/K_1}+\alpha_{02}\left[\frac{(p_{\mathrm{f}}-p_0)K_2}{\rho_{02}C_{02}^2}+1\right]^{-1/K_2}+\alpha_{03}\left(\frac{p_f}{p_0}\right)^{-1/K_3}\right\}^{-1} \tag{5-3-15}$$

状态方程式（5-3-15）对含水饱和土的适用性已被爆炸波与直接测量土的可压缩性的结果证实。

式（5-3-15）的状态方程是 p 和ρ的一个关系式。如前所述，可以与式（5-3-1）和式（5-3-2）联立来求解一些爆炸波参数。如果爆炸波前介质是静止的，那么由式（5-3-1）和式（5-3-2）可得到

$$D_{\mathrm{f}}=\sqrt{\frac{\rho_{\mathrm{f}}}{\rho_0}\frac{(p_{\mathrm{f}}-p_0)}{(\rho_{\mathrm{f}}-\rho_0)}} \tag{5-3-16}$$

$$u_{\mathrm{f}}=\sqrt{\frac{1}{\rho_0\rho_{\mathrm{f}}}(p_{\mathrm{f}}-p_0)(\rho_{\mathrm{f}}-\rho_0)} \tag{5-3-17}$$

将式（5-3-15）代入式（5-3-16）和式（5-3-17），得到

$$D_{\mathrm{f}}^2=\frac{p_{\mathrm{f}}-p_0}{\rho_0}\left\{1-\alpha_{01}\left[\frac{K_1(p_{\mathrm{f}}-p_0)}{\rho_{01}C_{01}^2}+1\right]^{-1/K_1}-\alpha_{02}\left[\frac{K_2(p_{\mathrm{f}}-p_0)}{\rho_{02}C_{02}^2}+1\right]^{-1/K_2}-\alpha_{03}\left(\frac{p_{\mathrm{f}}}{p_0}\right)^{-1/K_3}\right\}^{-1} \tag{5-3-18}$$

$$u_{\mathrm{f}}^{2}=\frac{p_{\mathrm{f}}-p_{0}}{\rho_{0}}\left\{1-\alpha_{01}\left[\frac{K_{1}(p_{\mathrm{f}}-p_{0})}{\rho_{01}C_{01}^{2}}+1\right]^{-1/K_{1}}-\alpha_{02}\left[\frac{K_{2}(p_{\mathrm{f}}-p_{0})}{\rho_{02}C_{02}^{2}}+1\right]^{-1/K_{2}}-\alpha_{03}\left(\frac{p_{\mathrm{f}}}{p_{0}}\right)^{-1/K_{3}}\right\}^{-1} \tag{5-3-19}$$

如果已知波阵面上的压力 p_{f} 或超压 $\Delta p_{\mathrm{f}}=p_{\mathrm{f}}-p_{0}$，则可以通过式（5–3–15）、式（5–3–18）和式（5–3–19）分别计算爆炸波后的介质密度 ρ_{f} 、爆炸波速度 D_{f} 和质点速度 u_{f} 。

3. 岩土中爆炸波的传播规律

对孔隙率 $\alpha_{02}+\alpha_{03}=0.4$ 的饱和土，按式（5–3–18）计算得到的冲击波阵面速度 D_{f} 与峰值压力 p_{f} 的关系曲线，如图 5–3–7 所示，曲线 1，2，3 和 4 是对应空气相对体积分别为 0，1×10^{-4}，1×10^{-3} 和 1×10^{-2} 的计算曲线；曲线 5，6，7 和 8 是试验曲线，分别对应 α_{03} 为 0，0.5×10^{-4}，1×10^{-2} 和 4×10^{-2} 。我们可以看出，爆炸波传播速度随 α_{03} 的增大而迅速减小，且在不含空气的岩土中，传播速度的变化很小。

图 5–3–8 所示为饱和土的质点速度 u_{f} 与峰值压力 p_{f} 的关系曲线，土的孔隙率 $\alpha_{02}+\alpha_{03}=0.4$ 。曲线 1，2 和 3 分别对应 α_{03} 为0，1×10^{-2} 和 5×10^{-2} ；曲线 4 对应水，它几乎是一条直线。

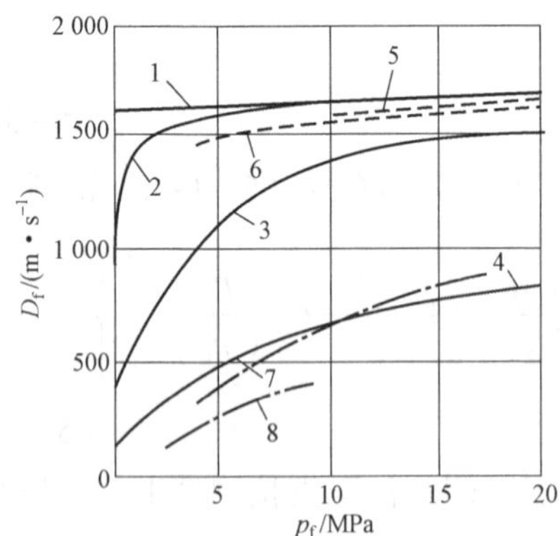

图 5–3–7　冲击波阵面速度 D_{f} 与峰值压力 p_{f} 的关系曲线

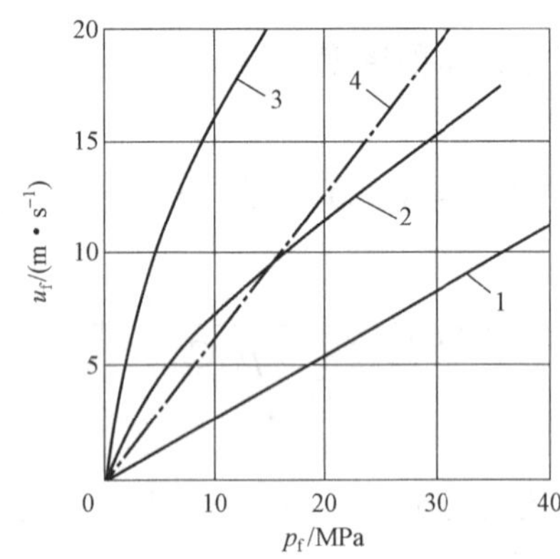

图 5–3–8　质点速度 u_{f} 与峰值压力 p_{f} 的关系曲线

冲击波在三相介质中的传播规律，比在硬岩石中的传播规律（近似地认为符合胡克定律）复杂很多。在这里仅指出，根据试验结果，在非饱和土中，当冲击波垂直入射到刚性障碍物时，超压将增加 2～3.3 倍。超压的增加在很大程度上取决于超压的高低。对于低超压，增加一倍，随着超压的增大，其增加值可以达到上面所给范围的上限。

试验进一步表明，在饱和土中传播的压力波的超压与所取的方向无关，在这一点上，土的性质与液体一样。

应当指出，虽然土壤的密度和水的密度相差不多，但是爆轰产物和冲击波在土壤中的传播规律却与液体介质中的传播规律有很大的不同，这是土壤有空隙的缘故。实际上，土壤受压时，起初是单个颗粒受压，质量密度变大；而后在高压下才产生土壤颗粒的一般压实变形。由于土壤空隙的消失而被压实，爆炸冲击波的大部分能量将消耗于此，故大部分的爆炸能量消耗于破坏土壤颗粒和转换为热能上。剩下来的能量，形成弱压缩波。弱压缩波的性质与地震波类似，但是地震波的能量比爆炸初始能量小得多。

第 6 章
穿甲/侵彻作用

由弹丸或破片对目标碰击引起的破坏和侵彻作用被称为穿甲/侵彻作用。其主要内容包括甲弹或破片对装甲、混凝土及岩土介质的侵彻与贯穿，它是弹丸与目标相互作用终点弹道学的一部分。目标可以是装甲、非装甲车辆、飞机、舰船、导弹和指挥所、机场跑道和地下深层工事等。由于装甲板与混凝土岩石的材料特性差异较大，故根据材料特性分别介绍侵彻金属靶和侵彻混凝土岩石类靶的侵彻作用理论及方法。

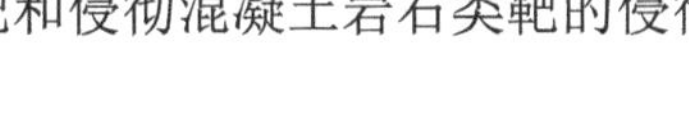

6.1 侵彻金属靶

6.1.1 靶板分类

根据靶板的材料特性，本章分别讨论金属类的延性材料靶板和岩土类的脆性材料靶板。对于金属类延性材料靶板，根据结构和材料性能的不同，靶板可分为以下三类。

1. 均质靶和非均质靶

均质靶和非均质靶一般指各种厚度范围的单层整体金属靶，通常含有合金钢，但也有不少是铝甲、钛合金和其他轻金属材料的装甲。均质靶在它的整个厚度上，处处有着相同的机械性能和化学成分，是各向同性的，可轧制、铸造加工而成；而非均质靶在不同厚度上的机械性能或化学成分并不相同，它的特点是靶表面层具有较高的硬度，而内部有较高的韧性，这种靶板可用电渣重熔、表面渗碳或表面淬火的方法得到。

2. 复合装甲靶

坦克上使用的复合装甲靶是由薄厚不同的两层钢甲及其中的夹层结构所组成，如图 6−1−1 所示。复合装甲靶主要是在上下钢板的厚度配比、中间夹层材料的种类和比例以及几何形状上变化。比如，英国乔巴姆装甲，其外层为表面硬化钢板，中间夹层为多边形的陶瓷板密度排列，内层为铝合金；苏联 T80 坦克的装甲也为复合结构，其非金属夹层为合成物和陶瓷。

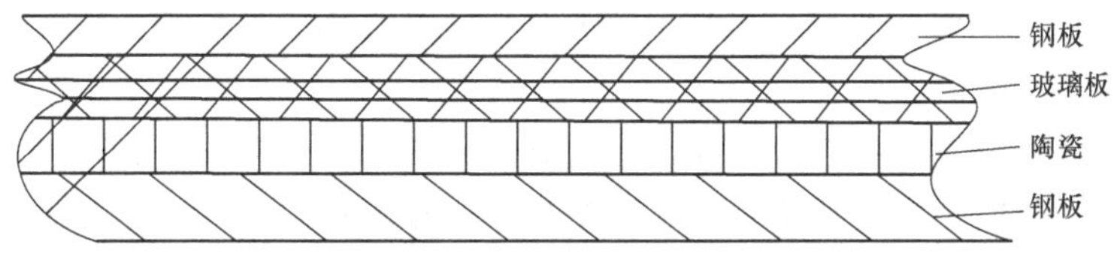

图 6−1−1　复合装甲靶剖面示意

3. 间隔靶板系统

这种靶板系统是由一定倾角平行放置的不同厚度的钢甲组成。典型的例子如图 6–1–2 所示。第一层为 9.5 mm 的薄装甲钢板，第二层板的厚度为第一层板的 4 倍，即其为 38 mm 厚的碳素软钢板，而第三层板的厚度为第一层板的 8 倍，即其为 76 mm 厚的装甲钢板。前后两层钢甲的垂直距离为 330 mm，外法线的夹角 α 均为 65°，这是目前北约各国用以考核穿甲弹的三层间隔靶板系统。很明显，弹丸对这类靶板系统的每一层板作用时，都与对均质靶作用情况相同。但是，由于弹丸在穿透前一层靶板之后，飞行姿态受到了扰动，并产生了质量和速度损失，从而影响弹丸对下一层靶板的穿甲作用，因此，这种靶板系统每层钢甲材料的性能和尺寸、倾角、靶间隔大小都是重要的参数，影响它的抗弹能力。

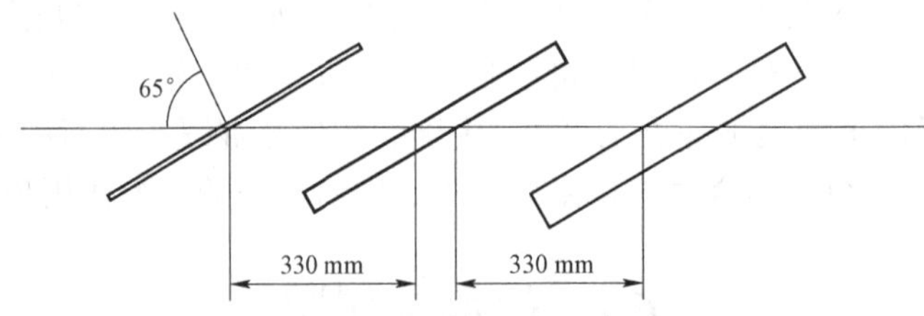

图 6–1–2　三层间隔靶板系统

在研究中，单层钢甲靶板以其厚度可分为下列类型：

（1）薄靶：弹体在侵彻过程中，靶板中的应力和应变沿厚度方向上没有梯度分布。

（2）中厚靶：弹体在侵彻全过程中，一直受到靶板背表面的影响。

（3）厚靶：弹体侵入靶板相当远的距离后，才会受到靶板前表面的影响。

（4）半无限靶：弹体在侵入过程中，不会受靶背面远方边界表面的影响。

若弹体中应力波来回传播一次时对应靶板中的应力波来回传播的次数为 N，则 N 可表示靶板背面边界的影响程度。计算式为

$$N=\frac{\dfrac{2l}{c_{\mathrm{ep}}}}{\dfrac{2h_{\mathrm{t}}}{c_{\mathrm{et}}}}=\frac{lc_{\mathrm{et}}}{h_{\mathrm{t}}c_{\mathrm{ep}}} \tag{6-1-1}$$

式中　l 为弹体长度；h_{t} 为靶板厚度；c_{ep} 为弹体中弹性波速；c_{et} 为靶中弹性波速。$N\to 0$ 为半无限靶；$0<N\leqslant 1$ 为厚靶；$1<N\leqslant 5$ 为中厚靶；$N>5$ 为薄靶。

6.1.2　靶板破坏基本形式

薄靶在非穿孔性破坏中，有两种由于塑性变形而造成的位移：一种是在弹头接触部分，靶板产生与弹头形状完全相同的隆起变形；另一种是由于靶板弯曲而造成的盘形凹陷变形，如图 6–1–3 所示。

薄靶和中厚靶断裂破坏将导致穿孔。这些破坏由于材料性质、几何形状以及撞击速度的不同而各有特点。依据弹丸的结构形状、靶板材料和厚度的不同，通过试验和理论研究得到的典型破坏形式如图 6–1–4 所示。

1. 脆性断裂

脆性断裂包括贯穿薄靶和中厚靶产生的断裂，它是由初始压缩应力波超过靶板最大抗压强度引起的破坏，一般在低强度、低密度材料中出现［见图6-1-4（b）］。径向断裂仅限于脆性靶，如混凝土、陶瓷等。

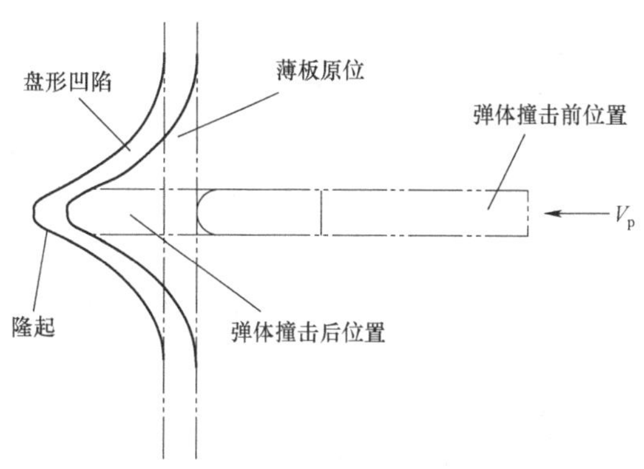

图6-1-3　薄靶隆起和凹陷破坏

2. 延性穿孔

锥形或卵形弹头在侵彻延性靶时，沿穿孔的轴向和径向产生强烈的塑性变形，大量的塑性变形使材料沿弹丸轴线方向运动，并随着弹丸的通过将孔口扩大。延性穿孔是厚靶中常见的一种，贯穿是由弹丸挤压引起靶板径向膨胀完成的。

3. 花瓣形破坏

外形变化很大的弹丸侵彻延性靶板时，可能引起边缘的径向破裂。此种破坏发生在弹轴附近，呈星形。在薄靶中，星形裂纹向整个靶厚扩展。随着弹丸的向前推进，裂纹之间的角料折转成花瓣，因此被称为花瓣形破坏，而在厚靶中，裂纹只能扩展到部分厚度，并与其他破坏形式综合形成破片。

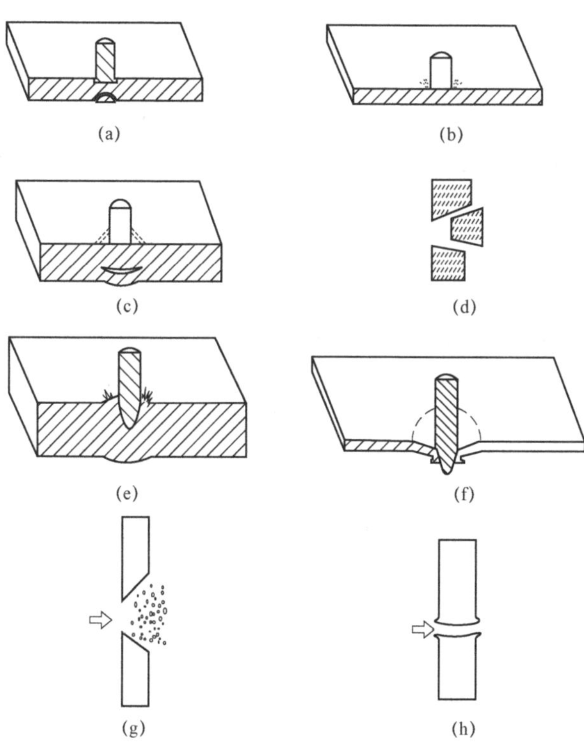

图6-1-4　靶板破坏的形状

（a）初始压缩波造成的背面断裂破坏；（b）脆性靶板在初始压缩波后造成的径向断裂破坏；（c）脆性靶板的层裂型或齐斑型破坏；（d）脆性靶板的挤凿型破坏；（e）脆性靶板的正面花瓣形破坏；（f）脆性靶板的背面花瓣形破坏；（g）脆性靶板的碎块型破坏；（h）韧性靶板的孔口扩展型破坏

4. 冲塞

柱形弹及普通钝头弹撞击脆性薄靶及中厚靶时，一般冲出一个近似圆柱的塞块。在适当的条件下，尖头弹也能冲出这样的塞块。这种破坏形式的特点是当弹丸挤压靶板时，在弹和靶接触的环形截面上会产生很大的剪应力和剪应变，同时产生热量。在短暂的撞击过程中，这些热量来不及逸散，因而大大提高了环形区域的温度，降低了材料的抗剪强度，以致出现冲塞式破坏。

5. 崩落

在高速碰撞条件下，靶板背面可产生崩落痂片。这种破坏是由强应力波的相互作用引起的。靶板受到弹丸强烈冲击后，靶内将产生压缩应力波，当此压缩应力波传到靶板前表面时将发生反射，并形成自背表面与入射应力波传播方向相反的拉伸波。入射压缩波和反射拉伸波在靶内相互干涉的结果，将在距靶板前表面某一截面上出现拉伸应力超过靶板抗拉强度的情况，于是发生崩落破坏。但破裂表面的大小取决于靶板材料的非均匀性和各向异性。

6. 破片

在速度较低时，延性穿孔、花瓣形破坏及冲塞过程可能以单一的形式出现。而在速度较高时，这些破坏将伴随着崩落和痂片，或者伴有二次延性和脆性破坏过程而产生破片，所以这些破坏可被统称为破片型穿孔。

6.2 侵彻金属靶理论及侵彻公式

侵彻理论通常取 Poncelet 阻力定律的某些形式。该理论假设弹丸在目标内的运动与它在空气中或水中的运动类似。

若弹丸在介质中的运动是稳定的，并且无侧滑角，则在外弹道学中负加速度可表示为

$$m_s = \frac{dv}{dt} = -\frac{1}{2}C_D\rho v^2 A \tag{6-2-1}$$

如果动压$\rho v^2/2$是介质阻力中的主要因素，则式（6－2－1）在侵彻力学中具有重要意义。由于在固体介质中阻力系数 C_D 并不是常数，故更普遍试用的阻力与速度的关系式是

$$F_D=(c_1+c_2v+c_3v^2)A \tag{6-2-2}$$

和

$$F_D=(c_1+c_3v^2)A \tag{6-2-3}$$

式中　A 为弹丸横截面面积；c_1，c_2 和 c_3 为常数。可见，式（6－2－2）可作为速度二次函数的一般阻力表达式，而式（6－2－3）是一种特例。当阻力等于弹丸的负加速度时，由式（6－2－3）可得出 Poncelet 公式：

$$m_s= \frac{dv}{dx} =(c_1+c_3v^2)A \tag{6-2-4}$$

在已知弹丸和障碍物系统的经验常数 c_1 和 c_3 的情况下，Poncelet 公式已成功地应用在土壤、砖石建筑和装甲侵彻上，并可求出弹丸的速度和弹道。变换式（6－2－4）则有

$$m_s v\frac{dv}{dx} =(c_1+c_3v^2)A \tag{6-2-5}$$

由 Poncelet 假设可知，对于稳定运动的弹丸，侵彻深度随速度的变化关系可将式（6－2－5）积分得到

$$x=\frac{m_s}{2c_3A}\ln\left(\frac{c_1+c_3v_0^2}{c_1+c_3v^2}\right) \tag{6-2-6}$$

式中　x 表示沿直线弹道的侵彻距离，即穿深。

穿深和时间的关系也可通过积分式（6－2－4）求出，其结果为

$$x=\frac{m_s}{2c_3A}\ln\left[\frac{1-\sqrt{c_1c_3/m_s}At}{\cos(\tan^{-1}\sqrt{c_3/c_1v_0})}\right] \tag{6-2-7}$$

此式给出了弹丸在一定时间 t（如引信装定时间）的瞬时穿深。

为了确定弹丸的侵彻和贯穿能力与目标物理性质之间的关系，将目标对弹丸的阻力假定为如下的形式：

$$F_D=[\sigma+c\rho_t(v-v_2)^2]A \tag{6-2-8}$$

式中　σ为目标材料内可承受的最大应力；c为目标的阻力系数；v_2为目标破裂前沿内的质点速度，它取决于目标材料的应力–应变曲线形状。速度 v_2 一般很小，若忽略不计，则由此可得

$$F_D=(\sigma+c\rho_t v^2)A \tag{6-2-9}$$

这就是 Poncelet 阻力定律公式。该公式力图考虑两个阻力分量：一是目标材料的强度；二是目标材料的惯量。对于装甲靶等高强度材料，σ值很大，这时惯性项往往可以被忽略；对于明胶或砂质等低强度材料，σ值很小，这时惯性项居主导地位。但是侵彻阻力远比 Poncelet 阻力定律包含的内容复杂，因为σ值随弹丸形状、速度和目标厚度而变化。尽管如此，Poncelet 阻力定律在进行理论计算时还是十分有用的，因为在局部范围内，其计算结果能够与试验数据适配。

下面介绍几个侵彻金属靶的经验公式，公式中符号的物理意义如表 6–2–1 所示。

表 6–2–1　侵彻金属靶经验公式中符号的物理意义

符号	物理意义
b	靶板厚度
b_{perf}	贯穿厚度
b_{scab}	崩落厚度
BLV	弹道极限速度
d	侵彻体最大直径
DOP	侵彻深度
H	侵彻深度
$\bar{H}$	H/d
$K_{shape}^{(2)}$	弹体的头部形状系数
L_{sh}	无支撑靶的板面跨度间距
L_{imp}	侵彻体长度
m	侵彻体初始质量
m_{res}	侵彻体剩余质量
RHA	均质装甲钢
v	侵彻体瞬时速度
v_{b1}	弹道极限速度
v_{imp}	撞击速度
$\tilde{v}_{imp}$	v_{imp}/v_{bl}
v_0	参考速度（1 000 m/s）
v_{res}	侵彻体剩余速度

续表

符号	物理意义
$\tilde{v}_{\mathrm{res}}$	$v_{\mathrm{res}}/v_{\mathrm{bl}}$
α_1，…，α_{14}	模型参数
θ	侵彻方向与靶板表面法向的夹角
ρ_{imp}	侵彻体材料密度
ρ_{sh}	靶板材料密度
σ_{u}	靶板材料极限抗拉强度

1. DeMarre 公式及其修正公式

DeMarre 公式适用于有限厚金属靶的正侵彻问题（Herrmann 和 Jones，1961）。其表达式为

$$v_{\mathrm{bl}} = 0.431\times10^5 d^{0.75} b^{0.7} / m^{0.5} \tag{6-2-10}$$

Børvik 等（1998）给出了 DeMarre 公式的适用范围：0.1 kg＜m＜50 kg，200 m/s＜v_{bl}＜900 m/s，并且在工程手册中指出，该公式适用于钝头弹侵彻金属靶。

侵彻锻铁（Wrought Iron）材料靶板的 DeMarre 修正公式如表 6-2-2 所示。

表 6-2-2　侵彻锻铁材料靶板的 DeMarre 修正公式

模型	作者
$v_{\mathrm{bl}} = 0.660\times10^5 d^{1/2} b / m^{1/2}$	Fairbairn
$v_{\mathrm{bl}} = 0.816\times10^4 d^{1/3} b^{2/3} / m^{1/3}$	Tresidder
$v_{\mathrm{bl}} = 0.393\times10^5 d^{5/6} b^{2/3} / m^{1/2}$	Krupps
$v_{\mathrm{bl}} = 0.322\times10^5 d^{3/4} b^{0.65} / m^{1/2}$	DeMarre

所有出自 Herrmann 和 Jones（1961）的公式都已经转换成国际单位制。

2. BRL 公式

弹道研究试验室（Ballistic Research Laboratory，BRL）公式（1968）为（Corbett 和 Reid，1993）

$$v_{\mathrm{bl}} = \alpha_7 \times 10^4 \frac{(bd)^{0.75}}{\sqrt{m}} \tag{6-2-11}$$

式中　$\alpha_7 = 5.37$。

这一公式适用于平头弹，该公式的有效弹靶参数范围为 $57\,\mathrm{m/s} < v_{\mathrm{bl}} < 270\,\mathrm{m/s}$，$1.25 \leqslant L_{\mathrm{imp}}/d \leqslant 8$，$0.1 \leqslant b/d \leqslant 1.0$，$8 \leqslant L_{\mathrm{sh}}/d \leqslant 35$，$315\,\mathrm{MPa} \leqslant \sigma_{\mathrm{u}} \leqslant 500\,\mathrm{MPa}$。

Amde 等（1996）建议在式（6-2-11）中使用 $\alpha_7 = 4.88$。

3. Healey – Weissman 公式

用国际单位制表示的 Healey – Weissman 公式（Healey 和 Weissman，1974）为（Made 等，1996，1997）

$$b_{\text{perf}} = \alpha_8 m^{0.33} v_{\text{imp}}^{1.22} \tag{6-2-12}$$

$$v_{\text{res}} = v_{\text{imp}}\left(1-\frac{b}{b_{\text{perf}}}\right)^{0.82} = \left(v_{\text{imp}}^{1.22}-\frac{b}{\alpha_8 m^{0.33}}\right)^{0.82},\quad b \leqslant b_{\text{perf}} \tag{6-2-13}$$

对于穿甲弹侵彻低碳钢靶板，$\alpha_8 = 23.2\times10^{-6}$；对于低碳钢弹侵彻低碳钢靶板，$\alpha_8 = 16.1\times10^{-6}$。

显然，由式（6-2-12）可得

$$v_{\text{bl}} = \alpha_9 b^{0.82} / m^{0.27},\quad \alpha_9 = 1/\alpha_8^{0.82} \tag{6-2-14}$$

对于布氏硬度 $\mu_{\text{sh}}^* = 150$ 的普通低碳结构钢靶板，$\alpha_8 = 16.1\times10^{-6}$；对于其他型号的钢材，式（6-2-14）中的参数 α_8 由式（6-2-15）确定：

$$\alpha_8 = 16.1\times10^{-6}\exp[8.77\times10^{-6}(\mu_{\text{sh}}^{*2}-\mu_{\text{sh}}^2)-5.41\times10^{-3}(\mu_{\text{sh}}^*-\mu_{\text{sh}})] \tag{6-2-15}$$

贯穿剩余速度表达式为

$$v_{\text{res}} = v_{\text{imp}}\left(1-\frac{b}{b_{\text{perf}}}\right)^{0.5} \Big/ \left(1+\frac{17.5b}{m^{0.33}}\right),\quad b \leqslant b_{\text{perf}} \tag{6-2-16}$$

4. Lambert 和 Lonas 近似公式

Lambert 和 Lonas（1976）在总结大量弹道试验结果的基础上，提出如下撞击速度、剩余速度和弹道极限速度之间的关系式

$$v_{\text{res}} = \begin{cases} 0, & 0 \leqslant v_{\text{imp}} \leqslant v_{\text{bl}} \\ a(v_{\text{imp}}^p - v_{\text{bl}}^p)^{1/p}, & v_{\text{imp}} > v_{\text{bl}} \end{cases} \tag{6-2-17}$$

或

$$\tilde{v}_{\text{res}} = \begin{cases} 0, & 0 \leqslant \tilde{v}_{\text{imp}} \leqslant 1 \\ a(\tilde{v}_{\text{imp}}^p - 1)^{1/p}, & \tilde{v}_{\text{imp}} > 1 \end{cases} \tag{6-2-18}$$

式中，$0 \leqslant \alpha \leqslant 1$ 和 $p > 1$ 是由试验确定的常数。

Lambert（1978）［另见 Zukas（1982）］提出了式（6-2-17）中 v_{bl}，a 和 p 的表达式，在国际单位制下可写为

$$v_{\text{bl}} = \alpha_{10}\left(\frac{L_{\text{imp}}}{d}\right)^{0.15}\sqrt{f(z)d^3/m} \tag{6-2-19}$$

$$a = 1\Big/\left(1+\frac{\pi\rho_{\text{sh}}d^3 z}{12m}\right) \tag{6-2-20}$$

$$p = 2 + z/3 \tag{6-2-21}$$

式中

$$z=(b/d)(\sec\theta)^{0.75},\quad f(z)=z+\exp(z)-1 \tag{6-2-22}$$

且 α_{10} 是一个依赖靶板材料的常数，对于铝靶，建议 $\alpha_{10}=1\,750$；对于滚轧均质装甲钢（RHA），建议 $\alpha_{10}=4\,000$。

为验证这些公式的有效性，在如下参数范围进行试验：$0.5\,\text{g}\leqslant m\leqslant 3.63\,\text{kg}$，$2\,\text{mm}\leqslant d\leqslant 50\,\text{mm}$，$4\leqslant L_{\text{imp}}/d\leqslant 30$，$6\,\text{mm}\leqslant b\leqslant 150\,\text{mm}$，$0^\circ\leqslant\theta\leqslant 60^\circ$，$7\,800\,\text{kg/m}^3\leqslant\rho_{\text{imp}}\leqslant 19\,000\,\text{kg/m}^3$。

5. SwRI 方程

西南研究院（Southwest Research Institute，SwRI）研究者发布了一本手册（Baker 等，1980，另见 Liang 等，2003），其中有描述小型钢质破片侵彻金属的方程。

针对图 6-2-1 所示的破片，以国际单位制表示的公式为

$$v_{\text{bl}}=0.205\frac{\beta_1}{\sqrt{m}}S^{\beta_2}(39.37b\sec\theta)^{\beta_3} \tag{6-2-23}$$

$$v_{\text{res}}=\frac{v_{\text{bl}}}{\sqrt{1+\rho_{\text{sh}}Sb/m}}\left(\frac{1.12z^2+0.52z+1.29\sqrt{z}}{z+1}\right) \tag{6-2-24}$$

式中

$$S=1.33\left(\frac{m}{k}\right)^{2/3},\ z=\frac{v_{\text{imp}}}{v_{\text{bl}}}-1 \tag{6-2-25}$$

对于标准破片，$k=0.186$；对于图 6-2-1 所示的替代破片，$k=0.34$；参数 β_1，β_2，β_3 的值如表 6-2-3 所示。

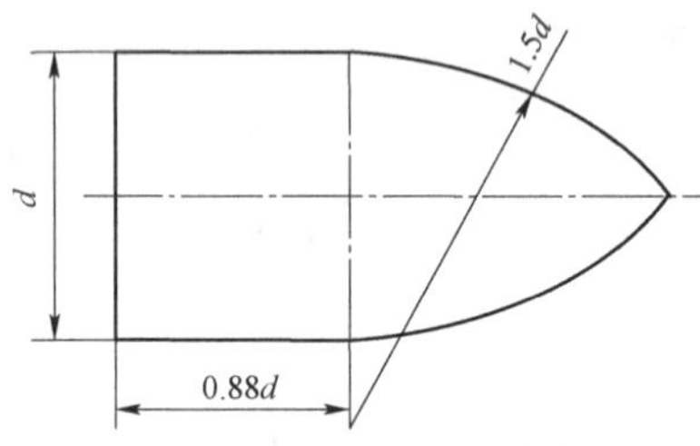

图 6-2-1　破片形状

表 6-2-3　式（6-2-23）的参数 β_1，β_2，β_3 的值

$\zeta=b/\sqrt{S}$	β_1	β_2	β_3
$0<\zeta\leqslant 0.46$	1 414	0.295	0.910
$0.46<\zeta\leqslant 1.06$	1 936	0.096	1.310
$\zeta>1.06$	2 039	0.064	0.430

6.3　侵彻金属薄靶理论

弹体侵彻薄靶时靶板的破裂方式为花瓣形破坏。当尖头弹体冲击拉伸强度较低的薄靶时，弹顶处首先出现径向裂缝。随着弹体的前进，这些裂缝不断向外发展，裂缝以内的靶板在弹体的作用下向前、向外翘曲，形成花瓣状的破坏。

1. 模型建立

假设花瓣对弹头表面不产生压力，忽略靶板翘曲时的一切内部应力约束，并认为花瓣上的靶板材料没有径向和周向伸长，则由动量守恒条件可得

$$mv_0 = mv + M_t(x) \tag{6-3-1}$$

式中　v 为弹体头部穿过靶板行程为 x 时的弹体速度；v_0 为弹体着靶速度；m 为弹体质量；M_t 为当弹体头部穿过靶板行程为 x 时靶板所具有的动量。

显然，M_t 是 x 的函数。从式（6-3-1）可知，如果求得 M_t，就可解出 v。下面求 M_t 的表达式。

图 6-3-1 所示为一普通尖头弹体造成靶板瓣裂破坏示意。

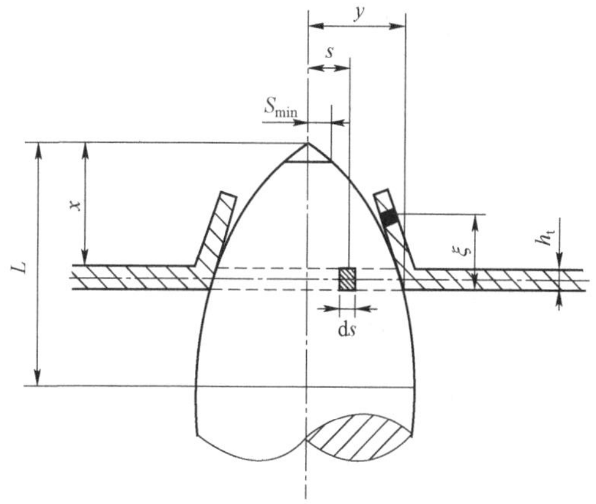

图 6-3-1　尖头弹体造成靶板瓣裂破坏示意

考察花瓣上距靶板表面 ξ 处的微元所具有的轴向动量 $\mathrm{d}M_t'$，显然有

$$\mathrm{d}M_t = 2\pi h_t \rho_t \mathrm{d}s \frac{\mathrm{d}\xi}{\mathrm{d}x} \tag{6-3-2}$$

式中　s 为微元受到冲击前的原位置距弹丸轴线的距离。还有

$$\frac{\mathrm{d}\xi}{\mathrm{d}t} = \frac{\mathrm{d}\xi}{\mathrm{d}x} \cdot \frac{\mathrm{d}x}{\mathrm{d}t} = v \cdot \frac{\mathrm{d}\xi}{\mathrm{d}x} \tag{6-3-3}$$

将式（6-3-3）代入式（6-3-2）并积分

$$M_t = 2\pi h_t \rho_t \int_{S_{min}}^{y} v \frac{\mathrm{d}\xi}{\mathrm{d}x} \mathrm{d}s \tag{6-3-4}$$

式中　积分上限 y 为弹体头部行程为 x 时弹孔的半径；下限 S_{min} 为弹头截顶的半径。如在较小的区间［S_{i-1}，S_i］内积分，v 的变化可以被忽略，因此有

$$M_t^i = 2\pi h_t \rho_t \int_{s_{i-1}}^{s_i} v_i \frac{\mathrm{d}\xi}{\mathrm{d}x} \mathrm{d}s = v_i m_t^i \tag{6-3-5}$$

式中

$$m_t^i = 2\pi h_t \rho_t \int_{s_{i-1}}^{s_i} \frac{\mathrm{d}\xi}{\mathrm{d}x} s\mathrm{d}s \tag{6-3-6}$$

其为有效质量，具有有效量纲。我们可以根据弹体头部几何关系求出 m_t^i。这样一来，我们可以得到

$$\Delta v_{i-1,i} = v_{i-1} - v_i = \frac{v_i m_t^i}{m} \tag{6-3-7}$$

从此理论上说，我们可以通过式（6-3-7）将任意头部形状的弹体贯穿靶板的速度损失解出来。实际上，我们很难确定 m_t^i，故只能是求/获得近似解。

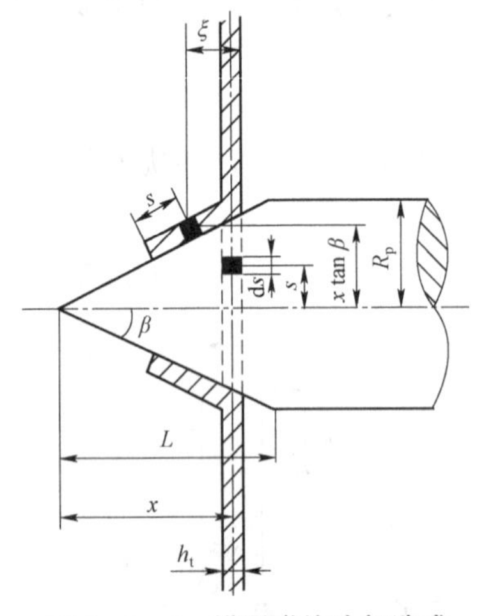

图 6-3-2　锥形弹体头部造成靶板花裂破坏时的几何关系

2. 锥形弹体头部

锥形弹体头部造成靶板花瓣形破坏时的几何关系如图 6-3-2 所示。试验证实，被花瓣形破坏后，花瓣上材料的径向伸长可以被忽略，因此有

$$\xi = (x\tan\beta - s)\cos\beta \tag{6-3-8}$$

故

$$\frac{d\xi}{dx} = \sin\beta \tag{6-3-9}$$

弹体头部长径比较大的锥形弹头贯穿靶板后的剩余速度 v_f 和 v_0 的差别不大，故总的速度损失不大，我们可以将式（6-3-6）简化成一个区间的积分，即

$$m_t = 2\pi h_t \rho_t \int_0^{x\tan\beta} vs\sin\beta ds = \pi h_t \rho_t v_0 (x\tan\beta)^2 \sin\beta \tag{6-3-10}$$

当 $x\tan\beta = R_p$ 时，整个弹体头部通过了靶板，这时整个瓣裂穿孔过程完成，弹体速度 v 为剩余速度 v_f。由式（6-3-7）得

$$v_f = v_0 - \frac{\pi h_t \rho_t R_p^2}{m} v_0 \sin\beta \tag{6-3-11}$$

下面分析瓣裂过程中花瓣所受到的力。根据假设，弹体不对花瓣产生压力，所以弹体对靶板的作用力仅限于花瓣根部区域。按对称原理，作用力一定均布在瓣根圆环上，设所有的花瓣所受的轴向合力为 F_x，一个花瓣所受的径向合力为 F_r，则有

$$F_x = -m\frac{dv}{dt} = -mv\frac{dv}{dx} \tag{6-3-12}$$

$$F_r = \frac{dM_r}{dt} \tag{6-3-13}$$

式中　M_r 为单块花瓣的径向动量。式（6-3-7）的近似式为

$$v_0 - v = \frac{vm_t}{m} \tag{6-3-14}$$

即

$$v = \frac{m_t}{m + m_t} v_0 \tag{6-3-15}$$

将式（6-3-15）对 x 微分得

$$\frac{dv}{dt} = -\frac{v^2 dm_t}{mv_0 dx} \tag{6-3-16}$$

由式（6-3-10）得

$$\frac{\mathrm{d}m_{\mathrm{t}}}{\mathrm{d}x}=2\pi\rho_{\mathrm{t}}h_{\mathrm{t}}x\tan^2\beta\sin\beta=\frac{2m_{\mathrm{t}}}{x} \tag{6-3-17}$$

所以

$$F_{\mathrm{x}}=2\pi\rho_{\mathrm{t}}h_{\mathrm{t}}x\tan^2\beta\sin\beta\cdot\frac{v^3}{v_0}\approx2\pi\rho_{\mathrm{t}}h_{\mathrm{t}}v_0^2x\tan^2\beta\sin\beta \tag{6-3-18}$$

花瓣根部圆周单位长度上分布的力 f_{x} 为

$$f_{\mathrm{x}}=\frac{F_{\mathrm{x}}}{2\pi x\tan\beta}\rho_{\mathrm{t}}h_{\mathrm{t}}v_0^2x\tan^2\beta\sin\beta \tag{6-3-19}$$

从图 6-3-2 所示几何关系，我们不难看出：

$$r=(x-\xi)\tan\beta \tag{6-3-20}$$

$$\frac{\mathrm{d}r}{\mathrm{d}t}=\left(\frac{\mathrm{d}x}{\mathrm{d}t}-\frac{\mathrm{d}\xi}{\mathrm{d}t}\right)\tan\beta=v(1-\sin\beta)\tan\beta \tag{6-3-21}$$

设一共形成 N 块花瓣，则每块花瓣的质量 m_{pet} 为

$$m_{\mathrm{pet}}=\frac{\pi\rho_{\mathrm{t}}h_{\mathrm{t}}(x\tan\beta)^2}{N} \tag{6-3-22}$$

因此，单块花瓣的径向动量为

$$M_{\mathrm{r}}=m_{\mathrm{pet}}\frac{\mathrm{d}r}{\mathrm{d}t}=\frac{1}{N}\pi\rho_{\mathrm{t}}h_{\mathrm{t}}\tan^3\beta(1-\sin\beta)(xv^2) \tag{6-3-23}$$

每块花瓣所受的径向合力 F_{r} 为

$$F_{\mathrm{r}}=\frac{\mathrm{d}M_{\mathrm{r}}}{\mathrm{d}t}=\frac{2}{N}\pi\rho_{\mathrm{t}}h_{\mathrm{t}}\tan^3\beta(1-\sin\beta)(xv^2)\left(1+\frac{v\mathrm{d}v}{2x\mathrm{d}x}\right) \tag{6-3-24}$$

将式（6-3-17）代入式（6-3-16）可得

$$\frac{v\mathrm{d}v}{2x\mathrm{d}x}=-\frac{vm_{\mathrm{t}}}{v_0m} \tag{6-3-25}$$

即

$$1+\frac{v\mathrm{d}v}{2x\mathrm{d}x}=\frac{v_0m-vm_{\mathrm{t}}}{v_0m}=\frac{v}{v_0} \tag{6-3-26}$$

所以有

$$F_{\mathrm{r}}=\frac{2}{N}\pi\rho_{\mathrm{t}}h_{\mathrm{t}}\tan^3\beta(1-\sin\beta)\cdot x\frac{v_0^3}{v_0}\approx\frac{2}{N}\pi\rho_{\mathrm{t}}h_{\mathrm{t}}\tan^3\beta(1-\sin\beta)xv_0^2 \tag{6-3-27}$$

均布在花瓣根部单位周长上的径向力为

$$f_{\mathrm{r}}=\frac{F_{\mathrm{r}}}{\dfrac{2x\tan\beta}{N}}=\rho_{\mathrm{t}}h_{\mathrm{t}}\tan^2\beta v_0^2(1-\sin\beta) \tag{6-3-28}$$

因此，均布在花瓣根部单位周长上的合力 $\boldsymbol{f}$ 可由 $\boldsymbol{f}_{\mathrm{r}}$ 和 $\boldsymbol{f}_{\mathrm{x}}$ 的矢量合成求得，即

$$\boldsymbol{f}=\sqrt{\boldsymbol{f}_{\mathrm{x}}^2+\boldsymbol{f}_{\mathrm{r}}^2}=\rho_{\mathrm{t}}h_{\mathrm{t}}\tan^2\beta v_0^2\sqrt{2(1-\sin\beta)} \tag{6-3-29}$$

$\boldsymbol{f}$的指向与弹轴前进方向的夹角 α 为

$$\tan\alpha=\frac{f_{\mathrm{r}}}{f_{\mathrm{x}}}=\frac{1\sin\beta}{\cos\beta}=\tan\left(\frac{\pi}{4}\cdot\frac{\beta}{2}\right) \tag{6-3-30}$$

也就是说，α 与 β 有特殊的几何关系：

$$2\alpha+\beta=\frac{\pi}{2} \tag{6-3-31}$$

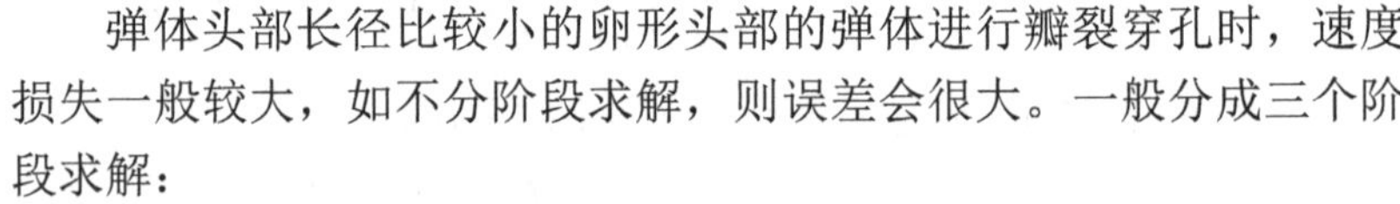

图 6-3-3　花瓣受力分析

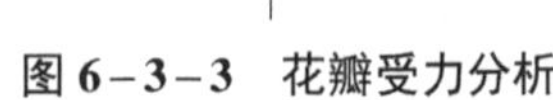

花瓣受力分析如图 6-3-3 所示。

3. 截顶卵形头部

弹体头部长径比较小的卵形头部的弹体进行瓣裂穿孔时，速度损失一般较大，如不分阶段求解，则误差会很大。一般分成三个阶段求解：

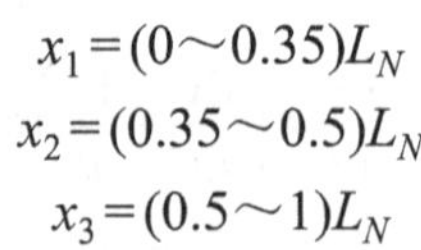

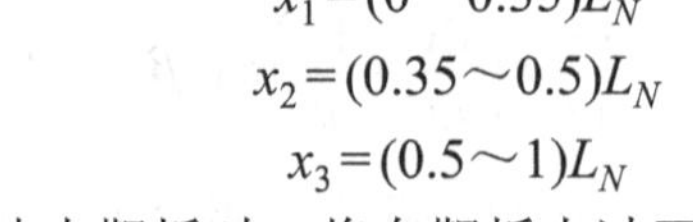

$$x_1=(0\sim0.35)L_N$$
$$x_2=(0.35\sim0.5)L_N$$
$$x_3=(0.5\sim1)L_N$$

截顶弹头冲击靶板时，将在靶板上冲下一个和截顶面积相同的靶饼，此靶饼的速度 v_{t0} 可由经验公式求得

$$v_{\mathrm{t0}}=Kv_0$$

式中　K 为试验测得常数，它与冲击速度和靶板厚度有关，其试验值如表 6-3-1 所示。

靶饼质量 m_0 为

$$m_0=\pi R^2\rho_{\mathrm{t}}h_{\mathrm{t}} \tag{6-3-32}$$

由动量守恒条件得

$$mv_0=mv_1+Km_0v_0 \tag{6-3-33}$$

因此，第一阶段的速度损失为

$$\Delta v_{0,1}=v_0-v_1=\frac{Km_0}{m}v_0 \tag{6-3-34}$$

我们仍用式（6-3-7）求解其余阶段的速度损失。图 6-3-4 所示为截顶卵形头部造成靶板瓣裂穿孔时的几何关系。从图 6-3-4 所示几何关系可得到式(6-3-35)～式(6-3-40)。

表 6-3-1　不同靶板厚度的冲击速度与常数 *K*

靶板厚度/mm	冲击速度/（m・s^{-1}）	K
1	823	1.33
3	849	1.23
1	295	1.16
3	295	1.12

$$\xi=(y-s)\cos\theta \tag{6-3-35}$$

$$x=L_N a\sin\theta \tag{6-3-36}$$

$$\frac{\mathrm{d}y}{\mathrm{d}x}=\tan\theta=\frac{L_N-x}{y+(a-R_\mathrm{p})} \tag{6-3-37}$$

$$L_N^2=a^2-(a-R_\mathrm{p})^2 \tag{6-3-38}$$

$$a^2=(L_N-x)^2+(a-R_\mathrm{p}+y)^2 \tag{6-3-39}$$

$$r=y-(y-s)\sin\theta \tag{6-3-40}$$

由以上关系式可以得到

$$\frac{\partial\xi}{\partial y}=\cos\theta \tag{6-3-41}$$

$$\frac{\partial\xi}{\partial\theta}=-(y-s)\sin\theta \tag{6-3-42}$$

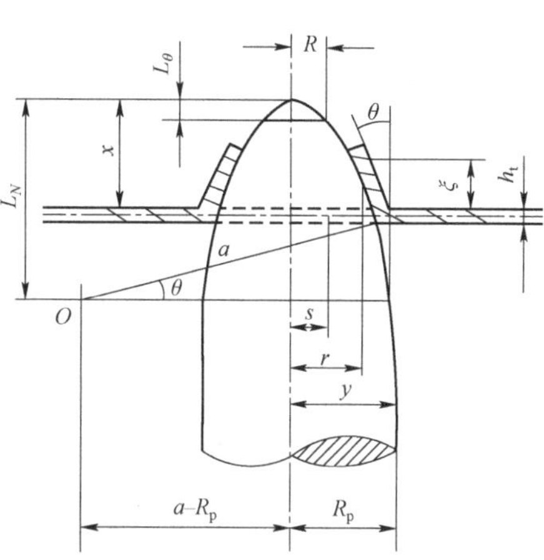

图 6-3-4　截顶卵形头部造成靶板瓣裂穿孔的几何关系

$$\frac{\mathrm{d}\theta}{\mathrm{d}x}=-\frac{1}{a\cos\theta} \tag{6-3-43}$$

$$\frac{L_N}{a}=\sqrt{1-\left(1-\frac{R_\mathrm{p}}{a}\right)^2} \tag{6-3-44}$$

$$\frac{y}{a}=\frac{R_\mathrm{p}}{a}-1+1-\left(\frac{L_N}{a}\right)^2\left(1-\frac{x}{L_N}\right)^2 \tag{6-3-45}$$

由于$\xi=\xi$（y,θ,s），故有

$$\frac{\mathrm{d}\xi}{\mathrm{d}x}=\frac{\partial\xi}{\partial y}\cdot\frac{\mathrm{d}y}{\mathrm{d}x}+\frac{\partial\xi}{\partial\theta}\cdot\frac{\mathrm{d}\theta}{\mathrm{d}x}+\frac{\partial\xi}{\partial s}\cdot\frac{\mathrm{d}s}{\mathrm{d}x} \tag{6-3-46}$$

将以上关系代入式（6-3-6）求出 m_t，再代入式（6-3-7）求得阶段速度损失：

$$\Delta v_{i-1,i}=v_{i-1}-v_i=\frac{2\pi\rho_\mathrm{t}h_\mathrm{t}a^2v_i}{m}\left(\frac{L_N}{a}\right)\left(\frac{y}{a}\right)^2\left(1-\frac{x}{L_N}\right)\left[\frac{1}{2}\frac{\frac{y}{a}}{6\left(\frac{y}{a}+1-\frac{R_\mathrm{p}}{a}\right)}\right] \tag{6-3-47}$$

如令

$$C_0=\tan\theta\sin\theta-(1-\cos\theta)\left(\frac{\tan^2\theta}{2}+\frac{1-\cos\theta}{6\cos^3\theta}-\frac{1}{2}\right)$$

$$C_1=\frac{\cos+2}{6\cos^3\theta}-1$$

$$C_2=-\frac{1}{6\cos^3\theta}$$

$$C_3=\tan^2\theta(1-\sin\theta)$$

$$C_4=\tan\theta-\frac{1-\sin\theta}{2\cos^3\theta}$$

$$C_5=C_3-(1-\cos\theta)C_4$$

则可解得

$$\boldsymbol{f}_x=\rho_t h_t v_0^2\left[C_0+C_1\frac{R_p}{\alpha}+C_2\left(\frac{R_p}{\alpha}\right)^2\right] \tag{6-3-48}$$

$$\boldsymbol{f}_r=\rho_t h_t v_0^2\left(C_5+C_4\frac{R_p}{\alpha}\right) \tag{6-3-49}$$

$$\boldsymbol{f}=\sqrt{\boldsymbol{f}_x^2+\boldsymbol{f}_r^2} \tag{6-3-50}$$

弹孔周边单位长度上的合力$\boldsymbol{f}$与$\boldsymbol{f}_x$的夹角α满足以下关系

$$\tan\alpha=\frac{\boldsymbol{f}}{\boldsymbol{f}_x} \tag{6-3-51}$$

试验证明，此瓣裂动量理论对低速冲击情况有较大的误差，因为低速冲击的贯穿过程较长，靶板内应力的阻力冲量较大，若忽略，则会造成较大误差。只要速度不低于 300 m/s，这一理论的预测结果就是理想的。

6.4 侵彻金属靶冲塞模型

钝头弹体冲击硬度较高的靶板时，往往造成在冲击区域周边靶板材料的剪切破坏，从靶上冲下一块圆饼状的塞块，这就是冲塞破坏。一般平头弹体冲下的塞块较规则（接近柱体），冲塞能量消耗也较小；弹体头部越尖锐，冲塞的能量消耗越大，塞块形状也越不规则（如塞块内凹严重、破碎、形状不对称等）。

一般将塞块内端恰好脱出靶板背表面时的速度定义为塞块速度。大量的理论和试验研究表明，关于塞块尺寸的预测要比关于塞块速度的预测困难得多。

关于塞块速度的预测，我们可以用简单的动力学理论，如能量守恒、动量守恒等条件加以研究，或将冲塞运动作为在流体阻力和摩擦阻力作用下的刚体运动加以研究。下面介绍几种冲塞的力学模型。

1. 流体阻力模型

这一模型是考察高速冲塞破坏的理论。由于在冲击速度较大时，弹体和塞块界面上的冲击应力很高，我们可以认为弹体和塞块界面上的材料处于流体状态，因此，弹体头部每单位面积的流动压力为$\rho_t v^2$。设弹体与塞块同直径、同速度，忽略弹体所受的摩擦阻力，则弹体的运动方程为

$$m\frac{\mathrm{d}v}{\mathrm{d}t}=-\pi\rho_t R_p^2 v^2 \tag{6-4-1}$$

将$\dfrac{\mathrm{d}v}{\mathrm{d}t}$写成$\dfrac{1}{2}\dfrac{\mathrm{d}v^2}{\mathrm{d}x}$，则式（6-4-1）可分离变量

$$\frac{\mathrm{d}v^2}{v^2}=-\frac{2\pi\rho_t R_p^2}{m}\mathrm{d}x$$

积分得

$$\int_{v_{\mathrm{f}}}^{v} v_0 \frac{\mathrm{d}v^2}{v^2} = -\frac{2\pi\rho_{\mathrm{t}} R_{\mathrm{p}}^2}{m}\int_0^{h_{\mathrm{t}}} v_0 \mathrm{d}x \tag{6-4-2}$$

$$v_{\mathrm{f}} = \overline{v}_0 \mathrm{e}^{-\frac{2\pi\rho_{\mathrm{t}} h_{\mathrm{t}} R_{\mathrm{p}}^2}{m}} \tag{6-4-3}$$

式中　$\overline{v}_0$为着靶瞬间，弹体与塞块共同具有的初始速度。这一速度可用上面介绍的动量模型求解，即

$$\overline{v}_0 = \frac{m}{m + \pi\rho_{\mathrm{t}} h_{\mathrm{t}} R_{\mathrm{p}}^2} v_0 \tag{6-4-4}$$

将式（6-4-4）代入式（6-4-3）得

$$v_{\mathrm{f}} = \frac{m v_0}{m + \rho_{\mathrm{t}} h_{\mathrm{t}} R_{\mathrm{p}}^2} \mathrm{e}^{-\frac{2\pi\rho_{\mathrm{t}} h_{\mathrm{t}} R_{\mathrm{p}}^2}{m}} \tag{6-4-5}$$

如弹体为长 L 的平头圆柱，且与靶板材料相同，则式（6-4-5）可简化为

$$v_{\mathrm{f}} = \frac{L v_0}{L + h_{\mathrm{t}}} \mathrm{e}^{-\frac{h_{\mathrm{t}}}{L}} \tag{6-4-6}$$

应该指出，式（6-4-5）计算出来的 v_{f} 值低于试验值，表明这一模型将弹体所受阻力处理成了流体阻力，过高地估计了运动阻力。

如忽略 v_0 与 $\overline{v}_0$ 的区别，则可得

$$v_{\mathrm{f}} = v_0 \, \mathrm{e}^{-\frac{h_{\mathrm{t}}}{L}} \tag{6-4-7}$$

这时预测的 v_{f} 值反而与试验值较接近。事实上，式（6-4-1）并未限定塞块的速度和尺寸，不管塞块在整个冲塞过程中怎样运动和变形，只要在出靶时速度与弹体速度 v_{f} 相等，式（6-4-7）就成立。

2. 剪切阻力模型

假设在冲塞过程中，塞块与靶板相对运动时所受阻力主要来自剪切力，剪应力为靶板材料的剪切屈服极限 τ_{Y}，并且均布在塞块与靶板的接触面上，忽略弹体与靶板孔壁的摩擦，则可以得到弹体和塞块的共同运动方程为

$$(m + \pi\rho_{\mathrm{t}} h_{\mathrm{t}} R_{\mathrm{p}}^2)\frac{\mathrm{d}v}{\mathrm{d}t} = -2\pi R_{\mathrm{p}}(h_{\mathrm{t}} - x)\tau_{\mathrm{Y}} \tag{6-4-8}$$

式中　$\pi\rho_{\mathrm{t}} h_{\mathrm{t}} R_{\mathrm{p}}^2$ 为塞块质量。显然，这里也将弹体和塞块近似成同直径的；$2\pi R_{\mathrm{p}}(h_{\mathrm{t}} - x)\tau_{\mathrm{Y}}$ 为剪切阻力。将式（6-4-8）分离变量有

$$\mathrm{d}v^2 = -\frac{4\pi R_{\mathrm{p}}(h_{\mathrm{t}} - x)\tau_{\mathrm{Y}}}{m + \pi\rho_{\mathrm{t}} h_{\mathrm{t}} R_{\mathrm{p}}^2}\mathrm{d}x \tag{6-4-9}$$

积分后得到

$$v^2 = \frac{2\pi R_{\mathrm{p}}\tau_{\mathrm{Y}}}{m + \pi\rho_{\mathrm{t}} h_{\mathrm{t}} R_{\mathrm{p}}^2}(h_{\mathrm{t}} - x)^2 + C_1 \tag{6-4-10}$$

将起始条件 $x=0$ 时 $v=\overline{v}_0$ 代入式（6-4-10）得到常数 C_1，然后整理得

$$v^2 = \bar{v}_0^2 + \frac{2\pi R_p \tau_Y}{m + \pi\rho_t h_t R_p^2}[(h_t - x)^2 - h_t^2] \tag{6-4-11}$$

当冲塞过程结束时，$x = h_t$，$v = v_f$，故有

$$v_f = \left(\bar{v}_0^2 - \frac{2\pi R_p \tau_Y h_t^2}{m + \pi\rho_t h_t R_p^2}\right)^{\frac{1}{2}} \tag{6-4-12}$$

式中　$\bar{v}_0$ 为弹体和塞块共同运动的速度，与式（6-4-3）的定义相同，有

$$\bar{v}_0 = \frac{m}{m + \pi\rho_t h_t R_p^2} v_0 \tag{6-4-13}$$

将其代入式（6-4-12）得

$$v_f = \left[\left(\frac{m v_0}{m + \pi\rho_t h_t R_p^2}\right)^2 - \frac{2\pi R_p \tau_Y h_t^2}{m + \pi\rho_t h_t R_p^2}\right]^{\frac{1}{2}}$$

3. 能量守恒模型

该模型将冲塞问题处理得较一般化，即弹体的密度和靶的密度可以不相同、弹体不一定是刚性的、塞块不一定与弹体同直径。

设形成塞块所损耗的能量为 W_s，W_s 包括从靶板上剪切下塞块所损耗的剪切功、冲塞过程中传播出去的热能、通过弹塑性应力波传播出去的能量和其他形式的能量。假设冲塞过程结束后，弹体与塞块的速度相同，并且将塞块加速到与弹体速度相同所消耗的能量为 W_i，则由能量守恒原理可得

$$W_i = \frac{1}{2} m v_0^2 = \frac{1}{2}(m + m_t) v_f^2 + W_s + W_f \tag{6-4-14}$$

式中　m_t 为塞块质量。从式（6-4-14）可以看到，该模型认为在冲塞过程中，弹体的原有动能 $\frac{1}{2} m v_0^2$ 转化为弹体残余动能和塞块动能 $\frac{1}{2}(m + m_t) v_f^2$、形成塞块所损耗的能量 W_s 以及将塞块加速到与弹体速度相同所损耗的能量 W_f 三份。

显然有

$$W_f = \frac{1}{2} m v_0^2 - \frac{1}{2}(m + m_t)\bar{v}_0^2 \tag{6-4-15}$$

$\bar{v}_0$ 由动量守恒模型得到

$$\bar{v}_0 = \frac{m}{m + m_t} v_0 \tag{6-4-16}$$

将式（6-4-16）代入式（6-4-15）并整理得

$$W_f = \frac{m m_t}{m + m_t} v_0^2 \tag{6-4-17}$$

再将式（6-4-17）代入守恒式（6-4-14）可得

$$\frac{m^2}{2(m+m_t)}v_0^2=\frac{1}{2}(m+m_t)v_f^2+W_s \tag{6-4-18}$$

当 $v_f=0$ 时，定义 v_0 为弹道极限速度，即 $v_0=v_{\delta 0}$，于是

$$W_s=\frac{1}{2}\cdot\frac{m}{m+m_t}v_{\delta 0}^2 \tag{6-4-19}$$

将式（6-4-19）代入式（6-4-18）得

$$v_f=\frac{m}{m+m_t}(v_0^2-v_{\delta 0}^2)^2 \tag{6-4-20}$$

该模型需通过试验（或通过其他模型估计）求得 $v_{\delta 0}$ 后才能预测 v_f，因此，它是一个准分析模型。

6.5 空腔膨胀理论

6.5.1 球形空腔膨胀理论

广泛应用于弹靶交互作用的球形空腔膨胀（Spherical Cavity Expansion，SCE）理论是准动态的，即一个球对称的空腔从半径为0开始以恒定速度膨胀，可表示为

$$\sigma_r=\sigma_r(v) \tag{6-5-1}$$

式中 σ_r 是作用在空腔边界的正应力（根据空腔膨胀问题的解，该函数被假定是已知的）；v 是空腔边界的膨胀速度。

弹靶之间的作用力可由下述方法计算。考虑侵彻体表面某点以瞬时速度 v 在靶体中运动，该点的法向速度是 $v_n=v\cos\nu=uv$，$u=\cos\nu$，ν 是弹体运动方向与该点外法线方向的夹角。假设该点产生的正应力等于空腔边界以恒定速度 $(v=v_n)$ 膨胀时的应力。因此，在侵彻体表面的正应力可基于局部作用理论表示为

$$\Omega_n(u,v)=\sigma_r(uv) \tag{6-5-2}$$

通过使用关系式 $\Omega_\tau(u,v)=\mu_{fr}\Omega_n(u,v)$，可以考虑弹靶之间的摩擦力。其中，$\mu_{fr}$ 是摩擦系数。

简单的几何问题可以说明计算侵彻体表面阻力球形空腔膨胀理论的应用。假设侵彻体表面某个点的位置存在一个与侵彻体具有相同切平面的球，这个球可以被看作膨胀的空腔表面，则作用在侵彻体表面的正应力等于空腔表面的应力。由于 σ_r 与空腔半径无关，所以空腔半径的不确定性不影响结果。很明显，在侵彻体表面不同部位的球面是不同的。但是由于卵形头部是通过圆弧旋转得到的，侵彻体表面所有位置处的空腔球形外表面是相同的，因此，这个几何解释是专门描述卵形头部侵彻体的。

Bernard 和 Hanagud（1975）描述了如何将动态球形空腔膨胀理论应用于侵彻力学的几种典型形状的侵彻体。由于动态球形空腔膨胀理论求解作用在侵彻体表面某些位置的力是模糊的，不能使用通用的几何解释，这使得动态球形空腔膨胀理论未能广泛应用于侵彻力学。

6.5.2 柱形空腔膨胀理论

另一个广泛应用于侵彻力学的方法是柱形空腔膨胀（Cylindrical Cavity Expansion，CCE）理论。有时使用其他的名字，如平面剖面法（The Method of Plane Sections）和圆盘模型（Disk Model）。

柱形空腔膨胀理论比球形空腔膨胀理论更容易应用于侵彻力学。采用柱形空腔膨胀理论时，我们通常考虑的是细长回转体弹体的正侵彻问题，假设侵彻过程中靶体材料的粒子沿径向运动。靶板可被看作由无限个薄层组成，则在每一层对侵彻体的运动造成的空腔膨胀进行建模。这个方法容易计算每层空腔边界的应力，即弹体侧表面每个位置的应力。

柱形空腔膨胀理论可以用每一层动态空腔膨胀模型的一般形式描述

$$\sigma_r=\sigma_r(y,\dot{y},\ddot{y}),\quad \dot{y}=V=\mathrm{d}y/\mathrm{d}t,\quad \ddot{y}=\mathrm{d}^2y/\mathrm{d}t^2 \tag{6-5-3}$$

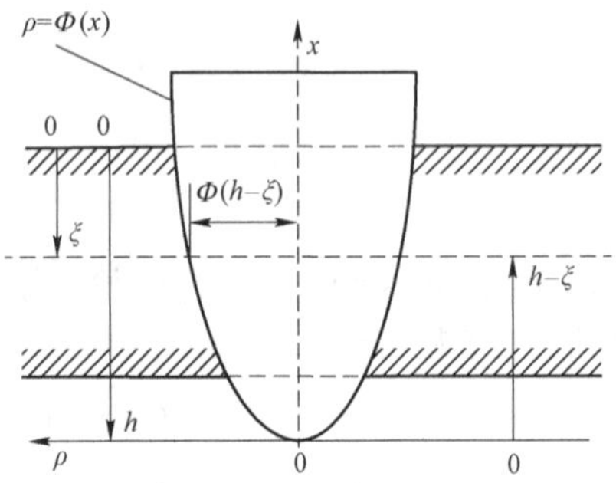

式中　y 是空腔的半径。

假设 $\rho=\Phi(x)$ 是弹体表面方程，则对于坐标为 ξ 的无穷薄层（图 6－5－1），空腔表面与侵彻体表面是一致的，空腔表面速度和加速度等于侵彻体相关动力学参量的径向分量

$$y=\Phi(h-\xi) \tag{6-5-4}$$

$$\dot{y}=\Phi'(x)\dot{h},\quad \ddot{y}=\Phi''(x)\dot{h}^2+\Phi'(x)\ddot{h},\quad x=h-\xi \tag{6-5-5}$$

图 6－5－1　柱形空腔膨胀理论示意

式中　点（•）表示对时间求导。将式（6－5－4）和式（6－5－5）中的 y，$\dot{y}$，$\ddot{y}$ 代入式（6－5－3），可得到侵彻体表面的正压力 p 的表达式为

$$p=\sigma_r(\Phi,\Phi'\dot{h},\Phi''\dot{h}^2+\Phi'\ddot{h}),\ \Phi=\Phi(x) \tag{6-5-6}$$

若

$$\sigma_r=\sigma_r(\dot{y})=\sigma_r(v) \tag{6-5-7}$$

则准动态模型与式（6－5－1）描述的球形空腔膨胀理论是相似的，由式（6－5－1）可得

$$p=\sigma_r(\Phi'v),\ \dot{h}=v \tag{6-5-8}$$

将

$$\Phi'=\cot\nu=u/\sqrt{1-u^2} \tag{6-5-9}$$

代入式（6－5－8）后，可以发现准动态柱形空腔膨胀理论可被简化成局部作用模型，并且

$$\Omega_n(u,v)=\sigma_r\left(\frac{uv}{\sqrt{1-u^2}}\right) \tag{6-5-10}$$

6.5.3 空腔膨胀理论和局部作用模型

前面已经阐述了准动态的空腔膨胀理论属于局部作用模型的一种。两项式的空腔膨胀理论是侵彻力学中应用最广泛的模型表达式，为

$$\sigma_r(v)=\alpha_s+\beta_s v^2 \tag{6-5-11}$$

$$\sigma_r(v) = \alpha_c + \beta_c v^2 \tag{6-5-12}$$

式中，下标“s”和“c”分别指球形空腔膨胀理论和柱形空腔膨胀理论；α_s，β_s，α_c 和 β_c 是模型的系数。式（6-5-11）和式（6-5-12）分别决定了以下局部作用模型

$$\Omega_n(u,v) = a_0 + a_2 u^2 v^2,\quad a_0 = \alpha_s,\quad a_2 = \beta_s \tag{6-5-13}$$

$$\Omega_n(u,v) = a_0 + a_2 \frac{u^2 v^2}{1-u^2},\quad a_0 = \alpha_c,\quad a_2 = \beta_c \tag{6-5-14}$$

有时我们使用下面的三项式柱形空腔膨胀理论，α_c，β_c，γ_c 为系数，模型为

$$\sigma_r(V) = \alpha_c + \gamma_c v + \beta_c v^2 \tag{6-5-15}$$

式（6-5-15）与式（6-5-16）局部作用模型对应

$$\Omega_n(u,v) = a_0 + a_1 u v + a_2 u^2 v^2,\quad a_0 = \alpha_c,\quad a_1 = \gamma_c,\quad a_2 = \beta_c \tag{6-5-16}$$

若考虑弹靶之间的摩擦力，则可使用 $\Omega_\tau(u,v) = \mu_{fr}\Omega_n(u,v)$。

6.6　侵彻岩土类靶

6.6.1　基本现象

岩石和混凝土材料属于中等抗力材料，都具有较高的抗压强度和较低的抗拉和抗剪强度。岩石是由尺寸、形状和矿物成分各不相同的许多颗粒牢固地连接在一起而组成的，颗粒具有不同的物理力学和化学性能。根据复杂的构造运动历史，其分为岩浆岩、沉积岩及变质岩。混凝土作为一种人工灌注而成的复合材料，具有独特的性质。因而，在对弹体的撞击效应上，也具有与金属或岩石等材料不同的特点。

靶板的局部响应首先产生层裂［图 6-6-1（a）］，然后是侵彻、靶板背部材料的崩落［图 6-6-1（b）］，最后是弹体贯穿靶板［图 6-6-1（c）］。

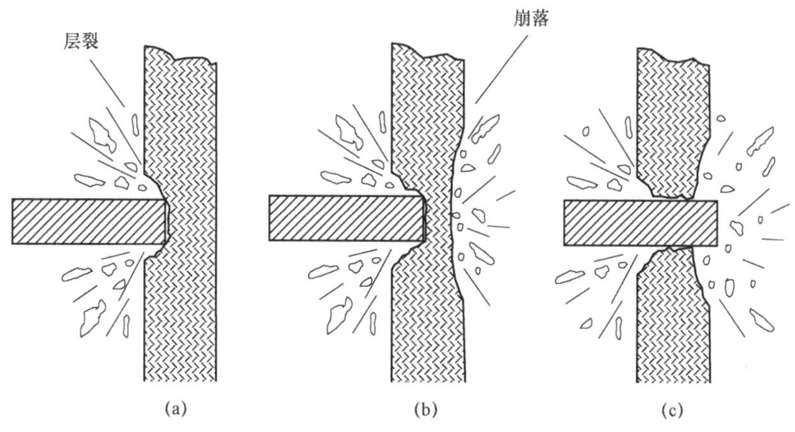

图 6-6-1　靶板的局部响应

（a）层裂；（b）崩落；（b）贯穿

关键术语的定义如下。

侵彻深度：给定速度下，弹体侵入半无限靶板的深度。

崩落厚度：给定速度下，靶板足够厚，可以阻止背部的崩落，即崩落厚度是阻止靶板背部崩落的最小厚度。

贯穿厚度：给定速度下，弹体的贯穿余速为零，即贯穿厚度是阻止弹体贯穿的靶板最小靶板厚度。

弹道极限速度：贯穿给定厚度靶板的最小撞击初始速度。

6.6.2 弹体侵彻混凝土理论

对混凝土靶板而言，图 6-6-2 所示的有效 Sandia 模型指 Forrestal 等人所获得的半经验侵彻模型，对于变形/侵蚀弹体的初始速度范围内的侵彻问题，我们需要考虑相关的物理现象进行进一步的工作。

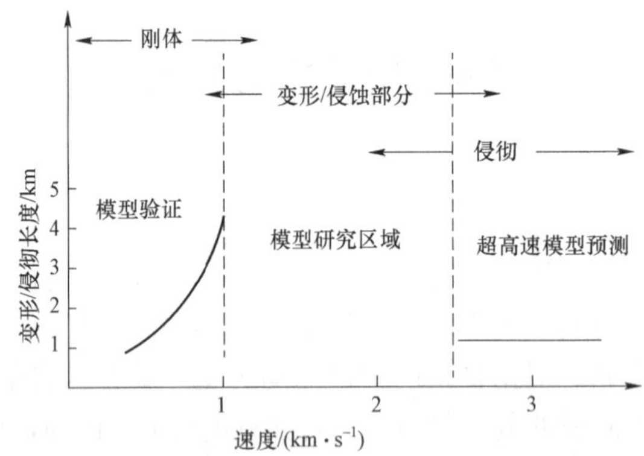

图 6-6-2 动能弹体侵彻靶板的初始速度范围划分

从图 6-6-2 中的曲线我们还可以看出，各侵彻机理之间存在过渡。试验记载弹体在 400 m/s 的初始速度下侵彻混凝土就会出现头部质量侵蚀，侵蚀量随弹体初始速度的增加而增加。因此关于弹体高速侵彻混凝土的研究，需要从刚性弹体的假设入手，结合试验现象，按弹体初始速度从低到高的顺序进行弹体侵彻混凝土机理分析。

1. 侵彻机理分析

如上文所述，动能弹体侵彻靶板根据侵彻机理被基本划分为刚性弹体侵彻、可变形/侵蚀弹体侵彻和侵蚀弹体侵彻三种情况。

本小节所讨论的弹体均为高强度合金钢材料制成，所以在相同弹体条件下，侵入靶板的阻力主要取决于靶板材料性质。对于铝靶板材料，弹体初始速度为 1～1.5 km/s 就会出现第三种情况的侵蚀弹体侵彻，即半流体侵彻现象。图 6-6-3 所示为 Forrestal 等使用 VAR 4340 钢材料弹体在 0.5～3.0 km/s 速度范围内侵彻 6061-T6511 铝靶板的试验结果，L 为弹身长度，a 为弹身半径，k 为头部形状因子，两种数据点分别代表半球形头部弹体和头部系数 CRH=3.0 的卵形头部弹体。可以看出，两种头部形状弹体都出现了侵彻深度下降的转变。与侵彻深度转变前的弹体相比，转变后的弹体发生了严重变形和长度缩短，随着弹体初始速度的增加，弹体侵蚀十分明显，且侵彻深度趋于恒定值。这些均为半流体侵彻的特征。

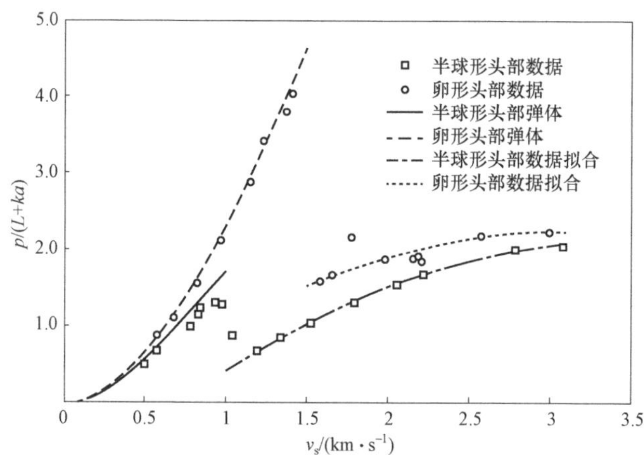

图 6-6-3　使用 VAR 4340 钢材料弹体侵彻 6061-T6511 铝靶板的试验结果

如图 6-6-3 所示，侵彻深度降低前的试验数据符合刚性弹体侵彻模型的计算预估，表明弹体所受阻力可以由铝靶板材料的空腔膨胀理论获得；而随着弹体初始速度的增加，两种头部形状的弹体均出现侵彻深度下降的现象，说明侵彻前端弹靶相互作用力达到了半流体侵彻的临界值。因此我们可以通过弹体头部受力分析与空腔膨胀理论估计半流体侵彻的临界膨胀压力。

从图 6-6-3 所示数据可以看出，半球形头部弹体发生转变的速度范围为 0.8～1 km/s，卵形头部弹体发生转变的速度范围为 1.4～1.6 km/s。前者发生转变的速度低于后者，表明相同速度条件下，前者的头部受力高于后者，所以半球形头部弹体先于卵形头部弹体发生半流体侵彻的转变。

图 6-6-4 所示为两种头部弹体的受力分析。半球形头部弹体的最大压力位置的弹靶接触法向速度与弹体运动速度相等；卵形头部弹体的最大压力位置的弹靶接触法向速度是弹体运动速度的分量。设弹靶接触法向的最大空腔膨胀速度为 $v=0.8$ km/s，对应半球形头部弹体运动速度为 $v_z=0.8$ km/s，而 CRH=3.0 卵形头部弹体的运动速度为 $v_z=0.8/\cos\varphi_0=1.447$ km/s，符合图 6-6-3 所示弹体发生半流体侵彻转变的试验结果，所以转变点弹体头部所对应的靶板最大空腔膨胀压力相等。

在此假设基础上，我们可以通过空腔膨胀理论估计弹体发生半流体侵彻转变时的靶板空腔膨胀压力。图 6-6-5 所示为三种靶板材料的空腔膨胀压力曲线。设弹体侵彻铝靶板发生侵彻深度转变时，铝靶板材料空腔膨胀速度为 $v=0.8$ km/s，我们计算得到弹体发生侵彻深度转变时的空腔膨胀压力约为 3.07 GPa。此膨胀压力对应 35 MPa 和 48 MPa 混凝土的膨胀速度，分别为 1.25 km/s 和 1 km/s。这表明与铝靶板材料相比，在同样膨胀压力下，混凝土靶板材料需要的空腔膨胀速度更高。对于 CRH=3.0 的卵形头部弹体，对应的侵彻速度分别为 2.261 km/s 和 1.809 km/s。另外，混凝土的比热容较高[约 1 000 J/(kg·℃)]，远高于铝[约 90 J/(kg·℃)]等金属材料；在侵彻过程中，由撞击和摩擦产生的局部热量带来的升温要远低于铝等金属材料；而侵彻铝等金属材料靶板产生的局部温度高很多，更易使弹体发生头部表面融化而出现半流体性质。所以，在初始速度低于 2 km/s 时，卵形头部弹体侵彻混凝土的研究内容应以刚性弹体侵彻和可变形/侵蚀弹体侵彻为主。

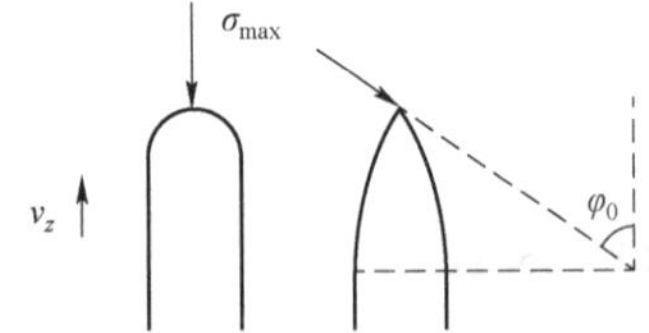

图 6-6-4　半球形头部弹体与卵形头部弹体的受力分析

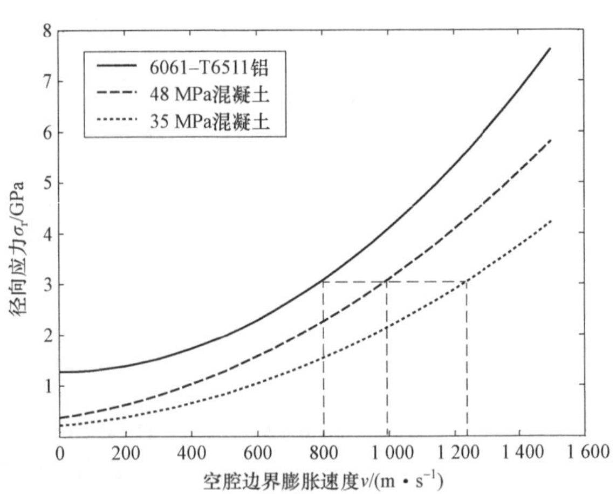

图 6-6-5　三种靶板材料的空腔膨胀压力曲线

2. 刚性弹体侵彻混凝土的理论分析

侵彻弹体通常采用超高强度合金材料制成，如美国的 VAR 4340 钢、Aermet100 钢，国内的 30CrMnSiNi2A 合金钢等，这些材料的屈服强度都在 1.5～2.0 GPa。与混凝土相比，其在强度上高了两个数量级。因此在弹体初始速度不高于 1 km/s 时，我们将侵彻弹体假设为刚体是有效的。刚性弹体的假设简化了侵彻过程的分析，在得到弹体运动方向所受阻力后，用牛顿运动定律就可以计算侵彻深度、过载加速度等物理量。Forrestal 利用空腔膨胀理论得到了侵彻土壤的卵形头部弹体受力模型，并在此基础上通过试验结果回归得到了刚性弹体侵彻混凝土的半经验模型，该模型对侵彻深度和弹体过载加速度都有较好的预测。

（1）卵形头部弹体受力分析。通过总结大量弹体侵彻半无限混凝土靶板的试验现象，将侵彻的过程分为两个阶段。

① 开坑阶段：靶板表面的应力波在自由面反射造成混凝土拉伸破坏，形成一个具有特定高度的圆锥形漏斗坑。

② 孔道阶段：弹体头部完全侵入混凝土后，形成一个与漏斗坑的锥顶相接、直径与弹体直径相当的圆柱形孔道。

对于开坑阶段，研究表明，开坑阶段的坑深与弹体的头部形状和直径有关。将开坑深度表示为 k 倍的弹体直径 d，有

$$kd = 0.707d + b \tag{6-6-1}$$

式中　0.707 是由 Prandtl 理论获得的平头弹体撞击半无限靶板的无量纲开坑深度；b 是弹体头部长度。对于 CRH=3.0 的卵形头部弹体，k=2.367。Forrestal 等则认为 CRH=3.0 的卵形头部弹体的开坑深度为 2 倍弹体直径。考虑开坑深度远低于整个侵彻深度，两种取值不会带来较大误差，对于 CRH=3.0 的卵形头部弹体的开坑深度取 2 倍的弹体直径，对于任意头部形状弹体按式（6-6-1）取开坑深度。

对于孔道阶段，弹体头部已经被完全嵌入混凝土靶板内部，弹体所受阻力可以通过混凝

土的球形动态空腔膨胀压力在弹体头部表面积分获得。弹体在靶板内部运动过程中，头部不断挤压混凝土并扩张至弹体直径，因此我们忽略弹身与孔道间的摩擦力，弹体所受阻力完全来自头部。图 6–6–6 所示为弹体半无限侵彻混凝土的过程，z 表示弹体运动方向的位移坐标，a 表示弹体半径，v_s 表示弹体初始速度，v_1 和 t_1 分别表示开坑阶段结束或孔道阶段开始的弹体速度和时刻，P 表示总的侵彻深度。

在侵彻过程中，由弹体的过载加速度测试结果表明，弹体在侵彻混凝土靶板时首先出现过载加速度的骤增，过程时间少于 1 ms，表示弹体与混凝土靶板撞击的瞬间。随后是一个平缓下降的过程，直到弹体停止运动。整个过程与弹体侵彻混凝土所划分的两个阶段类似，开坑阶段弹体受力面积由头部尖端到整个头部逐渐增大，弹体所受阻力随之增加，弹体从初始速度开始减速，由于运动速度高，头部完全侵入靶板的时间短，符合弹体加速度骤增的现象；孔道阶段弹体受力由靶板的空腔膨胀压力获得，阻力与弹体运动速度的二次函数关系符合加速度平缓下降的特征。因此我们认为开坑阶段与孔道阶段的弹体阻力和加速度的两个阶段分别对应。

我们考虑开坑阶段的历时短、深度小的特点，没有必要进行详细的受力分析。将开坑阶段的弹体阻力简化为如下线性关系

$$F_z = cz,\quad 0 \leqslant z \leqslant 4a \tag{6-6-2}$$

式中　c 是待定参数。

孔道阶段的弹体阻力分析由空腔膨胀压力在弹体头部的表面积分获得。对于卵形头部弹体，其受力分析如图 6–6–7 所示。

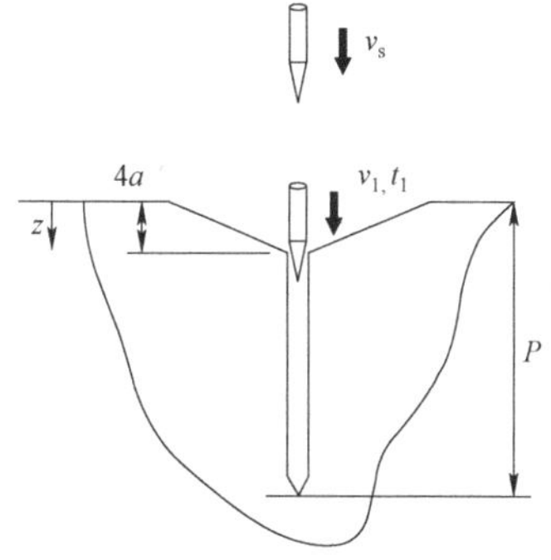

图 6–6–6　弹体半无限侵彻混凝土的过程示意

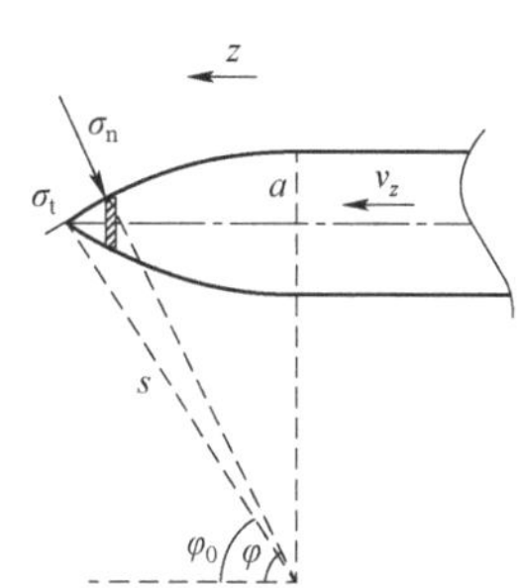

图 6–6–7　卵形头部弹体的受力分析示意

如图 6–6–7 所示，a 表示弹体半径；s 是卵形头部参数；头部形状系数 CRH=$s/(2a)$；σ_n 表示弹体表面法向所受压力，其与该位置的混凝土空腔膨胀压力相等。若弹体运动速度为 v_z，则（$v_z\cos\varphi$）表示弹体头部表面在该点与混凝土靶的法向相对运动速度，即混凝土的空腔膨胀速度为

$$\sigma_n(v_z,\varphi) = \sigma_r(v_z\cos\varphi) \tag{6-6-3}$$

同时该点还存在弹体表面切向与混凝土靶的相对滑动摩擦力，这里用法向压力 σ_n 和滑动摩擦系数 μ 将其定义为

$$\sigma_t = \mu\sigma_n \tag{6-6-4}$$

由于弹体头部轴对称，故可以得到图 6-6-7 所示的阴影部分的法向与切向受力为

$$\begin{cases} \mathrm{d}F_{\mathrm{n}} = 2\pi[s\sin\varphi - (s-a)]\sigma_{\mathrm{n}}(v_z,\varphi)s\mathrm{d}\varphi \\ \mathrm{d}F_{\mathrm{t}} = 2\pi[s\sin\varphi - (s-a)]\mu\sigma_{\mathrm{n}}(v_z,\varphi)s\mathrm{d}\varphi \end{cases} \tag{6-6-5}$$

将式（6-6-5）投影到弹体运动方向并与其相加得到阴影部分的轴向受力为

$$\begin{aligned} \mathrm{d}F_z &= \mathrm{d}F_{\mathrm{n}}\cos\varphi + \mathrm{d}F_{\mathrm{t}}\sin\varphi \\ &= 2\pi[s\sin\varphi - (s-a)]\sigma_{\mathrm{n}}(v_z,\varphi)(\cos\varphi + \mu\sin\varphi)s\mathrm{d}\varphi \end{aligned} \tag{6-6-6}$$

对式（6-6-6）沿头部轮廓母线积分，得到弹体所受侵彻阻力为

$$F_z = 2\pi s^2\int_{\varphi_0}^{\pi/2}\sigma_{\mathrm{n}}(v_z,\varphi)\left(\sin\varphi - \frac{s-a}{s}\right)(\cos\varphi + \mu\sin\varphi)\mathrm{d}\varphi,\quad 4a < z \leqslant P \tag{6-6-7a}$$

式中　φ_0 是弹体卵形头部参数之一，如图 6-6-7 所示，其计算式为

$$\varphi_0 = \sin^{-1}\left(\frac{s-a}{s}\right) \tag{6-6-7b}$$

将式（6-6-2）代入式（6-6-6）并积分，计算得到孔道阶段弹体阻力的表达式为

$$F_z = A_1 v_z^2 + A_2 v_z + A_3,\quad 4a < z \leqslant P \tag{6-6-8}$$

式中　A_1，A_2，A_3 是积分后得到的系数，被定义为侵彻阻力系数，满足如下关系式：

$$\begin{aligned} A_1 = 2\pi s^2 a_1\rho_0\Bigg[&\frac{\cos^4\varphi_0}{4} + \frac{\mu}{8}\left(\frac{\pi}{2} - \varphi_0 + \frac{\sin 4\varphi_0}{4}\right) - \\ &\frac{s-a}{s}\left(1 - \sin\varphi_0 - \frac{1-\sin^3\varphi_0}{3} + \mu\frac{\cos^3\varphi_0}{3}\right)\Bigg] \end{aligned} \tag{6-6-9a}$$

$$\begin{aligned} A_2 = 2\pi s^2 a_2\sqrt{f_{\mathrm{c}}'\rho_0}\Bigg[&\frac{\cos^3\varphi_0}{3} + \mu\frac{1-\sin^3\varphi_0}{3} - \\ &\frac{s-a}{s}\left(\frac{\pi}{4} - \frac{\varphi_0}{2} - \frac{\sin 2\varphi_0}{4} + \mu\frac{1-\sin^2\varphi_0}{2}\right)\Bigg] \end{aligned} \tag{6-6-9b}$$

$$\begin{aligned} A_3 = 2\pi s^2 a_3 f_{\mathrm{c}}'\Bigg[&\frac{1-\sin^2\varphi_0}{2} + \mu\left(\frac{\pi}{4} - \frac{\varphi_0}{2} + \frac{\sin 2\varphi_0}{4}\right) - \\ &\frac{s-a}{s}(1 - \sin\varphi_0 + \mu\cos\varphi_0)\Bigg] \end{aligned} \tag{6-6-9c}$$

卵形头部刚性弹体侵彻混凝土所受阻力为

$$F_z = cz,\quad 0 \leqslant z \leqslant 4a \tag{6-6-9d}$$

$$F_z = A_1 v_z^2 + A_2 v_z + A_3,\quad 4a < z \leqslant P \tag{6-6-9e}$$

（2）任意头部形状弹体受力分析。除了卵形头部，半球形、锥形等形状也是常见的侵彻弹体头部形状，与卵形头部的受力分析方法类似。为了使刚性弹体侵彻模型能够适

用于更一般的情况，就对任意头部形状的弹体进行受力分析。

开坑阶段的阻力形式与卵形弹体相同，开坑深度根据式（6-6-1）进行确定。孔道阶段的受力同样由空腔膨胀压力在弹体头部表面积分获得。图 6-6-8 所示为任意给定头部轮廓函数的弹体头部受力分析。弹体头部轮廓的函数为 $y=y(x)$，头部尖端与头部结束位置的坐标分别为 x_1，x_2，头部长度为 b。

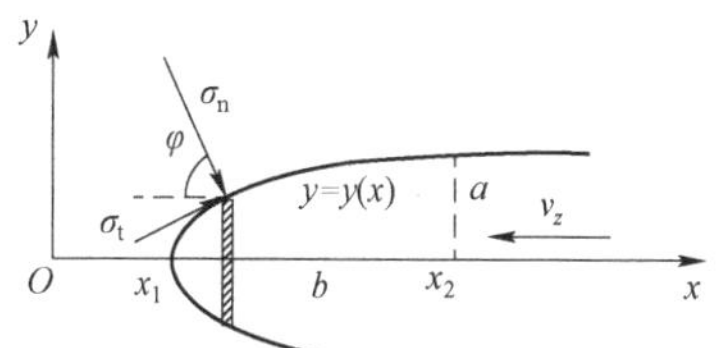

图 6-6-8　任意给定头部轮廓函数的弹体头部受力分析

图 6-6-8 所示法向与切向应力的定义与上文相同，阴影部分的轴向受力为

$$\mathrm{d}F_z=\sigma_r(v_z\cos\varphi)\frac{2\pi y\mathrm{d}x}{\sin\varphi}(\cos\varphi+\mu\sin\varphi) \tag{6-6-10}$$

将式（6-6-10）中的三角函数用头部轮廓函数表示为

$$\cos\varphi=\sqrt{\frac{y'^2}{1+y'^2}}\,,\quad \sin\varphi=\sqrt{\frac{1}{1+y'^2}}\,,\quad y'=\frac{\mathrm{d}y}{\mathrm{d}x} \tag{6-6-11}$$

对式（6-6-10）积分，可以得到与式（6-6-8）相同的形式，即

$$F_z=\int_{x_1}^{x_2}\mathrm{d}F_z=A_1v_z{}^2+A_2v_z+A_3\,,\quad kd<z\leqslant P \tag{6-6-12}$$

式中　A_1，A_2，A_3 为侵彻阻力系数，满足如下关系式

$$A_1=2\pi a_1\rho_0\int_{x_1}^{x_2}\frac{yy'^2}{1+y'^2}(y'+\mu)\mathrm{d}x \tag{6-6-13a}$$

$$A_2=2\pi a_2\sqrt{f_c'\rho_0}\int_{x_1}^{x_2}\frac{yy'}{\sqrt{1+y'^2}}(y'+\mu)\mathrm{d}x \tag{6-6-13b}$$

$$A_3=\pi a_3f_c'\left(a^2+2\mu\int_{x_1}^{x_2}y\mathrm{d}x\right) \tag{6-6-13c}$$

若 $y=y(x)$ 表示卵形头部轮廓函数，则式（6-6-13）与式（6-6-9）的计算结果一致，因此，式（6-6-12）和式（6-6-13）涵盖了卵形头部弹体的受力。

（3）刚性弹体侵彻过程的运动分析。由于弹体被假设为刚体，我们可以用牛顿运动定律进行分析。

① 开坑阶段的弹体运动。式（6-6-2）给出了开坑阶段的弹体阻力，由牛顿运动定律得

$$m\frac{\mathrm{d}^2z}{\mathrm{d}t^2}=-cz\,,\quad 0\leqslant z\leqslant kd \tag{6-6-14}$$

式中　m 为弹体质量；t 为时间。式（6-6-14）是一个常微分方程，设弹体与靶板接触的瞬间是零时刻，则由式（6-6-14）的初始条件

$$z(t=0)=0\,,\quad v_z(t=0)=v_s \tag{6-6-15}$$

求解可得到开坑阶段弹体的位移 z，运动速度 v_z 以及加速度 a_c：

$$z=\left(\frac{v_s}{\omega}\right)\sin\omega t,\quad 0\leqslant z\leqslant kd \tag{6-6-16a}$$

$$v_z=\frac{dz}{dt}=v_s\cos\omega t,\quad 0\leqslant z\leqslant kd \tag{6-6-16b}$$

$$a_c=\frac{dv_z}{dt}=\frac{d^2z}{dt^2}=-\omega v_s\sin\omega t,\quad 0\leqslant z\leqslant kd \tag{6-6-16c}$$

$$\omega^2=\frac{c}{m} \tag{6-6-16d}$$

式中　v_s 是弹体初始速度；待定参数 c 可通过开坑阶段结束时弹体的位移、阻力和速度的连续性求解。定义 v_1 和 t_1 分别是开坑阶段结束或孔道阶段开始的弹体速度和时刻，由式（6-6-16a）和式（6-6-12）可得

$$z=\left(\frac{v_s}{\omega}\right)\sin\omega t_1=kd \tag{6-6-17a}$$

$$F_z(z=kd)=c\left(\frac{v_s}{\omega}\right)\sin\omega t_1=A_1v_1^2+A_2v_1+A_3 \tag{6-6-17b}$$

$$v_z(z=kd)=v_s\cos\omega t_1=v_1 \tag{6-6-17c}$$

将式（6-6-17a）代入式（6-6-17b）可得

$$c=\frac{A_1v_1^2+A_2v_1+A_3}{kd} \tag{6-6-18}$$

对式（6-6-17a）与式（6-6-17c）中的三角函数求平方和可得

$$c=\frac{m\,(v_s^{\,2}-v_1^{\,2})}{k^2d^2} \tag{6-6-19}$$

令式（6-6-18）与式（6-6-19）相等，可以解得 v_1 和 c，同时开坑阶段结束时刻 t_1 可由式（6-6-17c）求得

$$v_1=\frac{-A_2+\sqrt{A_2^{\,2}-4\left(A_1+\dfrac{m}{kd}\right)\left(A_3-\dfrac{mv_s^{\,2}}{kd}\right)}}{2\left(A_1+\dfrac{m}{kd}\right)} \tag{6-6-20a}$$

$$t_1=\frac{\cos^{-1}(v_1/v_s)}{\omega} \tag{6-6-20b}$$

至此刚性弹体开坑阶段的运动物理量均为已知量，v_1 和 t_1 作为孔道阶段的初始条件，通过受力模型进行运动分析。

② 孔道阶段的弹体运动。同理，由弹体受力模型即式（6-6-12）和牛顿运动定律可得

$$m\frac{\mathrm{d}v_z}{\mathrm{d}t}=mv_z\frac{\mathrm{d}v_z}{\mathrm{d}z}=-(A_1v_z^2+A_2v_z+A_3)，\quad kd<z\leqslant P \tag{6-6-21}$$

以 v_1 和 t_1 为积分下限对式（6-6-21）进行积分可以得到弹体孔道阶段的速度时间函数

$$v_z=\sqrt{Q_3}\tan\left[\frac{A_1\sqrt{Q_3}}{m}(t_1-t)+\arctan\frac{v_1+Q_2}{\sqrt{Q_3}}\right]-Q_2，\quad kd<z\leqslant P \tag{6-6-22a}$$

式中

$$Q_1=\frac{A_3}{A_1}，\quad Q_2=\frac{A_2}{2A_1}，\quad Q_3=Q_1-Q_2^2 \tag{6-6-22b}$$

式（6-6-22a）对时间求导可得到弹体孔道阶段的加速度

$$a_{\mathrm{c}}=\frac{\mathrm{d}v_z}{\mathrm{d}t}=-\frac{\dfrac{A_1Q_3}{m}}{\cos^2\left[\dfrac{A_1\sqrt{Q_3}}{m}(t_1-t)+\arctan\dfrac{v_1+Q_2}{\sqrt{Q_3}}\right]}，\quad kd<z\leqslant P \tag{6-6-23}$$

将式（6-6-21）对位移和速度进行积分，可得到弹体孔道阶段的位移速度函数

$$z=-\frac{m}{2A_1}\left[\begin{array}{l}\ln\dfrac{(v_z+Q_2)^2+Q_3}{(v_1+Q_2)^2+Q_3}\\-\dfrac{2Q_2}{\sqrt{Q_3}}\left(\arctan\dfrac{v_z+Q_2}{\sqrt{Q_3}}-\arctan\dfrac{v_1+Q_2}{\sqrt{Q_3}}\right)\end{array}\right]+kd，\quad kd<z\leqslant P \tag{6-6-24}$$

令式（6-6-24）中的 v_z 为零，就表示弹体运动终止时刻的位移，即最终的侵彻深度为

$$P=-\frac{m}{2A_1}\left[\ln\frac{Q_1}{(v_1+Q_2)^2+Q_3}-\frac{2Q_2}{\sqrt{Q_3}}\left(\arctan\frac{Q_2}{\sqrt{Q_3}}-\arctan\frac{v_1+Q_2}{\sqrt{Q_3}}\right)\right]+kd \tag{6-6-25}$$

由弹体速度时间函数即式（6-6-22）可获得从弹体着靶直至侵彻结束的时间 t_{end}，令式（6-6-22a）中的 $v_z=0$ 可解得

$$t_{\mathrm{end}}=\frac{m}{A_1\sqrt{Q_3}}\left(\arctan\frac{v_1+Q_2}{\sqrt{Q_3}}-\arctan\frac{Q_2}{\sqrt{Q_3}}\right)+t_1 \tag{6-6-26}$$

（4）侵彻混凝土的经验公式。侵彻效应是攻击坚固目标的一种有效的武器效应，目前预测弹体对岩石或混凝土等坚固目标侵彻深度的公式有 40 多种，其形式各异，都是基于试验数据拟合得到的经验或半经验公式。不同的计算公式，对侵彻介质和弹体参数的适用范围不同，预测结果也不同。其中，SNL 实验室的 Young 公式对混凝土/钢筋混凝土介质侵彻深度的预测结果较为理想，而 WES 实验室的 Bernard 公式对岩石介质侵彻深度的预测结果较好。以下主要分析目前应用较广的混凝土和岩石侵彻深度的经验公式。表 6-6-1 所示为常见混凝土介质侵彻深度的经验计算公式。

表 6-6-1　混凝土介质侵彻深度的经验计算公式

公式名称	公式形式及符号说明	备注
Young 公式	$$H=\begin{cases}0.000\,018SN\left(\dfrac{m_p}{A}\right)^{0.7}\cdot(v_0-30.5), & v_0>61\ \text{m/s}\\ 0.008SN\left(\dfrac{m_p}{A}\right)^{0.7}\cdot\ln(1+2.15\times10^{-4}v_0^2), & v_0\leqslant 61\ \text{m/s}\end{cases}$$ $$S=0.085K_e(11-P)(t_cT_c)^{-0.06}\left(\dfrac{35}{f'_c}\right)^{0.3}$$ 卵形弹：$N=\begin{cases}0.18\dfrac{l_n}{d}+0.56\\ 0.18(\text{CRH}-0.25)^{0.5}+0.56\end{cases}$ 锥形弹：$N=0.25\dfrac{l_n}{d}+0.56$ 式中　d 为战斗部直径，m；m_p 为战斗部质量，kg；A 为弹体横截面面积，m^2；v_0 为弹体速度，m/s；P 为混凝土体积含筋率，%，大多数混凝土 $P=1\sim2$；t_c 为混凝土凝固时间，a，若 $t_c>1$，则取 $t_c=1$；T_c 为目标厚度，为弹径的倍数，若 $T_c>6$，则取 $T_c=6$，若 $T_c<0.5$，则公式可能不适用，若目标由多层组成，则每层应单独考虑；f'_c 为试验时的无侧限抗压强度；CRH 为战斗部曲径比；$K_e=(F/W_1)^{0.3}$，对于钢筋混凝土，$F=20$，对于无筋混凝土，$F=30$，对于薄靶（$T_c=0.5\sim2.0$），F 值减小 50%，W_1 为目标宽度，0.3 为弹径的倍数，若 $W_1>F$，则取 $K_e=1$	当战斗部质量小于 182 kg 时，侵彻公式右端需乘以修正系数 $K=0.46m_p^{0.15}$。 计算低强度混凝土靶侵彻深度时相当有效，计算高强度混凝土靶侵彻深度时，计算偏差较大
Bernard 公式（ACE）	$$\frac{h}{d}=0.5+3.5\times10^{-4}\frac{Dd^{0.215}v_0^{1.5}}{f_c^{0.5}},\quad D=m_p/d^3$$ 式中　D 为战斗部口径密度，kg/m^3；f_c 为混凝土抗压强度，Pa；其余符号含义同上	靶厚 H 和弹径 d 满足 $3\leqslant\dfrac{H}{d}\leqslant18$。低强度混凝土计算值偏小
修正 Petry 公式	$$h=kD\lg\left(1+\frac{v_0^2}{19\,974}\right)$$ 式中　k 为混凝土可侵彻系数（对于大体积混凝土，$k=6.36E-04$；对普通钢筋混凝土，$k=3.39E-04$；对特种钢筋混凝土，$k=2.26E-04$）；其余符号含义同上	没有考虑弹形系数对侵彻深度的影响
修正国防研究委员会公式（NDRC）	$$G=K\frac{N\cdot m_p}{d}\left(\frac{v_0}{d}\right)^{1.8},\quad \frac{h}{d}=\begin{cases}2G^{0.5}, & G\geqslant1\\ G+1, & G<1\end{cases}$$ 式中　$K=\dfrac{3.8\times10^{-5}}{f_c^{0.5}}$，为混凝土强度系数；$N$ 为弹头形状因子（对于平头弹，$N=0.72$；对于钝头弹，$N=1.00$；对于尖头弹，$N=1.14$）；其余符号含义同上	NDRC 公式可将适用范围推广至 $\dfrac{H}{d}\leqslant3$。 美军防护结构设计手册采用该公式，具有较好的外推性

续表

公式名称	公式形式及符号说明	备注
Ammann–Whitney 公式	$$\frac{h}{d}=6\times10^{-4}\times\frac{NDd^{0.2}}{f_c^{0.5}}v_0^{1.8}$$ 式中　各符号含义同上	计算爆炸产生的碎片对混凝土板的侵彻，v_0 应大于 304.8 m/s
Kar 公式	$$G=\frac{KNm_p}{d}\left(\frac{v_0}{d}\right)^{1.8}\left(\frac{E}{E_m}\right)^{1.25},\quad \frac{h}{d}=\begin{cases}2G^{0.5}, & G\geqslant1\\ G+1, & G<1\end{cases}$$ 式中　E，E_m 为战斗部壳体材料和低碳钢的弹性模量，K 和 N 的计算与修正 NDRC 公式相同	公式考虑了混凝土骨料尺寸对侵彻深度的影响
Hughes 公式	$$\frac{h}{d}=\frac{0.19N_H I_H}{1+12.3\ln(1+0.03I_H)},\quad I_H=\frac{2.678\,9m_p v_0^2}{f_t d^3}$$ 式中　f_t 为混凝土抗拉强度；N_H 为弹头形状因子，对平头、钝头、球形和尖头战斗部分别取 1.0、1.12、1.26 和 1.39；其他符号含义同上	Hughes 公式基于修正 NDRC 公式，假定混凝土的行为脆性、方程量纲一致
别列赞公式	$$h=\lambda_1 K\frac{m_p}{d^2}v_0,\quad i_1=1+0.3\left(\frac{l_n}{d}\right)$$ 式中　λ_1 为弹形系数；K 为介质侵彻系数，（$m^2\cdot s$）/kg，对于混凝土，取 1.3×10^{-6}，对于钢筋混凝土，取 0.9×10^{-6}；l_n 为弹头部长度，m；其余符号含义同上	试验所用弹径为 0.075～0.203 m，超出此范围需进行修正

以上分析表明，混凝土侵彻深度计算公式基本是基于试验数据和经验得到的，且只考虑正侵彻深度的分析和计算，而非正侵彻条件下侵彻弹道偏转的分析，只能依赖数值模拟方法来预测和分析。

岩石介质侵彻深度计算以 WES 实验室的 Bernard 公式为代表，表 6–6–2 所示为岩石介质侵彻深度的经验计算公式。

表 6–6–2　岩石介质侵彻深度的经验计算公式

公式名称		公式形式及符号说明	备注
Bernard 公式	A	$$h=25.4\frac{m_p}{d^2}\frac{v_0}{(\rho f_c)^{0.5}}\left(\frac{100}{RQD}\right)^{0.8}$$ 式中　d 为战斗部直径，cm；m_p 为战斗部质量，kg；ρ 为靶体密度，g/cm^3；v_0 为战斗部着速，m/s；f_c 为混凝土抗压强度，bar；RQD 为岩石质量特征常数，%	岩石质量为很粗劣、粗劣、较好、好、极好的质量特征常数 RQD（%），分别取 0～25，25～50，50～75，75～00，90～100

续表

公式名称		公式形式及符号说明	备注
Bernard 公式	B	$$h=\frac{m_p}{A}\left[\frac{v_0}{b}-\frac{a}{b^2}\ln\left(1+\frac{a}{b}v\right)\right]$$ $$a=1.6f_c\left(\frac{RQD}{100}\right)^{1.6},\quad b=3.6(\rho f_c)^{0.5}\left(\frac{RQD}{100}\right)^{0.8}$$ 式中　各符号含义同公式 A	—
	C	$$h=\frac{m_p}{A}\cdot\frac{N_{cr}}{\rho}\left[\frac{v_0}{3}\sqrt{\frac{\rho}{f_{cr}}}-\frac{4}{9}\ln\left(1+\frac{3}{4}v_0\sqrt{\frac{\rho}{f_{cr}}}\right)\right]$$ 卵形弹：$N_{cr}=0.863\left(\frac{4CRH^2}{4CRH-1}\right)^{0.25}$ 锥形弹：$N_{cr}=0.805(\sin\eta_c)^{-0.5}$ 式中　各符号含义同公式 A	—
别列赞公式		$$h=\lambda_1 K\frac{m_p}{d^2}v_0,\quad i_1=1+0.3\left(\frac{l_n}{d}\right)$$ 式中　i_1 为弹形系数；K 为介质侵彻系数，（$m^2\cdot s$）/kg，坚实岩石取 1.6×10^{-6}，一般岩石取 3.0×10^{-6}；l_n 为弹头部长度，m；其余符号含义同上	—
萨布斯基公式		$$h=\frac{m_p}{A}\cdot\frac{2}{ajb}\ln(1+bv_0^2),\quad j=\frac{1}{i_1}$$ 式中　j 为弹形系数；a，b 为靶体材料系数，对岩石 $a=(4.40\sim5.52)\times10^7\ \text{kg/m}\cdot\text{s}^2$，$b=15\times10^{-6}\ \text{s}^2/\text{m}^2$	—
Young 公式		$$H=\begin{cases}0.000\,018SN\left(\frac{m_p}{A}\right)^{0.7}\cdot(v_0-30.5), & v_0>61\ \text{m/s}\\ 0.008SN\left(\frac{m_p}{A}\right)^{0.7}\cdot\ln(1+2.15\times10^{-4}v_0^2), & v_0\leqslant 61\ \text{m/s}\end{cases}$$ 式中　$S=2.7(f_c\cdot Q)^{0.3}$，f_c 为岩石无侧限抗压强度，MPa；其他符号含义同混凝土侵彻计算公式	战斗部质量小于 182 kg 时，侵彻公式右端需乘修正系数 $K=0.46m_p^{0.15}$

对有限厚混凝土靶，侵彻破碎区膨胀做功驱动径向裂纹区的扩展。当裂纹扩展到混凝土靶背部自由面时，背面失效，对战斗部侵彻的阻抗减小，形成混凝土靶的贯穿破坏。

有限厚靶自由面的存在，导致弹体对有限厚混凝土靶贯穿厚度比无限厚混凝土靶的侵彻深度大。对贯穿系数的计算，常用的计算公式如表 6－6－3 所示。

表 6-6-3　贯穿系数的计算公式

公式名称	公式形式	参数范围	侵彻不贯穿系数
Petry 公式	$h_g = 2h_q$	—	2
ACE 公式	$h_g = 1.32d + 1.24h_q$	$1.35 \leqslant \frac{h_q}{d} \leqslant 13.45$	1.34～2.22
NDRC 公式	$h_g = 3.19h_q - 0.718\frac{h_q^2}{d}$	$\frac{h_q}{d} \leqslant 1.35$	≥2.22
NDRC 公式	$h_g = 1.32d + 1.24h_q$	$1.35 \leqslant \frac{h_q}{d} \leqslant 13.45$	1.34～2.22
Kar 公式	$h_g = 3.19h_q - 0.718\frac{h_q^2}{d} + c$	$\frac{h_q}{d} \leqslant 1.35$	≥2.22
Kar 公式	$h_g = 1.32d + 1.24h_q + c$	$1.35 \leqslant \frac{h_q}{d} \leqslant 13.45$	1.34～2.22
Dengen 公式	$h_g = 2.2h_q - 0.3\frac{h_q^2}{d}$	$\frac{h_q}{d} \leqslant 1.52$	≥1.74
Dengen 公式	$h_g = 0.69d + 1.29h_q$	$1.52 \leqslant \frac{h_q}{d} \leqslant 13.41$	1.34～1.74
Hughes 公式	$h_g = 3.6h_q$	$\frac{h_q}{d} < 0.7$	3.6
Hughes 公式	$h_g = 1.4d + 1.58h_q$	$\frac{h_q}{d} > 0.7$	<3.6

注：h_g 为侵彻不贯穿厚度；h_q 为侵彻深度；d 为弹体直径；c 为粗骨料尺寸。

第 7 章

破片杀伤效应

破片杀伤效应指弹丸或战斗部爆炸后形成的破片对目标的破坏作用。杀伤效应与弹丸或战斗部爆炸后形成破片的特性、目标特性和弹目遭遇条件有关。破片特性包括破片的数量、质量分布、空间分布、速度、飞行特性以及对目标的侵彻特性；目标特性包括目标的类型、防护措施和失效模式等；弹目遭遇条件包括弹丸或战斗部相对目标的位置、弹目姿态及相对速度等。本章重点讲述弹丸或战斗部爆炸后形成破片的特性以及杀伤效应的评定方法。

7.1　破片形成理论

7.1.1　弹丸爆炸过程及破碎机理

引信引爆弹丸内炸药装药后，爆轰波从起爆位置沿炸药以稳定的速度传播，由于爆轰波的传播速度很高，为 6 000～10 000 m/s，炸药装药全部爆轰完毕需几十微秒。炸药爆轰产生爆轰产物和高压，高压为 14～28 GPa，爆轰产物作用于弹丸壳体上，使壳体迅速向外膨胀，当变形达到一定程度时，弹丸壳体外表面首先形成裂纹，并逐渐向内扩展。由于爆轰产物继续膨胀做功，弹体变形逐渐增大，不断产生新的裂纹，当这些裂纹彼此相交后，弹体形成了大量的破片。壳体出现裂缝后，爆轰产物通过裂缝泄出，作用于内表面的压力迅速下降。壳体裂缝全部形成后，破片以一定的初始速度向四周飞散。

整个破碎过程分为四个阶段：壳体的径向膨胀、外表面裂开、发展为裂纹并向壳体内表面生长、气体产物通过裂缝流出。图 7-1-1 所示为榴弹爆炸过程的 X 光照片。

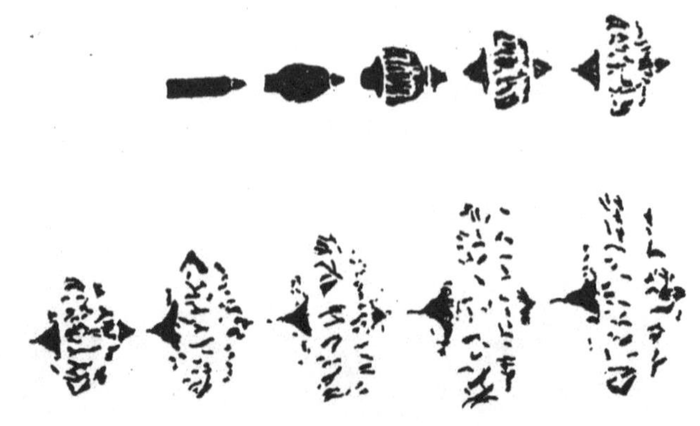

图 7-1-1　榴弹爆炸过程的 X 光照片

壳体膨胀的极限半径与壳体材料的机械性能有关。钢壳和铜壳的膨胀极限半径一般为：

① 低碳钢（1.6～2.1）r_0。

② 中碳钢 1.84r_0。

③ 铜＞2.6r_0。

试验表明，动态塑性较好的材料制成的壳体，膨胀极限半径要大一些。壳体破裂前膨胀越充分，破片加速越充分，壳体的膨胀速度一般为 1 000～2 000 m/s。

剪切断裂和径向断裂是导致壳体破裂的主导模式。至于哪种断裂模式占主导地位则取决于壳体的厚度、温度和材料的性能。壳体上剪切断裂的位置是随机的，从而导致形成破片的大小和形状不同。

在爆轰产物作用下，弹体的膨胀变形速度很快，所以形成的破片具有很高的速度。随着爆轰产物从弹体裂缝的漏出，破片的加速度逐渐减小，弹体破碎时破片获得一定的速度向外运动，此时后面的爆轰产物仍然作用于破片使其继续加速，当破片上爆轰产物作用力和空气阻力平衡时，破片速度达到最大值，该速度被称为破片初始速度。破片初始速度与炸药和壳体的质量比有关，通常为 600～2 200 m/s。此后，破片速度随着运动距离的增加逐渐衰减。

弹体爆炸所产生的破片可分为以下三种。

① 自然破片，由整体壳体在爆轰波作用下自然形成的破片。

② 可控破片，用机械力法削弱壳体或利用炸药的局部聚能效应来控制壳体的破裂所形成的破片，如图 7－1－2 所示。

③ 预制破片，将预先制造的抛射体组装在较薄的壳体内，炸药爆炸后即成为数量众多的预制破片。

以上三种破片尽管在形成机理上有本质的区别，但飞散的能量来源是一致的，炸药爆炸所释放的能量是它们飞散动能的唯一来源。由能量守恒观点可知，炸药爆炸所释放的能量将被用于破片飞散、外壳变形破坏、爆轰产物飞散以及空气冲击波的形成等方面。

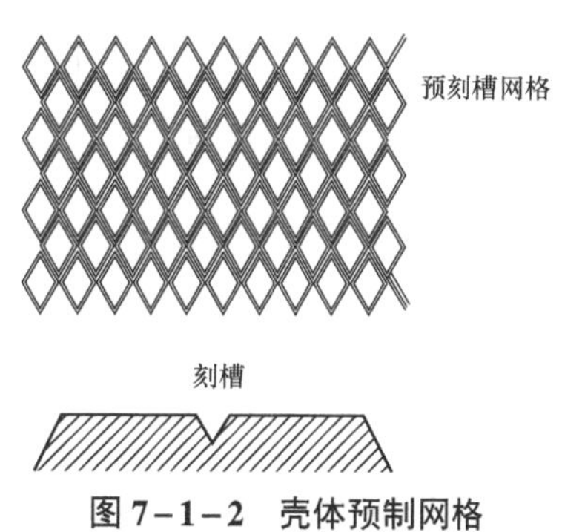

图 7－1－2　壳体预制网格

7.1.2　壳体断裂模型

爆炸作用下壳体断裂采用刚塑性模型，该模型的假设条件是：

① 炸药瞬时爆轰，只考虑壳体的一维径向运动。

② 壳体在变形过程中，应力波已在其中多次反射，即不讨论应力波的传播作用。

③ 由于所研究的问题为壳体的大变形问题，我们可不考虑其弹性阶段，采用不可压缩理想刚塑性材料模型。

用 r，θ，z 表示柱面坐标系的三个坐标，用ρ表示壳体材料密度，用 u 表示壳体内某点变形的瞬时径向速度，用σ_r，σ_θ，σ_z表示壳体某点的瞬时应力。在空间取单元体，如图 7－1－3 所示，此单元体由六个空间面所构成，它们分别垂直于 z 轴的 z 面和 $z+\mathrm{d}z$ 平面、半径为 r 和 $r+\mathrm{d}r$ 的圆柱面、极角为θ和$\theta+\mathrm{d}\theta$ 的子午面。

在 $t\sim t+\Delta t$ 这段时间间隔里，根据质量守恒条件，通过六面体的六个表面流进单元体内的物质总质量，应该等于 $\mathrm{d}t$ 时间间隔内六面体内物质质量的增加量。由轴对称条件可知，子午面θ及$\theta+\mathrm{d}\theta$ 面没有质量通过，在忽略轴向变形的条件下，z 面和 $z+\mathrm{d}z$ 面同样通过 $r+\mathrm{d}r$ 面，流出质量为 $\rho ur\mathrm{d}\theta\mathrm{d}z\mathrm{d}t+\frac{\partial\rho ur}{\partial r}\mathrm{d}r\mathrm{d}\theta\mathrm{d}z\mathrm{d}t$，而在 $\mathrm{d}t$ 时间间隔内，六面体内所增加的质量为 $\frac{\partial}{\partial t}(\rho r\mathrm{d}r\mathrm{d}\theta\mathrm{d}r)\mathrm{d}t$，由质量守恒条件得

$$\frac{\partial}{\partial t}(\rho r\mathrm{d}r\mathrm{d}\theta\mathrm{d}r)\mathrm{d}t=\rho ur\mathrm{d}r\mathrm{d}\theta\mathrm{d}z\mathrm{d}t-\left(\rho ur+\frac{\partial\rho ur}{\partial r}\mathrm{d}r\right)\mathrm{d}\theta\mathrm{d}z\mathrm{d}t \tag{7-1-1}$$

将式（7-1-1）展开化简可得

$$r\frac{\partial\rho}{\partial t}=-\frac{\partial\rho ur}{\partial r} \tag{7-1-2}$$

$$\frac{\partial\rho}{\partial t}+\frac{\partial\rho ur}{\partial r}+\frac{\rho u}{r}=0 \tag{7-1-3}$$

即式（7-1-2）和式（7-1-3）为质量守恒连续方程。

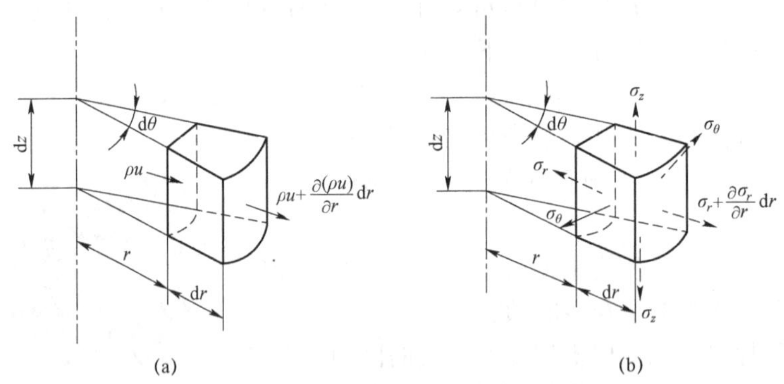

图 7-1-3 壳体内的单元体

（a）通过单元体的质量流；（b）单元体上的应力分布

由问题轴对称性可知，单元体四角不发生切应变，切应力均为零，如忽略体积力，则单元只受面力σ_r，σ_θ和σ_z。由于只有 r 方向有质量通过，故只有 r 方向有动量的流入流出，在 $\mathrm{d}t$ 时间间隔里，流入 r 面的动量为 $u\rho ur\mathrm{d}\theta\mathrm{d}z\mathrm{d}t$，这时流出 $r+\mathrm{d}r$ 面的动量为 $\left(u\rho ur-\frac{\partial u\rho ur}{\partial r}\mathrm{d}r\right)\mathrm{d}\theta\mathrm{d}z\mathrm{d}t$，而在 $\mathrm{d}t$ 时间间隔里，六面体 r 方向动量的增加量等于 $\frac{\partial}{\partial t}(\rho ur\mathrm{d}\theta\mathrm{d}z\mathrm{d}r)\mathrm{d}t$。显然，作用在 z 和 $z+\mathrm{d}z$ 面上的力不产生 r 方向的冲量，作用在 r 面上的力产生的 r 方向的冲量为 $-\sigma_r r\mathrm{d}\theta\mathrm{d}z\mathrm{d}t$，作用在 $r+\mathrm{d}r$ 面上的力产生的 r 方向冲量为 $\left(\sigma_r r+\frac{\partial\omega_r r}{\partial r}\mathrm{d}r\right)\mathrm{d}\theta\mathrm{d}z\mathrm{d}t$。由轴对称可知，作用在$\theta$和$\theta+\mathrm{d}\theta$面上的力产生的 r 方向冲量均等于

$$-\sigma_\theta\mathrm{d}r\mathrm{d}z\mathrm{d}t+\sin\frac{\mathrm{d}\theta}{2}\approx-\frac{\sigma_\theta}{2}+\mathrm{d}r\mathrm{d}\theta\mathrm{d}z\mathrm{d}t \tag{7-1-4}$$

根据动量守恒条件可知，六面体内动量的增加量应该等于通过各面动量的净流入量加上各面力所作用的冲量，即

$$\frac{\partial}{\partial t}(u\rho r\mathrm{d}\theta\mathrm{d}z\mathrm{d}r)\mathrm{d}t = u\rho ur\mathrm{d}\theta\mathrm{d}z\mathrm{d}t + \left[u\rho ur + \frac{\partial(u\rho ur)}{\partial r}\mathrm{d}r\right]\mathrm{d}\theta\mathrm{d}z\mathrm{d}t - \sigma_r r\mathrm{d}\theta\mathrm{d}z\mathrm{d}t +$$

$$\left(\sigma_r r + \frac{\partial\omega_r r}{\partial r}\mathrm{d}r\right)\mathrm{d}\theta\mathrm{d}z\mathrm{d}t - 2\times\frac{\sigma_\theta}{2}\mathrm{d}r\mathrm{d}\theta\mathrm{d}z\mathrm{d}t \tag{7-1-5}$$

展开并化简后，式（7–1–5）可被写为

$$r\frac{\partial u\rho}{\partial t} = -\frac{\partial u\rho ur}{\partial r} + \frac{\partial\sigma_r r}{\partial r} - \sigma_\theta \tag{7-1-6}$$

将连续方程式（7–1–2）代入式（7–1–6）得到

$$ru\frac{\partial\rho}{\partial t} + r\rho\frac{\partial u}{\partial t} = -u\left(-r\frac{\partial\rho}{\partial t}\right) - \rho ur\frac{\partial u}{\partial r} + r\frac{\partial\sigma_r}{\partial_r} + \sigma_r - \sigma_\theta \tag{7-1-7}$$

整理后得

$$\rho\left(\frac{\partial u}{\partial t} + u\frac{\partial u}{\partial r}\right) = \frac{\partial\sigma_r}{\partial r} + \frac{\sigma_r - \sigma_\theta}{r} \tag{7-1-8}$$

我们注意到，在欧拉坐标下有

$$\frac{\mathrm{d}u}{\mathrm{d}t} = \frac{\partial u}{\partial t} + u\frac{\partial u}{\partial r} \tag{7-1-9}$$

将其代入式（7–1–8）有

$$\rho\frac{\mathrm{d}u}{\mathrm{d}t} = \frac{\partial\sigma_r}{\partial r} + \frac{\sigma_r - \sigma_\theta}{r} \tag{7-1-10}$$

这就是由动量守恒原理得到的 r 方向的运动方程。

采用米塞斯（Mises）屈服准则来考察壳体材料的失效。米塞斯屈服准则的表达式为

$$(\sigma_1 + \sigma_2)^2 + (\sigma_2 - \sigma_3)^2 + (\sigma_3 - \sigma_1)^2 = 2\sigma_{\mathrm{Y}}^{\mathrm{D}} \tag{7-1-11}$$

式中　σ_1，σ_2 和 σ_3 为主应力；$\sigma_{\mathrm{Y}}^{\mathrm{D}}$ 为材料的动态屈服应力。在柱面坐标系的轴对称问题中，三个正应力 σ_r，σ_θ 和 σ_z 就是三个主应力，按照平面应变条件有 $\sigma_z = \frac{1}{2}(\sigma_r + \sigma_\theta)$，则米塞斯屈服准则可被写为

$$(\sigma_\theta - \sigma_r)^2 = 1.15\sigma_{\mathrm{Y}}^{\mathrm{D}} \tag{7-1-12}$$

我们利用连续方程式（7–1–2）、运动方程式（7–1–8）、式（7–1–12）和边界条件就可以解出壳体的破裂半径和破片初始速度。

以 a 和 b 分别表示变形过程中壳体内半径和外径，u_a 和 u_b 分别表示壳体内壁和外壁的质点速度。将不可压条件 ρ= 常数代入连续方程式（7–1–2）得

$$\frac{\partial(ru)}{\partial r} = 0 \tag{7-1-13}$$

这说明 ru 不随 r 变。因此，对任意半径 r 处都有

$$ru = au_a \tag{7-1-14}$$

将式（7–1–14）对 t 微分，并利用 $u = \frac{\mathrm{d}r}{\mathrm{d}t}$，$u_a = \frac{\mathrm{d}a}{\mathrm{d}t}$ 可得

$$u^2+r\frac{\mathrm{d}u}{\mathrm{d}t}=u_a^2+a\frac{\mathrm{d}u_a}{\mathrm{d}t}$$

即

$$\frac{\mathrm{d}u}{\mathrm{d}t}=\frac{1}{r}\left(u_a^2+a\frac{\mathrm{d}u_a}{\mathrm{d}t}\right)-\frac{1}{r^3}a^2u_a^2 \tag{7-1-15}$$

把式（7-1-12）和式（7-1-15）代入式（7-1-8），则运动方程为

$$\frac{\partial\sigma_r}{\partial r}=\frac{1.15\sigma_{\mathrm{Y}}^{\mathrm{D}}}{r}+\frac{\rho}{r}\left(u_a^2+a\frac{\mathrm{d}u_a}{\mathrm{d}t}\right)-\frac{a^2u_a^2\rho}{r^3} \tag{7-1-16}$$

对 r 积分，并由边界条件 $r=a$、$\sigma_r=-\rho$ 可得

$$\sigma_r=-p_1+1.15\sigma_{\mathrm{Y}}^{\mathrm{D}}\ln\frac{r}{a}+\rho\left[\left(u_a^2+a\frac{\mathrm{d}u_a}{\mathrm{d}t}\right)\ln\frac{r}{a}-\frac{u_a^2}{z}\left(1-\frac{a^2}{r^2}\right)\right] \tag{7-1-17}$$

再代入式（7-1-12）和平面应变条件，可得另外两个主应力：

$$\sigma_\theta=-p_1+1.15\sigma_{\mathrm{Y}}^{\mathrm{D}}\left(1+\ln\frac{r}{a}\right)+\rho\left[\left(u_a^2+a\frac{\mathrm{d}u_a}{\mathrm{d}t}\right)\ln\frac{r}{a}-\frac{u_a^2}{2}\left(1-\frac{a^2}{r^2}\right)\right] \tag{7-1-18}$$

$$\sigma_z=-p+1.15\sigma_{\mathrm{Y}}^{\mathrm{D}}\left(\frac{1}{2}+\ln\frac{r}{a}\right)+\rho\left[\left(u_a^2+a\frac{\mathrm{d}u_a}{\mathrm{d}t}\right)\ln\frac{r}{a}-\frac{u_a^2}{2}\left(1-\frac{a^2}{r^2}\right)\right] \tag{7-1-19}$$

壳体外壁有 $r=b$ 和$\sigma_r=0$，将其代入式（7-1-17）得到内壁质点速度随时间变化的表达式

$$\frac{\mathrm{d}u_a}{\mathrm{d}t}=\frac{p-1.15\sigma_{\mathrm{Y}}^{\mathrm{D}}\ln\frac{b}{a}}{\rho a\ln\frac{b}{a}}-\frac{u_a^2}{a}\left(1-\frac{1-\frac{a^2}{b^2}}{2\ln\frac{b}{a}}\right) \tag{7-1-20}$$

将爆轰产物状态方程 $pv'=$常数变化得

$$\frac{p}{p_0}=\left(\frac{v_0}{v}\right)^\gamma=\left(\frac{a_0}{a}\right)^{2\gamma} \tag{7-1-21}$$

式中　p，v 为膨胀过程中爆轰产物的压力和比容；p_0，v_0 为瞬时爆轰时爆轰产物的压力和比容；γ 为爆轰产物多方指数，近似取为 3；a_0 为壳体膨胀前的内壁半径。

事实上，壳体和爆轰产物并不像假设的那样只径向膨胀，为了修正轴向膨胀影响，可将式（7-1-21）修改为

$$\frac{p}{p_0}=\left(\frac{a_0}{a}\right)^{n\gamma} \tag{7-1-22}$$

当只考虑径向膨胀时，$n=2$；对球形膨胀，$n=3$；对一般情况，n 显然应为 2～3。通过理论分析和试验观察我们发现，爆轰产物的膨胀与爆轰产物的压力密切相关。当爆轰压力很高时，轴向膨胀效应较大。根据试验我们可知，取瞬时爆轰压力为 5 GPa 时，$n=2$；瞬时爆轰压力为 20 GPa 时，n 值为 2.45。n 值与瞬时爆轰压力呈线性关系，即

$$n=2+0.03\times10^{-3}\times(p_0^{-5}\times10^3) \tag{7-1-23}$$

式中 p_0为瞬时爆轰压力，MPa。由不可压缩条件可知

$$b^2-a^2=b_0^2-a_0^2$$

即

$$b=\sqrt{b_0^2-a_0^2+a^2} \tag{7-1-24}$$

将式（7－1－24）与式（7－1－22）代入式（7－1－20）得到

$$\frac{\mathrm{d}u_a}{\mathrm{d}t}=\frac{p_0\left(\dfrac{a_0}{a}\right)^{n\gamma}}{\rho a\ln\sqrt{1+\dfrac{b_0^2-a_0^2}{a^2}}}-\frac{1.15\sigma_{\mathrm{Y}}^{\mathrm{D}}}{\rho a}-\frac{u_a^2}{a}\left(1-\frac{1-\dfrac{a^2}{b^2}}{2\ln\dfrac{b}{a}}\right) \tag{7-1-25}$$

一般情况下，壳体厚度都不大，因此有

$$\ln\left(1+\frac{b_0^2-a_0^2}{a^2}\right)^{\frac{1}{2}}=\frac{1}{2}\ln\left(1+\frac{b_0^2-a_0^2}{a^2}\right)^{\frac{1}{2}}\approx\frac{b_0^2-a_0^2}{2a^2} \tag{7-1-26}$$

$$\lim_{b\to a}\frac{1-\dfrac{a^2}{b^2}}{2\ln\dfrac{b}{a}}=\lim_{x\to 1}\frac{\dfrac{2}{x^3}}{\dfrac{2}{x}}=1 \tag{7-1-27}$$

式中 $x=\dfrac{b}{a}$。注意

$$\frac{\mathrm{d}u_a}{\mathrm{d}t}=u_a\frac{\mathrm{d}u_a}{\mathrm{d}a}$$

将其和式（7－1－20）、式（7－1－27）代入式（7－1－25）得

$$u_a\frac{\mathrm{d}u_a}{\mathrm{d}a}=\frac{2p_0a_0^{n\gamma}}{\rho(b_0^2-a_0^2)}a^{1-n\gamma}-\frac{1.15\sigma_{\mathrm{Y}}^{\mathrm{D}}}{\rho}$$

分离变量并积分，可得

$$u_0=\sqrt{\frac{4p_0\left[1-\dfrac{a_0^{n\gamma-2}}{a}\right]}{\rho(n\gamma-2)\left(\dfrac{b_0^2}{a_0^2}\right)}-\frac{2.3}{\rho}\sigma_{\mathrm{Y}}^{\mathrm{D}}\ln\frac{a}{a_0}} \tag{7-1-28}$$

将边界条件代入屈服准则公式（7－1－12）得

$$\begin{cases}\sigma_\theta=1.15\sigma_{\mathrm{Y}}^{\mathrm{D}}-p, r=a\\ \sigma_\theta=1.15\sigma_{\mathrm{Y}}^{\mathrm{D}}, r=b\end{cases} \tag{7-1-29}$$

设破裂是从外壁开始向内壁发展的，并且我们认为破裂机理是环向拉伸破坏，这样一来，当破裂面贯通壳体时，内壁的环向应力σ_θ将等于零，这时壳体所具有的内半径 a 即为破裂瞬间的半径 R_{f}，由式（7－1－29）知

$$\rho=1.15\sigma_{\mathrm{Y}}^{\mathrm{D}} \tag{7-1-30}$$

将其代入式（7－1－22），解得

$$R_{\mathrm{f}}=a_0\left(\frac{P_0}{1.15\sigma_{\mathrm{Y}}^{\mathrm{D}}}\right)^{\frac{1}{n\gamma}} \tag{7-1-31}$$

再将式（7－1－31）代入式（7－1－28），得破片初始速度 $v_0=u_0$，即

$$v_0=\left\{\frac{4p_0}{\rho(n\gamma-2)\left(\frac{b_0^2}{a_0^2}-1\right)}\left[1-\left(\frac{1.15\sigma_{\mathrm{Y}}^{\mathrm{D}}}{p_0}\right)^{\frac{n\gamma-2}{n\gamma}}\right]-\frac{2.3\sigma_{\mathrm{Y}}^{\mathrm{D}}}{\rho}\ln\left(\frac{p_0}{1.15\sigma_{\mathrm{Y}}^{\mathrm{D}}}\right)^{\frac{1}{n\gamma}}\right\}^{\frac{1}{2}} \tag{7-1-32}$$

由此，我们通过该壳体断裂模型可计算破片初始速度。

7.2 破片统计分布

弹丸爆炸后形成大量的破片，影响破片杀伤威力的因素包括破片数量、质量、初始速度、飞散方向等破片初始参数，以及弹丸或战斗部爆炸瞬时的速度、弹道倾角、爆炸点与目标的相对位置等弹道终点参数。为了评估弹丸的杀伤威力，首先需要获取破片统计分布信息。

7.2.1 破片数量及质量分布

1. 破片数量

弹丸爆炸后形成的破片数与弹丸的结构、壳体材料以及炸药的类型等因素有关；此外，还受弹体初始裂纹的位置、数量、扩展方向以及弹体材料的不均匀性等随机因素的影响，因此，目前还没有理论公式计算破片的数量，我们多采用半经验公式和试验方法进行估算或统计。

常用的估算弹丸爆炸形成破片数量的公式有 Mott 公式、Gurney 公式、Sarmousakis 公式、板口公式以及苏联炮兵科学院（齐奥尔科夫斯基）公式等。

（1）Mott、Gurney 和 Sarmousakis 公式。

壳体爆炸后，形成的破片数量为

$$N_0=\frac{m_{\mathrm{s}}}{\mu} \tag{7-2-1}$$

式中 m_{s} 为金属壳体的质量，kg；μ为形成破片的平均质量，kg，标志弹体的破碎特性，其大小取决于弹体的结构、材料以及炸药的性质。Mott 和 Gurney 等分别在试验的基础上提出了一些估算 μ 的公式。

Mott 认为

$$\mu^{\frac{1}{2}}=At^{\frac{5}{6}}d_{\mathrm{i}}^{\frac{1}{3}}\left(1+\frac{t}{d_{\mathrm{i}}}\right) \tag{7-2-2}$$

式中 A 为取决于炸药与弹体材料物理特性的常数，如表 7－2－1 所示；t 为壳体厚度，m；d_{i} 为壳体内径，m。

Gurney 和 Sarmousakis 针对薄壁战斗部（壳体厚度小于或等于 15 mm）提出了另一种

表达式

$$\mu^{\frac{1}{2}}=\frac{A't(d_i+t)^{\frac{3}{2}}}{d_i}\sqrt{1+\frac{1}{2}\frac{m_e}{m_s}} \qquad (7-2-3)$$

式中　m_e为炸药质量，kg。

几种炸药的常数 A、A'如表 7－2－1 所示。

表 7－2－1　几种炸药的常数 A 和 A'

工艺	炸药	A/［(kg)$^{1/2}$ • m$^{-7/6}$］	A'/［(g • in^{-3})$^{1/2}$］
铸装药	B 炸药	0.085 7	0.281 6
	塞克洛托（75/25）	0.076 2	0.249 5
	喷脱立特（50/50）	0.095 8	0.313 7
	TNT	0.120 5	0.397 7
压装药	BTNEN/蜡（90/10）	0.069 0	0.227 2
	混合 A－3	0.084 9	0.279 1
	喷脱立特（50/50）	0.102 4	0.313 7
	RDX/蜡（95/5）	0.082 0	0.269 2
	RDX/蜡（85/15）	0.091 5	0.303 8
	特屈儿	0.105 3	0.348 3
	TNT	0.156 1	0.518 7

注：1 in＝2.54 cm。

（2）板口公式。

日本板口提出计算破片数量的公式为

$$N=3568\alpha(1-\alpha)\sqrt{m} \qquad (7-2-4)$$

式中　m 为弹丸质量，kg；α为m_c/m，m_c为炸药装药质量。

使用该公式计算的破片数量结果偏低，相当于质量大于 2 g 的破片总数。

（3）苏联炮兵科学院公式。

1 g 以上破片总数为

$$N_1=\beta\frac{m_c}{r_{cp}}\frac{B}{\sqrt{\sigma_b/9.8}} \qquad (7-2-5)$$

式中　β为取决于炸药性能的系数（表 7－2－2）；σ_b为弹体材料强度极限，MPa；r_{cp}为弹体内腔平均半径，m，其值根据 $d/(2K)$计算，K 取决于$\alpha_s=m_c/m_s$及 $c_{ms}=m_s/d^3$(kg/dm^3)，如表 7－2－3 所示；m_c为炸药装药质量，kg；B 为与弹体结构及弹体材料机械性能有关的系数，如表 7－2－4 所示。

表 7-2-2 β值

炸药种类	β
TNT	0.58
阿马图（80/20）	0.415
二硝基苯	0.60
黑药	0.04

表 7-2-3 $K=f(\alpha_s, c_{ms})$ 值

c_{ms} \ α_s	0.03	0.07	0.11	0.15	0.19	0.23	0.27	0.31	0.35
4	1.77	1.52	1.41	1.34	1.30	1.26	1.23	1.21	1.19
6	2.04	1.63	1.49	1.40	1.33	1.29	1.25	1.23	1.21
8	2.20	1.71	1.52	1.42	1.35	1.30	1.26	1.24	1.22
10	2.30	1.75	1.55	1.44	1.37	1.31	1.27	1.24	1.22
12	2.37	1.78	1.57	1.46	1.38	1.32	1.28	1.25	1.23
14	2.43	1.81	1.58	1.47	1.38	1.33	1.29	1.25	1.23
16	2.47	1.83	1.59	1.47	1.39	1.34	1.30	1.26	1.24
18	2.50	1.84	1.61	1.48	1.40	1.34	1.30	1.26	1.24
20	2.53	1.85	1.62	1.49	1.40	1.35	1.31	1.26	1.24

表 7-2-4 $B=f(K, \psi)$ 值

ψ \ K	1.2	1.4	1.6	1.8	2.0	2.2	2.4
0.6	0.155	0.224	0.278	0.342	0.363	0.397	0.427
0.5	0.167	0.241	0.297	0.344	0.384	0.418	0.448
0.4	0.187	0.266	0.326	0.375	0.416	0.450	0.481
0.3	0.216	0.301	0.365	0.415	0.457	0.492	0.522
0.2	0.243	0.338	0.405	0.457	0.500	0.534	0.565
0.1	0.272	0.372	0.442	0.496	0.539	0.573	0.603
<0.1	0.302	0.408	0.480	0.535	0.577	0.612	0.642

2. 预控破片数量计算

预控破片的数量与弹丸壳体的几何尺寸、预控断裂方式及刻槽的间隔有关。图 7-2-1 所示为壳体断裂迹线和刻槽网格形式，预控破片截面为菱形，边长为 t，临边夹角为β（锐角），弹体内径为 d_1，刻槽部分长度为 L，则轴向的破片数量为

$$N_L = \frac{L}{t\cos\frac{\beta}{2}} \tag{7-2-6}$$

周向破片数为

$$N_c = \frac{\pi d_1}{2t\sin\frac{\beta}{2}} \tag{7-2-7}$$

根据图 7-2-1 所示的剪切迹线，径向形成两层破片，因此破片总数为

$$N = 2N_c N_L = \frac{2\pi d_1 L}{t^2 \sin\beta} \tag{7-2-8}$$

完全预制破片可根据破片的尺寸和破片的装填排列方式，应用类似的方法进行计算。

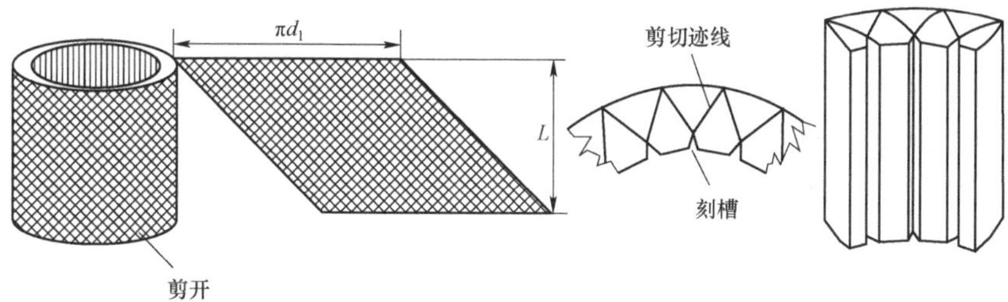

图 7-2-1 弹体刻槽及断裂迹线示意

3. 破片的质量分布

破片的质量分布是指在不同质量范围内的破片数目。

（1）Mott 公式。莫特（Mott）和林福特（Linfoot）认为非预制破片弹丸破片质量分布服从如下规律：

$$N(m) = \frac{M}{\alpha\mu} \mathrm{e}^{-\left(\frac{m}{\mu}\right)^{\lambda}} \tag{7-2-9}$$

式中 M 为弹丸壳体质量，kg；m 为破片质量，kg；$N(m)$为质量大于或等于 m 的破片数量；λ为经验常数，对于薄壁弹体，爆炸过程符合二维破碎结果，λ 取 1/2，对于厚壁弹体，壳体破碎符合三维破碎规律，λ取 1/3；μ为破片平均质量，kg；α 为常数，其值为

$$\alpha = \begin{cases} 2, & \lambda = 1/2 \\ 6, & \lambda = 1/3 \end{cases}$$

（2）Held 公式。Held 提出了一种破片质量分布的描述方法，将破片质量分布表示为破片数量的函数，其方程式为

$$M(n) = M_0(1 - \mathrm{e}^{-Bn^{\lambda}}) \tag{7-2-10}$$

式中 $M(n)$为 n 个破片的总质量，被称为累积破片质量；M_0 为所有破片的总质量；B 和 λ 为经验常数。

Held 公式适用于描述装填不同类型炸药的弹丸炸药所形成的自然破片质量分布，甚至对靶板背面和多层间隔靶后面的二次破片的质量分布都能进行较好的描述。这个公式的曲线表述如图 7-2-2 所示。

式（7-2-10）中的常数 B 和 λ 可以通过分离指数项求得

$$\frac{M_0 - M(n)}{M_0} = \mathrm{e}^{-Bn^{\lambda}} \tag{7-2-11}$$

对式（7-2-11）取自然对数得

$$\ln\frac{M_0 - M(n)}{M_0} = -Bn^{\lambda} \tag{7-2-12}$$

再对式（7-2-12）取对数，这样在对数坐标系中交点 $n=1$ 或 $\lg n=0$，在纵坐标轴上直接给出常量 $\lg B$，而指数 λ 可由式（7-2-13）所示的直线斜率确定：

$$\lg\left[-\ln\frac{M_0 - M(n)}{M_0}\right] = \lg\left[\ln\frac{M_0}{M_0 - M(n)}\right] = \lg B + \lambda\lg n \tag{7-2-13}$$

为了作出这条直线，就必须计算出与破片数量 n（从最大的破片数起）相关的 $M(n)$的值；然后从破片总质量 M_0 中减去这个值，再除以 M_0，于是相应的对数曲线可以被画出，如图 7-2-3 所示。

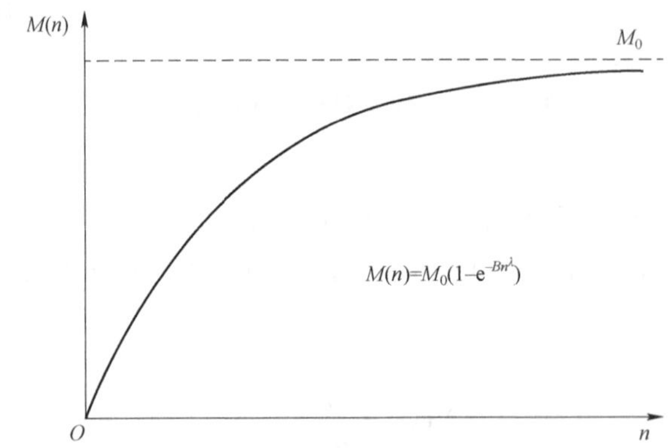

图 7-2-2　**Held** 公式的曲线表述

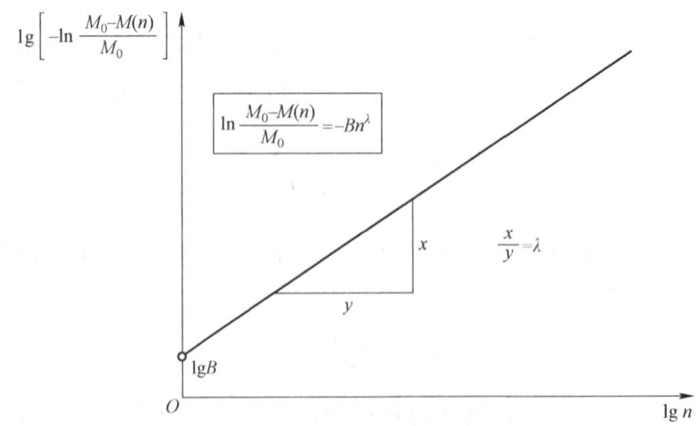

图 7-2-3　在对数曲线中确定常数 B 和 λ

将式（7-2-10）对 n 取微分，可得到第 n 个破片的质量 m：

$$m = \frac{\mathrm{d}M(n)}{\mathrm{d}n} = M_0 B\lambda n^{\lambda-1}\mathrm{e}^{-Bn^{\lambda}} \tag{7-2-14}$$

为确定最佳累积破片质量 M_{0B}，式（7-2-10）就可被写成

$$M_{0B}=\frac{M(n)}{1-e^{-Bn^{\lambda}}} \tag{7-2-15}$$

表 7-2-5 所示为几种弹丸爆炸后回收破片统计计算出的 M_{0B}、B 和 λ 值。

表 7-2-5　几种弹丸爆炸后回收破片统计计算出的 M_{0B}、B、λ 值

弹丸直径	M_{0B}/g	B	λ
30 mm	288.6	0.511	0.731 8
35 mm	386	0.018 2	0.794 5
	390	0.019 8	0.752 6
	394	0.022 6	0.712 8

7.2.2　破片初始速度

在弹丸或战斗部装药爆炸所释放能量的作用下，壳体发生膨胀、破裂和飞散。壳体破裂时所形成的破片以一定的速度向外运动，此时后面的爆轰产物仍然作用在破片上，使其继续加速。当破片上爆轰产物作用力和空气阻力平衡时，破片速度达到最大值，该速度被称为破片初始速度，常用 v_0 表示。破片初始速度是弹丸的重要性能参数，直接影响弹丸的终点威力。我们可以通过理论分析的方法得到破片初始速度，也可以通过试验的方法测定破片初始速度。

1. 自然破片战斗部的破片初始速度

下面建立破片初始速度的计算模型。为了简化分析，可做如下几点假设。

（1）炸药爆轰是瞬时的；

（2）不考虑爆轰产物沿装药轴向的飞散，爆轰产物的速度在径向呈线性分布；

（3）忽略弹体在破碎过程中消耗的能量，装药的全部能量被转换为爆轰产物和破片的动能；

（4）壳体爆炸后形成的破片具有相同的初始速度。

根据能量守恒和上述假设，我们可写出如下方程：

$$m_e E = E_f + E_\omega \tag{7-2-16}$$

式中　m_e 为炸药质量；E 为单位质量炸药的能量；E_f 为破片的动能；E_ω 为爆轰产物的动能。

破片动能为

$$E_f=\frac{1}{2}m_0 v_0^2 \tag{7-2-17}$$

式中　m_0 为破片质量；v_0 为破片初始速度。

下面分析爆轰产物的动能，如图 7-2-4 所示。战斗部爆炸之后，壳体的半径由 r_0 膨胀到 r，爆轰产物的体积由 V_0 增加到 V，壳体半径的增量为 dr，体积的增量为 dV，在半径 r 处，爆轰产物的流动速度为 v，则爆轰产物的动能为

$$E_\omega=\int_{V_0}^{V}\frac{1}{2}\rho v^2 dV \tag{7-2-18}$$

由于

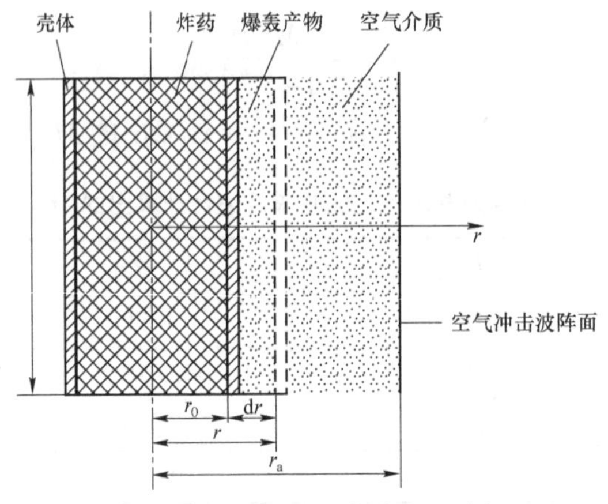

图 7-2-4 圆柱形壳体膨胀过程

$$dV = 2\pi r l dr \tag{7-2-19}$$

故

$$E_\omega = \int_0^r \pi l \rho v^2 r dr \tag{7-2-20}$$

要求解式（7-2-20），就必须知道 v 的表达式，假设爆轰产物的径向速度呈线性分布，并且认为紧贴在壳体内表面的爆轰产物的速度与壳体的膨胀速度相等，可得

$$v = \frac{r}{r_p} v_0 \tag{7-2-21}$$

式中 r_p 表示破片速度为 v_0 时的壳体半径（即壳体破裂时的半径）。

将 v 代入式（7-2-20）得

$$E_\omega = \int_0^{r_p} \pi l \rho \frac{r^2}{r_p^2} v_0^2 r dr = \frac{\pi l \rho r_p^2}{4} v_0^2 = \frac{1}{2} m_e v_0^2 \tag{7-2-22}$$

将式（7-2-17）、式（7-2-22）代入式（7-2-16）可得

$$v_0 = \sqrt{2E} \sqrt{\frac{m_e}{m_s + 0.5 m_e}} \tag{7-2-23}$$

式（7-2-23）被称为 Gurney（格尼）公式，适用于圆柱形战斗部，其中，m_s 为弹体金属质量；$\sqrt{2E}$ 为炸药的 Gurney 常数（m/s）。我们可通过试验的方法获得这两个量，常用炸药 Gurney 常数值如表 7-2-6 所示。

表 7-2-6 常用炸药格尼常数值 单位：m • s^{-1}

炸药	$\sqrt{2E}$	炸药	$\sqrt{2E}$
C-3 混合炸药	2 682	含铝混合炸药	2 682
B 炸药	2 682	H-6 炸药	2 560
喷脱立特	2 560	梯铝炸药	2 316
TNT	2 316	巴拉托儿	2 073

根据炸药理论，单位质量炸药能量 E 和爆速 D 的关系为

$$E=\frac{D^2}{2(\gamma^2-1)} \tag{7-2-24}$$

式中　γ为爆轰产物的绝热指数，通常取$\gamma=3$，则

$$\sqrt{2E}=\frac{D}{\sqrt{8}} \tag{7-2-25}$$

若已知炸药的爆速，则可根据式（7－2－25）近似求得 Gurney 常数。通常计算结果比试验值稍偏高。

2. 预制破片战斗部的破片初始速度

对于预制破片战斗部，由于增加了预制破片层，壳体较薄，壳体破裂的时间较早，其破片速度和自然破片战斗部相比稍低，通常对 Gurney 公式进行修正，用于估算预制破片初始速度，其形式如下

$$v_0=\sqrt{2E}\eta\sqrt{\frac{m_e}{m_s+0.5m_e}} \tag{7-2-26}$$

式中　η 为试验修正度，其值一般取 0.8～0.9。

3. 影响破片初始速度的因素

影响破片初始速度的因素较多，归纳起来可分为以下几个方面。

（1）炸药类型。炸药是壳体获得速度的能源，炸药做功的能力越强，破片获得的初始速度越高。杀伤战斗部和榴弹弹丸一般选用做功能力强的炸药。从破片初始速度的计算公式可知，破片初始速度和炸药爆速近似成正比，所以炸药的爆速越高，破片的初始速度越高。

（2）壳体材料。壳体材料的影响主要反映在塑性上，塑性高的壳体，在爆轰产物作用下，壳体膨胀到较大的半径时才破裂，壳体获得较高的速度；塑性低的壳体，在爆轰产物作用下，壳体破裂较早，所以破片速度较低。试验研究表明，对于铜壳体的破裂，半径 $r>2.6r_0$；对于 45 钢破裂，半径 $r=1.84r_0$；对于软钢的破裂，半径 $r=$（1.6～2.1）r_0。

（3）战斗部结构。战斗部结构对破片初始速度的影响主要表现在结构类型、壳体质量和炸药质量的比值β、长径比 $l/(2r_0)$ 和两端质量。

炸药质量和壳体质量的比值β大，作用于壳体的能量和比冲量也大，破片初始速度就高。图 7－2－5 所示为不同 β 值时圆柱形壳体速度和壳体膨胀半径 r_0 的关系曲线，坐标皆为无量纲量，纵坐标为 v_0/D，横坐标为 r/r_0。图 7－2－5 所示虚线表示瞬时爆轰计算结果；实线表示轴向爆轰计算结果。由曲线可知，无论壳体膨胀到何种程度（即 r/r_0 为任何值时），壳体相对速度 v_0/D 随β值增加的数值接近相等。

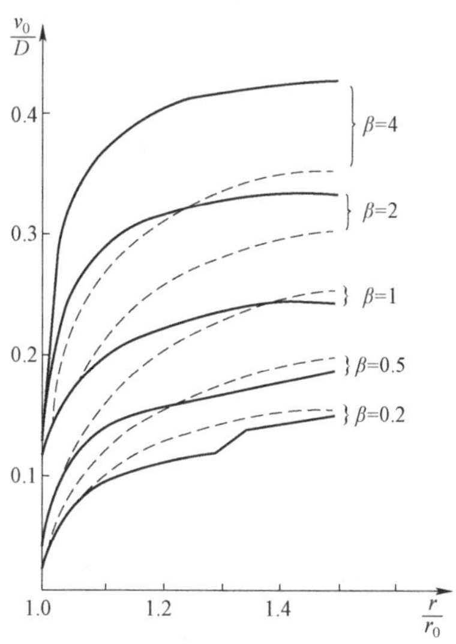

图 7－2－5　v_0/D 与 r/r_0 的关系曲线

壳体长径比战斗部长径比 $l/(2r_0)$大时，在一端起爆情

况下，轴向稀疏波对壳体速度的影响区域仅限于离起爆点不远的端面处，此时壳体中间破片速度大于端点破片速度。根据理论计算与试验测试的结果表明，当 $l/(2r_0)=4$ 时，轴向稀疏波的影响较小。

炸药两端的壳体或端盖质量大，在爆轰产物作用下移动较慢，轴向稀疏波进入较晚，因而破片初始速度（特别是端面微元）高。两端（头部和尾部）爆炸后形成的破片质量大、速度低。因此，两端的质量在满足强度的条件下，尽可能减小。

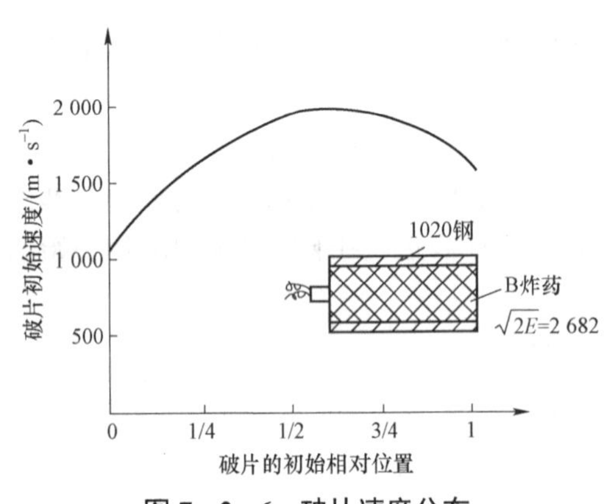

图 7-2-6　破片速度分布

（4）起爆方式和起爆位置。在建立破片初始速度公式时，为了简化，曾假设弹体沿轴向各处的破片速度相等。实际上，弹体长度、起爆位置和爆轰产物运动方向等都影响沿轴向各处的破片速度和破片的飞散方向。实际测量结果表明，靠近战斗部中部的破片速度最高，两端较低，各处破片速度不同，如图 7-2-6 所示。

美国海军武器中心进行了大量试验，发现各种不同的轴向起爆对破片速度分布有不同的影响。

① 单一端面起爆时，起爆端破片的初始速度低于非起爆端的初始速度。

② 对偶端面起爆时，弹丸中间位置处的破片初始速度增大，为单一端面起爆破片初始速度的 1.2 倍。对偶端面起爆使战斗部中间位置处的破片初始速度和端面处的破片初始速度之间的速度梯度增大。

③ 对偶起爆点向装药中心移动时，可降低中心与端面破片速度间的速度梯度。

④ 对偶起爆使破片集中在通过战斗部质心且垂直弹轴的平面附近区域。

⑤ 对任一战斗部来说，不论其起爆方式如何，破片的总动能近似相等。

产生上述结果的原因是端面起爆使得爆轰产物从端面逸出减小了其对破片的作用，端面附近的破片初始速度减小；非起爆端爆轰产物也要逸出，但爆轰产物随爆轰波传播方向运动，非起爆端的破片初始速度高于起爆端的破片初始速度；采用对偶起爆时，爆轰波的碰撞产生了一个高压的中心区，其附近的破片初始速度提高了 20%。

卡普（Kaipp）和普雷德邦（Predebon）认为在端面处使破片获得初始速度的有效装药减小，因而使破片初始速度下降。引入函数 F（Z）对 Gurney 公式进行修正，即

$$v_0=\sqrt{2E}\sqrt{\frac{F(z)\cdot m_e/m_s}{1+0.5F(z)m_c+m_s}} \tag{7-2-27}$$

$$F(z)=1-\left[1-\min\left(\frac{z}{2R},1.0,\frac{L-z}{2R}\right)\right]^2 \tag{7-2-28}$$

式中　z 为破片初始轴向位置，m，起爆点位置处 $Z=0$；R 为装药半径，m；L 为装药长度，m。

7.2.3　破片空间分布

破片空间分布指弹丸或战斗部爆炸后形成的破片在空间各位置的分布密度，取决于破片的飞散角和破片的数量。破片的空间分布是弹丸或战斗部杀伤效应的一项重要研究内容。

1. 破片的飞散角

壳体破碎后形成的破片分别沿一定的方向飞散，破片飞散方向与战斗部轴线的夹角被称为飞散角（或抛射角），破片的飞散角与壳体的形状、炸药的爆速和起爆位置等因素有关，目前我们还不能精确计算破片的飞散角，通常采用如下方法进行近似计算。

如图7-2-7所示，设起爆位置为O，起爆后爆轰波以球面波向前传播。在弹体上取一窄条，考察其变形情况，并忽略材料强度的影响。当爆轰波波阵面到达A处时，壳体开始变形并向外运动，经过时间Δt后，爆轰波波阵面到达B处，壳体由A处运动到C处，破片飞散方向AC与弹轴线之间的夹角φ被称为破片飞散角，表示破片的飞散方向。窄条上破片片段BC的倾角可记为β，壳体法线和爆轰波传播方向之间的夹角可记为α。

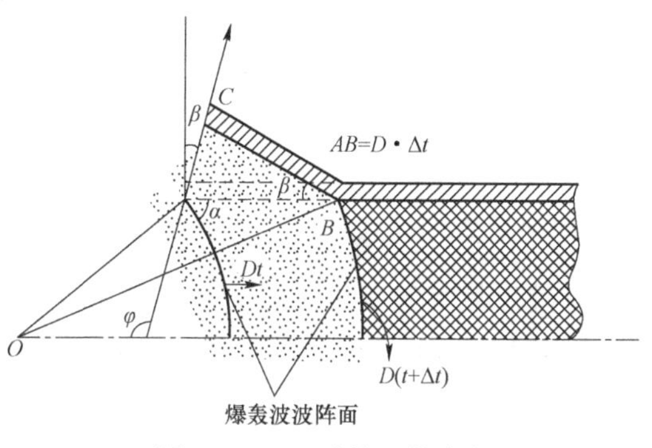

图7-2-7　破片飞散方向

假定其在AB段只改变方向，不改变长度，则在等腰三角形ABC中，根据正弦定理得

$$\frac{AC}{\sin\beta}=\frac{AB}{\sin\frac{1}{2}(\pi-\beta)} \tag{7-2-29}$$

即

$$\frac{AC}{AB}=2\sin\frac{\beta}{2} \tag{7-2-30}$$

假设其从A处运动至C处的平均速度为$v_{f0}/2$，炸药爆速为D，则

$$AB=\frac{D\Delta t}{\sin\alpha} \tag{7-2-31}$$

$$AC=\frac{v_{f0}}{2}\Delta t \tag{7-2-32}$$

将式（7-2-31）和式（7-2-32）代入式（7-2-30）得

$$\sin\frac{\beta}{2}=\frac{v_{f0}}{4D}\sin\alpha \tag{7-2-33}$$

由于β值很小，可取$\sin\frac{\beta}{2}\approx\frac{\beta}{2}$，故得

$$\beta=\frac{v_{f0}}{2D}\sin\alpha \tag{7-2-34}$$

根据飞散角的定义得破片飞散角φ为

$$\varphi=\frac{\pi}{2}\pm\beta=\frac{\pi}{2}\pm\frac{v_{f0}}{2D}\sin\alpha \tag{7-2-35}$$

当$\alpha\leqslant 90^\circ$时，式（7-2-35）取正号；当$\alpha>90^\circ$时，式（7-2-35）取负号。随着起爆位置和战斗部壳体形状不同，各处的α角不同，相应的飞散角φ也不相同。

分析不同位置处破片飞散角的目的在于研究破片空间分布。虽然式（7－2－35）能近似计算出沿轴向不同位置处的飞散角，但目前还不能既简单又准确地计算出相应位置处的破片数量，因而仍采用经验公式进行估算。

2. 破片数量随飞散方向的分布规律

由于弹丸或战斗部的周向对称性，通常用函数 $f(\varphi)$ 来表征破片的空间分布。$f(\varphi)$ 的定义如下

$$f(\varphi)=\frac{\mathrm{d}N_{\varphi}}{N_0\mathrm{d}\varphi} \tag{7-2-36}$$

式中　φ为破片飞散角；N_{φ}为由方位角旋成的圆锥范围内的破片数量；$\mathrm{d}N_{\varphi}$为圆锥范围变化$\mathrm{d}\varphi$时破片数量的变化；N_0为弹丸或战斗部爆炸形成的破片总数；$f(\varphi)$又被称为破片飞散密度分布函数。实践证明，我们可近似用正态分布函数表征破片空间分布

$$f(\varphi)=\frac{1}{\sqrt{2\pi}\sigma}\mathrm{e}^{-\frac{(\varphi-\bar{\varphi})^2}{2\sigma^2}} \tag{7-2-37}$$

对于自然破片榴弹，φ的数学期望 $\bar{\varphi}$ 通常为 π/2 左右，均方差 σ为 π/6～2π/9。这里介绍一种近似计算 $\bar{\varphi}$ 和 σ的经验方法。

如图 7－2－8 所示，在原弹体图上将弹丸轴线下移一段距离$\Delta=Kd/2$。其中，d 为弹丸原来的直径；K 取决于弹体材料的常数，对于低碳钢，可取 0.6～1.1，对于中碳钢，可取 0.84。假定侧面直接与装药接触的弹体部分为有效壳体，计算此有效部分的纵剖面面积 S（图示的阴影面积）。确定 a，b 两点，使图中所示的截面面积 S_a、S_b为 S 的 5%。从膨胀壳体质心 O 连接 a，b 两点，并令 $\angle aOx=\varphi_1$，$\angle bOx=\varphi_2$，则

$$\bar{\varphi}=(\varphi_1+\varphi_2)/2 \tag{7-2-38}$$

$$\sigma=(\varphi_2-\varphi_1)/3.3 \tag{7-2-39}$$

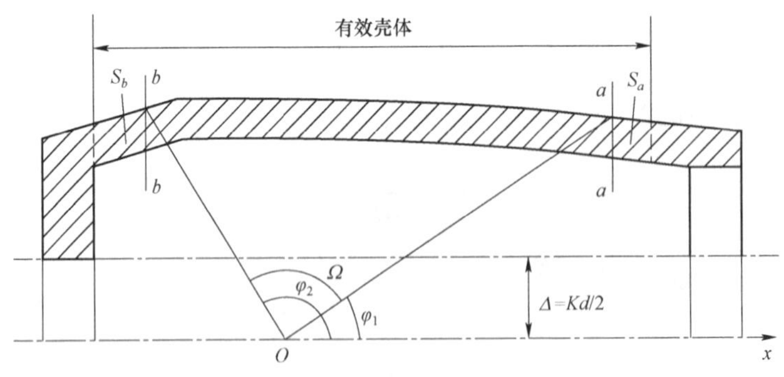

图 7－2－8　弹丸壳体膨胀

根据正态分布特性可知，在 $\Omega=\varphi_2-\varphi_1$ 的飞散范围内包含 90%的破片数量。有了飞散密度分布函数 f（φ），任一飞散范围为φ_a～φ_b 的破片数量即可按式（7－2－40）求出

$$N_{ab}=\int_{\varphi_a}^{\varphi_b}N_0 f(\varphi)\mathrm{d}\varphi \tag{7-2-40}$$

破片飞散后的球面密度 α 与飞散角 φ 及距离 R 有关，即

$$\alpha(\varphi,R)=\frac{\mathrm{d}N_\varphi}{\mathrm{d}S_\varphi} \tag{7-2-41}$$

式中　$\mathrm{d}S_\varphi$为球带微元面积，其表达式为

$$\mathrm{d}S_\varphi=2\pi R^2\sin\varphi\mathrm{d}\varphi \tag{7-2-42}$$

将式（7-2-36）中的$\mathrm{d}N_\varphi$值代入式（7-2-41），并将与φ有关的项归并为一个函数，即

$$\rho(\varphi)=\frac{f(\varphi)}{2\pi\sin\varphi} \tag{7-2-43}$$

最后得

$$\alpha(\varphi,R)=\frac{N_0}{R^2}\rho(\varphi) \tag{7-2-44}$$

此外，我们也可采用试验的方法研究破片空间分布，如利用闪光 X 射线摄影的方法进行破片分布研究，但由于破片的尺寸较小，分辨困难，故应用得不多。目前国内外普遍采用长方形靶或球形靶试验方法测量杀爆类战斗部的破片空间分布。

3. 球形靶试验

球形靶试验的目的是确定弹丸爆炸后形成破片的空间分布。

假定在弹丸的周围有一个以弹丸质心为中心的球面将其包围着，弹丸爆炸后，破片向四周飞散并穿过球面。根据球面上破片的穿孔数我们可求得破片在各个方位的分布密度（单位球面角内的破片数量）。为了确定球面上各处的位置，就用经纬线将球面划分成许多区域，两条经线夹成的区域被称为球瓣，两条纬线夹成的区域被称为球带，球瓣和球带分别用经角ψ和纬角φ表示，如图 7-2-9 所示。

由于弹丸是轴对称体，所以破片的飞散具有轴对称性，我们只要研究破片在球瓣上的分布情况，就可知道破片在整个球面上的分布。测得微元面积ΔS（φ，ψ）上的破片数量，可求出ΔS 上的破片密度（单位球面角内的破片数），此密度就是对应该球带上的破片密度。故可以做一个球瓣形靶，并在靶上用相同的$\Delta\varphi$角（一般为 10°）将球瓣划分成很多区域，测量破片的空间分布。由于球瓣很难制造，所以在实际应用中，我们将靶做成半圆柱形，并在靶上画出对应各球带的投影区域，如图 7-2-10 所示。弹丸爆炸后统计各区域的破片数量（穿孔

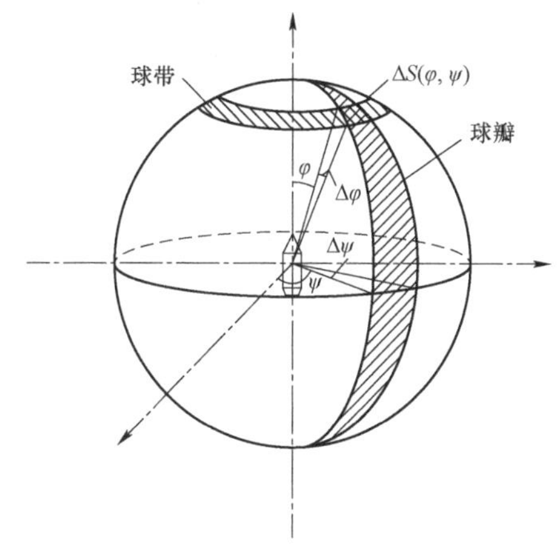

图 7-2-9　拦截破片的球瓣和球带

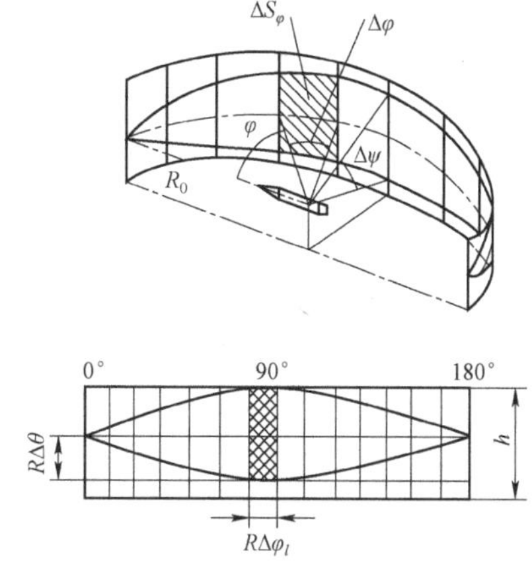

图 7-2-10　测量破片空间分布的球形靶及展开

数），我们根据其面积和破片数量就可求出该区域对应的整个球带的破片密度。通常我们把这种半圆柱形靶称为球形靶。圆柱面被分为 19 个区域，1 区和 19 区对应的 $\Delta\varphi$ 为 5°，其余 17 个区对应的 $\Delta\varphi$ 都为 10°。

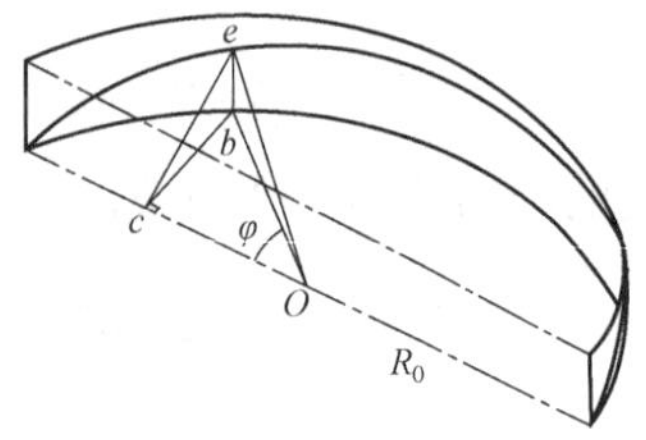

图 7－2－11　球形靶高度

由图 7－2－10 的展开图我们可以看出，在球瓣内不同纬角 φ 处的靶板高度 h 也不同，为了在靶板上画出球瓣，需要确定 h 和 φ 的关系。

图 7－2－11 所示为球形靶的上半部，O 为球心，eb 为夹在球瓣之间的靶板高度，过 eb 与弹轴垂直的平面和弹轴交于 c 点，则 $\angle ecb = \dfrac{1}{2}\Delta\psi$。

由图 7－2－11 中的球形靶高度可知

$$\frac{\overline{eb}}{\overline{cb}} = \tan\frac{\Delta\psi}{2} \tag{7-2-45}$$

$$\overline{cb} = R_0 \sin\varphi \tag{7-2-46}$$

则

$$\overline{eb} = R_0 \sin\varphi \tan\frac{\Delta\psi}{2} \tag{7-2-47}$$

$$h = 2\overline{eb} = 2R_0 \sin\varphi \tan\frac{\Delta\psi}{2} \tag{7-2-48}$$

球形靶半球瓣夹角 $\Delta\psi$ 的大小不仅影响试验结果的准确性，还影响球形靶的制造和加工。因为 $\Delta\psi$ 越大，拦截破片的范围越大，结果也越准确，但 $\Delta\psi$ 越大，球形靶越高，加工也越困难。因为破片分布是轴对称的，所以我们可适当缩小 $\Delta\psi$ 为 15°。对于杀伤有生力量的榴弹，靶的材料可采用能直观看出杀伤破片数量的、厚度为 25 mm 的松木板或厚度为 1.5 mm 的低碳钢板；对防空弹药（对付飞机）我们可用厚度为 3.2 mm 的低碳钢板，也可用铁纱网或纤维板等材料。靶的半径 R_0 根据弹丸的口径来确定，口径小于 37 mm，R_0 可取 4 m；口径小于 122 mm，R_0 可取 6 m；口径为 122 mm 以上，R_0 可取 8 m。

试验时，弹丸被水平放置在球形靶的中心，弹头指向的区域被定为 1 区，弹尾部对应的区域为第 19 区。试验后分别记录各区域内命中靶的破片数量。我们根据试验结果，求出各区域（各球带）的破片相对百分数 δ_i 为

$$\delta_i = \frac{N_i}{\sum_{i=1}^{19} N_i} \tag{7-2-49}$$

式中　N_i 为命中球形靶第 i 区的破片数量。

计算出对应各个区域的单位 φ 角的破片相对百分数 $\delta(\varphi_i)$，画出 $\delta(\varphi)-\varphi$ 曲线，如图 7－2－12 所示。

$$\delta(\varphi_i) = \frac{N_i}{\sum_{i=1}^{19} N_i} \cdot \frac{1}{\Delta\varphi_i} \tag{7-2-50}$$

式中　$\Delta\varphi_i$ 是 i 区 φ 角的范围。$i=1$ 和 $i=19$ 时，$\Delta\varphi_i=5°$；$i=2\sim18$ 时，$\Delta\varphi_i=10°$。

同样，我们也可求出对应该区的球带上破片的球面密度（单位球面度的破片数），画出球面密度的分布曲线，如图 7－2－13 所示。

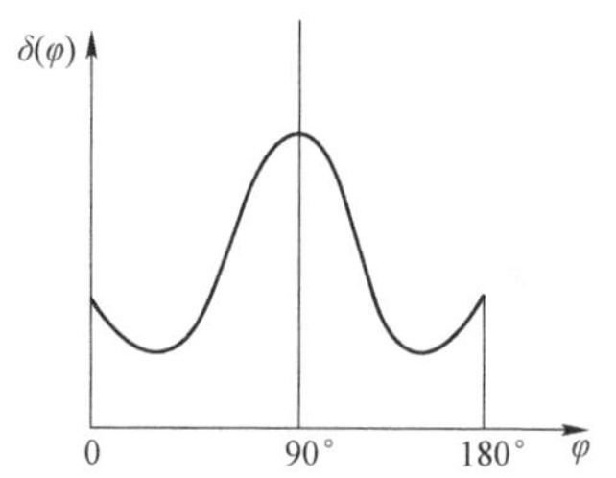

图 7－2－12　破片相对百分数分布曲线

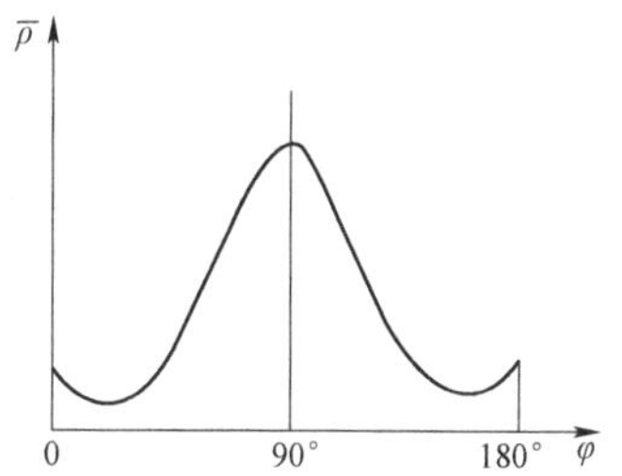

图 7－2－13　破片球面密度分布曲线

此外，美国用长方形靶测量破片的空间分布，并同时测量破片的质量分布和速度。回收板用 1.2 m×2.4 m×12.7 mm 木板组成，靶的高度和厚度（由 12.7 mm 的木板组成）取决于弹丸的口径和类型。一般靶高 2.4 m，被试弹丸与靶的距离根据炸药装药量确定。

7.3　破片杀伤效应

7.3.1　破片弹道学

1. 破片所受空气阻力

破片在空气中的运动实际上是外弹道学问题。破片在空气中的运动将受空气阻力和重力的作用，由于破片从形成到击中目标所经过的路程一般不大，飞行时间也很短，故可以不考虑重力的影响，只考虑空气阻力的影响。

由空气动力学可知破片在空气中所受的阻力为

$$F=\frac{1}{2}\rho AC_x v_r^2 \tag{7-3-1}$$

式中　ρ 为空气密度；A 为破片迎风面积；C_x 为阻力系数，取决于破片的形状和飞行速度；v_r 为破片飞行速度。

因为破片的形状很不规则，而且飞行姿态不稳定，所以迎风面积的计算及阻力系数的测试很困难。

2. 破片的平均迎风面积

破片的飞行性能及穿靶能力与迎风面积有关。迎风面积是指破片在其速度矢量方向上的投影面积。对于球形破片，该面积是定值。对于形状不规则的自然破片，破片在飞行中不稳定，各瞬时的迎风面积都是变化的，很难定出破片飞行过程中迎风面积随时间的变化规律，为了计算破片飞行过程中所受的阻力，就将破片在飞行过程中的平均迎风面积近似为破片的迎风面积。破片平均迎风面积的获取有两种方法：一种是理论估算；另一种是测量方法。

破片高速飞行时，形状对阻力的影响较小。在通常情况下，我们可将不规则破片近似表示成一个六面体（美国则把破片近似看作椭球体），用六面体（或椭球体）表面面积计算破片的平均迎风面积 $\overline{A}$。

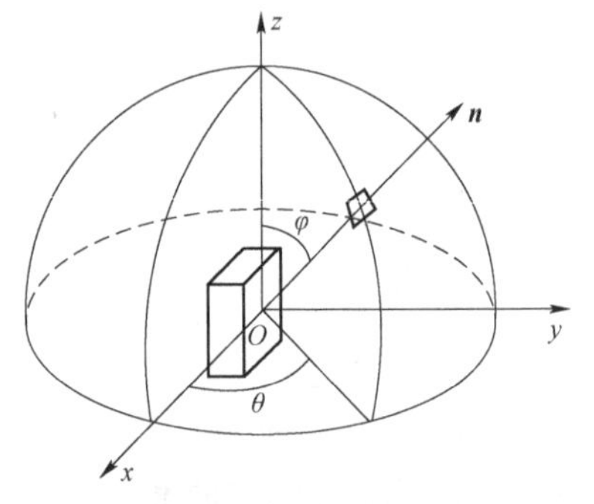

图 7-3-1　破片飞行速度的空间方位

设六面体破片的三边棱长（按长短排列）分别为 a，b，c，按图 7-3-1 所示方式置于单位球的中心，其长轴与球的极轴重合。破片的飞行方向为 $\boldsymbol{n}$，其可用球坐标（φ，θ）表示（φ 被称为纬角，θ 被称为经角），也可用微元立体角 $\mathrm{d}\Omega$ 的中心线表示。

此时破片在 $\boldsymbol{n}$ 方向的投影面积即瞬时面积为

$$A(\varphi,\theta)=A_1\cos\varphi+A_2\sin\varphi\cos\theta+A_3\sin\varphi\sin\theta \tag{7-3-2}$$

式中　A_1，A_2，A_3 分别为六面体三个侧面的面积。

破片的平均迎风面积为

$$\overline{A}=\int_0^{\pi}\int_0^{2\pi}A(\varphi,\theta)\rho(\varphi,\theta)\mathrm{d}\varphi\mathrm{d}\theta \tag{7-3-3}$$

式中　$\rho(\varphi,\theta)$为破片沿方位(φ,θ)飞行的概率密度。其含义为

$$\rho(\varphi,\theta)=\frac{P(\varphi<\xi<\varphi+\mathrm{d}\varphi,\theta<\eta<\theta+\mathrm{d}\theta)}{\mathrm{d}\varphi\mathrm{d}\theta}=\frac{\mathrm{d}P(\varphi,\theta)}{\mathrm{d}\varphi\mathrm{d}\theta} \tag{7-3-4}$$

式中　$\mathrm{d}P(\varphi,\theta)$为破片飞行方向处在微元内的概率。

$P(\varphi,\theta)$与 $P(\Omega)$的关系可根据立体角公式导出。由

$$\mathrm{d}\Omega=\sin\varphi\mathrm{d}\varphi\mathrm{d}\theta \tag{7-3-5}$$

$$\mathrm{d}P(\Omega)=\rho(\Omega)\mathrm{d}\Omega=\mathrm{d}P(\varphi,\theta)=\rho(\varphi,\theta)\mathrm{d}\varphi\mathrm{d}\theta \tag{7-3-6}$$

得到

$$\rho(\Omega)=\frac{\rho(\varphi,\theta)}{\sin\varphi} \tag{7-3-7}$$

由式（7-3-3）可知，破片的平均迎风面积不仅与破片的几何构形 $A(\varphi,\theta)$有关，还与破片飞行取向的趋势$\rho(\varphi,\theta)$有关。例如，稳定飞行的破片与随机翻滚的破片对应不同的$\rho(\varphi,\theta)$函数。

自然破片的飞行是不稳定的，假设破片能沿任何方位翻滚飞行，且不存在任何优先取向，即飞行中呈现的姿态是等概率分布的。因为其在 4π立体角内呈均匀分布，其概率密度函数为

$$\rho(\Omega)=\frac{\mathrm{d}p(\Omega)}{\mathrm{d}\Omega}=\frac{1}{4\pi} \tag{7-3-8}$$

或

$$\rho(\varphi,\theta)=\rho(\Omega)\sin\varphi=\frac{\sin\varphi}{4\pi} \tag{7-3-9}$$

将式（7-3-2）及式（7-3-9）代入式（7-3-3）得

$$\overline{A}=\frac{1}{4\pi}\int_0^{\pi}\int_0^{2\pi}(A_1\cos\varphi+A_2\sin\varphi\cos\theta+A_3\sin\varphi\sin\theta)\sin\varphi\,\mathrm{d}\varphi\mathrm{d}\theta \tag{7-3-10}$$

由于六面体破片的对称性，且面积 $\overline{A}$ 不能为负值，我们可将式（7－3－10）的积分限分别变为 $\theta\in\left(0,\dfrac{\pi}{2}\right)$ 及 $\varphi\in\left(0,\dfrac{\pi}{2}\right)$，则

$$\overline{A}=\frac{8}{4\pi}\int_0^{\frac{\pi}{2}}\int_0^{\frac{\pi}{2}}(A_1\cos\varphi+A_2\sin\varphi\cos\theta+A_3\sin\varphi\sin\theta)\sin\varphi\,\mathrm{d}\varphi\mathrm{d}\theta \qquad (7-3-11)$$

积分后得

$$\overline{A}=\frac{1}{2}(A_1+A_2+A_3) \qquad (7-3-12)$$

式（7－3－12）虽然是在六面体破片基础上推出的，但该公式具有一定的通用性，也就是说破片的平均迎风面积等于破片表面面积的 1/4。

我们也可以用测量的方法获得不规则破片的平均迎风面积，目前国内外都已设计了专门的测量仪器。电子－光学装置可测量破片任意方向的投影面积，取其算术平均值作为平均迎风面积。

3. 破片的速度衰减

根据破片的受力，可得破片的运动方程为

$$m_{\mathrm{f}}\frac{\mathrm{d}v_{\mathrm{f}}}{\mathrm{d}t}=-\frac{1}{2}C_x\rho\overline{A}v_{\mathrm{f}}^2 \qquad (7-3-13)$$

式中　m_{f} 为破片质量；v_{f} 为破片速度。

阻力系数 C_x 与破片的形状和速度有关。不同形状的破片，在同一马赫数 M 的条件下，C_x 值是不同的。对于已确定形状的破片，C_x 是马赫数 M 的函数。由风洞试验结果可知：当 $M>1.5$ 时，C_x 随 M 的增加而缓慢地下降。各种形状破片的 C_x 公式如下。

球形破片：

$$C_x(M)=0.97$$

立方形破片：

$$C_x=1.72+\frac{0.3}{M^2}\text{ 或 }C_x=1.285\,2+\frac{1.053\,6}{M}-\frac{0.925\,8}{M^2}$$

圆柱形破片：

$$C_x=0.805\,0+\frac{1.322\,6}{M}-\frac{1.120\,2}{M^2}$$

菱形破片：

$$C_x=1.45-0.038\,9M$$

当 $M>3$ 时，C_x 一般取常数，如表 7－3－1 所示。

表 7－3－1　$M>3$ 时各种类型破片的速度衰减系数

破片形状	球形	立方形	圆柱形	菱形	长条形	不规则形
C_x	0.97	1.56	1.16	1.29	1.3	1.5

如果 C_x 是常数，则式（7－3－13）可写为

$$m_f v_f \frac{dv_f}{dx} = -\frac{1}{2} C_x \rho \bar{A} v_f^2$$

$$\int_{v_0}^{v_f} \frac{dv_f}{v_f} = -\int_0^x \frac{1}{2m_f} C_x \rho \bar{A} dx$$

积分得

$$v_f = v_{f0} e^{-\frac{C_x \rho \bar{A} x}{2m_f}} = v_{f0} e^{-Kx} \tag{7-3-14}$$

式中　v_{f0} 为破片的初始速度，$K = \frac{C_x \rho \bar{A}}{2m_f}$。

国外一些学者利用弹道射击试验的方法得到了一些特殊形状破片在不同速度区间的空气阻力系数 C_x。如表 7-3-2 所示，其将破片的速度划分为 13 个区间，v_{ai} 和 v_{ei} 表示第 i 区间速度的上、下限。不同形状的破片在各个速度区间的空气阻力系数 C_x 如表 7-3-3 所示。

表 7-3-2　速度区间与速度的上、下限

区间编号	1	2	3	4	5	6	7	8	9	10	11	12	13
$v_{ai}(M)$	0.2	0.4	0.6	0.8	0.9	1.0	1.1	1.2	1.3	1.4	2.8	5.6	11.2
$v_{ei}(M)$	0.1	0.2	0.4	0.6	0.8	0.9	1.0	1.1	1.2	1.3	1.4	2.8	5.6

表 7-3-3　不同形状的破片在各个速度区间的空气阻力系数

区间编号	球形		立方形	圆柱形	箭形破片	炮弹破片
	当 $M<1$ 时，Re 为亚临界	当 $M<1$ 时，Re 为超临界	当 $M<1$ 时，Re 为亚临界	当 $M<1$ 时，Re 为亚临界		
1	0.470	0.130	0.800	0.800	0300	0.850
2	0.485	0.140	0.820	0.800	0.300	0.850
3	0.510	0.160	0.845	0.800	0.300	0.960
4	0.550	0.450	0.880	0.820	0.300	1.100
5	0.530	0.530	0.975	0.860	0.305	1.250
6	0.775	0.775	1.075	0.915	0.350	1.330
7	0.860	0.860	1.160	1.035	0.455	1.385
8	0.920	0.920	1.225	1.180	0.475	1.415
9	0.965	0.965	1.245	1.265	0.480	1.420
10	1.000	1.000	1.245	1.315	0.485	1.400
11	0.990	0.990	1.175	1.195	0.390	1.290
12	0.930	0.930	1.120	1.065	0.225	1.150
13	0.920	0.920	1.110	1.040	0.110	1.115

7.3.2　破片与靶板作用机制

我们考察破片（杀伤元素）以速度 v_0 对靶板的正向撞击。已给定杀伤元素的质量和形状以及杀伤元素和靶板材料的物理性质和力学性质。破片作用的最重要特性参数如下。

（1）半无限靶板中的侵入深度 L_∞。

（2）对有限厚度靶板的极限侵彻厚度为 $h_{\Pi p}$。

这两个量之间的关系是

$$h_{\Pi p} = yL_\infty, \quad y>1 \tag{7-3-15}$$

式中　y 是考虑侵彻时靶目标背面效应产生辅助作用的系数，我们称之为靶板有界性系数，其与撞击速度以及杀伤元素（撞击器）对靶板材料性质之比有关，侵入时撞击器可能保持其原来形状，也可能遭受不同的变形，此时有不同的侵入和侵彻机制。如图 7-3-2 所示，我们在（v_0，P）平面上可以画出这些机制各自的实现区域，这里 $P=(\gamma_y/\gamma_\Pi)\exp\{(\sigma_y-\sigma_\Pi)/\sigma_y\}$ 是相互碰撞的一对材料的参数，γ_y，γ_Π 分别是撞击器（y）和靶板（Π）的材料密度，σ_y，σ_Π 分别是撞击器和靶板材料的流动极限。图 7-3-2 中的 A，Π，K 三个区域分别是侵入机制的空气动力学区、过渡区和成坑区。

例如钢质破片或预制杀伤元素以低于 1 500 m/s 的速度侵入低密度介质（如液体、塑料、木料、固体燃料、芳香尼龙纤维或聚乙烯纤维等纺织物挡板）以及模拟介质（塑料、石蜡、甘油等）的场合，实现的侵入机制是空气动力学方式。图 7-3-3 所示为钢球侵入水体过程的高幅频分幅照片。对于铝合金靶板，速度小于 800 m/s 的钢撞击器的侵入仍保持空气动力学方式。

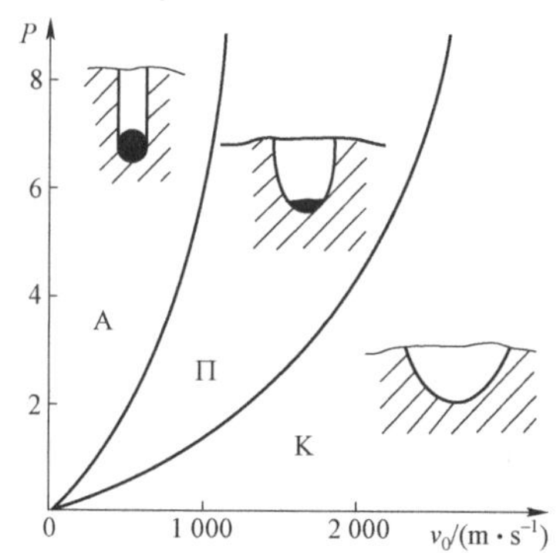

图 7-3-2　（v_0，P）平面上侵入机制的分类区域

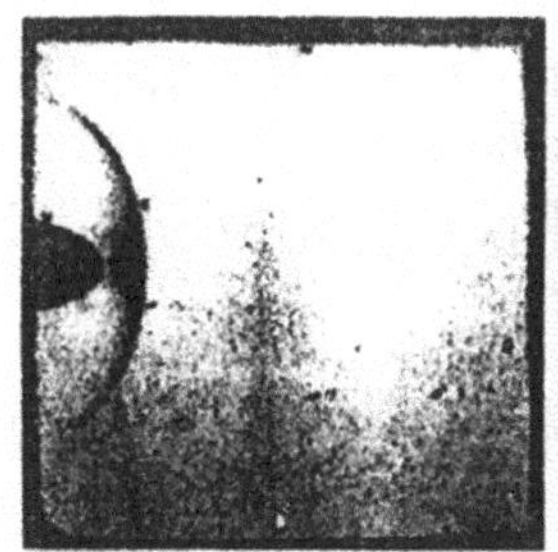
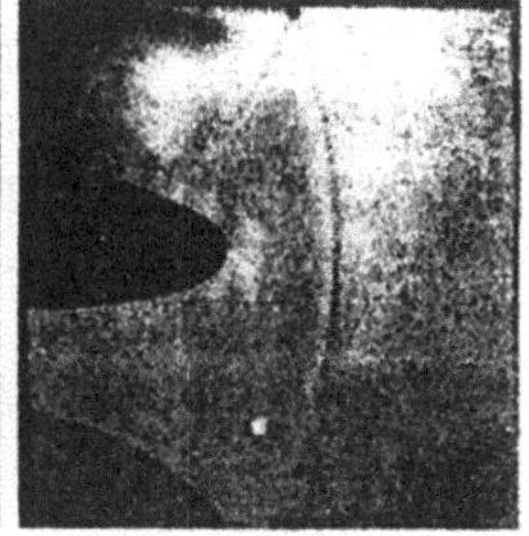

图 7-3-3　钢球侵入水体过程的高幅频分幅照片

侵入的过渡方式构成了实用中最重要的类别，此时撞击器有些明显的变形。图 7-3-4 所示为在侵入的过渡机制下靶板上坑口的形状，图 7-3-5 所示为薄钢靶板冲塞侵彻过程的高幅频分幅照片，在给定撞击器和靶板材料物理－力学特性参数的条件下，撞击器变形的程度取决于其速度和靶板厚度。当满足 $v>v_{cr}$，即撞击器存在穿靶后的剩余速度时，临界速度值 v_{cr} 起重要作用（尤其是在侵彻分离靶板的场合），这里 v_{cr} 指撞击器穿越第一块靶板后发生破坏的速度，破坏后的撞击器对其余靶板的侵彻作用急剧降低。

高速撞击下侵入的成坑方式中，靶板中形成接近半球状的坑口，而撞击器材料沿坑壁流散，此时有强冲击波在靶板中传播，引起靶板背面的层裂，靶板的剩余厚度部分按冲塞方式被侵彻，有界性系数值 y 为 1.2～1.5。

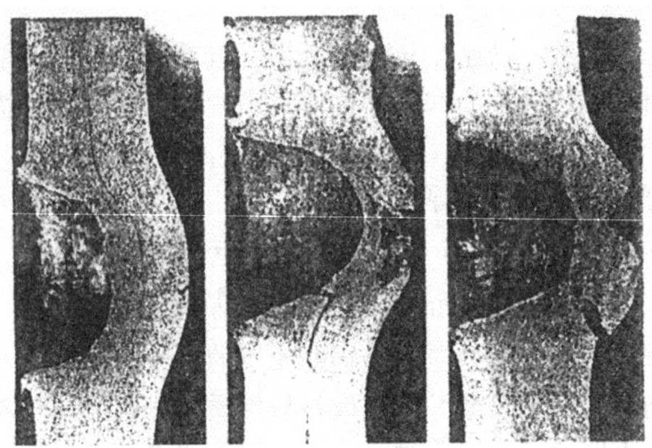

图 7-3-4　侵入的过渡机制下靶板上坑口的形状

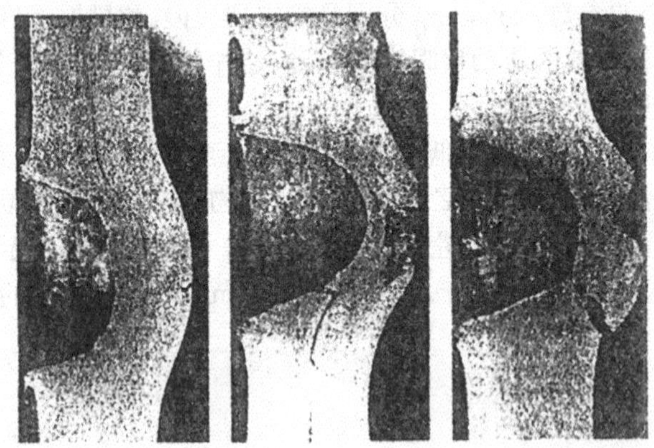

图 7-3-5　薄钢靶板冲塞侵彻过程的高幅频分幅照片

7.3.3　极限侵彻靶板厚度和极限侵彻速度

1. 空气动力学方式

刚性不变形撞击器在具有惯性阻力和强度阻力介质中的运动方程为

$$m\frac{\mathrm{d}v}{\mathrm{d}t}=-\frac{\gamma_{\Pi}v^2}{2}Sc_x-SH_0 \tag{7-3-16}$$

式中　m 是撞击器质量；S 是其平均截面面积；H_0 是介质的比强度阻力。把式（7-3-16）改写为

$$\frac{\mathrm{d}v}{\mathrm{d}t}=-Av^2-C$$

式中　$A=\frac{\gamma_{\Pi}Sc_x}{2m}$；$C=\frac{SH_0}{m}$。我们利用 $\mathrm{d}v/\mathrm{d}t=v\mathrm{d}v/\mathrm{d}x$，把该方程式对 v 和 x 分别在 v_0～0 以及 0～L_∞积分，得到侵入深度的表达式

$$L_\infty=\frac{1}{2A}\ln\left(1+\frac{A}{C}v_0^2\right) \tag{7-3-17}$$

侵彻靶板的极限厚度由 $h_{\Pi P}=yL_{\infty}$ 决定，则有

$$h_{\Pi P}=\frac{y}{2A}\ln\left(1+\frac{A}{C}v_0^2\right) \tag{7-3-18}$$

对于给定厚度 h 靶板的极限侵彻速度 v_{cr}（贯穿侵彻极限），由下式确定：

$$v_{cr}=\sqrt{\frac{C}{A}\left[\exp\left(\frac{2Ah}{y}\right)-1\right]} \tag{7-3-19}$$

这种情况下靶板被贯穿侵彻的概率 p 由阶跃函数规律描述

$$p=\begin{cases}0, & v<v_{cr}\\ 1, & v\geqslant v_{cr}\end{cases}$$

真实条件下，即使是横截面面积 S 不变的撞击器（球体、飞行稳定的物体等），由于靶板材料物理－力学性质的统计分散性，所以侵彻穿透概率也可表示为速度的上升函数。当 $v=0$ 时，$p=0$；当 $v\to\infty$ 时，$p\to 1$。例如，我们可以把关系式 $p=f(v)$ 写成如下各种函数形式

$$p=1-\exp\left[-\left(\frac{v}{v_*}\right)^n\right],\qquad p=\frac{v^{\xi}}{P+v^{\xi}}$$

式中　v_*，n，P，ξ 都是与撞击器和靶板材料性质有关的参数。在某些情形中，也可使用分段的线性近似式表示贯穿侵彻的概率：

$$p=\begin{cases}0, & v\leqslant v_{min}\\ \dfrac{v-v_{min}}{v_{max}-v_{min}}, & v_{min}<v\leqslant v_{max}\\ 1, & v>v_{max}\end{cases}$$

在具有随机横截面面积 $S\in[S_{min}, S_{max}]$ 的破片侵彻靶板的场合，撞击靶板的瞬间弹道范围发生显著扩张，通常采取速度值 v_{50}（即破片贯穿侵彻靶板的概率为 0.5 的速度值）作为侵彻特性参数，估算靶板（包括单兵保护装备）抗御破片的能力。

2. 成坑方式

假设撞击器的动能 W_0 全部耗费在靶板发生半球形空腔膨胀的过程中，并且在该空腔半径从零增长到某有限值 R 之前，靶板介质的阻力不变，即 $p_0=z\sigma_{cr}$，从而得到

$$W_0=2\pi p_0\int_0^R r^2\mathrm{d}r=\frac{2}{3}\pi p_0 R^3$$

由此

$$L_{\infty}=R=\sqrt[3]{\frac{3W_0}{2\pi z\sigma_{cr}}}$$

极限侵彻下的相对厚度由式（7－3－20）确定

$$\frac{h_{\Pi P}}{m^{1/3}}=\frac{yL_{\infty}}{m^{1/3}}=K\sqrt[3]{\frac{v_0^2}{\sigma_{cr}}},\quad K=y\left(\frac{3}{4\pi z}\right)^{1/3} \tag{7-3-20}$$

钢质或硬铝合金靶板得到的平均值分别为

$$\frac{h_{\Pi P}}{m^{1/3}}=5.25v_0^{2/3}, \qquad \frac{h_{\Pi P}}{m^{1/3}}=1.11v_0^{2/3}$$

式中 $h_{\Pi p}$，m 和 v_0 的单位分别是 mm，g 和 km/s。

3. 过渡方式

在钢－钢和钢－硬铝合金的撞击器－靶板组合情形中，估算撞击速度小于 2 000 km/s 时的可侵彻厚度，可使用比冲量判据 $i=mv_0/\langle S\rangle \geqslant i_{kp}$，并且认为比冲量临界值线性依赖于靶板厚度 $h_{\Pi p}$。其关系式为

$$i_{kp}=i_h h_{\Pi p}$$

因而有

$$\frac{h_{\Pi P}}{m^{1/3}}=\frac{\gamma_y^{2/3}}{\phi i_h}v_0 \tag{7-3-21}$$

对于钢－钢（下标 CT）组合

$$\frac{h_{\Pi P}}{m^{1/3}}=\frac{v_0}{155\phi}, \qquad v_{cr}=\frac{155h_{CT}^3\phi}{m^{1/3}} \tag{7-3-22}$$

对于钢－硬铝合金（下标 Д）组合

$$\frac{h_{\Pi P}}{m^{1/3}}=\frac{v_0}{66\phi}, \qquad v_{cr}=\frac{66h_{Д}^3\phi}{m^{1/3}} \tag{7-3-23}$$

这里 h，m 和 v_0 的单位分别是 mm，g 和 km/s。

对于形状紧凑的撞击器（1:1 圆柱体，ϕ= 1.38），钢－钢组合和钢－硬铝合金组合分别有：

$$\frac{h_{\Pi P}}{m^{1/3}}=4.7v_0, \qquad \frac{h_{\Pi P}}{m^{1/3}}=9.7v_0$$

这里 h，m 和 v_0 的单位分别是 mm，g 和 km/s。

对侵彻过程进行数值模拟，我们可以得到关于侵彻厚度的更准确估计，轴对称撞击器正撞击场合通常使用二维模拟，斜撞击场合则使用三维模拟。

7.3.4 估计破片作用的判据

估计破片作用时，除了计算侵彻厚度（对于钢和硬铝之类目标等价物），还广泛应用判断估算（判据）的技术途径。根据这种概念，当满足某种条件 $K\geqslant K_{kp}$ 时，其就能对目标物造成杀伤。其中，$K=f(m,v,\langle S\rangle,\cdots)$，是撞击器的某个物理量或某些参数的组合；$K_{kp}$ 是靶目标的经验参数。学者们最广泛使用破片动能 W_0、比动能 $\omega_{yД}=W_0/\langle S\rangle$ 和比冲量 $i=I_0/\langle S\rangle$ 作为 K。

对目标物的杀伤作用很难被归结为对其防护板简单侵彻的情况，其最适合使用判据性的估计，例如在物理性质复杂的组合情形中，侵彻之后接着发生点燃、起爆等。判断性途径最大的优越性，在于容易构造杀伤目标物的概率统计模型，通常用函数 $p=f(K)$ 给定。

上面列举的与临界速度关系式对应的各种判据如表 7－3－4 所示。当 K 取固定值时，我们可把质量和速度联系起来（最后一列），其中 $m/\langle S\rangle=q=\xi_0 m^{1/3}$。三类主要目标物的参数——$W_{kp}$、$\omega_{yД\cdot kp}$ 和 i_{kp} 的典型值如表 7－3－5 所示。

表 7-3-4　杀伤靶目标的判据

判据	极限条件	临界速度	相互关系
总动能	$\frac{mv^2}{2}=W_{kp}$	$v_{kp}=\sqrt{\frac{2W_{kp}}{m}}$	$mv^2=$常数
比能量	$\frac{mv^2}{2\langle S\rangle}=\omega_{уД\cdot kp}$	$v_{kp}=\sqrt{\frac{2\omega_{уД\cdot kp}}{\xi_0^{m^{1/3}}}}$	$mv^6=$常数
比冲量	$\frac{mv}{\langle S\rangle}=i_{kp}$	$v_{kp}=\frac{i_{kp}}{\xi_0^{m^{1/3}}}$	$mv^3=$常数

表 7-3-5　三类目标物的临界值

目标物	W_{kp}/J	$\omega_{уД\cdot kp}$/（J・cm^{-2}）	i_{kp}/（kPa・s）
无防护的“软”目标	100	10	5
无装甲设备	300～1 000	30～100	30～100
轻装甲设备	2 000～5 000	200～500	100～300

破片作用理论中重要的但又较少研究的部分是单兵保护装备抗御破片的能力，现代关于这类装备的试验方法基本上朝向考察其抗御子弹的能力。现代采用的按防护等级进行单兵防护装备分类的标准（包括俄罗斯国标 ГОСТР 50744—95“防弹服”），都是从针杆式武器角度去设计的。

为了估计实际中遇到的单兵保护装备的抗御破片能力，使用直径为 6.3 mm 且质量为 1 g 的钢球作为撞击器。国外对单兵防护装备的试验采用标准 STANAG 2920，据此，该装备抗御破片的能力是由破片模拟弹 FSP 对其射击试验来确定的，这是美国 Watertown 兵工厂制定的方法。标准 STANAG 2920 预设了质量为 0.087 5～53.8 g 的模拟弹参数序列，但实际上最广泛使用的模拟弹质量是 1.1 g（17 格令）。

当代应用最广的是编织物单兵防护装备，防弹编织材料的主要牌号如表 7-3-6 所示。聚乙烯纤维的主要特点是弹性波在其中超高速（9～10 km/s）传播，即比 Aramid（芳族聚酸胺、芳香尼龙）纤维情形（7.5 km/s）高出 40%，因而破片能量可以很快地散布于较大面积上。与编织物单兵防护装备同样被广泛使用的，还有由氧化铝、碳化硼、硅和钛的氧化物等陶瓷制作的防弹板。表 7-3-7 所示为由分层凯芙拉（Kevlar）编织物制作的背心及头盔防御破片能力的数据（相应于质量为 1.1 g 的 FSP 标准模拟弹），这些成套装备构成美国地面部队的单兵防护系统（PASGT）。

表 7-3-6　编织物防弹材料的主要牌号

纤维材料	牌号	公司，国家
Aramid（芳族聚酸胺）	Kevlar	美国杜邦（Dupont）公司
	CBM	俄罗斯
	Apmoc	俄罗斯
	Tvaron	荷兰阿克苏诺贝尔（AkzoNobel）公司
高分子乙烯	DYNEEMA	荷兰 DSM 公司

表 7-3-7　成套单兵保护装备 PASGT 的特性参数

装备部件	质量/kg	比质量/（kg·m^{-2}）	v_{50}/（m·s^{-1}）	W_{kp}^{50} / J
背心	4.1	6.5	485	129
头盔	1.45	10.8	605	201

钢珠或 FSP 模拟弹以及真实自然碎裂破片对于编织物单兵防护装备的侵彻过程，实际上有很大差别。这可以用自然碎裂破片的横截面面积比值σ_{mm}有很大落差来解释，也可以用破片出现锐利滑移棱的切割作用（尤其是切割刃朝前的场合）等因素来说明。由于在侵入的初始阶段纤维线就被割断，所以我们往往观察不到编织物的纬线和经线按十字图案的拉伸。

最合理的办法是用俄罗斯 RFSP 模拟弹进行单兵防护装备的抗御破片试验，该弹的形状是具有菱形截面的斜棱柱（俄罗斯联邦专利 No.2025644PΦ）。与用钢珠或圆柱的试验相比，采用这种自然碎裂破片的模拟弹进行试验的工作量繁重，因为我们需要测定破片撞击靶板瞬间的取向，工作量增加很多，但是其能够给出更为客观和全面的关于单兵防护装备真实防御破片能力的数据。

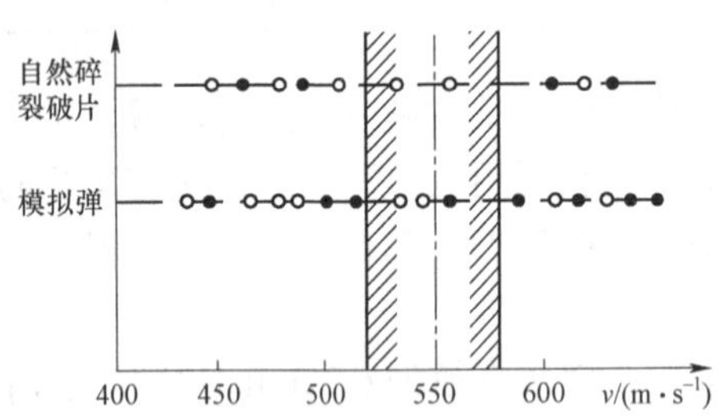

图 7-3-6　对合成高聚物 Aramid 编织物 30 层叠层的试验结果

○—未贯穿；●—贯穿

图 7-3-6 所示为对合成高聚物 Aramid 编织物 30 层叠层的试验结果。该试验使用了 152 mm 口径杀爆弹的自然碎裂破片（质量 0.95～1.05 g）和质量 1 g 的 RFSP 模拟弹。点划线和两条阴影线分别表示速度值 v_{50}=550 m/s、终点弹道范围边界 $v_{\text{HП}}$ = 520 m/s 和 $v_{100\%\text{П}}$ = 580 m/s。速度分别为 458 m/s 和 443 m/s 的自然碎裂破片以及 RFSP 模拟弹就可以得到贯穿侵彻的结果。也就是说，模拟弹的极限侵彻速度要比钢珠的低 15%。

分离靶板的侵彻。真实的飞行目标物通常由分离式多层防护板构件组成，当撞击速度 $v_0 \geqslant v_{kp}$ 时，在侵彻第一层靶板之后杀伤元素自身往往发生破坏（图 7-3-7）。

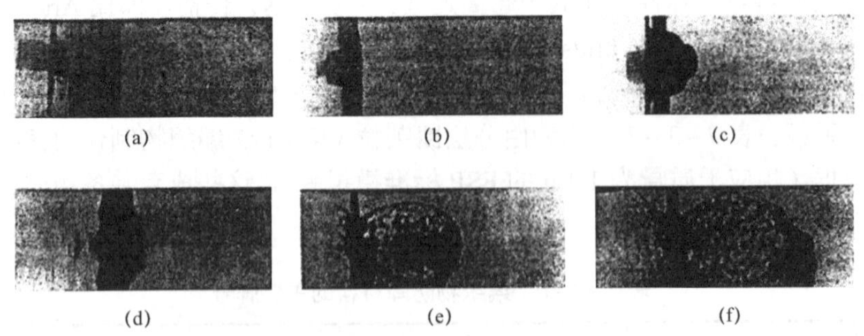

图 7-3-7　侵彻薄靶板后杀伤元素破坏过程的 X 射线闪光照相记录照片

（a）1.5 μs；（b）5 μs；（c）12 μs；（d）11 μs；（e）34 μs；（f）46 μs

虽然在第一层靶板（屏板）之后杀伤元素总的冲量流和能量流下降不大，但是它们已重新分配于较大面积之上，对于后继靶板的侵彻能力急剧降低。靶板层数的影响可以用指数 C_z 表征

$$C_z = \frac{\left(\sum_{i=1}^{n} h_i\right)_{\Pi p}}{h_{\Pi p}}$$

式中　$h_{\Pi p}$ 是给定撞击参数条件下单层靶板的极限厚度；$\left(\sum_{i=1}^{n} h_i\right)_{\Pi p}$ 是在同样撞击条件下，相同材料，多层靶板组合可被穿透侵彻的最大总厚度。此时，C_z 表示由于分离放置所导致的防护所需靶板总质量的相对降低比值。一般情况下，若靶板组合由密度分别为 γ_1，γ_2，…，γ_n 的不同材料所制作，则总质量的相对降低比值由下式确定：

$$C_z = \frac{\left(\sum_{i=1}^{n} h_i \gamma_i\right)_{\Pi p}}{h_{\Pi p}\gamma_0} \tag{7-3-24}$$

试验表明 $v_0>2\ 000$ m/s 时，材料、厚度完全相同的一套多层靶板的 C_z 值可以低至 0.4。

破片作用弹药的今后发展方向既包括具有圆形杀伤场的普通结构（包括自然碎裂破片弹、设定碎裂破片弹和预制杀伤元素弹），也包括新的破片弹药（包括装填预制定向场杀伤元素的弹夹式结构）。

第 8 章 聚能装药的爆炸作用

8.1 基本概念

在爆炸力学范畴内，聚能效应通常指爆炸驱动飞片，向小空间（面、线和点）汇聚，形成高能量密度的面、线和点的物理过程。聚能效应不仅能够显著提高能量密度，从而提高做功能力，而且随着与爆点的距离增加，其衰减变慢，而爆轰波能量密度按负指数迅速下降。正是基于上述两方面特点，聚能效应在军、民两方面得到了广泛的应用。

由爆炸物理学可知，圆柱形装药爆炸后，爆轰产物处于高温高压状态，爆轰产物在膨胀过程中基本是沿炸药表面的法线方向向外飞散（图 8-1-1）。当炸药与靶板直接接触时，爆轰产物直接作用于靶板上，只能在靶板上形成一个浅凹坑［图 8-1-2（a）］。如果圆柱形装药一端有空穴，则炸药爆轰后，爆轰产物会在空穴处汇聚形成一股密度和速度均很高的气流，作用于靶板上，形成比图［8-1-2（a）］浅凹坑更大的凹坑［图 8-1-2（b）］。如果在装药空穴内表面衬以金属、非金属等固体材料，当炸药装药爆轰时，内衬的固体材料会在高温高压的爆轰产物作用下形成高速射流，进一步提高对目标的破坏作用［图 8-1-2（c）］。若适当控制药型罩口到目标装甲表面的距离（炸高，stand-off），Standoff distance 则可以充分形成射流，提高侵彻能力［图 8-1-2（d）］。

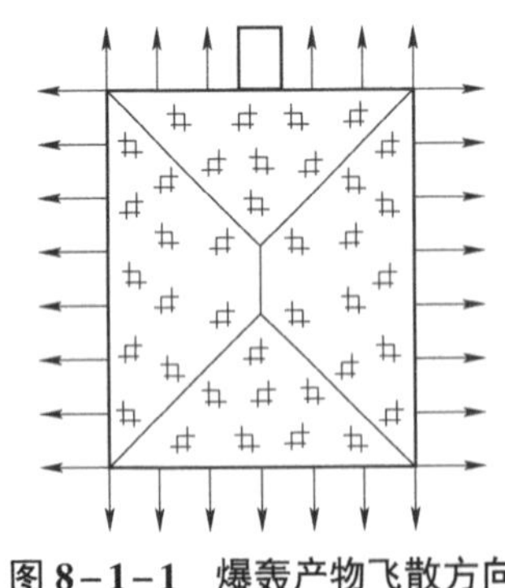

图 8-1-1　爆轰产物飞散方向

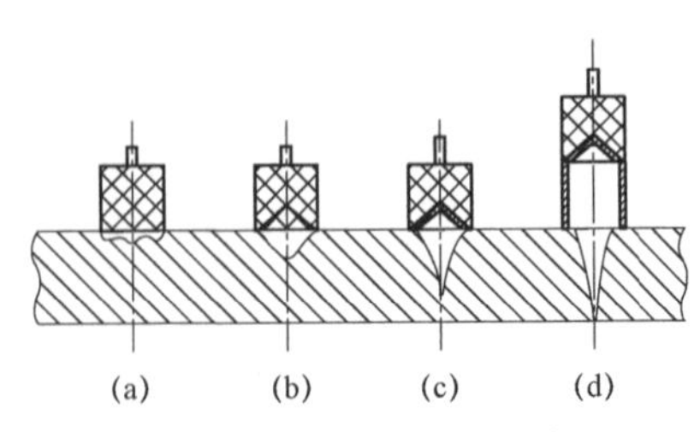

图 8-1-2　聚能效应

（a）浅凹坑；（b）凹坑；（c）高速射流；（d）射流充分形成

通常我们把这种在空穴对称轴（面）的一定位置上出现能量集中的现象称为聚能效应，把一端有空穴，另一端有起爆装置的装药称为成型装药（Shaped Charge）、空心装药（Cavity Charge）或聚能装药（Cumulative Charge）等。

8.2　聚能射流形成理论

8.2.1　射流形成过程的试验观察

我们用脉冲 X 光照相技术记录聚能装药爆炸后不同时刻的药型罩变形后的阴影，轴对称聚能装药的药型罩在爆炸驱动下向对称轴线汇聚过程中，罩壁厚度方向的各层速度在变化，外层（紧贴炸药）速度减慢，内层速度增快，动能向内层转移。当其接近对称轴线时，内层速度迅速增快，方向趋于对称轴线方向。按药型罩母线方向截取一小段并将其称为罩微元，按照轴向动量守恒规律分成两部分，如果层间速度差产生的剪应力大于罩材料在该状态下的剪切强度，则分离成射流和杵体两部分；如果小于材料剪切强度，则不能形成射流，于是药型罩在对称轴线处汇聚成弹丸状，其被称为自锻破片或爆炸成型弹丸。对于分离成射流和杵体情况，后续罩微元在轴线处汇聚，继续形成射流和杵体，紧接在前面罩微元形成射流后部和杵体前部。这一过程直到罩微元速度较慢，不能克服罩材料强度，在汇聚运动中成为碎片而终止。射流形成过程的脉冲 X 光照片可以清晰地显示上述过程。将药型罩分段切开，再拼成药型罩，装药后对水爆炸，在水中回收各药型罩分段的杵体，我们可以看到杵体中心部分向前伸出，有射流拉出分离后留下的空心管。图 8-2-1 所示聚能射流形成示意。图中左起第三块药型罩微元形成第三个杵体。

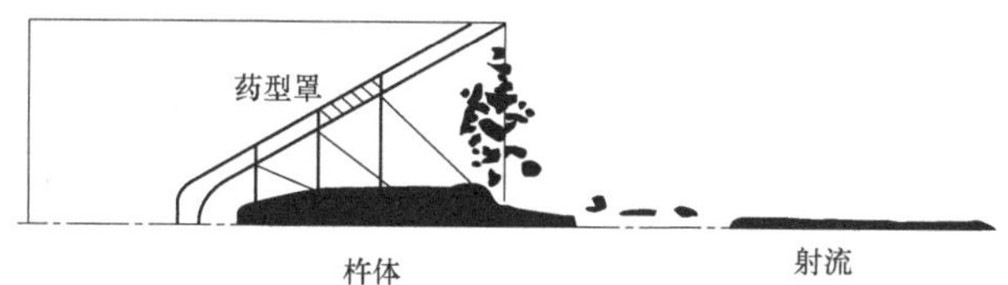

图 8-2-1　聚能射流形成示意

8.2.2　射流形成过程的定常流体力学理论

为简化射流形成过程的理论描述，使用最为简明的定常理想不可压缩流体力学理论模型，该理论的基本假设如下。

（1）在爆轰产物的高温高压作用下药型罩为理想不可压缩流体；

（2）药型罩各处的压垮速度 v_0 相同，且在压垮过程中 v_0 保持不变；

（3）药型罩变形过程中其母线长度保持不变。

相应罩母线上任一小段所对应的环（简称罩微元）在闭合时的情况如图 8-2-2 所示。由前面的假设可知，在爆轰波传到 A 处时，A 处罩微元以 v_0 的速度开始闭合。当其运动到罩轴线上 C 处时发生碰撞，并且此时爆轰波沿母线传到了 B 处。由假设（3）有 $AB=BC$。v_0 与 AC 方向一致。δ为 v_0 偏离 A 点法线的一个飞散角（抛射角），我们可以把闭合处（C 点）的 v_0 分解到 BC 和 OC 两个方向上，即有

$$v_0 = v_1 + v_2$$

如果在具有 v_1 速度的动坐标系上来看药型罩的压垮过程，我们只能看到罩材料是以 v_2

的速度沿母线向轴线流来。它类似一股定常流体冲击刚性壁面的情况，如图 8-2-2 所示，在碰撞点分为方向相反的两股流。由于定常不可压缩流体满足伯努利方程，即流体各处满足

$$p+\frac{1}{2}\rho v^2=常数$$

在距碰撞点较远各处（图 8-2-3 所示 O、B、H 点等）的压力可认为近似相同，ρ也相同。由上式可得 $v_B=v_O=v_H=v_2$。这样在静坐标系中，射流的速度为

$$v_{\mathrm{j}}=v_1+v_2 \tag{8-2-1}$$

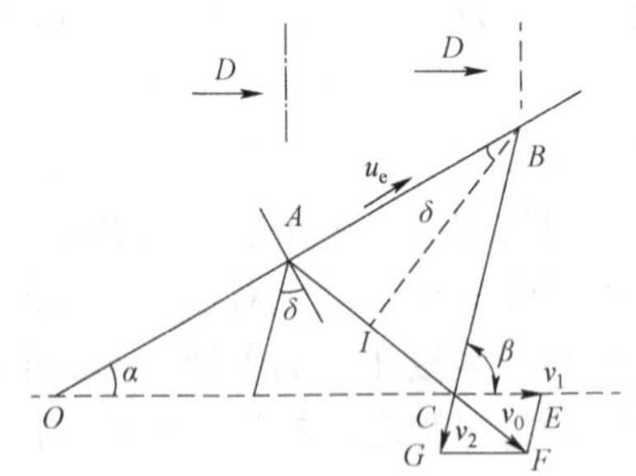

图 8-2-2　罩微元闭合运动

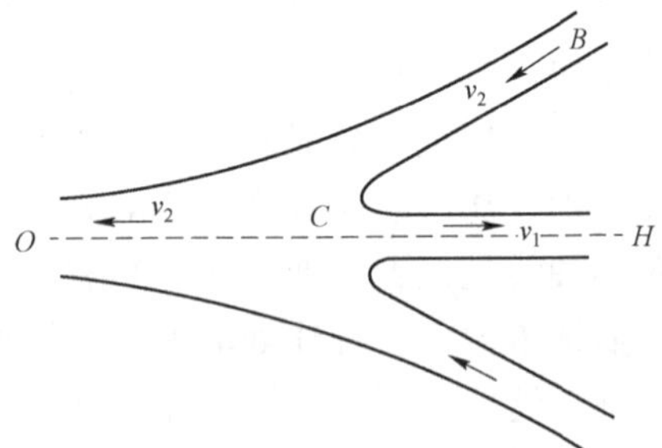

图 8-2-3　定常流动模型

杵体的速度为

$$v_{\mathrm{s}}=v_1-v_2 \tag{8-2-2}$$

由图 8-2-2 中罩微元闭合运动我们可得

$$\angle GCF=\angle ACB=\angle CAB=\frac{\pi}{2}-\delta$$

$$\angle CFG=\angle OCA=\pi-\beta-\left(\frac{\pi}{2}-\delta\right)=\frac{\pi}{2}-(\beta-\delta)$$

由正弦定理可得

$$\frac{v_0}{\sin\beta}=\frac{v_1}{\sin\left(\frac{\pi}{2}-\delta\right)}=\frac{v_2}{\sin\left[\frac{\pi}{2}-(\beta-\delta)\right]}$$

即

$$\frac{v_0}{\sin\beta}=\frac{v_1}{\cos\delta}=\frac{v_2}{\cos(\beta-\delta)}$$

$$v_1=v_0\frac{\cos\delta}{\sin\beta} \tag{8-2-3}$$

$$v_2=v_0\frac{\cos(\beta-\delta)}{\sin\beta} \tag{8-2-4}$$

将其代入式（8-2-1）和式（8-2-2）则有

$$v_{\mathrm{j}}=\frac{v_0}{\sin\frac{\beta}{2}}\cos\left(\frac{\beta}{2}-\delta\right) \tag{8-2-5}$$

$$v_s = \frac{v_0}{\cos\frac{\beta}{2}}\sin\left(\frac{\beta}{2}-\delta\right) \tag{8-2-6}$$

在△OBC 中，$\angle OBC=2\delta$（图 8-2-2），则

$$\beta=\alpha+2\delta \tag{8-2-7}$$

即

$$\delta=\beta-\alpha-\delta$$

将其代入式（8-2-5）和式（8-2-6），稍加变换，得

$$v_j = \frac{v_0}{\sin\frac{\beta}{2}}\cos\left(\frac{\beta}{2}-\alpha-\delta\right) \tag{8-2-8}$$

$$v_s = \frac{v_0}{\cos\frac{\beta}{2}}\sin\left(\alpha+\delta-\frac{\beta}{2}\right) \tag{8-2-9}$$

式中 β 为压垮角，我们可按如下方法考虑δ角。如图 8-2-2 所示，设 u_e 为爆轰波沿药型罩表面扫过的速度，t 为 A 点闭合运动到 C 点所用时间，则有 $u_e t=AB$，$v_0 t=AC$。而由图 8-2-2 可得

$$\sin\delta=\frac{AI}{AB}$$

$$\frac{2AI}{v_0}=\frac{AB}{u_e}=t$$

所以

$$\delta=\arcsin\left(\frac{v_0}{2u_e}\right) \tag{8-2-10}$$

如果爆轰波是按平面波的形式以爆速 D 沿轴向传播，则有

$$u_e=\frac{D}{\cos\alpha}$$

实际上，对于一般装药，爆轰波波阵面与药型罩表面切线的夹角 φ（如图 8-2-4 所示）随爆轰波的传播总是在变化的，即 $\varphi=\varphi(x)$，且一般 φ 总是增大的，尤其是有隔板的装药。在考虑 u_e 时我们可以近似按平面波来处理，则有

$$u_e=\frac{D}{\sin\varphi} \tag{8-2-11}$$

我们只要知道波源位置，就可以用几何方法求出 $\varphi(x)$。

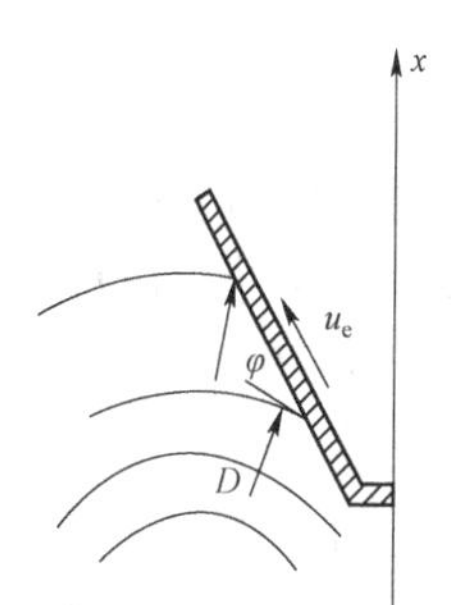

图 8-2-4 爆轰波与罩面夹角

在式(8-2-7)、式(8-2-8)、式(8-2-10)、式(8-2-11)四个方程中仍有五个未知量：v_j，v_0，β，δ，u_e。只要确定其中一个，我们就可以解出射流速度 v_j。

射流与杵体的质量 m_j 与 m_s 可以利用质量守恒与动量守恒求得。由质量守恒得

$$m = m_j + m_s \tag{8-2-12}$$

式中　m 为药型罩质量。

药型罩的闭合流动在罩轴线方向上应满足动量守恒条件，即

$$-mv_2 \cos\beta = -m_s v_2 + m_j v_2 \tag{8-2-13}$$

将式（8-2-12）和式（8-2-13）联立求解可得

$$m_j = \frac{1}{2}m(1-\cos\beta) = m\sin^2\left(\frac{\beta}{2}\right) \tag{8-2-14}$$

$$m_s = \frac{1}{2}m(1-\cos\beta) = m\cos^2\left(\frac{\beta}{2}\right) \tag{8-2-15}$$

8.2.3　射流形成过程的准定常流体力学理论

实际上，聚能装药的药型罩在压垮过程中压合速度是不同的，不符合定常条件。Paugh、Eichelberger 和 Rostoker 等提出了一个非稳态射流形成理论，其被称为 PER 理论。

PER 理论假设锥形罩壁的闭合速度是变化的，闭合速度从罩顶到罩底逐渐减小，如图 8-2-5 所示。

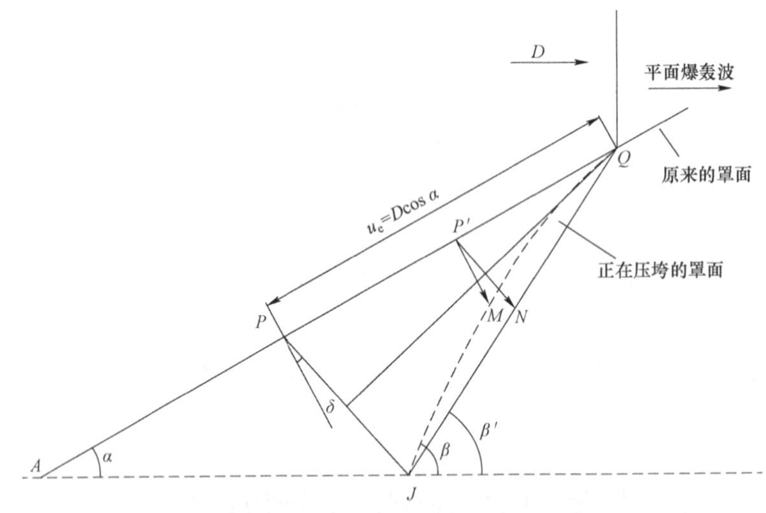

图 8-2-5　闭合速度为变量时药型罩的闭合过程

随着压垮角的增加，射流速度降低，但罩壁形成射流的部分增加。当爆轰波沿着罩表面 APQ 从 P 运行到 Q 时，原来在 P 点的罩微元闭合到 J 点，而原来在 P'点的罩微元开始得晚，且比 P 点闭合得慢，这时到达 M 点。如果它们的闭合速度相同，那么 P 点到达 J 点时，P'点将到达 N 点。所以罩闭合速度是常数时，罩表面在变形过程中将保持锥形，QNJ 是一条直线。然而，由于 P'点比 P 点闭合速度慢，所以罩在闭合过程中不呈现锥形，如图 8-2-5 所示的 QMJ。其中角$\beta > \beta'$，药型罩稳定压垮（β'是稳态压垮角）。罩微元的运动方向不是垂直其表面的，而是沿着与表面法线呈一小角度δ 的方向运动：

$$\sin\delta = \frac{v_0}{2u_e}$$

$$\delta = \arcsin\left(\frac{v_0}{2u_e}\right) \tag{8-2-16}$$

如果 v_0 是常数，$\beta=\beta'$，$\delta=(\beta-\alpha)/2$，则 PER 理论与定常理想不可压缩流体力学理论一致。

将坐标系建立在碰撞点 J 处，碰撞点 J 处的几何关系如图 8-2-6 所示。药型罩轴线沿 $\overline{JR}$ 方向，$\overline{OJ}$ 为向轴线运动的罩微元矢量。在动坐标系中，该微元的速度为 $\overline{OJ}=v_2$，动坐标系的速度为 $\overline{JR}=v_1$。

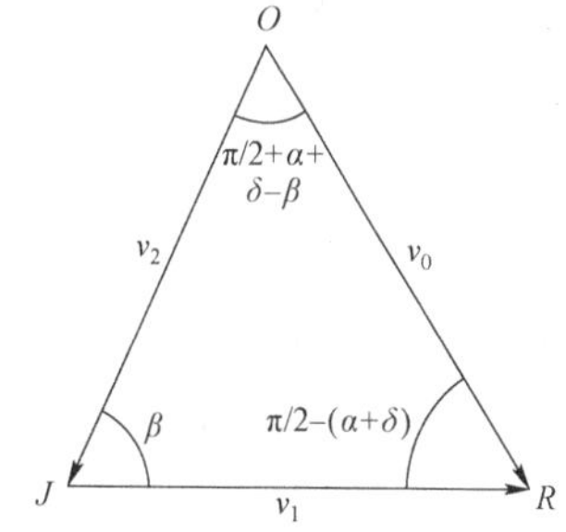

图 8-2-6　闭合速度 v_0、射流相对速度 v_2 和碰撞点运动速度 v_1 之间的关系

如图 8-2-6 所示，我们应用正弦定理可得

$$v_1 = \frac{v_0 \cos(\delta+\alpha)}{\sin\beta} \tag{8-2-17}$$

$$v_2 = \frac{v_0 \cos(\beta-\delta-\alpha)}{\sin\beta} \tag{8-2-18}$$

在静止坐标系中，射流和杵体的速度分别为

$$v_j = v_1 + v_2$$

$$v_s = v_1 - v_2$$

将式（8-2-17）和式（8-2-18）代入射流和杵体速度关系式，通过三角函数计算得

$$v_j = v_0 \csc\frac{\beta}{2}\cos\left(\alpha+\delta-\frac{\beta}{2}\right) \tag{8-2-19}$$

$$v_s = v_0 \sec\frac{\beta}{2}\sin\left(\alpha+\delta-\frac{\beta}{2}\right) \tag{8-2-20}$$

将式（8-2-16）代入式（8-2-19）和式（8-2-20）得

$$v_j = v_0 \csc\frac{\beta}{2}\cos\left(\alpha+\arcsin\frac{v_0}{2u_e}-\frac{\beta}{2}\right) \tag{8-2-21}$$

$$v_s = v_0 \sec\frac{\beta}{2}\sin\left(\alpha+\arcsin\frac{v_0}{2u_e}-\frac{\beta}{2}\right) \tag{8-2-22}$$

根据质量和动量守恒，我们可以求得射流和杵体的质量表达式。设 m 为药型罩质量，m_j 和 m_s 分别为射流和杵体质量，则

$$\mathrm{d}m = \mathrm{d}m_j + \mathrm{d}m_s$$

$$\frac{\mathrm{d}m_j}{\mathrm{d}m} = \sin^2\beta \tag{8-2-23}$$

$$\frac{\mathrm{d}m_s}{\mathrm{d}m} = \cos^2\beta \tag{8-2-24}$$

式（8-2-21）～式（8-2-24）分别表示锥形药型罩各微元的速度和质量分配，它们均与锥顶角 2α、爆速 D、闭合角 β 和闭合速度 v_0 有关。其中，β 和 v_0 对不同的罩微元是不同的，所以 β 的计算要比定常理想不可压缩流体力学理论中 β 的计算复杂得多。

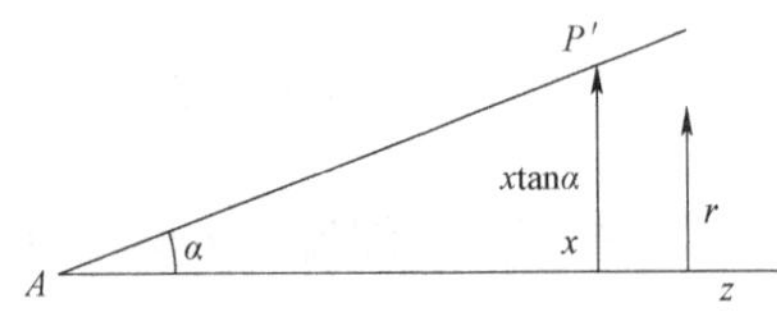

图 8-2-7　罩微元的坐标方向

为求β，现取图 8-2-5 所示 M 点的柱坐标为（r，z），P'点的坐标是（x，$x\tan\alpha$），如图 8-2-7 所示。

$$z = x + v_0(t-T)\sin(\alpha+\delta) \tag{8-2-25}$$

$$r = x\tan\alpha - v_0(t-T)\cos(\alpha+\delta) \tag{8-2-26}$$

式中　t 是爆轰波经过罩顶后的任意时间；T 是爆轰波经过罩顶后到达 x 处罩微元的时间，即

$$T = \frac{x}{D}$$

被压垮的药型罩在任意时刻 t 的轮廓线的斜率，我们可通过微分$\partial r/\partial z$ 求得。当一已知罩微元到达锥轴时，$r=0$，所以由式（8-2-26）可得

$$t - T = \frac{x\tan\alpha}{v_0\cos(\alpha+\delta)} \tag{8-2-27}$$

同时，在 $r=0$ 时求得$\partial r/\partial z$ 的值正是 $\tan\beta$。由式（8-2-25）和式（8-2-26）得

$$\frac{\partial r}{\partial z} = \tan\beta = \frac{\sin\alpha - x\sin\alpha[1-\tan(\alpha+\delta)\tan\delta]v_0'/v_0}{\cos\alpha - x\sin\alpha[\tan(\alpha+\delta)\tan\delta]v_0'/v_0} \tag{8-2-28}$$

式中　v_0'表示 v_0 对 x 的偏导数。

对于 v_0，v_j，v_s，m_j，m_s，δ和β七个未知数，PER 理论给出了六个方程。为了求解七个未知数，就必须引入一个方程。下面介绍一种确定压垮速度 v_0 的方法。

假设炸药是瞬时全部爆轰的，并且稀疏波沿装药表面的内法线方向向爆轰产物内部传播。爆轰产物是以稀疏波的初始交界面为刚性边界定向膨胀的，药型罩的压合运动是有效装药部分向内绝热膨胀做功的结果。我们可以用装药剖面图的各个角平分线来确定有效装药，如图 8-2-8 所示。

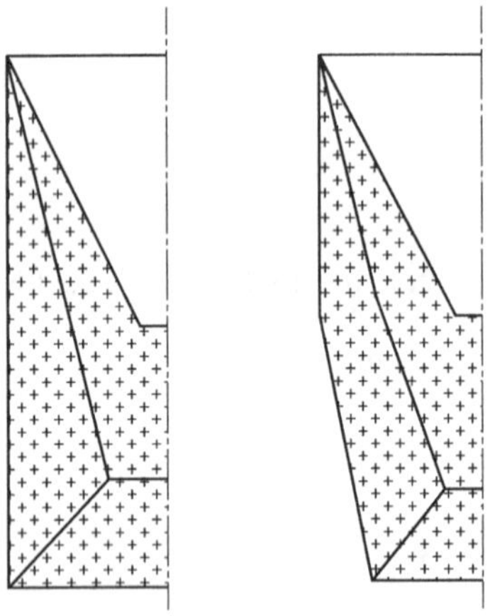

图 8-2-8　有效装药

罩微元的运动应当满足运动方程

$$m_i\frac{\mathrm{d}v_i}{\mathrm{d}t} = s_i p_i \tag{8-2-29}$$

式中　m_i 为药型罩第 i（环形）微元的质量；v_i 为药型罩第 i 微元的瞬时速度；s_i 为药型罩第 i 微元与爆轰产物接触的面积；p_i 为作用于药型罩第 i 微元上的爆轰产物的压力。

根据有效装药进行绝热膨胀的假设，p_i 应满足：

$$p_i = p_{0i}\left(\frac{V_{0i}}{V_i}\right)^{\gamma} \tag{8-2-30}$$

式中　γ为绝热指数，对一般猛炸药，我们可以取$\gamma=3$；V 为爆轰产物所占的体积；p_0 为瞬时爆轰后，爆轰产物的初始压力，可近似取

$$p_0 = \frac{1}{2}p_{\mathrm{C-J}} = \frac{1}{8}\rho_{\mathrm{e}}D^2 \tag{8-2-31}$$

式中　ρ_e 为装药密度。如果不考虑药型罩向轴线压缩过程中其面积 s_i 的变化，则有

$$\frac{V_{0i}}{V_i}=\frac{s_i b_{ei}}{s_i(b_{ei}+h_i)}=\frac{b_{ei}}{b_{ei}+h_i} \tag{8-2-32}$$

式中　b_{ei} 为第 i 微元的有效装药厚度；h_i 为罩微元压合到轴线的运动距离，如图 8-2-9 所示。

这里近似认为 $\delta=0$，即 v 是沿罩面法向的。由式（8-2-29）可得：

$$m_i v_i \mathrm{d}v_i = s_i p_i \mathrm{d}h_i \tag{8-2-33}$$

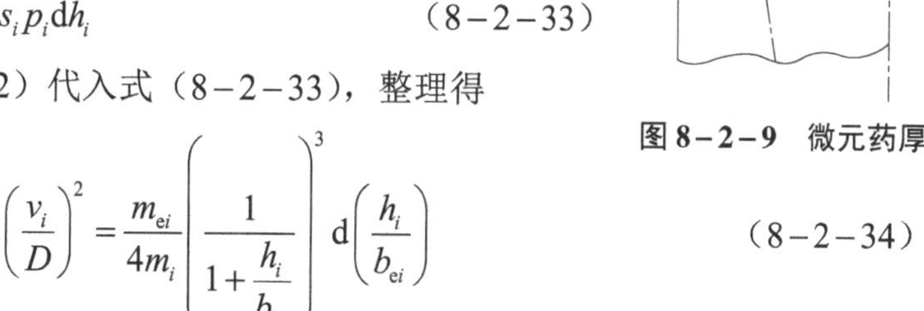

图 8-2-9　微元药厚

将式（8-2-30）～式（8-2-32）代入式（8-2-33），整理得

$$\mathrm{d}\left(\frac{v_i}{D}\right)^2=\frac{m_{ei}}{4m_i}\left(\frac{1}{1+\dfrac{h_i}{b_{ei}}}\right)^3\mathrm{d}\left(\frac{h_i}{b_{ei}}\right) \tag{8-2-34}$$

式中　m_e 为装药微元质量。将式（8-2-34）两边积分，当 $0\to h_i$ 时，v_i 由 $0\to v_{0i}$，经过整理得到

$$v_{0i}=\frac{D}{2}\sqrt{\frac{1}{2}\cdot\frac{\rho_e b_{ei}}{\rho_j b_i}\left[1-\left(\frac{b_{ei}}{b_{ei}+h_i}\right)^2\right]} \tag{8-2-35}$$

式中　b_{ei} 为第 i 微元的药型罩厚度；ρ_j 为罩密度。

如果考虑飞散角（$\delta\neq0$），则由正弦定理可得

$$h_i=\frac{\sin\alpha}{\cos\dfrac{\beta_i+\alpha}{2}}l_{mi} \tag{8-2-36}$$

式中　l_{mi} 为第 i 微元的罩母线长度。将式（8-2-36）的 h_i 值代入式（8-2-35）中，可得压垮速度

$$v_{0i}=\frac{D}{2}\sqrt{\frac{1}{2}\cdot\frac{\rho_e b_{ei}}{\rho_j b_i}\left[1-\left(\frac{b_{ei}\cos\dfrac{\beta_i+\alpha}{2}}{l_{mi}\sin\alpha+b_{ei}\cos\dfrac{\beta_i+\alpha}{2}}\right)^2\right]} \tag{8-2-37}$$

8.3　压合过程中厚度方向各层的速度和压力分布

设药型罩微元在爆炸驱动下瞬时得到动能 T，在以后的向对称轴线运动过程中，T 保持不变，与轴线夹角 θ 不变，宽度不变。设材料为理想不可压缩流体，如图 8-3-1 所示。

罩微元在压合途中，内、外表面与轴线上 O 点距离为 b_3 和 b_2，质量 M 为

$$M=\pi(b_2^2-b_3^2)\rho\sin\theta \tag{8-3-1}$$

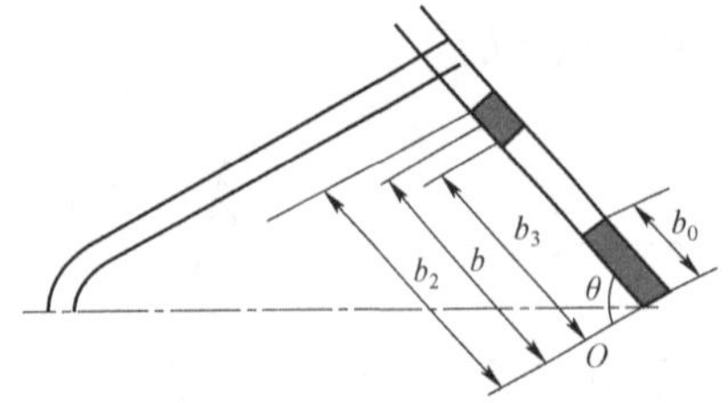

图 8-3-1　药型罩微元压合计算

微元内表面到达轴线上 O 点时，外表面长为

$$b_0=(b_2^2-b_3^2)^{1/2}$$

微元中距离为 b 的某微层厚为 $\mathrm{d}b$，速度为 v，动能为 $\mathrm{d}T$。该层与外表面间的质量为 m，取 m 和时间 t 为物质坐标（拉格朗日坐标）系，则内、外表面和某层的速度为

$$v_3=\frac{\partial b_3}{\partial t},v_2=\frac{\partial b_2}{\partial t},v=\frac{\partial b}{\partial t} \tag{8-3-2}$$

$$v_b=v_2b_2=v_3b_3$$

$$m=\pi(b_2^2-b^2)\rho\sin\theta \tag{8-3-3}$$

令 $y=b/b_0$，$y_2=b_2/b_0$，微元动能 T 为

$$\begin{cases}\mathrm{d}T=\pi\rho\sin\theta v^2b\mathrm{d}b=\pi\rho\sin\theta v_2^2b_2^2\dfrac{b}{\mathrm{d}b}\\ T=\displaystyle\int_{b_3}^{b_2}\mathrm{d}T=\pi\rho\sin\theta v_2^2b_2^2\ln\frac{b_2}{b_3}=\frac{Mv_2^2b_2^2}{2}\ln\frac{y_2^2}{y_2^2-1}\end{cases} \tag{8-3-4}$$

令 v_0 为动能平均压合速度，即 $T=Mv_0^2/2$。由式（8-3-1）和式（8-3-3）得：

$$\frac{m}{M}=\frac{b_2^2-b^2}{b_0^2}=y_2^2-y^2,\quad y=\sqrt{y_2^2-m/M} \tag{8-3-5}$$

各层的速度以 v 和 y 表示，得

$$\begin{cases}v=\dfrac{b_2v_2}{b}=\dfrac{b_2y_2}{y}=\sqrt{\dfrac{2T}{M\left(y_2^2-\dfrac{m}{M}\right)\ln\dfrac{y_2^2}{y_2^2-1}}}=\dfrac{v_0}{\sqrt{\left(y_2^2-\dfrac{m}{M}\right)\ln\dfrac{y_2^2}{y_2^2-1}}}\\ v_2=\dfrac{v_0}{\sqrt{y_2^2\ln\dfrac{y_2^2}{y_2^2-1}}}\\ v_3=\dfrac{v_0}{\sqrt{(y_2^2-1)\ln\dfrac{y_2^2}{y_2^2-1}}}\end{cases} \tag{8-3-6}$$

现在计算微元厚度方向的压力分布。微元在得到动能后向 O 点运动，由于各层存在加速度，惯性产生压力。取微元内、外表面的压力为零，对于轴对称物质坐标有如下关系

$$\rho\frac{\partial v}{\partial t}+\frac{\partial p}{\partial b}=0 \tag{8-3-7}$$

由式（8-3-3）对 m 求偏微分，得

$$\frac{\partial m}{\partial b}=-2b\pi\rho\sin\theta$$

将其代入式（8-3-7）得

$$\partial p=\frac{1}{2\pi\sin\theta}\cdot\frac{\partial v}{\partial t}\cdot\frac{\partial m}{b} \tag{8-3-8}$$

由式（8－3－6）第 1 式对 t 求偏导数，此处 m 不变，y_2 是变数，得

$$\frac{\partial v}{\partial t}=\frac{\dfrac{y_2^2-m/M}{(y_2^2-1)y_2^2}-\ln\dfrac{y_2^2}{y_2^2-1}}{b_0\left(\ln\dfrac{y_2^2}{y_2^2-1}\right)^2\left(y_2^2-\dfrac{m}{M}\right)^{1.5}}V_0^2 \tag{8-3-9}$$

将其代入式（8－3－8）并积分得

$$\begin{aligned}p&=\frac{1}{2\pi b_0\sin\theta}\int_0^m\frac{\partial v}{\partial t}\cdot\frac{1}{\sqrt{y^2-m/M}}\partial m\\&=\frac{T}{\pi b_0^2y_2^2\sin\theta(y_2^2-1)\left(\ln\dfrac{y_2^2}{y_2^2-1}\right)^2}\left[\ln\frac{y_2^2}{y_2^2-\dfrac{m}{M}}-\frac{m(y_2^2-1)}{M\left(y_2^2-\dfrac{m}{M}\right)}\ln\frac{y_2^2}{y_2^2-1}\right]\end{aligned} \tag{8-3-10}$$

式（8－3－10）为给定 y_2 或 b_2 条件下压力 p 和 m 的关系，利用式（8－3－10）可得到 p 和 b 的关系。将 $m=M$（罩内表面）和 $m=0$（罩外表面）代入式（8－3－10）均得 $p=0$，符合原假定。从外表面到内表面，压力先升高后下降，其间有最大值 p_m，相应物质坐标为 m_m、b_m，极值条件为压力 p 对 m 的偏导数为零，由式（8－3－10）可知，必有对时间的偏导数为零，由式（8－3－9）得

$$\begin{cases}\dfrac{y_2^2-m_m/M}{(y_2^2-1)y_2^2}-\ln\dfrac{y_2^2}{y_2^2-1}=0\\\dfrac{m_m}{M}=y_2^2-y_2^2(y_2^2-1)\ln\dfrac{y_2^2}{y_2^2-1}\end{cases} \tag{8-3-11}$$

现以距罩顶 17 mm 处的罩微元为例，用上述公式进行分析。初始条件为微元厚 1.3 mm，$b_2=18.60$ mm，$b_3=17.30$ mm，$\theta=59.2°$，$b_0=6.78$ mm。设 $v_0=3\ 000$ m/s，选取四个 y 值，代表四个压合时间，以 B，C，D，E 表示。各参量计算结果如表 8－3－1 所示，对时间 E（微元内表面很接近轴线）微元各层相对速度如表 8－3－2 所示。

表 8－3－1 微元不同压合时间的速度和最大压力计算

压合时间 / 参量	B	C	D	E
b_2/mm	13.56	10.20	7.46	6.85
y_2	2.00	1.50	1.10	1.01
b_3/mm	11.78	7.57	3.10	0.96
v_2/v_0	0.929	0.869	0.688	0.500
v_3/v_0	1.070	1.163	1.646	3.560

续表

参量 \ 压合时间	B	C	D	E
v_3/v_2	1.15	1.34	2.40	7.12
m_m/M	0.520	0.589	0.765	0.940
b_m/mm	12.63	8.72	4.50	1.92
p_m/GPa	0.519	1.920	19.900	211.000

表 8－3－2　微元在时间 E 的各层速度分布

m/M	0.00	0.25	0.50	0.75	1.00
b	6.85	6.68	4.90	3.52	0.96
v/v_0	0.500	0.513	0.700	0.970	3.560

分析上面计算结果，药型罩微元在压合运动过程中有如下规律。

（1）v_2 不断减小，且恒小于 v_0；v_3 不断增大，且恒大于 v_0。当其处于位置 E 时，内层速度 v 大于射流头部速度。当微元内表面趋于对称轴线时，v_2 趋于零，v_3 趋于无穷大；

（2）微元动能逐渐向内层转移；

（3）压力不断加大，最大压力 p_m 的位置不断靠近内表面。

由于假定微元在压合过程中宽度不变，θ 角不变，而实际过程中由于压力加大，必然产生侧向运动。在高压下，我们还应考虑由材料的可压缩性产生的侧向膨胀。上述实际情况使得 θ 角不断减小，最后 θ 趋于零，此时微元分成射流和杵，而且药型罩微元向对称轴线运动接近轴线时，其内表面遇到了前面药型罩微元形成的射流，不可能达到对称轴线，因此（1）中在对称轴线处出现的极限情况不会发生。

8.4　射流形成临界条件

聚能装药起爆后，爆轰波及爆轰产物作用于药型罩，使罩壁受压闭合。罩壁在动坐标中以相对速度 v_2 流向碰撞点，撞击后分成两股。向相反方向流动，一股为杵体，另一股为射流。但实际上并不是在所有的情况下都能形成射流。

当罩壁闭合，罩壁相对流动速度为亚声速时，可以形成性质优良的射流。而当罩壁相对流动速度达到超声速时，碰撞点处会产生脱体冲击波，冲击波后又成为亚声速流动，这种情况下形成的射流连续性不好。如果罩壁流动速度达到较高的超声速，则碰撞点将产生附着的冲击波，这时就不会形成射流，如图 8－4－1 所示。

射流形成的临界条件可表示为

$$v_2=v_0\frac{\cos(\alpha+\delta)}{\sin\beta}<c \tag{8-4-1}$$

式中　c 为罩材料的声速。对于紫铜，声速 c=4 760～5 000 m/s。

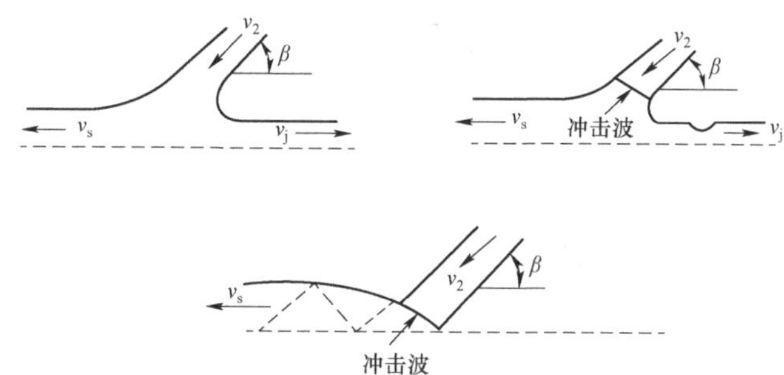

图 8-4-1　v_2 对射流形成的影响

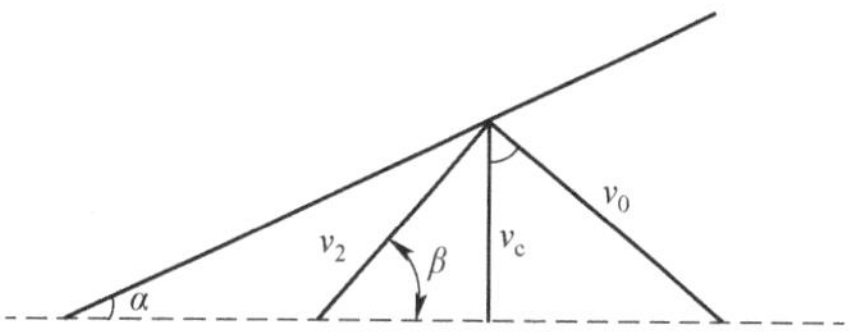

我们可以简化式（8-4-1），设速度 v_0 垂直于变形后的罩壁，如图 8-4-2 所示，也即垂直于 v_2，则有

$$v_2=v_0\tan\beta<c \qquad (8-4-2)$$

即压合速度的上限为：

$$v_0<c\tan\beta$$

图 8-4-2　v_2 与 v_c、v_0 的关系

由式（8-4-2）可知，v_0 增大或 β 减小，均可能使 v_2 增大，以致大于 c，而不能形成射流。v_0 不变，改变 β 的情况如图 8-4-3 所示。当 v_0 不变时，β 有一极限 β_c。不同金属的 β_c 值不同，紫铜药型罩 β_c 值如图 8-4-4 所示。

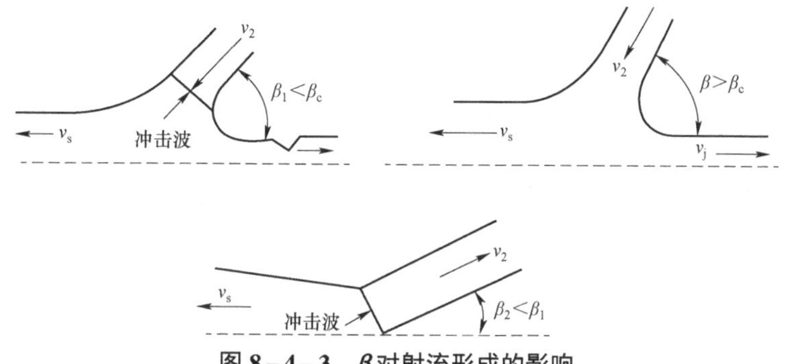

图 8-4-3　β 对射流形成的影响

v_0 低于某一临界值时，也不能形成射流，这是压合速度的下限。由图 8-4-2 所示关系可知，v_0 垂直于轴线的分速度 v_c：

$$v_c=v_0\cos\theta \qquad (8-4-3)$$

罩壁在轴线发生碰撞时，只有当碰撞压力超过 10 倍动态屈服强度 σ_Y^D 时，材料的变形才能作为流体流动处理，即可形成射流

$$2\rho v_0^2\cos^2\beta\geqslant 10\,\sigma_Y^D \qquad (8-4-4)$$

即

$$v_0>\frac{1}{\cos\beta}\sqrt{\frac{5\sigma_Y^D}{\rho}} \qquad (8-4-5)$$

因此，要形成射流，压合速度应满足

$$\frac{1}{\cos\beta}\sqrt{\frac{\sigma_{\mathrm{Y}}^{\mathrm{D}}}{\rho}}<v_0<c\tan\beta \tag{8-4-6}$$

对确定的药型罩材料，已知ρ，c，$\sigma_{\mathrm{Y}}^{\mathrm{D}}$，可作出 $v_0=\dfrac{1}{\cos\beta}\sqrt{\dfrac{5\sigma_{\mathrm{Y}}^{\mathrm{D}}}{\rho}}$ 和 $v_0=c\tan\beta$两条曲线（见图 8–4–5）。为了保证射流的形成，应在两曲线之间所围面积中选取 v_0 和β值。

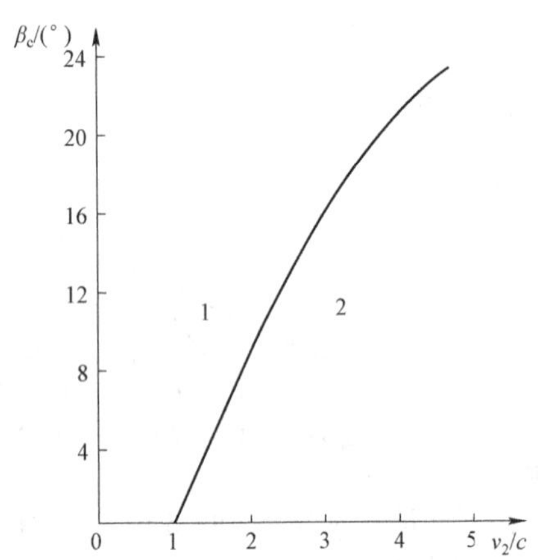

图 8–4–4　紫铜药型罩的β_c值

1—形成射流区域；2—不形成射流区域

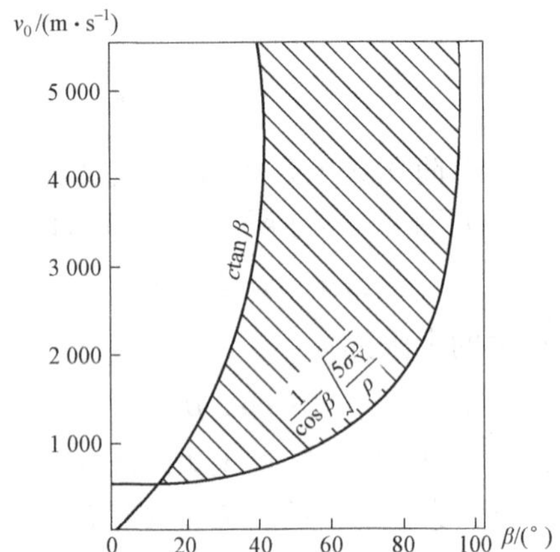

图 8–4–5　射流形成的临界条件

8.5　聚能射流侵彻理论

在聚能射流侵彻钢、铝、混凝土等靶板的过程中，射流与靶板之间界面处产生的压力约高于靶板强度特性参数 1～2 个量级。这种情况属于速度$v_{\mathrm{J}}>4$ km/s 的聚能射流，此时射流和靶板的材料强度都可忽略不计。

这里讨论聚能射流侵彻均匀靶板的近似理论，记射流长度为l，其初始速度为v_{J}，初始密度为ρ_{J}，侵彻靶板的速度为u_x，靶板的初始密度为ρ_{T}。图 8–5–1 所示为聚能射流侵彻靶板前、后示意。在聚能射流/靶板界面处高压力的作用下，聚能射流被“磨损”（销蚀），其材料沿与射流运动速度相反的方向流出。靶板材料同样被射流从高压区“压挤”出来，其一部分被射流携带到靶板自由面处，其余部分由于靶板上空洞附近的塑性变形，从孔洞形成区域向周围移动。

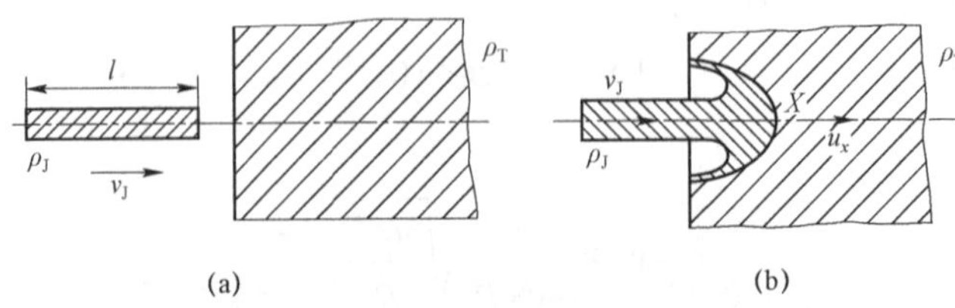

图 8–5–1　聚能射流侵彻靶板示意

（a）聚能射流侵彻靶板前；（b）聚能射流侵彻靶板过程中

图 8-5-1 所示为在靶板不动的坐标系中聚能射流侵彻靶板的过程，当靶板运动时，我们将靶板与侵彻射流的界面（点 X）放到被视为不动的坐标系中，此时聚能射流单元的速度为 $v_J - u_x$，而靶板的速度为 $-u_x$（图 8-5-2）。接近 X 点处聚能射流单元的消蚀时间为

$$t_L = \frac{L}{u_x} = \frac{l}{v_J - u_x} \tag{8-5-1}$$

故可得到确定穿孔深度的公式

$$L = lu_x / (v_J - u_x) \tag{8-5-2}$$

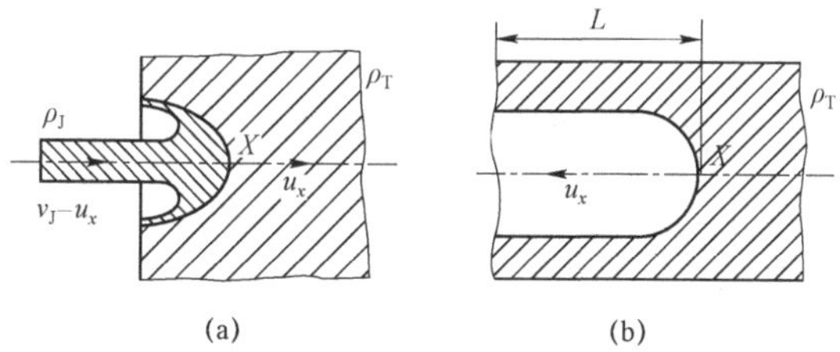

图 8-5-2　在与靶板中侵入射流边界连接的坐标系中聚能射流单元侵彻示意

(a) 聚能射流侵彻边界单元；(b) 聚能射流侵彻单元

在式（8-5-2）的基础上，我们可以构建不可压缩流体或者可压缩流体等各种模型的近似公式，在一次近似意义下可用其来考虑材料强度对于侵彻过程的影响。

（1）考察聚能射流和靶板材料都是理想不可压缩流体的情形。由于图 8-5-2 所示的侵彻过程是定常的，适用伯努利定理：

$$\frac{1}{2}\rho_J(v_J - u_x)^2 + p_J = \frac{1}{2}\rho_T u_x^2 + p_T = p_x \tag{8-5-3}$$

式中　p_J，ρ_J 分别是射流的初始压力和密度；p_T，ρ_T 分别是靶板的初始压力和密度；p_x 是射流/靶板界面点 X 处的压力，该处射流和靶板的速度都为零。由于 $p_x \gg p_J$，$p_x \gg p_T$，令 $p_J = p_T$，由式（8-5-3）得出

$$\rho_J(v_J - u_x)^2 = \rho_T u_x^2 \tag{8-5-4}$$

由此得到

$$\frac{u_x}{v_J - u_x} = \sqrt{\frac{\rho_J}{\rho_T}} = \mu \tag{8-5-5}$$

最后得出理想不可压缩射流侵彻不可压缩靶板的压力和速度为

$$p_x = p_T + \frac{\rho_T u_x^2}{2}, \quad u_x = \frac{\mu v_J}{1+\mu} \tag{8-5-6}$$

在式（8-5-2）和式（8-5-5）的基础上，我们得到确定穿孔深度的公式为

$$L = l\sqrt{\frac{\rho_J}{\rho_T}} = l\mu \tag{8-5-7}$$

式中　穿孔深度只与射流长度和射流、靶板密度的比值有关，与射流速度、射流和靶板材料

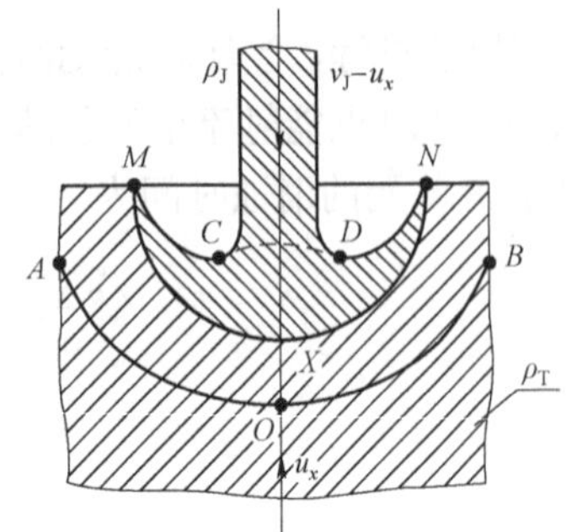

图 8-5-3 射流单元超声速侵彻靶板示意

的可压缩性及强度等无关。在射流速度较高（$v_J>4$ km/s）情况下，式（8-5-7）所确定的穿孔深度与试验数据符合，此时我们可以忽略靶板和射流的材料强度，而它们的可压缩性比较接近。

（2）考察聚能射流单元超声速定常侵彻时射流和靶板材料近似为可压缩的情况（图 8-5-3）。此时在射流和靶板中分别形成的冲击波阵面 *CD* 和射流是旋转对称物体，根据制动点（点 *X*）处压力连续的条件，从伯努利公式可以得出

$$\rho_J(v_J-u_x)^2\frac{1+\lambda_J}{2}=\rho_T u_x^2\frac{1+\lambda_T}{2} \tag{8-5-8}$$

式中　$\lambda_J=1-\rho_J/\rho_{Jx}$；$\lambda_T=1-\rho_T/\rho_{Tx}$；$\rho_{Jx}$ 和 ρ_{Tx} 分别是射流和靶板在它们接触点（点 *X*）处的密度。由式（8-5-8）导出

$$\frac{u_x}{v_J-u_x}=\sqrt{\frac{\rho_J(1+\lambda_J)}{\rho_T(1+\lambda_T)}} \tag{8-5-9}$$

再利用式（8-5-2）有

$$L=l\sqrt{\frac{\rho_J(1+\lambda_J)}{\rho_T(1+\lambda_T)}} \tag{8-5-10}$$

如果射流和靶板材料的可压缩性相同，即 $\lambda_J=\lambda_T$，则有 $L=l\sqrt{\rho_J/\rho_T}$，与式（8-5-7）相同。

一般情况下，为了在与正冲击波阵面固结的坐标系中求解这些冲击波阵面参数的方程组（图 8-5-3），这里认为参数为 u_x，ρ_T 的可压缩流体在制动点 *X* 通过冲击波阵面流入靶板和射流材料都是可压缩时，靶板和射流的伯努利定理为

$$\begin{cases}\dfrac{1}{2}u_x^2+\displaystyle\int\left(\frac{\mathrm{d}p}{\rho}\right)_T=\int\left(\frac{\mathrm{d}p}{\rho}\right)_{Tx}\\ \dfrac{1}{2}(v_J-u_x)^2+\displaystyle\int\left(\frac{\mathrm{d}p}{\rho}\right)_J=\int\left(\frac{\mathrm{d}p}{\rho}\right)_{Jx}\end{cases}$$

等号左部的积分可分别应用靶板和射流的等熵线方程计算，分别取 $p=p_T$ 和 $p=p_J$；等号右部的积分应分别使用靶板和射流材料的冲击绝热线确定在射流与靶板的界面处 $p_{Tx}=p_{Jx}=p_x$，这两个方程式就可用来确定可压缩射流定常侵彻可压缩靶板的压力和速度。

为了确定可压缩射流不定常侵彻可压缩靶板的压力 p_x 和速度 u_x，并计算此时的穿孔深度 *L*，可以利用两个物体（射流和靶板）碰撞时初始冲击波参数的确定方法。根据冲击波阵面两侧动量守恒，不计靶板和射流中的初始压力（设 $p_T=p_J\approx 0$），得到

$$\begin{cases}p_x=\rho_T u_x D_T\\ p_x=\rho_J(v_J-u_x)D_J\end{cases} \tag{8-5-11}$$

如果已知靶板和射流材料的冲击绝热线函数关系 $D_T=D_T(u_x)$ 和 $D_J=D_J(v_J-u_x)$，则由式（8-5-11）可以确定射流与靶板碰撞瞬间两者界面处的 p_x 和 u_x。如果射流由间断的若干段落组成，则这种计算方法仍具有意义。从式（8-5-11）得到

$$\rho_{\mathrm{T}}\frac{u_x}{D_{\mathrm{T}}}D_{\mathrm{T}}^2=\frac{\rho_{\mathrm{J}}(v_{\mathrm{J}}-u_x)D_{\mathrm{J}}^2}{D_{\mathrm{J}}} \tag{8-5-12}$$

根据冲击波阵面处的守恒定律：在靶板中，$\rho_{\mathrm{T}}D_{\mathrm{T}}=\rho_{\mathrm{T}x}(D_{\mathrm{T}}-u_x)$；在射流中 $\rho_{\mathrm{T}}D_{\mathrm{T}}=\rho_{\mathrm{J}x}[D_{\mathrm{T}}-(v_{\mathrm{J}}-u_x)]$，由此 $\lambda_{\mathrm{T}}=1-\rho_{\mathrm{T}}/\rho_{\mathrm{T}x}=u_x/D_{\mathrm{T}}$，$\lambda_{\mathrm{J}}=1-\rho_{\mathrm{J}}/\rho_{\mathrm{J}x}=(v_{\mathrm{J}}-u_x)/D_{\mathrm{T}}$。利用这些关系式和式（8－5－12）得出 $\rho_{\mathrm{T}}D_{\mathrm{T}}^2/(\rho_{\mathrm{J}}D_{\mathrm{J}}^2)=\lambda_{\mathrm{J}}/\lambda_{\mathrm{T}}$。另外，基于式（8－5－2）和式（8－5－12），得到

$$L=l\sqrt{\frac{\rho_{\mathrm{J}}}{\rho_{\mathrm{T}}}\cdot\frac{\rho_{\mathrm{J}}D_{\mathrm{J}}^2}{\rho_{\mathrm{T}}D_{\mathrm{T}}^2}}=l\sqrt{\frac{\rho_{\mathrm{J}}}{\rho_{\mathrm{T}}}\frac{\lambda_{\mathrm{T}}}{\lambda_{\mathrm{J}}}} \tag{8-5-13}$$

（3）借助不可压缩流体的伯努利定理我们简单地考虑材料强度的影响。这里把射流和靶板的材料看成不可压缩流体，式（8－5－3）中 p_{J} 和 p_{T} 分别是它们的初始压力。考虑材料强度时应包括射流和靶板的强度抗力，但这个概念带有人为性，因为伯努利定理是理想流体欧拉方程的积分，其中并不出现强度。我们把量 p_{J} 和 p_{T} 理解为由经验确定的强度特性，类似使用经验数据建立长杆侵彻靶板的工程计算方法。由于金属聚能射流已被加热到 600～1 000 ℃，其材料（通常为铜或软钢）的强度比钢板低得多，我们可以认为 $p_{\mathrm{J}}\approx 0$，$p_{\mathrm{T}}=Y$，这里 Y 是综合考虑靶板弹塑性模量、射流间断性、可压缩性和侵彻过程不定常性等因素的某个特性参数。基于上述说明，我们把伯努利定理式（8－5－3）改写为如下形式

$$\frac{\rho_{\mathrm{J}}(v_{\mathrm{J}}-u_x)^2}{2}=\frac{\rho_{\mathrm{T}}u_x^2}{2}+(p_{\mathrm{T}}-p_{\mathrm{J}}) \tag{8-5-14}$$

这里及后文都假设 $p_{\mathrm{J}}\approx 0$，$p_{\mathrm{T}}=Y$，由此确定射流侵彻靶板的速度 u_x 为

$$\frac{u_x}{v_{\mathrm{J}}}=\begin{cases}\dfrac{\mu}{\mu^2-1}\left(\mu-\sqrt{1+(\mu^2-1)\dfrac{2Y}{\rho_{\mathrm{J}}{v_{\mathrm{J}}}^2}}\right), & \mu=\sqrt{\dfrac{\rho_{\mathrm{J}}}{\rho_{\mathrm{T}}}}\neq 1\\ \dfrac{1}{2}\left(1-\dfrac{2Y}{\rho_{\mathrm{J}}{v_{\mathrm{J}}}^2}\right) & \mu=1\end{cases} \tag{8-5-15}$$

基于式（8－5－2）和式（8－5－15），穿孔深度可由式（8－5－16）确定

$$\frac{L}{l}=\begin{cases}\dfrac{\mu\left(\mu-\sqrt{1+(\mu^2-1)\dfrac{2Y}{\rho_{\mathrm{J}}v_{\mathrm{J}}^2}}\right)}{(\mu^2-1)-\mu\left(\mu-\sqrt{1+(\mu^2-1)\dfrac{2Y}{\rho_{\mathrm{J}}v_{\mathrm{J}}^2}}\right)}, & \mu=\sqrt{\dfrac{\rho_{\mathrm{J}}}{\rho_{\mathrm{T}}}}\neq 1\\ \dfrac{1-\dfrac{2Y}{\rho_{\mathrm{J}}v_{\mathrm{J}}^2}}{1+\dfrac{2Y}{\rho_{\mathrm{J}}v_{\mathrm{J}}^2}}, & \mu=1\end{cases} \tag{8-5-16}$$

这些公式没有考虑射流和靶板的变形过程，其正确性是有条件的。

参考文献

[1] 张宝平，张庆明，黄风雷. 爆轰物理学［M］. 北京：兵器工业出版社，2009.

[2]［俄］奥尔连科. 爆炸物理学（上册）［M］. 孙承纬，译. 北京：科学出版社，2011.

[3] 黄正平. 爆炸与冲击电测技术［M］. 北京：国防工业出版社，2006.

[4] 刘彦，黄风雷，吴艳青，等. 爆炸物理学［M］. 北京：北京理工大学出版社，2019.

[5] 唐志平. 冲击相变［M］. 北京：科学出版社，2008.

[6] 王礼立. 应力波基础［M］. 北京：国防工业出版社，2005.

[7] 冯长根. 热爆炸理论［M］. 北京：科学出版社，1988.

[8] 章冠人. 凝聚炸药起爆动力学［M］. 北京：国防工业出版社，1991.

[9] 孙锦山，朱建士. 理论爆轰物理［M］. 北京：国防工业出版社，1995.

[10] 赵衡阳. 气体和粉尘爆炸原理［M］. 北京：北京理工大学出版社，1996.

[11]［苏］泽道尔维奇. 爆震原理［M］. 北京：高等教育出版社，1958.

[12] ASAY，Blaine，et al. Shock wave science and technology reference library，Vol. 5：Non-shock initiation of explosives［M］. Springer Science & Business Media，2009.

[13] PETERSON P D，LEE K-Y. Particle characterization of HMX-based composite explosives using light scattering and polarized light microscopy with image analysis［J］. Microscope，2004（52）：3-7.

[14] ASAY B，HENSON B，PETERSON P，et al. Quantitative analysis of damage in PBX 9501 subjected to a linear thermal gradient［C］. 12th International Detonation Symposium，San Diego，CA，2002：87-93.

[15] 李维新. 一维不定常流与冲击波［M］. 北京：国防工业出版社，2003.

[16] 周培基. 材料对强冲击载荷的动态响应［M］. 北京：科学出版社，1985.

[17] 张连玉. 爆炸气体动力学基础［M］. 北京：北京工业大学出版社，1987.

[18] ZHANG F. Shock waves science and technology library，Vol. 6：Detonation Dynamics［M］. Springer Science & Business Media，2012.

[19] SHELKIN K I，TROSHIN YA K. Gasdynamics of combustion（in Russian）［M］. USSR Academy of Science，Moscow，1963.

[20] CHAPMAN D L. Philosophical magazine series 5［J］. Taylor & Francis，1899（47）：90.

[21]［美］约翰逊. 猛炸药爆轰学［M］. 北京：国防工业出版社，1976.

[22] BOWEN J R，RAGLAND K W，STEFFES F J，et al. Heterogeneous detonation supported by fuel fogs or films［J］. Symposium on Combustion，1971，13（1）：1131-1139.

[23] 王继海. 二维非定常流和激波［M］. 北京：科学出版社，1984.

[24] 孙承纬. 应用爆轰物理［M］. 北京：国防工业出版社，2000.

［25］赵衡阳. 防爆工程学［M］. 北京：北京理工大学出版社，1992.

［26］RAGLAND K W，NICHOLLS J A. Two-phase detonation of a liquid layer［J］. AIAA J，1969，7（5）：859-863.

［27］STRAUSS W A. Investigation of the detonation of aluminum powder-oxygen mixtures［J］. AIAA Journal，1968，6（9）：1753-1756.

［28］菲克特，戴维斯，薛鸿陆. 爆轰［M］. 北京：原子能出版社，1988.

［29］HOWE P，FREY R，MELANI G. Observations concerning transverse waves in solid explosives［J］. Combustion Science and Technology，1976，141（1-3）：63-74.

［30］MARGOLIS S B，WILLIAMS F A. Stability of homogeneous-solid deflagration with two-phase flow in the reaction zone［J］. Combustion and Flame，1990，79（2）：199-213.

［31］RAGLAND K W，DABORA E K，NICHOLLS J A. Observed structure of spray detonations［J］. The Physics of Fluids，1968，11（11）：2377-2388.

［32］WILLIAMS F A. Progress in spray-combustion analysis［J］. Symposium（International）on Combustion，1961，8（1）：50-69.

［33］WEBBER W T. Spray combustion in the presence of a travelling wave［J］. Symposium on Combustion，1961，8（1）：1129-1140.

［34］CRAMER F B. The onset of detonation in a droplet combustion field［J］. Symposium on Combustion，1963，9（1）：482-487.

［35］DABORA E K. Production of monodisperse sprays［J］. Review of Scientific Instruments，1967，38（4）：502-506.

［36］吕春绪. 工业炸药理论［M］. 北京：兵器工业出版社，2003.

［37］张熙和，云主惠. 爆炸化学［M］. 北京：国防工业出版社，1989.

［38］孙业斌，惠君明. 军用混合炸药［M］. 北京：兵器工业出版社，1995.

［39］KURY J W，HORNIG H C，LEE E L，et al. Metal acceleration by chemical explosives［C］// Fourth Symposium（International）on Detonation，ACR-126，1965.

［40］FINGER M，HOMIG H C，Lee E L，et al. Metal acceleration by composite explosives［R］. California Univ.，Livermore. Lawrence Radiation Lab.，1970.

［41］BAYTOS J F. LASL explosive property data［M］. Univ. of California Press，1980.

［42］WALKER F E，WASLEY R J. A general model for the shock initiation of explosives［J］. Propellants，Explosives，Pyrotechnics，1976，1（4）：73-80.

［43］PARTOM Y. A void collapse model for shock initiation［C］//Proc. Seventh Symposium（Int.）on Detonation，1981：506-516.

［44］REE F H，VANTHIEL M. Detonation behavior of LX-14 and PBX-9404［J］. Theoretical Aspect，1985.

［45］MADER C L. Numerical modeling of detonations［M］. Berkeley：University of California Press，1979.

［46］KAMLET M J，Jacobs S J. Chemistry of detonations. I. A simple method for calculating detonation properties of C-H-N-O explosives［J］. The Journal of Chemical Physics，1968，48（1）：23-35.

[47] KAMLET M J，ABLARD J E. Chemistry of detonations. II. Buffered equilibria [J]. The Journal of Chemical Physics，1968，48（1）：36-42.

[48] KAMLET M J，DICKINSON C. Chemistry of detonations. III. Evaluation of the simplified calculational method for Chapman-Jouguet detonation pressures on the basis of available experimental information [J]. The Journal of Chemical Physics，1968，48（1）：43 -50.

[49] WHITHAM G B. A new approach to problems of shock dynamics. Part I Two-dimensional problems [J]. Journal of Fluid Mechanics，1957，2（2）：145-171.

[50] CHEN P J，KENNEDY J E. Chemical kinetic and curvature effects on shock wave evolution in explosives [C] //Sixth Symposium（International）on Detonation，1976：379-388.

[51] STEWART D S，BDZIL J B. The shock dynamics of stable multidimensional detonation [J]. Combustion and Flame，1988，72（3）：311-323.

[52] STEWART D S，BDZIL J B. A lecture on detonation-shock dynamics[M]. Springer，Berlin，Heidelberg，1988：17-30.

[53] BDZIL J B. Steady-state two-dimensional detonation[J]. Journal of Fluid Mechanics，1981，108：195-226.

[54] BDZIL J B，STEWART D S. Time-dependent two-dimensional detonation：the interaction of edge rarefactions with finite-length reaction zones [J]. Journal of Fluid Mechanics，1986，171：1-26.

[55] CAMPBELL A W，DAVIS W C，RAMSAY J B，et al. Shock initiation of solid explosives [J]. The Physics of Fluids，1961，4（4）：511-521.

[56] DAVIS W C，CRAIG B G，RAMSAY J B. Failure of the Chapman-Jouguet theory for liquid and solid explosives [J]. The Physics of Fluids，1965，8（12）：2169-2182.

[57] CHAIKEN R F. Comments on hypervelocity wave phenomena in condensed explosives [J]. The Journal of Chemical Physics，1960，33（3）：760-761.

[58] ZERILLI F J. Notes from lectures on detonation physics[R]. Naval Surface Weapons Center Silver Spring MD，1981.

[59] DREMIN A N，SAVROV S D，TROFIMOV V S，et al. Detonation waves in condensed media [R]. Foreigh Technology Div Wright-Patterson Afb Oh，1972.

[60] FOWLES R，WILLIAMS R F. Plane stress wave propagation in solids [J]. Journal of Applied Physics，1970，41（1）：360-363.

[61] VON NEUMANN，J. Hydrodynamic theory of detonation [R]. Office of Science Research and Development，1942：549.

[62] 第五机械工业部第二〇四研究所. 火炸药手册（内部资料），1981.

[63] WOOD W W，KIRKWOOD J G. Diameter effect in condensed explosives. The relation between velocity and radius of curvature of the detonation wave [J]. The Journal of Chemical Physics，1954，22（11）：1920-1924.

[64] WOOD W W，KIRKWOOD J G. Present status of detonation theory [J]. The Journal of Chemical Physics，1958，29（4）：957-958.

[65] GRADY D E. Experimental analysis of spherical wave propagation [J]. Journal of

Geophysical Research，1973，78（8）：1299-1307.

［66］SEAMAN L. Lagrangian analysis for multiple stress or velocity gages in attenuating waves ［J］. Journal of Applied Physics，1974，45（10）：4303-4314.

［67］COWPERTHWAITE M. Explicit solutions for the buildup of an accelerating reactive shock to a steady-state detonation wave［C］. Symposium（International）on Combustion. Elsevier，1969，12（1）：753-759.

［68］TAYLOR J. Detonation in condensed explosives ［M］. Oxford：Clarendon Press，1952.

［69］［日］北川澈三. 爆炸事故的分析 ［M］. 北京：化学工业出版社，1984.

［70］GURNEY R W. The initial velocities of fragments from bombs，shell，grenades ［R］. Army Ballistic Research Lab Aberdeen Proving Ground MD，1943.

［71］KENNEDY J E. Gurney energy of explosives：Estimation of the velocity and impulse imparted to driven metal ［J］. Explosive-Energy，1970.

［72］黄正平，何远航. 爆炸测试技术：英文版 ［M］. 北京：北京理工大学出版社，2005.

［73］炸药理论编写组. 炸药理论 ［M］. 北京：国防工业出版社，1982.

［74］董海山. 高能炸药及相关物性能 ［M］. 北京：科学出版社，1989.

［75］AZIZ A K，HURWITZ H，SREMBERG H M. Energy transfer to a rigid piston under detonation load［C］//The 3rd International Detonation Symposium，USA. 1960，9：205-225.

［76］WEINLAND C E. A scaling law for fragmenting cylindrical warheads ［R］. Naval Weapons Center China Lake CA，1969.

［77］［德］弗里德里克斯. 超声速流与冲击波 ［M］. 北京：科学出版社，1986.

［78］HARDESTY D R，Kennedy J E. Thermochemical estimation of explosive energy output ［J］. Combustion and Flame，1977，28：45-59.

［79］孙业斌. 爆炸作用与装药设计 ［M］. 北京：国防工业出版社，1987.

［80］STERNBERG H M，PIACESI D. Interaction of oblique detonation waves with iron［J］. The Physics of Fluids，1966，9（7）：1307-1315.

［81］DUFF R E，HOUSTON E. Measurement of the Chapman-Jouguet pressure and reaction zone length in a detonating high explosive［J］. The Journal of Chemical Physics，1955，23（7）：1268-1273.

［82］钱学森. 物理力学讲义：英文版 ［M］. 上海：上海交通大学出版社，2015.

［83］阮庆云，陈启珍. 评价炸药安全性能的苏珊试验 ［J］. 爆炸与冲击，1989（1）：68-72.

［84］VOITSEKHOVSKY B V. On spinning detonation（in Russian）［J］. Dokl. Acad. Sci. SSSR，1957（114）：717-720.

［85］VOITSEKHOVSKY B V，Mitrofanov，V V，Topchian，M E. Structure of detonation front in gases（in Russian）［R］. Siberian Branch USSR Academy Science，Novosibirsk，1963.

［86］CHIDESTER S K，GREEN L，LEE C G. A frictional work predictive method for the initiation of solid high explosives from low-pressure impacts ［C］//Proceedings of the 10th Symposium（International）on Detonation，1993，ONR 33395-12：786-792.

［87］BROWNING R V. Microstructural model of mechanical initiation of energetic materials ［C］// Schmidt，S. C. ，Tao，W. C.（eds.）Shock Compression of Condensed Matter-1995，AIP

Conference Proceedings 370，1996，Part 1：405-408.

［88］RAE，P J，GOLDREIN，H T，PALMER，S J P，et al. Studies of the failure mechanisms of polymer- bonded explosives by high resolution moire interferometry and environmental scanning electron microscopy［C］//Proceedings of the 11th Symposium（International）on Detonation，ONR 33300-5，1998：66-75.

［89］SUCESKA，M. Test methods for explosives［M］. Springer，Heidelberg，1995.

［90］FIELD J E，PALMER S J P，POPE P H，et al. Mechanical properties of PBXs and their behavior during drop weight tests［C］//Proceedings of the 8th Symposium（International）on Detonation，NSWCMP 86-194，1985：635-644.

［91］DOROUGH G D，GREEN L G，JAMES E Jr. ，et al. Ignition of explosives by low velocity impact［C］//Proceedings of the International Conference on Sensitivity and Hazards of Explosives，London，1963.

［92］GREEN L G，DOROUGH G D. Further studies on the ignition of explosives［C］//Proceedings of the 4th Symposium（International）on Detonation，NOL ACR-126，1965：477-486.

［93］FIELD J E，SWALLOWE G M，Heavens，S N. Ignition mechanisms of explosives during mechanical deformation［J］. Proc. Roy. Soc. Lond.，1982，A 379，389.

［94］SMITH L C. Los alamos national laboratory explosives orientation course：sensitivity and sensitivity tests［M］. LA-11010-MS，Los Alamos National Laboratory，Los Alamos，NM，1987.

［95］COOPER P W，KUROWSKI S R. Introduction to the technology of explosives［M］. Wiley-VCH，New York，1996.

［96］MERZHANOV A G，ABRAMOV V G. Thermal explosion of explosives and propellants［J］. A Review，Propellant and Explosives 6，1981：130-148.

［97］TARVER C M. Thermal decomposition models for HMX-based plastic bonded explosives［J］. Combustion. Flame，2004（137）：50-62.

［98］DICKSON P M，ASAY B W，HENSON B F，et al. Hiermal cookoff response of confined PBX 9501［J］. Proc. R. Soc. Lond. Ser. A-Math. Hiys. Eng. Sci.，2004（460）：3447.

［99］HENSON B. An ignition law for PBX 9501 from thermal explosion to detonation［C］//13th International Detonation Symposium，Norfolk，VA，International Detonation Symposium，2006.

［100］HENSON B F，ASAY B W，SMILOWITZ L B，et al. Ignition chemistry in HMX from thermal explosion to detonation［J］. AIP Conf. Proc.，2002（620）：1069 -1072.

［101］SMILOWITZ L，HENSON B F，SANDSTROM M M，et al. Fast internal temperature measurements in PBX 9501 thermal explosions［J］. AIP Conf. Proc.，2006（845）：1211-1214.

［102］经福谦. 实验物态方程导引［M］. 北京：科学出版社，1986.

［103］GRUSCHKA H D，WECKEN F. Gas dynamic theory of detonation［M］. New York：Gordon and Breach Science Publisher，1971.

［104］［美］贝克. 爆炸危险性及其评估［M］. 北京：群众出版社，1988.
［105］龙新平，蒋治海，李志鹏. 凝聚态炸药爆轰测试技术研究进展［J］. 力学进展，2012，42（2）.
［106］郭学勇. 云爆战斗部基础技术研究［D］. 南京：南京理工大学，2006.
［107］刘彦，吴艳青，黄风雷，王昕捷. Fundamentals of explosion physics［M］. 北京：北京理工大学出版社，2019.
［108］KAMLET M J，HURWITZ H. Chemistry of detonations. IV. Evaluation of a simple predictional method for detonation velocities of C-H-N-O explosives［J］. The Journal of Chemical Physics，1968，48（8）：3685-3692.
［109］EYRING H，POWELL R E，DUFFY G H，et al. The stability of detonation［J］. Chemical Reviews，1949，45（1）：69-181.
［110］BDZIL J B，ENGELKE R，CHRISTENSON D A. Kinetics study of a condensed detonating explosive［J］. The Journal of Chemical Physics，1981，74（10）：5694-5699.
［111］［美］拉姆•惠勒. 近代无线电中的场和波［M］. 张世玲，译. 北京：人民教育出版社，1958.
［112］管致中. 无线电技术基础（上册）［M］. 北京：人民教育出版社，1963.
［113］［苏］里奇特迈尔. 初值问题差分方法［M］. 何旭初，等译. 北京：科学出版社，1964.
［114］程守洙，江之水. 普通物理学［M］. 北京：人民教育出版社，1964.
［115］北京工业学院爆炸作用编写组. 爆炸及其作用［M］. 北京：北京工业出版社，1979.
［116］黄正平，张汉萍. 电磁应力传感器理论的新研究［J］. 北京：北京工业学院学报，1981，2（2）30-39.
［117］黄正平，蒋君平，丁儆. 炸药爆轰产物导电性对电磁速度计记录的影响［J］. 爆炸与冲击，1987，7（4）：299-304.
［118］黄正平，张汉萍，林江. 压装 TNT 粒子速度模拟信号的分析与处理［J］. 北京理工大学学报，1992，12（2）：30-38.
［119］黄正平，冯喜春. 一种测量中等压力的新方法——双压阻计法［J］. 兵工学报，1991（02）：81-85.
［120］段卓平，关智勇，黄正平. 箔式高阻值低压锰铜压阻应力计的设计及动态标定［J］. 爆炸与冲击，2002（02）：169-173.
［121］李明轩. 声阻法检测原理［M］. 北京：科学出版社，1976.
［122］常建生. 检测与转换技术［M］. 北京：机械工业出版社，1981.
［123］张福学. 传感器敏感元件大全［M］. 北京：电子工业出版社，1980.